더 멋진 내일 Tomorrow 을 위한 내일 My Career

내일은 2024

SQL 개발자

박부창 지음

Structured Query Language

김앤북
KIM&BOOK

초판2쇄 인쇄 2024년 2월 23일
초판2쇄 발행 2024년 2월 29일
지은이 박부창
기획 김응태, 정다운
디자인 서제호, 서진희, 조아현
판매영업 조재훈, 김승규, 문지영

발행처 ㈜아이비김영
펴낸이 김석철
등록번호 제22-3190호
주소 (06728) 서울 서초구 서운로 32, 우진빌딩 5층
전화 (대표전화) 1661-7022
팩스 02)3456-8073

ISBN 978-89-6512-875-5 13000
정가 24,000원

잘못된 책은 바꿔드립니다.

국가공인 SQL 개발자/전문가 자격검정 안내

1 SQL의 정의

SQL(Structured Query Language)은 데이터베이스를 직접적으로 액세스할 수 있는 언어로, 데이터를 정의하고(Data Definition), 조작하며(Data Manipulation), 조작한 결과를 적용하거나 취소할 수 있고(Transaction Control), 접근권한을 제어하는(Data Control) 처리들로 구성된다.

2 SQL 개발자의 정의

SQL 개발자(SQLD, SQL Developer)란 데이터베이스와 데이터 모델링에 대한 지식을 바탕으로 응용 소프트웨어를 개발하면서 데이터를 조작하고 추출하는데 있어서 정확하고 최적의 성능을 발휘하는 SQL을 작성할 수 있는 개발자를 말한다.

3 SQL 전문가의 정의

SQL 전문가(SQLP, SQL Professional)란 데이터베이스와 데이터모델링에 대한 지식을 바탕으로 데이터를 조작하고 추출하는데 있어서 정확하고 최적의 성능을 발휘하는 SQL을 작성할 수 있고, 이를 토대로 SQL을 내포하는 데이터베이스 프로그램이나 응용 소프트웨어의 성능을 최적화하거나, 이러한 성능 최적화를 지원할 수 있는 데이터베이스 개체(뷰, 인덱스 등)의 설계와 구현 등의 직무를 수행하는 전문가를 말한다.

4 SQL 자격검정의 필요성

오늘날 기업 또는 조직의 정보화에 있어서 관계형 데이터베이스는 거의 대부분이라 해도 과언이 아닐 정도로 데이터 저장소의 대부분을 차지하고 있다. 소프트웨어를 작성하는데 사용되는 언어는 많은 종류가 있지만 데이터베이스는 결국 SQL에 의해서만 데이터에 접근이 가능하기 때문에 데이터베이스를 기반으로 하는 정보시스템은 SQL 사용이 필수적인 요소이다. 이 때문에 정보시스템을 개발하는 수많은 개발자들은 반드시 SQL을 익힐 수밖에 없고, 이러한 상황에 의해 SQL을 사용할 수 있는 개발자는 그 수를 헤아리기 어려울 정도로 많다.

그러나 이와 같은 SQL 사용 능력 보유자 수에도 불구하고 SQL의 수행 원리를 깊이 있게 이해하고 제대로 구사할 수 있는 전문적 지식을 갖춘 인재는 상대적으로 매우 빈약하다. 이것은 결과적으로 정보시스템의 성능과 품질을 저하시키고 나아가 사용자들의 외면을 초래하는 한 원인이 되기도 한다.

이에 한국데이터산업진흥원은 전문인력의 실질적 수요자인 사업주를 대변하여 SQL 전문가 자격검정을 실시하고자 한다. 이를 통해 산업현장에 부응하는 민간자격을 부여하고, 자격취득자에게 직무 수행에 대한 자신감 고취와 함께 보다 나은 직무 수행 기회 제공 및 사회적 지위(취업, 승진, 보수 등)의 향상은 물론 기업의 국제 경쟁력 제고에도 기여할 것이다.

5 SQL 개발자의 직무

SQL 개발자는 데이터모델링에 기본 지식을 바탕으로 SQL 작성, 성능 최적화 등 데이터베이스 개체 설계 및 구현 등에 대한 전문지식 및 실무적 수행 능력을 그 필수로 한다.

직무	세부내용
데이터모델의 이해 및 분석	데이터베이스 구성과 처리에 있어서 가장 핵심적인 요소가 바로 데이터모델이다. 데이터모델은 건물의 설계도와 같이 전체 데이터베이스가 구성되는 요소를 결정한다. 데이터구조의 근간이 되기 때문에 어플리케이션이 데이터를 이용할 때 효율적으로 제공이 될 것인지 아니면 비효율적으로 제공이 될 것인지에 대한 결정은 설계단계의 데이터모델에서 할 수 밖에 없다. 본 직무는 데이터모델과 SQL구문의 연관성을 위해 엔터티, 속성, 관계, 식별자, 정규화 등 데이터모델의 기본 지식을 바탕으로 데이터모델을 이해하고 분석하는 작업을 수행한다.
SQL 이해 및 활용	SQL(Structured Query Language)는 데이터베이스를 유일하게 액세스 할 수 있는 언어이다. 본 직무는 SQL 문법, 옵티마이저, 인덱스의 기초 원리의 이해한다. 이를 바탕으로 데이터 정의어(DDL)를 통해 테이블의 구조를 생성/변경/삭제/재명명하고, 데이터 조작어(DML)를 통해 데이터를 입력/조회/수정/삭제한다. 집합과 집합의 관계를 다양한 JOIN 방법을 사용하여 표현하고, 주종 관계의 경우 서브쿼리를 사용하는 작업 등을 수행한다.

6 SQL 전문가의 직무

SQL 전문가는 데이터모델링에 기본 지식을 바탕으로 SQL 작성, 성능 최적화 등 데이터베이스 개체 설계 및 구현 등에 대한 전문지식 및 실무적 수행 능력을 그 필수로 한다.

직무	세부내용
데이터모델의 이해 및 분석	데이터베이스 구성과 처리에 있어서 가장 핵심적인 요소가 바로 데이터모델이다. 데이터모델은 건물의 설계도와 같이 전체 데이터베이스가 구성되는 요소를 결정한다. 데이터구조의 근간이 되기 때문에 어플리케이션이 데이터를 이용할 때 효율적으로 제공이 될 것인지 아니면 비효율적으로 제공이 될 것인지에 대한 결정은 설계단계의 데이터모델에서 할 수 밖에 없다. 본 직무는 데이터모델과 SQL구문의 연관성을 위해 엔터티, 속성, 관계, 식별자, 정규화 등 데이터모델의 기본 지식을 바탕으로 데이터모델을 이해하고 분석하는 작업을 수행한다.
SQL 이해 및 활용	SQL(Structured Query Language)는 데이터베이스를 유일하게 액세스 할 수 있는 언어이다. 본 직무는 SQL 문법, 옵티마이저, 인덱스의 기초 원리의 이해한다. 이를 바탕으로 데이터 정의어(DDL)를 통해 테이블의 구조를 생성/변경/삭제/재명명하고, 데이터 조작어(DML)를 통해 데이터를 입력/조회/수정/삭제한다. 집합과 집합의 관계를 다양한 JOIN 방법을 사용하여 표현하고, 주종 관계의 경우 서브쿼리를 사용하는 작업 등을 수행한다.
SQL 튜닝	데이터베이스 성능을 결정짓는 가장 핵심적인 요소는 애플리케이션에 집중되어 있다. SQL을 한 번만 수행해도 같은 결과를 얻을 수 있는데 불필요하게 많은 SQL을 수행하거나, 파싱을 많이 일으키거나, 많은 I/O를 일으키도록 구현하는 것이 성능 문제를 발생시킨다. 본 직무는 고성능 SQL, 아키텍처 기반의 데이터베이스 튜닝 원리, Lock과 트랜잭션 동시성 제어 기법, 옵티마이저의 세부적인 작동 원리, 인덱스와 조인 튜닝 원리의 이해를 통해 SQL을 튜닝하는 작업 등을 수행한다.

7 과목 및 내용

1) SQL 개발자

SQL 개발자 자격시험의 과목은 총 2과목으로 구성되어 있으며 데이터 모델링의 이해 과목을 바탕으로 SQL 기본 및 활용을 수행하는 능력을 검정한다.

과목명	장	절
데이터 모델링의 이해	데이터 모델링의 이해	데이터모델의 이해
		엔터티
		속성
		관계
		식별자
	데이터 모델과 성능	정규화
		관계와 조인의 이해
		모델이 표현하는 트랜잭션의 이해
		NULL 속성의 이해
		본질식별자 vs 인조식별자
SQL 기본 및 활용	SQL 기본	관계형 데이터베이스 개요
		SELECT 문
		함수
		WHERE 절
		GROUP BY, HAVING 절
		ORDER BY 절
		조인
	SQL 활용	표준조인
		서브쿼리
		집합연산자
		그룹함수
		윈도우함수
		Top N 쿼리
		계층형 질의와 셀프조인
		PIVOT절과 UNPIVOT절
		정규표현식
	관리구문	DML
		TCL
		DDL
		DCL

2) SQL 전문가

SQL 전문가 자격시험의 과목은 총 3과목으로 구성되어 있으며 데이터 모델링의 이해 과목을 바탕으로 SQL 기본 및 활용, SQL 고급활용 및 튜닝을 수행하는 능력을 검정한다.

과목명	장	절
SQL 고급활용 및 튜닝	SQL 수행 구조	데이터베이스 아키텍처
		SQL 처리 과정
		데이터베이스 I/O 메커니즘
	SQL 분석도구	예상 실행계획
		SQL 트레이스
		응답 시간 분석
	인덱스 튜닝	인덱스 기본 원리
		데이블 엑서스 최소화
		인덱스 스캔 효율화
		인덱스 설계
	조인 튜닝	NL 조인
		소트 머지 조인
		해시 조인
		스칼라 서브쿼리
		고급 조인 기법
	SQL 옵티마이저	SQL 옵티마이징 원리
		SQL 공유 및 재사용
		쿼리 변환
	고급 SQL 튜닝	소트 튜닝
		DML 튜닝
		데이터베이스 Call 최소화
		파티셔닝
		대용량 배치 프로그램 튜닝
		고급 SQL 활용
	Lock과 트랜잭션 동시성 제어	Lock
		트랜잭션
		동시성 제어

8 출제문항수

1) SQL 개발자

SQL 개발자 자격시험의 과목은 총 2과목으로 구성되며 필기 선택형 50문항으로 구성되어 있다. 출제 문항 및 배점은 아래와 같다.

⊙ SQL 개발자 자격시험 (총 50문항 – 필기 50문항)

과목명	필기		검정시험시간
	문항수	배점	
데이터 모델링의 이해	10	20 (문항당 2점)	90분 (1시간 30분)
SQL 기본 및 활용	40	80 (문항당 2점)	
계	50	100	

⊙ 세부 내용별 문항수

시험과목	과목별 세부 항목	문항수
데이터 모델링의 이해	데이터 모델링의 이해	10문항
	데이터 모델과 성능	
SQL 기본 및 활용	SQL 기본	40문항
	SQL 활용	
	관리구문	

2) SQL 전문가

SQL 전문가 자격시험의 과목은 총 3과목으로 구성되며 필기 선택형 70문항, 실기 2문항으로 구성되어 있다. 출제 문항 및 배점은 아래와 같다.

⊙ SQL 전문가 자격시험 (총 72문항 – 필기 70문항, 실기 2문항)

과목명	필기		실기		검정시험시간
	문항수	배점	문항수	배점	
데이터 모델링의 이해	10	10 (문항당 1점)			
SQL 기본 및 활용	20	20 (문항당 1점)	2	30 (문항당 15점)	180분 (3시간)
SQL 고급활용 및 튜닝	40	40 (문항당 1점)			
계	70	70	2	30	

⊙ 세부 내용별 문항수

시험과목	과목별 세부 항목	문항수	
데이터 모델링의 이해	데이터 모델링의 이해	10문항	
	데이터 모델과 성능		
SQL 기본 및 활용	SQL 기본	20문항	
	SQL 활용		
	관리구문		실기 2문항
SQL 고급활용 및 튜닝	SQL 수행 구조	40문항	
	SQL 분석 도구		
	인덱스 튜닝		
	조인 튜닝		
	SQL 옵티마이저		
	고급 SQL 튜닝		
	Lock과 트랜잭션 동시성 제어		

9 응시자격

1) SQL 개발자

응시자격
제한 없음

2) SQL 전문가

	응시자격
학력 및 경력 기준	학사학위 이상 취득한 자
	전문학사학위 취득 후 실무경력 2년 이상인 자
	고등학교 졸업한 후 실무경력 4년 이상인 자
자격보유 기준	국내·외 데이터베이스 관련 자격을 취득한 자
	SQL 개발자 자격을 취득한 자
	데이터아키텍처 전문가 및 준전문가 자격을 취득한 자

10 합격기준

1) SQL 개발자

합격기준	과락기준
총점 60점 이상	과목별 40% 미만 취득

2) SQL 전문가

① SQL 전문가 자격시험의 합격기준은 아래와 같으며 시험 합격자는 응시자격 증빙서류를 제출하여야 한다.

	합격기준	과락기준
시험합격	총점 100점 기준 75점 이상 취득	과목별 40% 미만 취득
최종합격	응시자격심의 서류 통과자	

② 응시자격 증빙서류

구분	내용
제출서류	경력 또는 재직증명서 1부(해당자에 한함)
	최종학력증명서 1부(해당자에 한함)
	자격증 사본 1부(해당자에 한함)
제출시기	자격검정 회차별로 별도 공지
제출처	홈페이지 내 시험결과 페이지에서 온라인 제출

11 응시료

SQL 개발자	SQL 전문가
50,000원	100,000원

SQLD 실습 환경 준비하기

SQLD 시험에 출제되는 SQL 명령문들은 대부분 오라클(Oracle)에서 사용되는 명령어들이다. 본 서적은 오라클 기반으로 서술되었다. 실습을 진행하기에 앞서서 Oracle Database와 SQL Developer를 설치하자.

1 Oracle 설치하기

1) 오라클 데이터베이스를 설치하기 위해서 아래의 홈페이지에 접속한다. 각종 포털사이트에서 '오라클'이라고 검색하면 바로 나오므로 참고한다.

https://www.oracle.com/index.html

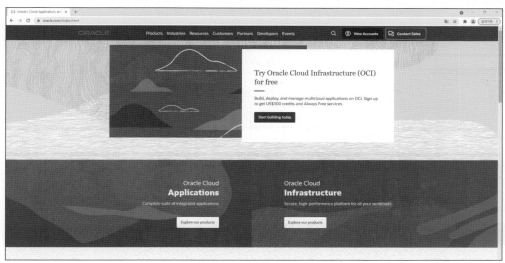

| 그림 1 | 오라클 공식 홈페이지

2) Resources ➡ Downloads ➡ Developer Downloads를 차례대로 선택한다.

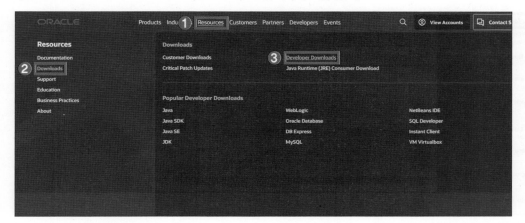

| 그림 2 | 오라클 홈페이지 전체 메뉴

11

3) Database ➡ Database Enterprise/Standard Editions를 클릭한다.

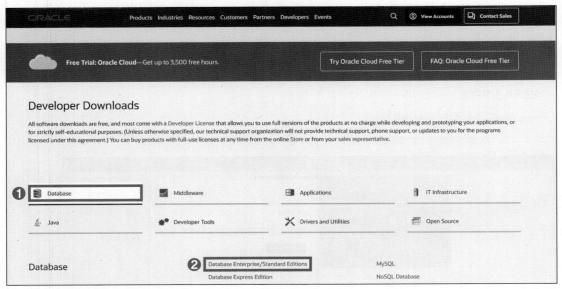

| 그림 3 | 오라클 홈페이지 소프트웨어 다운로드

4) 여러 개의 버전 중에서 Microsoft Windows x64 (64−bit)의 ZIP(2.9 GB) 파일을 다운로드 한다.

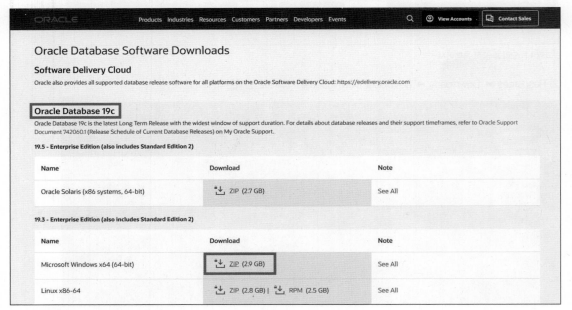

| 그림 4 | 오라클 데이터베이스 19C 다운로드 화면

5) 동의에 체크를 한 후 다운로드를 시작한다.

Oracle Database Software Downloads

Software Delivery Cloud

Oracle also provides all supported database release software for all platforms on the Oracle Software Delivery Cloud: https://edelivery.oracle.com

Oracle Database 19c

Oracle Database 19c is the latest Long Term Release with the widest window of support duration. For details about database releases and their support timeframes, refer to Oracle Support Document 742060.1 (Release Schedule of Current Data

19.5 - Enterprise Edition (also includes Standard Edi

	You must accept the Oracle License Agreement to download this software.	✕
Name	① ☑ I reviewed and accept the Oracle License Agreement Required	
Oracle Solaris (x86 systems, 64-bit)	*You will be redirected to the login screen in order to download the file.* ② Download WINDOWS.X64_193000_db_home.zip ⬇	

19.3 - Enterprise Edition (also includes Standard Edi

Name	**Download**	**Note**
Microsoft Windows x64 (64-bit)	⬇ ZIP (2.9 GB)	See All

| 그림 5 | 파일 다운로드

6) 오라클의 소프트웨어를 다운 받기 위해서 오라클 계정에 로그인해야 한다.

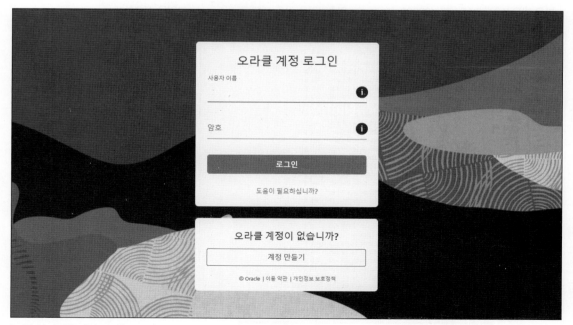

| 그림 6 | 오라클 계정 로그인

7) 오라클 계정이 없으면 각종 정보를 입력해서 오라클에 회원가입을 한 후, 로그인하도록 한다.

| 그림 7 | 오라클 계정 회원가입

8) 오라클 데이터베이스 설치 프로그램 실행

다운 받은 WINDOWS.X64_193000_db_home 압축파일을 압축 해제 후 Setup.exe 파일을 실행한다.

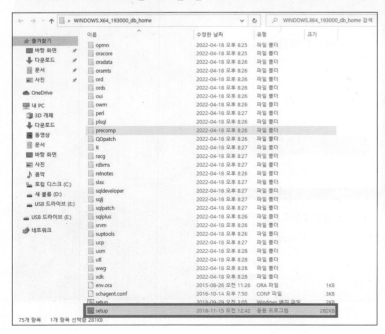

| 그림 8 | 압축 해제 후 폴더 파일

9) '단일 인스턴스 데이터베이스 생성 및 구성(C)

이 옵션은 시작 데이터베이스를 생성합니다'를 선택한다. 그리고 [다음]을 클릭한다.

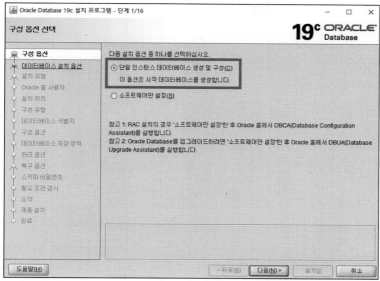

| 그림 9 | 설치 화면 1

10) '데스크톱 클래스(D)'를 선택한다. 그리고 [다음]을 클릭한다.

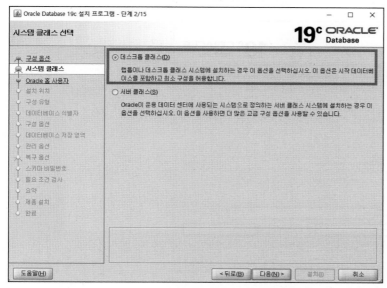

| 그림 10 | 설치 화면 2

11) '가상 계정 사용(V)'을 선택한다. 그리고 [다음]을 클릭한다.

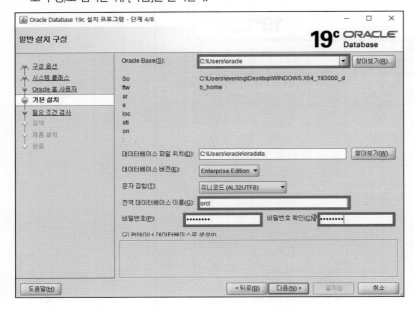

| 그림 11 | 설치 화면 3

12) 'Oracle Base(S)' 항목에 'C:₩Users₩oracle'로 설정한다.
   '전역 데이터베이스 이름'을 'orcl'로 설정한다. '비밀번호 및 비밀번호 확인'을 Aa123456(권장표준 : 8자리 대/소문자, 숫자로 구성)로 입력한 뒤, [다음]을 클릭한다.

| 그림 12 | 설치 화면 4

13) 설치가 가능한 컴퓨터 사양인지 여부를 체크한다.

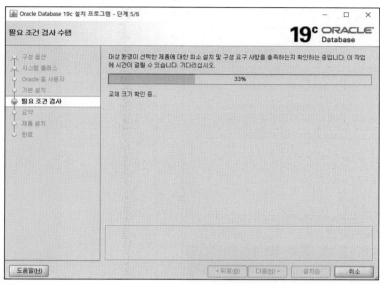

| 그림 13 | 설치 화면 5

14) 오라클 데이터베이스 19c 설치가 가능한 컴퓨터라면 다음과 같은 화면이 출력된다. [설치]를 클릭하여 설치를 진행한다.

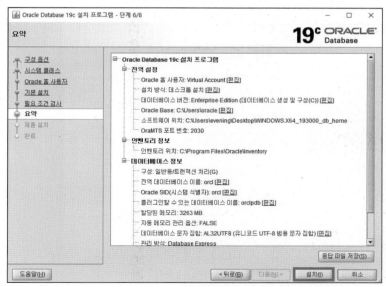

| 그림 14 | 설치 화면 6

15) 오라클 데이터베이스 19c의 설치가 진행되는 중이다. 설치 도중, 방화벽 사용에 대한 액세스 허용 요구화면이 출력되는 경우 [액세스 허용]을 누른다.

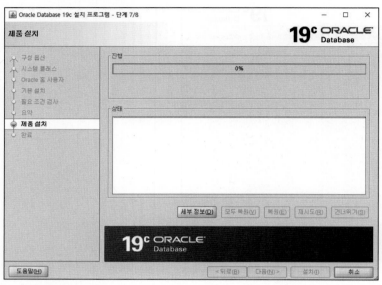

| 그림 15 | 설치 화면 7

16) 오라클 19c의 설치가 완료되면 [닫기] 버튼을 클릭한다.

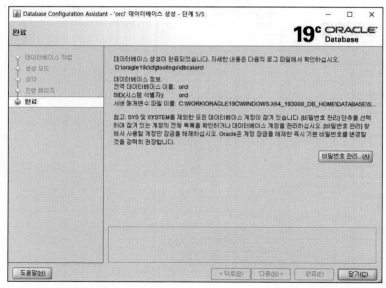

| 그림 16 | 설치 완료 화면

17) 오라클 접속하기

윈도우 시작 버튼을 누르고 검색 창에 cmd를 입력하면 명령 프롬프트가 나온다. 명령 프롬프트를 실행한다. 만일 검색창이 없다면 윈도우 로고에 마우스 우 클릭 후 '검색'을 실행하면 된다.

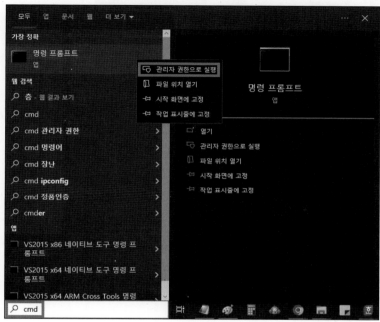

| 그림 17 | 명령 프롬프트

18) 명령 프롬프트 창에 다음과 같이 작성한 후, 오라클에 접속한다.

① SQLPLUS "/AS SYSDBA"

➡ SYS 사용자는 오라클에서 모든 권한을 가지는 최상위 사용자다.

② 이 사용자의 권한을 이용해서 실습 환경용 사용자를 생성한다.

ㄱ. SQL〉 CREATE USER SQLD_STUDY IDENTIFIED BY 1234;

➡ 유저명 'SQLD_STUDY', 비밀번호 '1234'로 사용자 생성

• 유저명 오류시

➡ CREATE USER C##SQLD_STUDY IDENTIFIED BY 1234;

➡ 유저명 'C##SQLD_STUDY', 비밀번호 '1234'로 사용자 생성

ㄴ. SQL〉 GRANT DBA TO SQLD_STUDY;

➡ SQLD_STUDY 에게 DBA 권한 부여

ㄷ. SQL〉 CONNECT SQLD_STUDY/1234

➡ 유저명(SQLD_STUDY)과 비번(1234)으로 접속

ㄹ. SQL〉 SHOW USER

➡ 사용자 확인

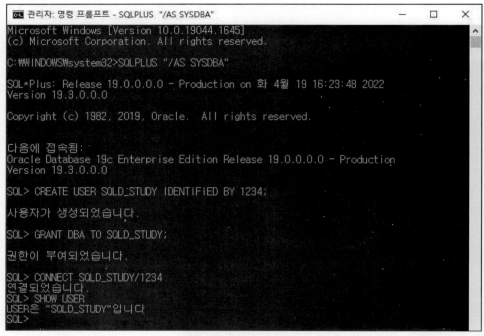

| 그림 18 | 사용자 생성

2 SQL DEVELOPER 설치하기

1) 오라클 데이터베이스를 다운 받았던 오라클 홈페이지로 다시 돌아간다.

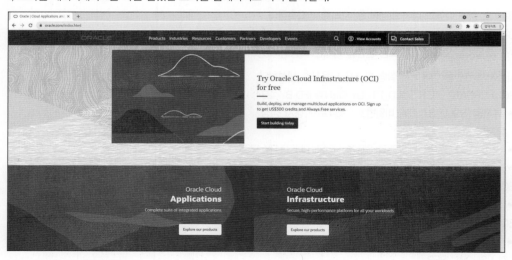

| 그림 19 | 오라클 공식 홈페이지

2) Resources ➡ Downloads ➡ Developer Downloads를 차례대로 선택한다.

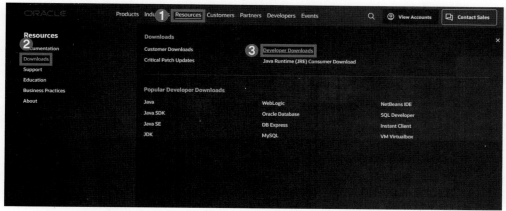

| 그림 20 | 오라클 홈페이지 전체 메뉴

3) Developer Tools ➡ SQL Developer를 클릭한다.

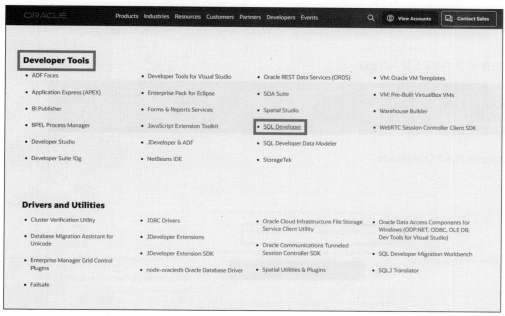

| 그림 21 | 오라클 홈페이지 소프트웨어 다운로드

4) 여러 개의 버전 중에서 Windows 64–bit with JDK 8 included의 ZIP(436MB) 파일을 다운로드 한다.

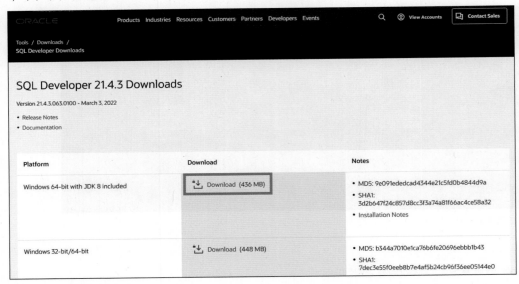

| 그림 22 | 파일 다운로드

5) 동의에 체크를 한 후 다운로드를 시작한다.

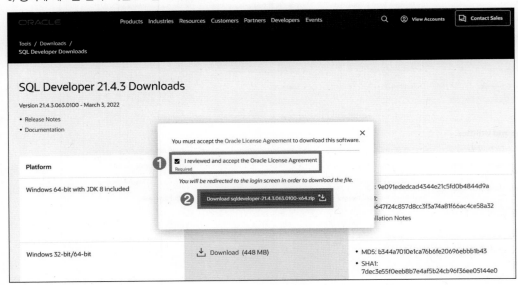

| 그림 23 | 파일 다운로드

6) SQL Developer 설치 프로그램 실행

다운 받은 sqldeveloper 압축파일을 압축 해제 후 sqldeveloper.exe 파일을 실행한다.

이름	유형	크기
configuration	파일 폴더	
dataminer	파일 폴더	
dropins	파일 폴더	
equinox	파일 폴더	
external	파일 폴더	
ide	파일 폴더	
javavm	파일 폴더	
jdbc	파일 폴더	
jdev	파일 폴더	
jdk	파일 폴더	
jlib	파일 폴더	
jviews	파일 폴더	
modules	파일 폴더	
netbeans	파일 폴더	
orakafka	파일 폴더	
rdbms	파일 폴더	
sleepycat	파일 폴더	
sqldeveloper	파일 폴더	
sqlj	파일 폴더	
svnkit	파일 폴더	
icon.png	PNG 파일	2KB
sqldeveloper.exe	응용 프로그램	89KB
sqldeveloper.sh	Shell Script	1KB

sqldeveloper > sqldeveloper-21.2.1.204.1703-x64 > sqldeveloper

| 그림 24 | 압축 해제 후 폴더 파일

7) SQL Developer가 실행되는 화면이다.

| 그림 25 | 실행화면

8) 환경설정 도입 확인 창이 활성화되면, [아니오]를 클릭한다.

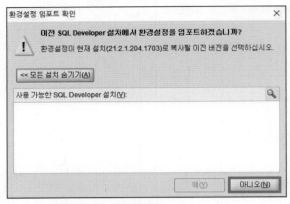

| 그림 26 | 환경설정 임포트 확인 창

9) 실행 후 Oracle 사용 추적 창이 활성화되면 [확인]을 클릭한다.

| 그림 27 | 추적 창 확인

10) 실행 후 왼쪽 위의 '+' 또는 '수동으로 접속 생성'을 클릭한다.

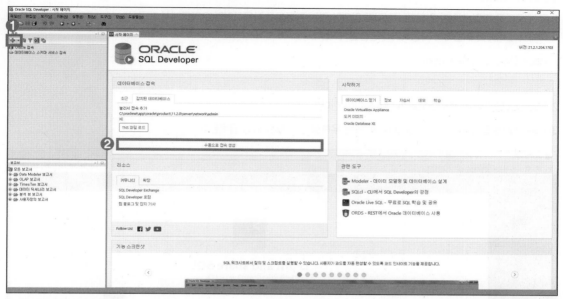

| 그림 28 | 수동 접속 생성

11) 접속 창이 활성화되면 아래와 같이 기존에 만들어 놓은 유저명과 비밀번호를 입력한다.

 ※ 비밀번호 저장을 체크해 놓으면 다음 접속 시 별도의 비밀번호 입력 없이 접속 할 수 있다.

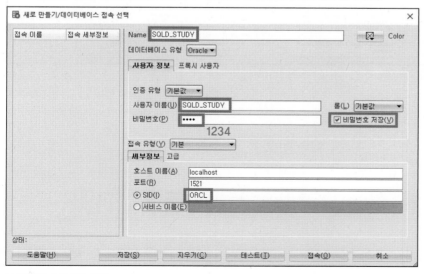

| 그림 29 | 수동 접속 입력

3 Live SQL

1) 앞선 오라클 파일 설치가 안되거나 설치가 안되어 있는 환경에서 사용하려면 오라클에서 제공하는 Live SQL을 활용하면 어디에서나 비슷한 조건에서 사용하거나 연습할 수 있다.

https://livesql.oracle.com

2) Live SQL을 이용하려면 Oracle 계정이 있어야 한다.

3) Live SQL에 접속 후 'Start Coding Now' 또는 우측상단의 'Sign in'을 클릭한다.

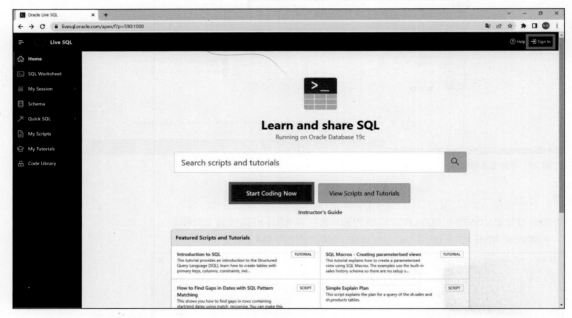

| 그림 30 | Live SQL 공식 홈페이지

4) 앞서 오라클 설치 시 만들었던 계정으로 로그인하도록 한다.

| 그림 31 | 오라클 계정 로그인

5) 오라클 계정이 없으면 각종 정보를 입력해서 오라클에 회원가입을 한 후, 로그인하도록 한다.

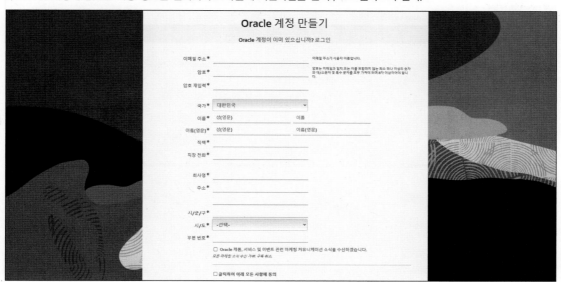

| 그림 31 | 오라클 계정 로그인

6) 로그인 후 'Start Coding Now'를 클릭한다.

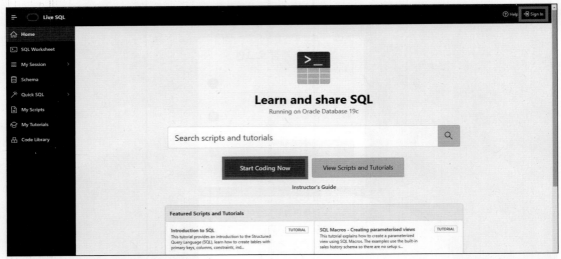

| 그림 33 | Live SQL 메인 화면

7) 아래와 같이 SQL Worksheet 화면을 확인할 수 있다.

8) 필요한 테이블을 생성하고 SQL문을 작성후 Run을 실행하면 실행 결과를 확인할 수 있다.

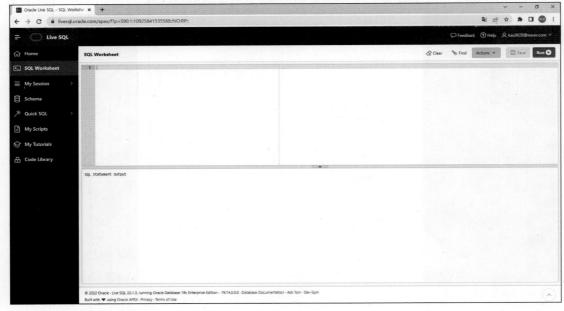

| 그림 34 | SQL Worksheet 화면

9) 책에서 많이 사용되는 EMP, DEPT 테이블은 오라클에서 기본으로 제공되는 테이블이다.

10) 좌측 메뉴에서 'Code Library'를 클릭하면 아래와 같이 'EMP and DEPT' 테이블을 확인할 수 있다.

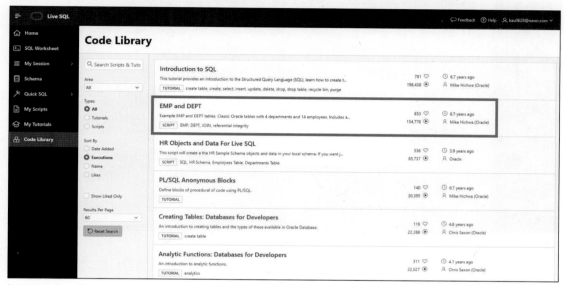

| 그림 35 | Code Library

11) EMP, DEPT 테이블 각 컬럼을 확인할 수 있다.

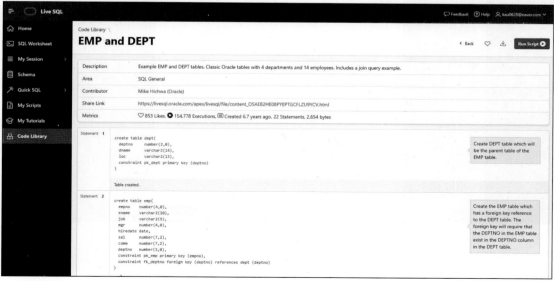

| 그림 36 | EMP, DEPT 테이블

12) 우측 상단의 'Run Script'를 실행한다.

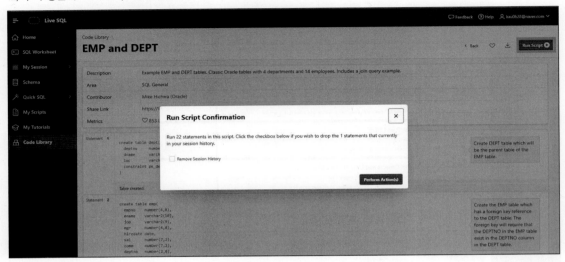

| 그림 37 | Run Script

13) 아래와 같이 실행 결과를 확인할 수 있다.

| 그림 38 | 실행 결과

14) 좌측 'My Session'에서 추가여부를 확인할 수 있다.

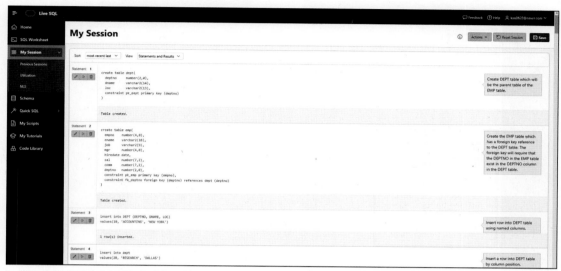

| 그림 39 | My Session

15) 좌측 'Schema'에서도 추가여부를 확인할 수 있다.

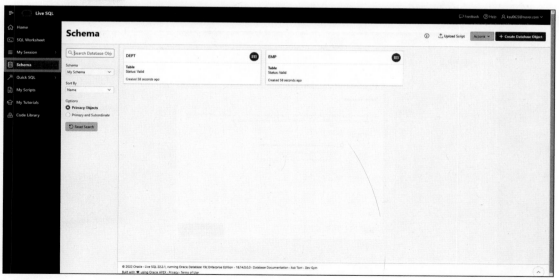

| 그림 40 | Schema

16) 처음화면으로 돌아와서 아래와 같이 입력 후 우측상단의 'Run'을 실행하면 아래 결과를 확인할 수 있다.

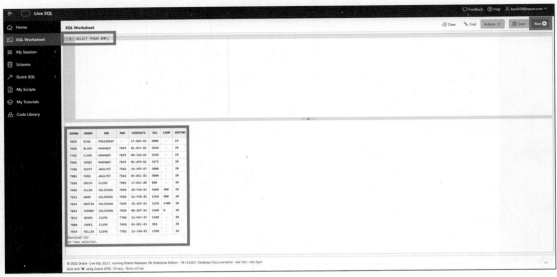

| 그림 41 | 실행결과

17) 로그아웃 이후 다시 로그인을 하면 기존에 사용했던 테이블들이 그대로 존재하는 것이 아니라 초기화된다.

18) 만약 자신만의 테이블을 구성해서 사용한다면 SQL Worksheet 우측상단의 'Save'를 이용해 Session을 저장한다.

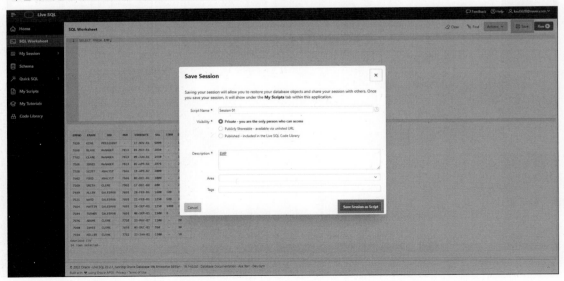

| 그림 42 | Session Save

19) 저장 후 재로그인 시 My Script에서 저장한 Session을 선택한다.

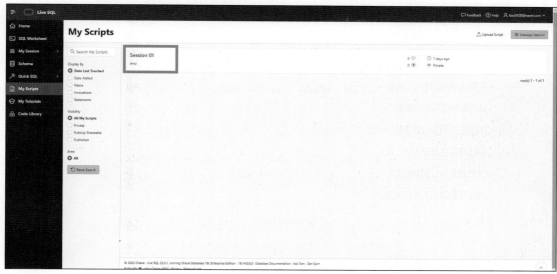

| 그림 43 | My Script

20) 선택한 Session에서 'Run Script'를 실행하면 된다.

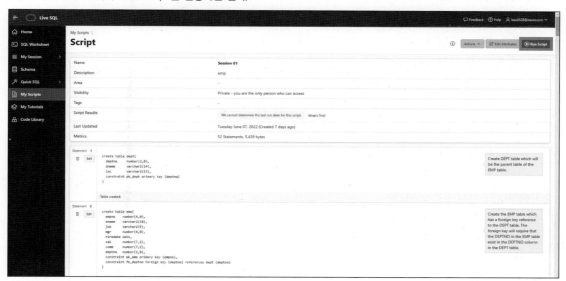

| 그림 44 | Run Script

실습용 테이블과 데이터

1 EMP TABLE

```
CREATE TABLE EMP (
        EMPNO NUMBER(4) NOT NULL,
        ENAME VARCHAR2(10),
        JOB VARCHAR2(9),
        MGR NUMBER(4),
        HIREDATE DATE,
        SAL NUMBER(7, 2),
        COMM NUMBER(7, 2),
        DEPTNO NUMBER(2)
);

INSERT INTO EMP VALUES
        (7369, 'SMITH', 'CLERK',    7902,
        TO_DATE('17-12-1980', 'DD-MM-YYYY'),  800, NULL, 20);
INSERT INTO EMP VALUES
        (7499, 'ALLEN', 'SALESMAN', 7698,
        TO_DATE('20-02-1981', 'DD-MM-YYYY'), 1600,  300, 30);
INSERT INTO EMP VALUES
        (7521, 'WARD',  'SALESMAN', 7698,
        TO_DATE('22-02-1981', 'DD-MM-YYYY'), 1250,  500, 30);
INSERT INTO EMP VALUES
        (7566, 'JONES', 'MANAGER',  7839,
        TO_DATE('02-04-1981', 'DD-MM-YYYY'), 2975, NULL, 20);
INSERT INTO EMP VALUES
        (7654, 'MARTIN', 'SALESMAN', 7698,
        TO_DATE('28-09-1981', 'DD-MM-YYYY'), 1250, 1400, 30);
INSERT INTO EMP VALUES
        (7698, 'BLAKE', 'MANAGER',  7839,
        TO_DATE('01-05-1981', 'DD-MM-YYYY'), 2850, NULL, 30);
```

```
INSERT INTO EMP VALUES
        (7782, 'CLARK', 'MANAGER', 7839,
        TO_DATE('09-06-1981', 'DD-MM-YYYY'), 2450, NULL, 10);
INSERT INTO EMP VALUES
        (7788, 'SCOTT', 'ANALYST', 7566,
        TO_DATE('09-12-1982', 'DD-MM-YYYY'), 3000, NULL, 20);
INSERT INTO EMP VALUES
        (7839, 'KING', 'PRESIDENT', NULL,
        TO_DATE('17-11-1981', 'DD-MM-YYYY'), 5000, NULL, 10);
INSERT INTO EMP VALUES
        (7844, 'TURNER', 'SALESMAN', 7698,
        TO_DATE('08-09-1981', 'DD-MM-YYYY'), 1500, 0, 30);
INSERT INTO EMP VALUES
        (7876, 'ADAMS', 'CLERK', 7788,
        TO_DATE('12-01-1983', 'DD-MM-YYYY'), 1100, NULL, 20);
INSERT INTO EMP VALUES
        (7900, 'JAMES', 'CLERK', 7698,
        TO_DATE('03-12-1981', 'DD-MM-YYYY'), 950, NULL, 30);
INSERT INTO EMP VALUES
        (7902, 'FORD', 'ANALYST', 7566,
        TO_DATE('03-12-1981', 'DD-MM-YYYY'), 3000, NULL, 20);
INSERT INTO EMP VALUES
        (7934, 'MILLER', 'CLERK', 7782,
        TO_DATE('23-01-1982', 'DD-MM-YYYY'), 1300, NULL, 10);


COMMIT;
```

2 DEPT TABLE

```
CREATE TABLE DEPT (
        DEPTNO NUMBER(2),
        DNAME VARCHAR2(14),
        LOC VARCHAR2(13)
);


INSERT INTO DEPT VALUES (10, 'ACCOUNTING', 'NEW YORK');
INSERT INTO DEPT VALUES (20, 'RESEARCH',   'DALLAS');
INSERT INTO DEPT VALUES (30, 'SALES',      'CHICAGO');
INSERT INTO DEPT VALUES (40, 'OPERATIONS', 'BOSTON');


COMMIT;
```

3 SALGRADE TABLE

```
CREATE TABLE SALGRADE (
        GRADE NUMBER,
        LOSAL NUMBER,
        HISAL NUMBER
);


INSERT INTO SALGRADE VALUES (1,  700, 1200);
INSERT INTO SALGRADE VALUES (2, 1201, 1400);
INSERT INTO SALGRADE VALUES (3, 1401, 2000);
INSERT INTO SALGRADE VALUES (4, 2001, 3000);
INSERT INTO SALGRADE VALUES (5, 3001, 9999);


COMMIT;
```

1 '자격검정 안내' 및 '실습환경 준비하기'

수험생을 위한 자격검정에 대한 상세한 안내와 실습환경 준비에 대한 상세한 설명

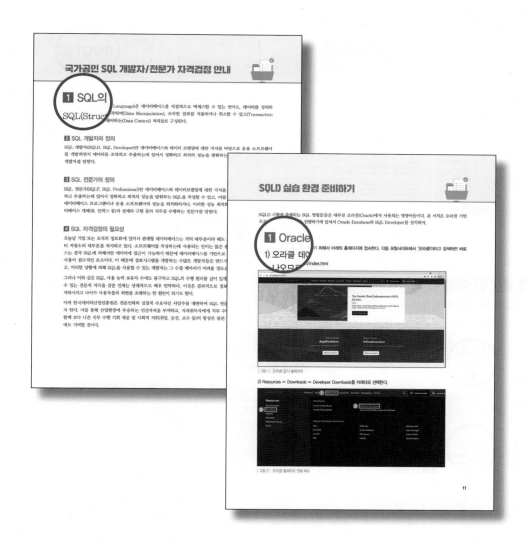

SQLD 도서구성

2 변경된 출제기준을 100% 반영한 핵심이론 정리

2024년부터 변경 적용되는 검정과목을 반영하고 최적의 학습을 위한 핵심이론 정리

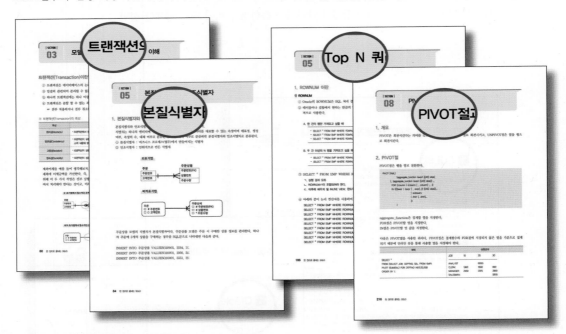

3 충분한 예제 수록

다양한 예제와 설명을 통해 학습성취도 UP!

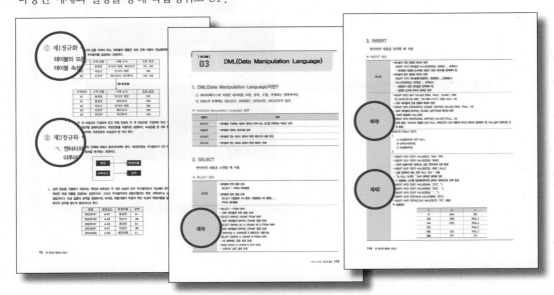

4 과목별 출제예상문제 수록

출제예상문제를 수록하여 과목별 학습내용을 다시 한번 점검!

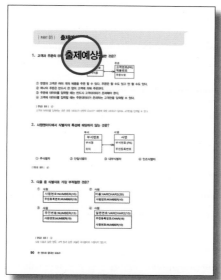

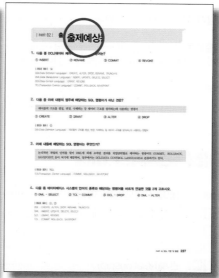

5 실전모의고사 5회 및 정답/해설 수록

마지막 최종점검을 위해 실제 시험과 동일한 실전모의고사와 정답 및 상세한 해설 수록

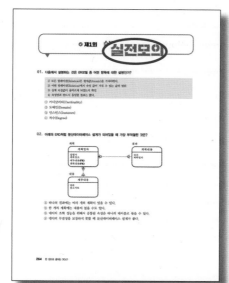

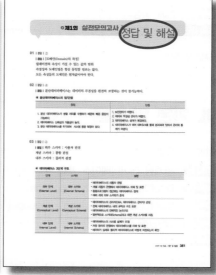

Contents

PART 03 실전모의고사

SQLD

| PART 01 |

데이터 모델링의 이해

• 출제예상문제

Structured Query Language Developer

| CHAPTER 1 |

데이터 모델링의
이해

| SECTION |
01　데이터 모델의 이해

1. 데이터 모델링의 이해

1) 모델링의 개념

① 가설적 또는 일정 양식에 맞춘 표현이다.

② 어떤 것에 대한 예비표현으로 그로부터 최종 대상이 구축되도록 하는 계획으로서 기여하는 것이다.

③ 복잡한 현실세계를 단순화하여 표현하는 것이다.

④ 모델이란 사물 또는 사건에 관한 양상이나 관점을 연관된 사람이나 그룹을 위하여 명확하게 하는 것이다.

⑤ 모델이란 현실세계를 추상화한 반영이다.

2) 모델링의 특징

① 모델링은 현실세계를 추상화, 단순화, 명확화하기 위해 일정한 표기법에 의해 표현하는 기법이다.

② 정보시스템 구축에서 모델링은 계획, 분석, 설계 단계에서 업무를 분석하고 설계할 때, 이후 구축, 운영 단계에서 변경과 관리할 때 이용된다.

③ 모델링의 특징은 추상화, 단순화, 명확화라는 3대 특징으로 요약할 수 있다.

◉ 모델링의 특징

종류	설명
단순화 (Simplification)	• 복잡한 현실세계를 약속된 규약에 의해 제한된 표기법이나 언어를 이용하여 쉽게 이해할 수 있도록 표현 • 누구나 쉽게 이해할 수 있도록 표현
추상화 (Abstraction)	• 현실세계를 일정한 형식에 맞추어 표현 • 다양한 현상을 일정한 양식인 표기법에 따라 표현 • 현실세계를 간략히 표현
명확화 (Clarity)	• 누구나 이해하기 쉽게 하기 위해 대상에 대한 애매모호함을 제거하고 정확하게 현상을 기술 • 명확하게 의미가 해석되어야 하고 한 가지의 의미를 가짐

3) 모델링의 3가지 관점

① 시스템의 대상이 되는 업무를 분석하여 정보시스템으로 구성하는 과정에서 업무의 내용과 정보시스템의 모습을 적절한 표기법으로 표현하는 것을 모델링이라고 한다.

② 모델링은 데이터 관점, 프로세스 관점, 데이터와 프로세스의 상관 관점으로 구분할 수 있다.

◉ 모델링의 3가지 관점

관점	설명
데이터 관점	• 업무가 어떤 데이터와 관련이 있는지 또는 데이터 간의 관계는 무엇인지에 대해서 모델링하는 방법(What, Data) • 비즈니스 프로세스에서 사용되는 데이터를 의미 • 예) 구조분석, 정적분석
프로세스 관점	• 실제하고 있는 업무는 무엇인지 또는 무엇을 해야 하는지를 모델링하는 방법(How, Process) • 비즈니스 프로세스에서 수행하는 작업을 의미 • 예) 시나리오 분석, 도메인 분석, 동적 분석
데이터와 프로세스의 상관 관점	• 업무가 처리하는 일의 방법에 따라 데이터는 어떻게 영향을 받고 있는지 모델링하는 방법(Interaction) • 프로세스와 데이터 간의 관계를 의미 • 예) CRUD(Create, Read, Update, Delete)

2. 데이터 모델의 기본 개념 이해

1) 데이터 모델링의 개념

① 데이터 모델링은 현실 세계에 존재하는 데이터를 컴퓨터 세계의 데이터베이스로 옮기는 과정을 의미한다.

② 현실세계의 데이터에 대해 약속된 표기법에 의해 표현하는 과정이다.

③ 정보시스템을 구축하기 위해, 해당 업무에 어떤 데이터가 존재하는지 또는 업무가 필요로 하는 정보는 무엇인지를 분석하는 방법이다.

④ 업무에서 필요로 하는 데이터를 시스템 구축 방법론에 따라 분석하고 설계하여 정보시스템을 구축하는 과정이다.

2) 데이터 모델이 제공하는 기능

업무를 분석하는 관점에서 데이터 모델이 제공하는 기능은 다음과 같다.

◉ 데이터 모델의 기능

기능	설명
가시화	• 시스템의 현재 또는 원하는 모습을 시각적으로 볼 수 있도록 지원
명세화	• 시스템의 구조와 행동을 명확히 정의하여 기술할 수 있도록 지원
구조화	• 시스템을 구축하기 위한 구조화된 틀 제공
문서화	• 시스템 구축 과정에서 결정한 내용을 기록 및 보관
다양한 관점	• 다양한 영역에 집중하기 위해 다른 영역의 세부 사항은 숨기고 다양한 관점을 제공
표현방법 제공	• 특정 목표에 따라 구체화한 상세 수준의 표현방법 제공

3. 데이터 모델링의 중요성과 유의점

1) 데이터 모델링의 중요성

데이터 모델링의 중요성은 파급효과(Leverage), 복잡한 정보 요구 사항의 간결한 표현(Conciseness), 데이터 품질(Data Quality)로 정리할 수 있다.

◉ 데이터 모델링의 중요성

중요성	설명
파급효과 (Leverage)	• 시스템 구축이 완성되어가는 시점에서 데이터 모델을 변경하게 되면 시스템 구축 프로젝트에 큰 위험요소
간결한 표현 (Conciseness)	• 정보 요구 사항과 한계가 정확하고 간결하게 표현되어야 하므로 데이터 모델이 필요
데이터 품질 (Data Quality)	• 데이터 구조의 문제로 인해 데이터 품질의 문제가 발생 • 예) 중복데이터의 미정의, 데이터 구조의 비즈니스 정의의 불충분, 동일한 성격의 데이터를 분리하여 데이터 불일치 등

2) 데이터 모델링의 유의점(데이터 품질과 관련된 유의점)

① 데이터 품질의 문제가 야기되는 이유 중 하나는 데이터 구조 때문이다.

② 중복데이터의 미정의, 데이터 구조의 비즈니스 정의의 불충분, 동일한 성격의 데이터를 통합하지 않고 분리함으로써 나타나는 데이터 불일치 등의 데이터 구조의 문제 때문에 데이터 품질 문제는 바로잡기가 불가능하다.

③ 데이터 모델링 할 때 유의할 점은 중복(Duplication)의 발생, 비유연한 데이터 모델(Inflexibility), 비일관적인 데이터 모델(Inconsistency)이 있다.

◉ 데이터 모델링 유의점

유의점	설명
중복 (Duplication)	• 데이터 모델은 같은 데이터를 사용하는 사람, 시간, 그리고 장소를 파악하는데 도움 • 데이터베이스가 여러 장소에 같은 정보를 저장하지 않도록 함
비유연성 (Inflexibility)	• 데이터 모델을 어떻게 설계했는냐에 따라 사소한 업무 변화에 대해서도 데이터 모델링이 수시로 변경된다면 유지보수의 어려움을 가중
비일관성 (Inconsistency)	• 데이터의 중복이 없더라도 비일관성은 발생 • 데이터 모델링 할 때, 데이터와 데이터 간 상호연관 관계에 대한 명확한 정의 요구

4. 데이터 모델링의 3단계 진행

1) 데이터 모델링의 필수 요소

데이터 모델링시 핵심 데이터의 선정, 데이터 간의 논리적인 관계를 명확히 파악하기 위해서는 관리하고자 하는 대상, 그 대상들이 갖는 특성, 여러 대상들 간의 관계가 중요하다.

◉ 데이터 모델링 3가지 요소

요소	설명
대상(Entity)	• 업무가 관리하고자 하는 복수의 대상
속성(Attribute)	• 대상들이 갖는 속성
관계(Relationship)	• 대상들 간의 관계

2) 데이터 모델링의 3단계

① 현실세계에서 데이터베이스까지 만들기 위해 3단계로 나눠진다.

② 데이터 모델링은 추상화 수준에 따라 개념적 데이터 모델링, 논리적 데이터 모델링, 물리적 데이터 모델링의 3단계로 나눠진다.

◉ 데이터 모델링의 3단계

데이터 모델링 단계	설명
개념적 모델링	• 추상화 수준이 높고 업무 중심적이고 포괄적인 수준의 모델링 진행 • 업무를 분석한 뒤 업무의 핵심 엔터티(Entity)를 추출하는 단계 • 도출된 핵심 엔터티(Entity)들과의 관계들을 표현하기 위해 ERD 작성 • 포괄적이고 전사적인 모델링 단계
논리적 모델링	• 개념적 모델링에서 정의한 핵심 엔터티와 엔터티들 간의 관계를 이용하여 세부속성, 식별자, 관계 등을 정확하게 표현 • 데이터 모델링이 최종적으로 완료 • 데이터 정규화 작업 • 여러 업무들을 모두 표현할 수 있어서 재사용성이 높아짐
물리적 모델링	• 데이터베이스의 물리적인 성능, 저장 등을 고려하여 설계 • 하드웨어에 물리적으로 저장하는 방법을 도출해내기 때문에 가장 구체적인 데이터 모델링 • 하드웨어의 보안성, 가용성, 성능을 고려하여 모델링 진행 • 추상화 수준이 가장 낮은 단계

5. 데이터의 독립성과 데이터베이스 3단계 구조

1) 데이터 독립성

① 데이터 독립성은 하위 단계의 데이터 구조가 변경되더라도 상위 단계에 영향을 미치지 않는 속성이다.

② 데이터베이스 구조의 변경으로 인해 응용프로그램에 그 영향이 미치지 않도록 하는 것이다.

③ 데이터 독립성을 확보하면 아래와 같은 효과를 얻을 수 있다.

    ㄱ. 각 뷰(View)의 독립성을 유지하고 계층별 뷰에 영향을 주지 않고 변경할 수 있다.

    ㄴ. 단계별 스키마(Schema)에 따라 데이터 정의어(DDL)와 데이터 조작어(DML)가 다름을 제공한다.

④ 스키마(Schema)

    ㄱ. 데이터 관리 시스템(DBMS, DataBase Management System)을 이루는 객체들이 이루는 구조이다.

    ㄴ. 실무적으로 스키마(Schema)라고 지칭하면 보통 ERD(Entity Relation Diagram)을 지칭하는 경우가 많다.

◉ 데이터 독립성의 종류

종류	설명
데이터 독립성	• 하위 단계의 데이터 구조가 변경되더라도 상위 단계에 영향을 미치지 않는 속성
논리적 독립성	• 개념 스키마가 변경되어도 외부 스키마에는 영향을 미치지 않음 • 통합 논리적 구조가 변경되어도 응용프로그램에는 이상이 없음
물리적 독립성	• 내부 스키마가 변경되어도 외부/개념 스키마에는 영향을 미치지 않음 • 저장장치의 구조변경은 응용프로그램과 개념 스키마에 영향이 없음

2) 데이터베이스 3단계 구조

① 데이터베이스 3단계 구조를 통해 데이터 독립성을 확보할 수 있다.

② 사용자, 설계자, 개발자가 데이터베이스를 보는 관점에 따라 데이터베이스를 기술하고 이들간의 관계를 정의한 ANSI 표준이다.

③ 데이터의 독립성을 확보하면 데이터 복잡도 감소, 데이터 중복 제거, 사용자 요구사항 변경에 따른 대응력 향상, 관리 및 유지보수 비용 절감 등의 장점을 갖는다.

④ 3단계 구조로 분리해서 독립성을 확보하는 방법으로 각 계층을 뷰(View)라고도 한다.

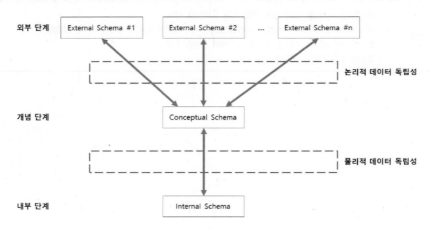

◉ 데이터베이스 3단계 구조

단계	스키마	설명
외부 단계 (External Level)	외부 스키마 (External Schema)	• 데이터베이스의 사용자 관점 • 개별 사용자 관점에서 데이터베이스 이해 및 표현 • 응용프로그램이 접근하는 데이터베이스 정의 • 여러 개의 외부 스키마가 존재
개념 단계 (Conceptual Level)	개념 스키마 (Conceptual Schema)	• 데이터베이스의 관리자(DBA, 데이터베이스 관리자) 관점 • 전체 데이터베이스 내의 규칙과 구조 표현 • 데이터베이스의 전체적인 논리구조 • 일반적으로 스키마(Schema)라고 하면 개념 스키마를 지칭
내부 단계 (Internal Level)	내부 스키마 (Internal Schema)	• 데이터베이스의 시스템 설계자 관점 • 저장 장치의 관점에서 데이터베이스를 이해 및 표현 • 데이터가 실제로 물리적 데이터베이스에 어떻게 저장되는지 확인

6. 데이터 모델의 표기법(ERD)

1) ERD(Entity Relationship Diagram)

① 1976년 피터 첸(Peter Chen)이 만든 표기법으로, 데이터 모델링의 표준으로 사용되고 있다.

② 엔터티와 엔터티 간의 관계를 이해하기 쉽게 정의하는 모델링 방법이다.

2) ERD 표기법의 종류

표기법에는 Chen, IE/Crow's Foot, Barker, UML 등이 있다.

① Chen

ㄱ. 데이터 모델에 대한 최초의 표기법은 1976년 피터 첸(Peter Chen)에 의해 고안된 ERD(Entity Relationship Model) 이다.

ㄴ. 실무적으로 많이 사용하지는 않는다.

② IE/Crow's Foot

ㄱ. Information Engineering(I/E)는 정보시스템 구축의 과정인 데이터 분석(Data Analyst)과 데이터 베이스 설계 (Database Design) 단계에서 매우 효과적이다.

ㄴ. 관계의 다(Many)를 나타내는 방식이 까마귀 발 모양을 사용하므로 Crow's Foot라고 부른다.

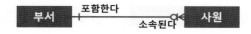

③ Barker

ㄱ. Richard Barker에 의해서 1986년에 최초 개발된 표기법이다.
ㄴ. Oracle에서 Case Method(Custom Development Method)로 채택하여 사용하고 있는 표기법이다.

④ UML

객체지향모델링(Object Modeling)에서 사용하는 표준 표기법이다.

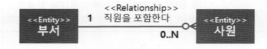

3) ERD 작성 절차

ERD를 작성하는 순서는 아래와 같이 6단계로 작성한다.

① 엔터티를 도출한 후 그린다. ➜ ② 엔터티를 적절하게 배치한다. ➜ ③ 엔터티 간의 관계를 설정한다.
➜ ④ 관계명을 기술한다. ➜ ⑤ 관계의 참여도를 기술한다. ➜ ⑥ 관계의 필수 여부를 기술한다.

① 엔터티를 그린다.

엔터티는 사각형으로 표기하여 기술한다.

② 엔터티를 적절하게 배치한다.

ㄱ. 가장 중요한 엔터티를 좌측 상단에 배치한다.
ㄴ. 업무의 중심 엔터티는 다른 엔터티들과 많은 관계를 맺는다. 이 경우에는 ERD의 중앙에 배치하는 것이 좋다.
ㄷ. 중심 엔터티와 관계를 갖는 엔터티들은 중심 엔터티 주위에 배치하도록 한다.

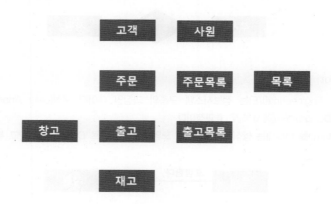

③ 엔터티 간의 관계를 설정한다.

　ㄱ. 초기 관계 작성시에는 식별자 관계를 기본으로 설정한다.
　ㄴ. 관계를 설정할 때 중복되는 관계가 발생하지 않도록 유의한다.
　ㄷ. Circle 관계가 발생하지 않도록 유의한다.

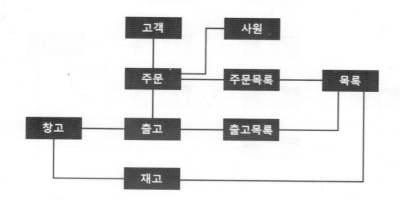

④ 관계명을 기술한다.

　ㄱ. 관계의 이름은 현재형을 사용하고 지나치게 포괄적인 용어는 피해야 한다.
　ㄴ. 실무적으로는 관계명을 ERD에 반드시 기재하지 않아도 된다.

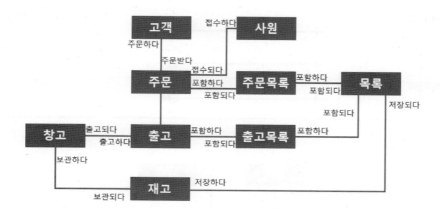

⑤ 관계의 참여도를 기술한다.

엔터티 내에 있는 인스턴스들이 얼마나 관계에 참여하는지 나타내는 관계차수를 표시한다.

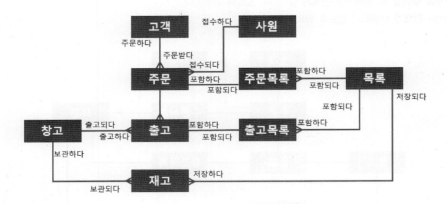

⑥ 관계의 필수 여부를 기술한다.

필수/선택을 표시한다.

종류		설명
필수참여관계	1:1	
	1:M	
선택참여관계	1:1	
	1:M	

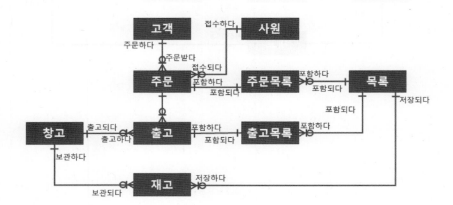

| SECTION |
02   엔터티(Entity)

1. 엔터티(Entity)의 개념

  ① 엔터티(Entity)는 업무상 분석해야 하는 대상(Instance)들로 이루어진 개체 집합이다.

  ② 분석해야 할 대상들은 동질성을 가진다.

  ③ 엔터티(Entity)는 인스턴스(Instance)의 집합이고, 인스턴스(Instance)는 엔터티(Entity)의 하나의 값이다.

  ④ 실체, 객체라고도 부른다.

◆ 엔터티(Entity)와 인스턴스(Instance) 예
  ⓐ 엔터티(Entity) : 업무에서 저장되고 관리되어야 하는 데이터들의 집합
  ⓑ 인스턴스(Instance) : 엔터티(Entity)에 속해 있는 개별 개체
  ➜ EMP 테이블에서 각각의 사원 한 명을 인스턴스(Instance)라고 한다.
  ➜ EMP 테이블에서 총 14명의 사원들의 집합을 엔터티(Entity)라고 한다.
  ➜ 사원들은 모두 EMPNO, ENAME 등과 같은 정보를 가지고 있기 때문에 동질성을 가진다.

2. 엔터티(Entity)의 특징

엔터티(Entity)는 다음과 같은 특징을 가지고 있으며, 도출한 엔터티(Entity)가 다음의 성질을 만족하지 못하면 적절하지 않은 엔터티(Entity)일 확률이 높다.

특징	설명
식별여부	• 엔터티(Entity)는 식별자(Identifier)에 의해서 식별이 가능 • 유일한 식별자(Unique Identifier)가 필수
인스턴스들의 집합	• 영속적으로 존재하는 인스턴스의 집합 • 2개 이상의 인스턴스가 존재해야 함
속성	• 엔터티(Entity)는 반드시 속성(변수)을 가짐 • 각 엔터티(Entity)는 2개 이상의 속성을 가짐 • 하나의 인스턴스는 각각의 속성들에 대한 1개의 속성 값만을 가짐
업무	• 엔터티(Entity)는 업무에서 관리되어야 하는 집합 • 업무 프로세스에 의해 이용되어야 함
관계	• 다른 엔터티(Entity)와 최소 1개 이상의 관계가 있어야 함

3. 엔터티의 분류

엔터티는 엔터티 자신의 성격에 의해 실체 유형에 따라 구분하거나 업무를 구성하는 모습에 따라 구분이 되는 발생 시점에 의해 분류할 수 있다.

1) 유형과 무형에 따른 분류

① 물리적 형태의 존재 여부에 따라 유형과 무형으로 나눌 수 있다.

② 유형과 무형에 따라 유형엔터티, 개념엔터티, 사건엔터티로 분류된다.

종류	설명
유형엔터티 (Tangible Entity)	• 물리적 형태가 있고 안정적이며 지속적으로 활용되는 엔터티 • 업무로부터 엔터티를 구분하기가 가장 용이 • 예) 사원, 물품, 강사 등
개념엔터티 (Conceptual Entity)	• 물리적인 형태는 존재하지 않고 관리해야 할 개념적 정보로 구분되는 엔터티 • 예) 조직, 보험상품 등
사건엔터티 (Event Entity)	• 업무를 수행함에 따라 발생하는 엔터티 • 비교적 발생량이 많으며 각종 통계자료에 이용 • 예) 주문, 청구, 미납 등

2) 발생 시점에 따른 분류

발생 시점에 따라 기본엔터티(Fundamental Entity), 중심엔터티(Main Entity), 행위엔터티(Active Entity)로 구분할 수 있다.

종류	설명
기본엔터티 (Fundamental Entity)	• 그 업무에 원래 존재하는 정보 • 다른 엔터와 관계에 의해 생성되지 않고 독립적으로 생성 • 타 엔터티의 부모역할 • 다른 엔터티로부터 주식별자를 상속받지 않고 자신의 고유한 주식별자를 가짐 • 예) 사원, 부서, 고객, 상품 등
중심엔터티 (Main Entity)	• 기본엔터티로부터 발생되고 그 업무에서 중심적인 역할 • 많은 데이터가 발생되고 다른 엔터티와의 관계를 통해 많은 행위 엔터티를 생성 • 예) 계약, 사고, 청구, 주문 등
행위엔터티 (Active Entity)	• 2개 이상의 부모엔터티로부터 발생 • 자주 내용이 바뀌거나 데이터 양이 증가 • 분석 초기 단계보다는 상세 설계 단계나 프로세스와 상관모델링을 진행하면서 도출 • 예) 주문목록, 사원변경이력 등

4. 엔터티의 명명

엔터티를 명명하는 일반적인 기준

① 현업에서 사용하는 용어사용

② 가능하면 약자 사용은 자제

③ 단수 명사 사용

④ 모든 엔터티에서 유일하게 이름 부여

⑤ 엔터티 생성 의미대로 이름 부여

| SECTION |

03 속성(Attribute)

1. 속성(Attribute)의 개념

 ① 속성(Attribute)은 업무에서 분석해야 할 대상이 가지고 있는 고유한 성질, 특징을 의미한다.

 ② 업무상 인스턴스(Instance)로 관리하고자 하는 더 이상 분리되지 않는 최소의 데이터 단위이다.

2. 엔터티, 인스턴스, 속성, 속성값에 대한 내용과 표기법

1) 엔터티, 인스턴스, 속성, 속성값의 관계

 ① 한 개의 엔터티는 2개 이상의 인스턴스의 집합이어야 한다.

 ② 한 개의 엔터티는 2개 이상의 속성을 갖는다.

 ③ 한 개의 속성은 1개의 속성값을 갖는다.

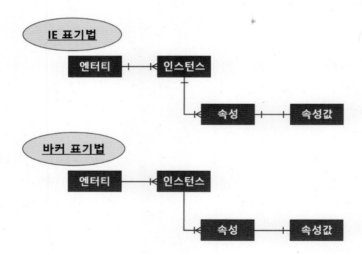

2) 속성 표기법

속성의 표기법은 엔터티 내에 이름을 포함하여 표현한다.

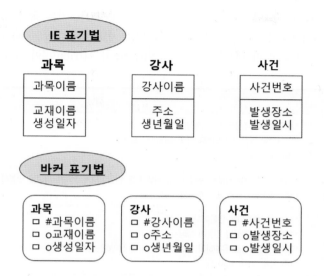

3. 속성(Attribute)의 특징

속성(Attribute)은 다음과 같은 특징을 가지고 있으며, 도출한 속성(Attribute)이 다음의 성질을 만족하지 못하면 적절하지 않은 속성(Attribute)일 확률이 높다.

① 엔터티와 마찬가지로 반드시 해당 업무에서 필요하고 관리하고자 하는 정보여야 한다.
② 정규화 이론에 근거하여 정해진 주식별자에 함수적 종속성을 가져야 한다.
③ 하나의 속성은 한 개의 값만을 가진다.
④ 하나의 속성에 여러 개의 값이 있는 다중값일 경우 별도의 엔터티를 이용하여 분리한다.
⑤ 하나의 인스턴스는 속성마다 반드시 하나의 속성값을 가진다. 이를 원자성이라고 한다.

4. 속성(Attribute)의 분류

1) 속성(Attribute)의 특성에 따른 분류

속성(Attribute)에는 데이터 모델링의 업무 분석시 곧바로 생성되는 기본 속성(Basic Attribute), 데이터 모델링시 업무를 구체적으로 설계하는 단계에서 만들어지는 설계 속성(Designed Attribute), 통계적 계산으로부터 혹은 다른 속성으로부터 생성되는 파생 속성(Derived Attribute)이 있다.

종류	설명
기본 속성 (Basic Attribute)	• 업무로부터 추출된 모든 속성 • 엔터티에 가장 일반적으로 많이 존재하는 속성 • 예) 원금, 예치기간 등
설계 속성 (Designed Attribute)	• 기본 속성 외에 업무를 규칙화하기 위해 새로 만들어지거나 기본 속성을 변형하여 만들어지는 속성 • 예) 상품코드, 지점코드, 예금분류 등
파생 속성 (Derived Attribute)	• 다른 속성에 의해 만들어지는 속성 • 일반적으로 계산된 값들이 해당 • 데이터 정합성을 유지하기 위해 가급적 적게 정의하는 것이 좋음 • 예) 합계, 평균, 이자 등

2) 엔터티 구성방식에 따른 분류

구성 방식에 따라 PK(Primary Key, 기본키) 속성, FK(Foreign Key, 외래키) 속성, 일반 속성으로 분류한다.

종류	설명
PK(Primary Key, 기본키) 속성	• 인스턴스를 식별할수 있는 속성
FK(Foreign Key, 외래키) 속성	• 다른 엔터티와의 관계에서 포함된 속성
일반 속성	• 엔터티에 포함되어 있고 PK/FK에 포함되지 않는 속성

3) 분해 여부에 따른 분류

종류	설명
단일 속성 (Simlpe Attribute)	• 하나의 의미로 구성된 경우 • 예) 회원ID, 이름 등
복합 속성 (Composite Attribute)	• 여러개의 의미로 구성된 경우 • 예) 주소(시, 구, 동 등으로 분해 가능) 등
다중값 속성 (Multi-Valued Attribute)	• 속성에 여러 개의 값을 가질 수 있는 경우 • 다중값 속성은 엔터티로 분해 • 예) 상품 리스트 등

5. 속성(Attribute)의 명명

속성(Attribute)을 명명하는 일반적인 기준

① 해당 업무에서 사용하는 이름을 부여
② 서술식 속성명은 사용하지 않음
③ 약어의 사용은 가급적 제한
④ 전체 데이터 모델에서 유일한 명칭

6. 도메인(Domain)

① 도메인(Domain)은 각 속성이 가질 수 있는 값의 범위이다.
② 엔터티 내에서 속성에 대한 데이터 타입과 크기, 제약사항을 지정하는 것이다.

◉ 도메인(Domain)의 특징

특징	설명
타입과 크기	• 엔터티 내에서 속성에 대한 데이터 타입과 크기 지정
NOT NULL	• 엔터티 내에서 속성에 대한 NOT NULL 지정
제약사항	• 엔터티 내에서 속성에 대한 CHECK 조건 지정

| SECTION |
04 관계(Relationship)

1. 관계(Relationship)의 개념

① 관계(Relationship)는 엔터티의 인스턴스 사이의 논리적인 연관성으로서 존재의 형태로서나 행위로서 서로에게 연관성이 부여된 상태이다.

② 관계(Relationship)는 엔터티와 엔터티 간의 연관성을 표현하기 때문에 엔터티의 정의에 따라 영향을 받기도 하고, 속성 정의 및 관계 정의에 따라서도 다양하게 변할 수 있다.

2. 관계의 분류

① 관계(Relationship)는 존재에 의한 관계와 행위에 의한 관계로 분류된다.

② 존재 관계는 엔터티 간의 상태를 의미한다.
  예) A사원은 B부서에 소속되어 있다.

③ 행위 관계는 엔터티 간에 어떤 행위가 있는 것을 의미한다.
  예) 주문은 고객이 주문할 때 발생한다.

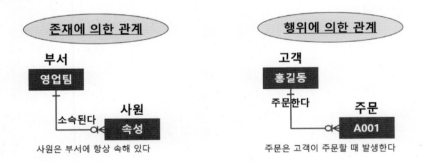

3. 관계(Relationship)의 표기법

① 관계(Relationship)에서는 표기법이 상당히 복잡하고 여러 가지 의미를 가지고 있다.

② 다음 3가지 개념과 표기법을 이해해야 한다.
  ㄱ. 관계명(Membership) : 관계의 이름
  ㄴ. 관계차수(Cardinality) : 1:1, 1:M, M:M(M:N)
  ㄷ. 관계선택사양(Optionality) : 필수관계, 선택관계

1) 관계명(Membership)

① 관계명(Membership)은 엔터티가 관계에 참여하는 형태를 지칭한다.

② 각각의 관계는 관계가 시작되는 관계시작점(The Beginning)과 관계를 받는 관계끝점(The End) 두 개의 관계명을 가진다.

③ 참여자의 관점에 따라 관계명은 능동적(Active)이거나 수동적(Passive)으로 명명된다.

④ 관계명은 다음과 같은 명명규칙에 따라 작성해야 한다.

  ㄱ. 애매한 동사를 피해야 한다.
    예) 관계된다. 관련이 있다 등
  ㄴ. 현재형으로 표현해야 한다.
    예) 수강을 신청했다. ➔ 수강신청 한다.
      강의를 할 것이다. ➔ 강의를 한다.

예)

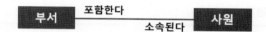

• 부서는 사원을 포함한다.
• 사원은 부서에 소속된다.

2) 관계차수(Cardinality)

① 관계차수(Cardinality)는 두 개의 엔터티 간에 관계에 참여하는 수를 의미한다.

② 관계는 각 엔터티의 하나 혹은 여러 개의 인스턴스(Instance)들이 이룬다.

③ 관계차수(Cardinality)는 1:1, 1:M, M:M(M:N) 관계로 나누어 진다.

A. 1:1(One To One)
  관계를 맺는 엔터티가 하나의 관계만을 가지는 경우

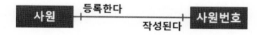

• 사원은 1개의 사원번호만 등록하고 사원번호는 한 사원에 의해 1개만 작성

B. 1:M(One To Many)
  관계를 맺는 엔터티가 1개 이상의 경우이며, 반대 방향은 1개의 관계만을 가지는 경우

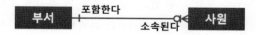

• 1명의 사원은 한 부서에 소속되고 한 부서에서 여러 사원을 포함

C. M : M(Many To Many)

관계를 맺는 엔터티가 1개 이상인 경우이며, 반대의 경우도 1개 이상의 관계를 가짐

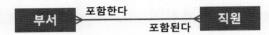

• 1명의 사원은 여러 부서에 소속되고, 한 부서에는 여러 명의 사원이 포함

3) 관계선택사양(Optionality)

① 관계선택사양(Optionality)은 엔터티가 관계에 항상 참여하는지, 아니면 선택적으로 참여하는지를 의미한다.

② 반드시 하나는 존재해야하는 관계인 필수참여(Mandatory Membership) 관계와 없을 수도 있는 관계인 선택참여(Optional Membership) 관계로 구분된다.

◉ 필수참여관계, 선택참여관계

종류	설명	
필수참여관계 (Mandatory Membership)	• 반드시 하나가 있어야 하는 관계 • 예) 주문을 하려면 회원ID가 있어야 한다.	
	1:1	┼――――――┼
	1:M	┼――――――Ӿ
선택참여관계 (Optional Membership)	• 있을 수도 있고, 없을 수도 있는 관계 • 예) 회원ID는 있지만 주문은 안 할 수도 있다.	
	1:1	┼――――――ᴓ
	1:M	┼――――――Ͽᴇ

4) 관계표기법 예제

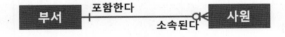

① 한 부서는 여러명의 사원을 포함할 수 있고, 한 사원은 한 부서에 소속된다.

② 부서 엔터티 기준으로는 한 부서는 사원 엔터티와 관계가 있을 수도 있고, 없을 수도 있기 때문에 부서와 사원의 관계는 선택참여관계가 된다.

③ 사원엔터티 기준으로는 사원과 부서의 관계가 필수이므로 필수참여관계가 된다.

4. 관계(Relationship)의 정의 및 읽는 방법

1) 관계 정의시 점검할 사항

관계를 정의할 때 여러 가지 사항을 점검하여 데이터 모델에 오류가 없도록 해야한다.

① 업무기술서, 장표에 관계연결에 대한 규칙이 서술되어 있는지 여부
② 업무기술서, 장표에 관계연결이 동사(Verb)로 이루어져있는지 여부
③ 두 개의 엔터티 사이에 연관규칙이 존재하는지 여부
④ 두 개의 엔터티 사이에 정보의 조합이 발생하는지 여부

2) 관계 읽기

데이터 모델을 읽는 방법은 먼저 관계에 참여하는 기준 엔터티를 하나 또는 각(Each)으로 읽고, 대상 엔터티의 개수(하나, 하나 이상)를 읽고, 관계선택사양과 관계명을 읽는다.

◉ 관계 읽기 예제

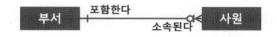

→ 부서 엔터티 기준

순서	읽기	설명	예시
1	하나의/각각의	• 기준이 되는 엔터티를 한 개 또는 각각 읽음	각
2	기준 엔터티	• 기준 엔터티를 읽음	부서에는
3	관계 차수	• 관련 엔터티의 관계 차수(한 개 또는 한 개 이상)를 읽음	여러
4	관련 엔터티	• 관련 엔터티를 읽음	사원을
5	선택사양	• 관계선택사양(항상 또는 때때로)을 읽음	때때로
6	관계명	• 관계명을 읽음	포함한다

→ 사원 엔터티 기준

순서	읽기	설명	예시
1	하나의/각각의	• 기준이 되는 엔터티를 한 개 또는 각각 읽음	각각의
2	기준 엔터티	• 기준 엔터티를 읽음	사원은
3	관계 차수	• 관련 엔터티의 관계 차수(한 개 또는 한 개 이상)를 읽음	하나의
4	관련 엔터티	• 관련 엔터티를 읽음	부서에
5	선택사양	• 관계선택사양(항상 또는 때때로)을 읽음	항상
6	관계명	• 관계명을 읽음	소속된다

식별자

1. 식별자 개념

① 식별자는 하나의 엔터티에 구성된 여러 개의 속성 중에 엔터티를 대표할 수 있는 속성이다.
② 하나의 엔터티는 반드시 하나의 유일한 식별자가 존재해야 한다.

2. 식별자 특징

주식별자(기본키, Primary Key, PK)일 경우 다음과 같은 특징을 갖는다.

① 엔터티 내에서 각 인스턴스를 유일하게 구분할 수 있는 구분자
② 타 엔터티와 참조관계를 연결할 수 있는 식별자
③ 유일성, 최소성, 불변성, 존재성을 만족해야 함

1) 주식별자의 특징

특징	설명
최소성	• 주식별자를 구성하는 속성의 수는 유일성을 만족하는 최소의 수가 되어야 함
존재성	• 주식별자가 지정 되면 반드시 값이 존재(NULL 안됨)
유일성	• 주식별자에 의해 엔터티 내에 모든 인스턴스들을 유일하게 구분함
불변성	• 주식별자가 한번 특정 엔터티에 지정되면 그 식별자의 값은 변하지 않아야 함

2) 키의 종류

데이터베이스 키	설명
기본키 (Primary Key)	• 후보키 중에서 엔터티를 대표할 수 있는 키
후보키 (Candidate Key)	• 유일성과 최소성을 만족하는 키
슈퍼키 (Super Key)	• 유일성은 만족하지만 최소성을 만족하지 않는 키
대체키 (Alternate Key)	• 여러 개의 후보키 중에서 기본키를 선정하고 남은 키
외래키 (Foreign Key)	• 하나 혹은 다수의 다른 테이블의 기본키 필드를 가리키는 것으로 참조무결성을 확인하기 위해 사용되는 키 • 허용된 데이터 값만 데이터베이스 저장하기 위해서 사용

3. 식별자 분류

식별자는 대표성, 생성 여부, 속성의 수, 대체 여부로 분류된다.

1) 대표성 여부에 따른 식별자의 종류

종류	설명
주식별자	• 유일성과 최소성을 만족하면서 엔터티를 대표하는 식별자 • 엔터티 내에서 각 인스턴스를 유일하게 구분할 수 있는 식별자 • 타 엔터티와 참조관계를 연결할 수 있는 식별자
보조식별자	• 엔터티 내에서 각 인스턴스를 구분할 수 있는 구분자이지만, 대표성을 가지지 못해 참조 관계 연결을 할 수 없는 식별자 • 유일성과 최소성은 만족하지만 대표성을 만족하지 못하는 식별자

2) 생성 여부에 따른 식별자의 종류

종류	설명
내부식별자	• 엔터티 내부에서 스스로 생성되는 식별자
외부식별자	• 다른 엔터티와 관계로 인하여 만들어지는 식별자

3) 속성 수에 따른 식별자의 종류

종류	설명
단일식별자	• 하나의 속성으로 구성
복합식별자	• 2개 이상의 속성으로 구성

4) 대체 여부에 따른 식별자의 종류

종류	설명
본질식별자	• 비즈니스 프로세스에서 만들어지는 식별자
인조식별자	• 인위적으로 만들어지는 식별자

4. 주식별자 도출기준

① 데이터 모델링 작업에서 중요한 작업 중의 하나가 주식별자 도출작업이다.

② 주식별자를 도출하기 위한 기준을 정리하면 다음과 같다.

ㄱ. 해당 업무에서 자주 이용되는 속성을 주식별자로 지정한다.

ㄴ. 명칭, 내역 등과 같이 이름으로 기술되는 것들은 가능하면 주식별자로 지정하지 않는다.

ㄷ. 복합으로 주식별자로 구성할 경우 너무 많은 속성이 포함되지 않도록 한다.

5. 식별자 관계(Identifying Relationship)와 비식별자 관계(Non-Identifying Relationship)

1) 식별자 관계와 비식별자 관계

① 외부식별자(Foreign Identifier)는 자기 자신의 엔터티에서 필요한 속성이 아니라 다른 엔터티와의 관계를 통해서 자식 엔터티에 생성되는 속성을 말한다.

② 식별자는 엔터티 내의 개체들이 유일하도록 만들어준다.

③ 식별자 관계는 부모 엔터티가 어떤 것인지 명확히 밝혀주는 관계이고 비식별자 관계는 부모가 없다고 생각하고 상속을 단절시켜주는 관계이다.

    A. 식별자 관계
    ⓐ 부모 엔터티의 주식별자가 자식 엔터티의 주식별자로 상속되는 경우이다.
    ⓑ 강한관계(Strong Relationship)로 부른다.

    B. 비식별자 관계
    ⓐ 부모 엔터티의 주식별자가 자식 엔터티의 주식별자가 아닌 일반 속성으로 상속되는 경우이다.
    ⓑ 약한관계(Weak Relationship)로 부른다.

2) 식별자 관계와 비식별자 관계 비교

강한 관계인 식별자 관계와 약한 관계인 비식별자 관계를 비교하면 다음과 같다.

	식별자 관계	비식별자 관계
관계의 강도	• 강한 관계	• 약한 관계
자식 주식별자 포함여부	• 자식의 주식별자에 포함	• 자식의 일반 속성에 포함
표기방법	• 실선 표현	• 점선 표현
데이터 모델링시 고려사항	• 자식 엔터티는 부모 엔터티에 종속 • 상속받은 주식별자의 속성을 다른 엔터티에 이전 필요	• 자식 주식별자를 별도로 구성 • 상속받은 주식별자의 속성이 상속되는 것을 차단하기 위해서 고려
단점	• SQL 명령문이 복잡해질 수 있음 • 오류 가능성이 커질 수 있음	• 과도한 조인을 유발하게 됨

| CHAPTER 2 |

데이터 모델과
성능

정규화

1. 성능 데이터 모델링의 개요

1) 성능 데이터 모델링의 개념

① 성능 데이터 모델링은 분석/설계 단계부터 데이터베이스 성능을 고려한 데이터 모델링을 수행하는 기법이다.

② 데이터 모델을 중심으로 성능에 대한 데이터 모델링을 수행한다.

2) 성능이 저하되는 데이터 모델

① 잘못 설계된 데이터 모델 구조로 인해 성능이 저하된다.

② 데이터가 대용량으로 누적됨에 따라 성능이 저하된다.

③ 잘못 생성된 인덱스로 인해 성능이 저하된다.

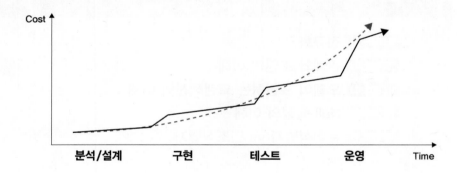

3) 성능 데이터 모델링의 수행 절차

① 논리 모델링 단계에서는 데이터베이스 정규화를 수행한다.

② 데이터 모델링 단계에서 성능을 충분히 고려하기 위한 성능 데이터 모델링 수행 절차이다.

◉ 성능 데이터 모델링의 수행 절차

	수행 절차
1	• 데이터 모델링을 할 때 정규화를 정확하게 수행
2	• 데이터베이스 용량산정(현재 용량과 예상 증가량을 조사) 수행
3	• 데이터베이스에 발생되는 트랜잭션의 유형 파악
4	• 용량과 트랜잭션의 유형에 따라 반정규화 수행
5	• 이력모델의 조정, PK/FK 조정, 슈퍼타입/서브타입 조정 등을 수행
6	• 성능관점에서 데이터 모델 검증

2. 데이터베이스 정규화(DB Normalization)

1) 정규화(DB Normalization)의 개념

① 일정한 규칙에 따라 변형하여 이용하기 쉽게 만드는 일이다.

② 데이터의 일관성, 최소한의 데이터 중복, 최대한의 데이터 유연성을 위한 방법이 있다.

③ 데이터를 분해하는 과정이다.

④ 데이터의 중복을 제거하고 데이터 모델의 독립성을 확보한다.

⑤ 데이터 이상현상(Abnormality)을 줄이기 위한 데이터 베이스 설계 기법이다.

⑥ 엔터티를 상세화하는 과정으로 논리 데이터 모델링 수행 시점에서 고려된다.

2) 이상현상(Abnormality)

이상현상(Abnormality)에는 삽입이상(Insertion Abnormality), 갱신이상(Update Abnormality), 삭제이상(Delete Abnormality) 3가지가 있다.

◉ 이상현상 종류

종류	설명
삽입이상 (Insertion Abnormality)	• 행(Row) 삽입시 지정되지 않은 속성 값이 NULL을 가지는 경우
갱신이상 (Update Abnormality)	• 데이터 갱신시 일부분의 데이터만 갱신되어 일관성 유지가 안되는 경우
삭제이상 (Delete Abnormality)	• 행(Row) 삭제시 원하지 않는 연쇄 삭제가 발생하는 현상

3) 함수적 종속성

① 어떤 테이블에서 X와 Y를 각각 속성의 부분 집합이라고 가정했을 때, X의 값에 따라서 Y의 값이 달라지는 경우, Y는 X에 대해서 함수적 종속 관계를 가진다. 이때 X집합을 결정자(Determinant), Y집합을 종속자(Dependent)라고 한다.

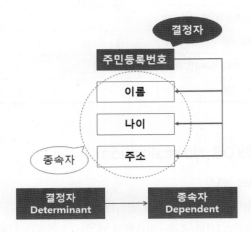

② 함수적 종속성은 데이터가 가지고 있는 속성 간의 관계에 의해 결정되고 종속되는 현상이다.

③ 정규화는 함수적 종속성에 근거한다.

④ 함수적 종속성의 유형에는 완전 함수 종속성, 부분 함수 종속성, 이행 함수 종속성, 결정자 함수 종속성이 있다.

    A. 완전 함수 종속성
       식별자의 전체 속성이 일반 속성을 결정하는 형태

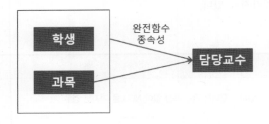

    B. 부분 함수 종속성
       복합 식별자의 부분적인 속성이 일반 속성을 결정하는 형태

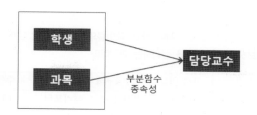

C. 이행 함수 종속성

① 식별자가 아닌 일반 속성이 다른 일반 속성을 결정하는 상태

② 하나의 테이블에 존재하는 X, Y, Z 속성이 X→Y, Y→Z의 함수적 종속이 성립하는데 X→Z 관계가 성립하는 경우

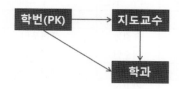

D. 결정자 함수 종속성

후보키가 아닌 결정자가 존재하는 상태

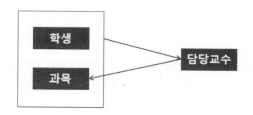

4) 정규화 단계

일반적으로 정규화는 함수적 종속성에 근거한다.

종류	설명
제1정규화	• 테이블 내의 속성의 원자성을 확보 단계 • 기본키(Primary Key)를 설정
제2정규화	• 기본키가 2개 이상의 속성으로 이루어진 경우, 부분 함수 종속성을 제거(분해) • 일반 속성은 모두 완전히 함수적 종속성 관계
제3정규화	• 기본키를 제외한 컬럼 간에 종속성을 제거 • 이행 함수 종속성 제거 • 기본키와 무관한 정규화 단계
BCNF (Boyce-Codd Normal Form)	• 기본키를 제외하고 후보키가 있는 경우, 후보키가 기본키를 종속시키면 분해 • 결정자 함수 종속성을 제거하는 단계 • 강한 제3정규화
제4정규화	• 여러 컬럼들이 하나의 컬럼을 종속시키는 경우 분해하여 다중값 종속성을 제거
제5정규화	• 조인에 의해서 종속성이 발생되는 경우 분해

① 제1정규화 예제

테이블의 모든 속성은 반드시 하나의 값을 가져야 하고, 테이블의 행들은 서로 간에 식별이 가능해야한다. 제1정규화는 테이블 속성의 원자성을 확보하고 주식별자를 설정하는 과정이다.

고객번호	고객 이름	구매 도서	주문 번호
01	홍길동	반지의 제왕, 해리포터	101, 102
02	이순신	반지의 제왕	103
03	강감찬	해리포터, 어린왕자	104, 105

제1정규화

고객번호	고객 이름	구매 도서	주문 번호
01	홍길동	반지의 제왕	101
01	홍길동	해리포터	102
02	이순신	반지의 제왕	103
03	강감찬	해리포터	104
03	강감찬	어린왕자	105

➔ 고객별 구매 도서가 두 개 이상으로 구성되어 있고 주문 번호도 두 개 이상으로 구성되어 있다. 이는 속성의 원자성이 확보되지 않은 비정규형 릴레이션이다. 주문번호를 식별자로 설정하고, 속성값을 한 개로 만든다. 구매 도서 속성에는 속성값이 한 개이며, 주문번호도 속성값이 한 개가 된다.

② 제2정규화 예제

ㄱ. 엔터티의 일반 속성은 주식별자 전체에 대해서 종속적이어야 한다. 제2정규화는 주식별자가 2개 이상의 속성으로 이루어진 경우 부분 함수적 종속을 제거하는 과정이다.

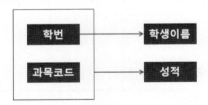

ㄴ. 성적 정보를 식별하기 위해서는 학번과 과목코드 두 개의 속성이 모두 주식별자로서 가능해야 한다. 주식별자 중 학번은 학생 이름을 결정하는 결정자이다. 그리고 주식별자이자 복합식별자인 학번, 과목코드는 성적을 결정하는 결정자이다. 속성 집합이 성적을 결정하기도 하지만, 복합식별자 부분의 학번 속성이 학생이름을 결정하기도 한다. 후자의 경우를 함수적 종속이라고 한다.

학번	과목코드	학생이름	성적
20220101	A-01	홍길동	A+
20220102	A-02	이순신	A0
20220101	A-03	홍길동	B+
20220201	A-01	강감찬	B0
20220302	A-02	세종대왕	C+

ㄷ. 성적 테이블을 보면 학번과 과목코드가 주식별자이자 복합식별자이다. 일반 속성인 학생이름은 복합식별자의 일부인 학번에 종속된다. 성적은 학번과 과목코드가 합쳐진 복합식별자에 종속된다.

ㄹ. 제2정규화는 부분 함수적 종속을 제거한다.

ㅁ. 두 개의 종속성을 별도의 테이블로 구성하면 아래와 같다.

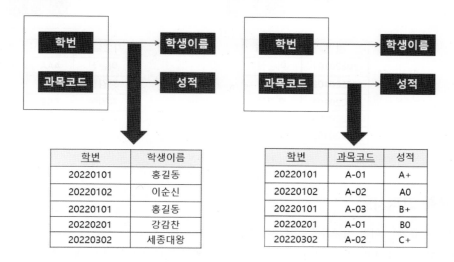

③ 제3정규화 예제

ㄱ. 제3정규화는 주식별자를 제외한 컬럼 간의 종속성인 이행함수 종속성을 제거하는 과정이다.

ㄴ. 대학에서 각 학생들은 하나의 학과에 소속되어 있는 지도교수를 한 명씩 배정받는다. 학생이 변경되면 지도교수가 변경되며, 지도교수가 변경되면 지도교수가 소속된 학과도 변경된다. 이 경우 학번이 주식별자이고, 지도교수는 학번에 의해서 결정되는 종속자이다. 학과는 지도교수에 의해서 결정되는 종속자이다.

ㄷ. 주식별자에 대해서 종속자로 기능하는 속성이 다른 속성에 대해서 다시 결정자로 기능하는 경우를 이행함수 종속성이라고 한다.

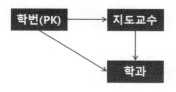

학번	지도교수	학과
20220101	이순신	AAA
20220102	강감찬	CCC
20220103	홍길동	BBB
20220104	이순신	AAA
20220105	홍길동	BBB

ㄹ. 제3정규화는 이행함수 종속성을 제거한다. 지도교수가 학번에 의해 결정되는 종속성, 학과가 지도교수에 의해 결정되는 종속성을 분리한다.

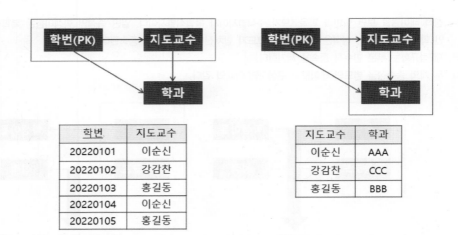

학번	지도교수
20220101	이순신
20220102	강감찬
20220103	홍길동
20220104	이순신
20220105	홍길동

지도교수	학과
이순신	AAA
강감찬	CCC
홍길동	BBB

3. 정규화 고려사항

① 모든 정규화는 이전 정규화를 만족해야 한다.

② 정규화를 하게되면 삽입, 삭제, 갱신 이상은 제거되지만 테이블이 여러 개로 분해되어 데이터를 조회할 때 조인 발생 가능성이 높아져 조회 성능은 저하될 수도 있다.

③ 단일 테이블 조회 시, 데이터 중복이 제거되어 조회 성능이 향상될 수 있다.

④ 정규화로 인해 조인이 증가하는 경우에는 I/O의 증가와 조인 연산으로 데이터 조회 성능이 저하될 수 있다.

4. 반정규화(De-Normalization)의 개념

① 반정규화(De-Normalization)는 데이터베이스의 성능 향상을 위해 데이터 중복을 허용하고 조인을 줄이는 데이터베이스 성능 향상 방법이다.

② 반정규화(De-Normalization)는 시스템의 성능 향상, 개발 및 운영의 단순화를 위해 정규화된 데이터 모델을 중복, 통합, 분리하는 데이터 모델링 기법이다.

③ 반정규화(De-Normalization)는 조회(SELECT) 속도를 향상시키지만, 데이터 모델의 유연성은 낮아진다.

④ 반정규화(De-Normalization)는 역정규화라고 부르기도 한다.

⑤ 비정규화는 정규화를 수행하지 않음을 의미한다.

5. 반정규화(De-Normalization)를 수행하는 경우

① 정규화에 충실하여 종속성, 활용성은 향상되지만 수행 속도가 느려지는 경우

② 다량의 범위를 자주 처리해야 하는 경우

③ 특정 범위의 데이터만 자주 처리하는 경우

④ 요약/집계 정보가 자주 요구되는 경우

6. 반정규화 절차

① 대상을 조사하고, 다른 방법을 먼저 유도한 후, 반정규화를 수행한다.

② 반정규화는 데이터의 일관성을 유지하는 비용이 더 발생하기 때문에, 반정규화를 수행하기 전에 대안을 검토하는 작업을 선행한다.

③ 아래 3단계에 걸쳐서 반정규화를 수행한다.

◉ 반정규화 절차

절차	방법	설명
반정규화 대상조사	대량의 범위처리 조사	• 대량의 데이터 범위를 자주 처리하는지 확인
	범위처리 빈도수 조사	• 일정한 범위를 조회하는 프로세스가 많은지 확인
	통계성 프로세스 조사	• 통계 정보를 필요로 하는 프로세스가 있는지 확인
	테이블 조인 개수	• 테이블에 조인의 개수가 많은지 확인
다른방법 유도	응용애플리케이션	• 응용 메모리 영역에서 데이터를 캐시 처리
	클러스터링 적용	• 클러스터링 팩터에 의해 저장방식을 다르게 적용
	뷰(VIEW) 테이블	• 성능을 고려한 뷰를 생성
	인덱스의 조정	• 인덱스 변경 및 생성
반정규화 적용	테이블 반정규화	• 테이블 병합, 분할, 추가
	속성의 반정규화	• 파생 컬럼 추가, 응용시스템 오작동을 위한 컬럼 추가, 이력 테이블 컬럼 추가, PK에 의한 컬럼 추가, 중복 컬럼 추가
	관계의 반정규화	• 중복 관계 추가

1. 관계(Relationship)

관계(Relationship)는 이미 1장 4절에서 정의하였다. 관계(Relationship)는 아래에 다시 한 번 더 언급하고 2과목에서 좀 더 자세히 다루게 될 것이다.

◉ 관계(Relationship)의 개념
① 관계(Relationship)는 엔터티의 인스턴스 사이의 논리적인 연관성으로서 존재의 형태로서나 행위로서 서로에게 연관성이 부여된 상태이다.
② 관계(Relationship)는 엔터티와 엔터티 간의 연관성을 표현하기 때문에 엔터티의 정의에 따라 영향을 받기도 하고, 속성 정의 및 관계 정의에 따라서도 다양하게 변할 수 있다.

2. 조인(Join)

① 두 개 이상의 테이블들을 연결 또는 결합하여 데이터를 출력하는 것을 JOIN이라고 한다.
② 일반적으로 사용되는 SQL 문장의 상당수가 JOIN이다.
③ JOIN은 관계형 데이터베이스의 가장 큰 장점이면서 대표적인 핵심 기능이라고 할 수 있다.
④ 일반적인 경우 행들은 PRIMARY KEY(PK)나 FOREIGN KEY(FK) 값의 연관에 의해 JOIN이 성립된다.
⑤ 어떤 경우에는 PK, FK의 관계가 없어도 논리적인 값들의 연관만으로 JOIN이 성립 가능하다.
⑥ 조인(JOIN)의 구체적인 내용은 2과목 2장 SQL 활용에서 다룬다.

고객 데이터 테이블과 주문 데이터 테이블을 아래와 같이 정의하였다.

고객

고객번호	고객명
101	홍길동
102	이순신
103	유관순
104	강감찬

주문

주문번호	고객번호	주문상태
A1001	101	주문완료
A1002	102	주문완료
A1003	102	취소요청
A1004	103	주문완료
A1005	102	취소완료

주문 테이블에서 고객 테이블의 고객번호를 상속시킨 것을 볼 수 있다.

주문번호가 'A1001'인 주문 고객의 이름은 누구일까?

1. 주문 데이터(테이블)에서 주문번호가 'A1001'인 데이터를 찾는다.

2. 주문번호가 'A1001'인 데이터 행에서 고객번호가 '101'인 것을 확인한다.

3. 고객 데이터(테이블)에서 고객번호가 '101'인 데이터를 찾는다.

4. 고객번호가 '101'인 데이터의 행에서 고객명이 '홍길동'인 것을 알 수 있다.

이것이 바로 관계를 활용한 조인이다.

2, 3번의 과정이 '조인'이고, 고객번호가 바로 조인키(Join Key)이다.

3. 계층형 데이터 모델

1) 계층형 데이터 모델

계층형 데이터 모델은 계층형 구조를 가진 데이터를 지칭한다. 아래 그림은 실습에서 사용할 EMP 테이블이다.

EMPNO	ENAME	JOB	MRG	HIREDATE	SAL	COMM	DEPTNO
7369	SMITH	CLERK	7902	1980-12-17	800		20
7499	ALLEN	SALESMAN	7698	1981-02-20	1600	300	30
7521	WARD	SALESMAN	7698	1981-02-22	1250	500	30
7566	JONES	MANAGER	7839	1981-04-02	2975		20
7654	MARTIN	SALESMAN	7698	1981-09-28	1250	1400	30
7698	BLAKE	MANAGER	7839	1981-05-01	2850		30
7782	CLARK	MANAGER	7839	1981-06-09	2450		10
7788	SCOTT	ANALYST	7566	1987-04-19	3000		20
7839	KING	PRESIDENT		1981-11-17	5000		10
7844	TURNER	SALESMAN	7698	1981-09-08	1500	0	30
7876	ADAMS	CLERK	7788	1987-05-23	1100		20
7900	JAMES	CLERK	7698	1981-12-03	950		30
7902	FORD	ANALYST	7566	1981-12-03	3000		20
7934	MILLER	CLERK	7782	1982-01-23	1300		10

EMP 테이블에서 EMPNO는 각 사원의 사원번호, MGR은 각 사원의 상사(관리자)의 사원번호이다. 예를 들어 SMITH의 사원번호는 7369이고, 상사(관리자)의 사원번호는 7902이다. 사원번호가 7902인 사원은 FORD이므로 SMITH의 상사는 FORD이다. 이런 식으로 각 사원의 상사(관리자)를 찾아서 정리하면 아래 그림과 같이 표현할 수 있다.

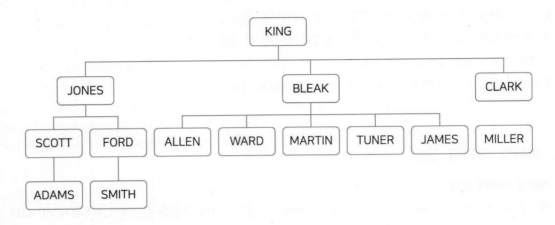

2) 계층형 질의

① 계층형 데이터란 동일 테이블에 계층적으로 상위와 하위 데이터가 포함된 데이터를 말한다.

② 테이블에 계층형 데이터가 존재하는 경우 데이터를 조회하기 위해서 계층형 질의를 사용한다.

③ 자세한 내용은 2과목 계층형 질의와 셀프조인에서 다룬다.

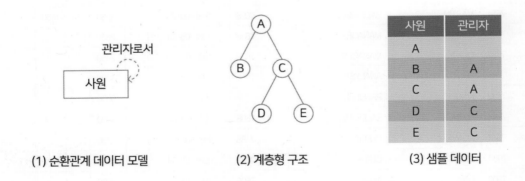

(1) 순환관계 데이터 모델   (2) 계층형 구조   (3) 샘플 데이터

4. 상호배타적 관계

두 사건이 상호 배타적이라는 것은 두 사건 중 한 사건이 일어날 확률이 두 사건이 각각 일어날 단순 확률의 합과 같다는 말이다. 즉 두 사건이 동시에 일어날 확률이 0이 되면 두 사건은 상호 배타적(mutually exclusive)이다.

아래 그림은 개인고객과 법인고객이 존재하는 모델에서 주문과의 상호배타적인 관계를 표현한 것이다. 간단히 정리하면 주문 개인고객이나 법인고객 중 하나의 고객만 가능하다는 의미가 된다.

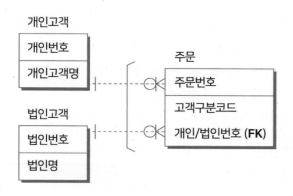

모델이 표현하는 트랜잭션의 이해

트랜잭션(Transaction)이란?

① 트랜잭션은 데이터베이스의 논리적인 연산단위이다.

② 밀접히 관련되어 분리될 수 없는 한 개 이상의 데이터베이스 조작을 가리킨다.

③ 하나의 트랜잭션에는 하나 이상의 SQL 문장이 포함된다.

④ 트랜잭션은 분할 할 수 없는 최소의 단위이다.

　　☞ 전부 적용하거나 전부 취소한다.(ALL OR NOTHING의 개념)

⊙ 트랜잭션(Transaction)의 특성

특성	설명
원자성(Atomicity)	• 트랜잭션에서 정의된 연산들은 모두 성공적으로 실행되던지 아니면 실행되지 않은 상태어야 함(All or Nothing)
일관성(Consistency)	• 트랜잭션이 실행되기 전의 데이터베이스 내용이 잘못 되어 있지 않다면 트랜잭션이 실행된 이후에도 데이터베이스의 내용에 잘못이 있으면 안됨
고립성(Isolation)	• 트랜잭션이 실행되는 도중에 다른 트랜잭션이 접근할 수 없음
영속성(Durability)	• 트랜잭션이 성공적으로 수행되면 그 트랜잭션이 갱신한 데이터베이스의 내용은 영구적으로 저장

계좌이체를 예를 들어 생각해보자. 돈을 보내는 사람의 계좌에서 이체금액을 차감하고, 돈을 받는 사람의 계좌에 이체금액을 가산한다. 즉, '계좌이체'라는 업무는 이렇게 2가지 단계로 진행되며, 데이터 정합성을 위해 이 두 가지 작업은 전부 실행되든지 전부 취소되든지 해야 한다.(원자성) 즉, 하나의 업무 단위로 묶여서 처리돼야 한다는 것이고, 이러한 업무 단위를 '트랜잭션'이라고 한다.

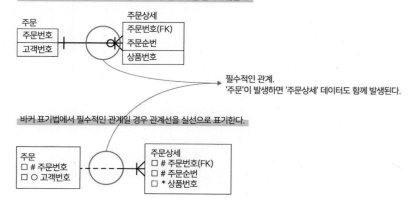

고객이 상품을 구매하면서 발생하는 것이 주문이다. 또한, 하나의 주문은 여러 개의 상품을 구매할 수 있다. 위 그림은 이에 대한 모델을 나타낸다.

관계선택사양에서 설명한 바와 같이 IE 표기법에서는 이러한 필수적인 관계에 동그라미를 붙이지 않고, 바커 표기법에서는 관계선을 실선으로 표기한다.

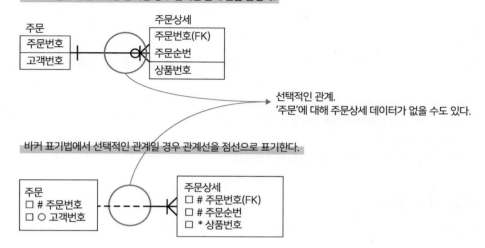

위와 같은 모델이 있다고 생각해보자.

선택적인 관계를 나타내고 있다. 그림에서 설명한 바와 같이 IE 표기법에서는 선택적인 관계에 원을 붙이고, 바커표기법에서는 관계선을 점선으로 표기한다.

위의 관계는 주문에 대해 주문상세 데이터가 없을 수도 있다는 것을 나타낸다. 주문만 하고 상품을 구매하지 않는 일은 없을 것이다. 즉 주문과 주문 상세의 데이터가 동시에 발생한다면, 당연히 하나의 트랜잭션으로 묶어서 처리해야 한다.

트랜잭션을 하나로 묶는다는 것은 All or Nothing인 원자성이 보장되도록 개발을 해야 한다는 것이다. 즉 커밋(Commit)의 단위를 하나로 묶어야 함을 의미한다. 그래야만 트랜잭션은 전체가 실행되거나 전체가 취소될 수 있다.

고객이 주문하는 도중에 핸드폰이 배터리가 다 되었을 수도 있고, 앱을 실수로 꺼버렸을 수도 있으며, 장애가 발생하여 연결이 끊어질 수도 있다. 이렇게 다양한 요인들로 인해 주문과 주문상세 API가 함께 수행되지 못하고 하나만 수행된다면, 이는 주문과 주문상세에 잘못된 데이터가 발생할 수 있음을 의미한다. 따라서 반드시 하나의 트랜잭션으로 처리되어야 한다.

1. NULL

NULL에 대한 내용은 2과목 NULL 관련 함수, 집계함수와 NULL에서 좀 더 자세히 다루게 될 것이다.

NULL의 특성은 아래와 같다.
  ㄱ. NULL 값은 아직 정의되지 않은 값으로 0 또는 공백과 다르다.
    (0은 숫자, 공백은 하나의 문자)
  ㄴ. NULL 값을 포함하는 연산의 경우 NULL을 반환한다.

2. NULL 값의 연산

NULL 값의 숫자 0 또는 공백과는 달리 존재하지 않음을 의미한다. 그래서 연산시 NULL이 포함되면 연산 결과는 NULL이 된다.

➔ TEST 테이블

COL1	COL2	COL3
30	NULL	20
NULL	40	40
0	10	NULL

SELECT
  COL1 + COL2,
  COL1 − COL2,
  COL2 * COL3,
  COL2 / COL3
FROM TEST;

• COL1 + COL2은 COL1, COL2 컬럼에서 NULL을 포함한 열의 연산 결과는 NULL
• COL1 − COL2은 COL1, COL2 컬럼에서 NULL을 포함한 열의 연산 결과는 NULL
• COL1 * COL2은 COL1, COL2 컬럼에서 NULL을 포함한 열의 연산 결과는 NULL
• COL1 / COL2은 COL1, COL2 컬럼에서 NULL을 포함한 열의 연산 결과는 NULL
  ➔ 분모가 NULL이더라도 연산결과는 NULL

➔ 실행결과

COL1 + COL2	COL1 − COL2	COL2 * COL3	COL2 / COL3
NULL	NULL	NULL	NULL
NULL	NULL	1600	1
10	−10	NULL	NULL

3. 집계함수에서의 NULL

① 집계함수에서는 NULL을 제외하고 처리한다.
② 다중 행 함수는 입력 값으로 전체 건수가 NULL 값인 경우만 함수의 결과가 NULL이 나오고 전체 건수 중에서 일부만 NULL인 경우는 NULL인 행을 다중 행 함수의 대상에서 제외한다.

➜ TEST 테이블

COL1	COL2	COL3	COL4
30	NULL	20	NULL
NULL	40	40	NULL
0	10	NULL	NULL

SELECT
  SUM(COL1),
  SUM(COL4),
  SUM(COL1+COL4),
  SUM(COL1)+SUM(COL4)
FROM TEST;
	• SUM(COL1)은 COL1 컬럼에서 NULL을 제외한 합계 결과
	  ➜ 30+0=30
	• SUM(COL4)은 COL4 컬럼에서 NULL을 제외한 합계 결과
	  ➜ COL4 모든 데이터가 NULL이기 때문에 합계 결과는 NULL
	• SUM(COL1+COL4)은 각 열에서 COL1+COL4 실행 후 SUM 실행
	  ➜ 해당 각열에 NULL이 존재하기 때문에 모든 열의 COL1 + COL4의 결과는 NULL
	  ➜ NULL값을 SUM 실행하면 결과는 NULL
	• SUM(COL1)+SUM(COL4)
	  ➜ SUM(COL1) 실행 결과인 30과 SUM(COL4) 실행 결과인 NULL을 더한 결과 NULL

➜ 실행결과

SUM(COL1)	SUM(COL4)	SUM(COL1+COL4)	SUM(COL1)+SUM(COL4)
30	NULL	NULL	NULL

본질식별자 vs 인조식별자

1. 본질식별자와 인조식별자

본질식별자와 인조식별자는 1장에서 간단하게 이미 다룬 내용이다.

식별자는 하나의 엔터티에 구성된 여러 개의 속성 중에 엔터티를 대표할 수 있는 속성이며 대표성, 생성 여부, 속성의 수, 대체 여부로 분류된다. 그중 대체 여부로 분류하면 본질식별자와 인조식별자로 분류된다.

① 본질식별자 : 비즈니스 프로세스(업무)에서 만들어지는 식별자
② 인조식별자 : 인위적으로 만든 식별자

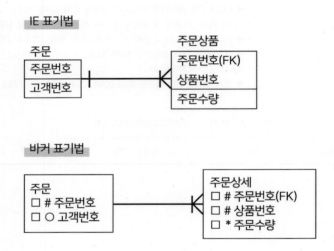

주문상품 모델의 식별자가 본질식별자이다. 주문상품 모델은 주문 시 구매한 상품 정보를 관리한다.

INSERT INTO 주문상품 VALUES(110001, 1234, 1);
INSERT INTO 주문상품 VALUES(110001, 1566, 5);
INSERT INTO 주문상품 VALUES(110001, 5551, 2);

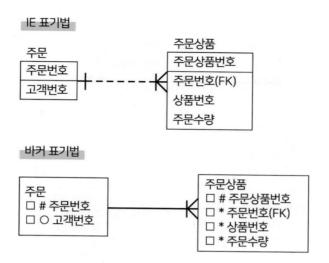

위의 모델은 주문상품번호라는 새로운 식별자를 생성하였다. 이 식별자를 외부식별자라고 부른다.

INSERT INTO 주문상품 VALUES(주문상품번호SEQ.NEXTVAL, 110001, 1234, 1);
INSERT INTO 주문상품 VALUES(주문상품번호SEQ.NEXTVAL, 110001, 4321, 5);
INSERT INTO 주문상품 VALUES(주문상품번호SEQ.NEXTVAL, 110001, 234, 2);

'주문상품번호SEQ'라는 시퀀스 객체를 생성하고 NEXTVAL 기능(호출할수록 1씩 증가되며 연속된 값을 만들어줌)을 이용하여 자동으로 새로운 번호를 받아 Insert하는 방식이다. 불필요한 시퀀스를 생성하는 이유는 본질식별자에 대해 고민하지 않았기 때문이다. 모델에 대한 이해도가 높지 않은 상태에서 모델을 설계하다보면, 식별자는 유일성(Unique)과 존재성(Not null)만 만족하면 된다고 생각할 수 있다. 기본키(Primary Key)를 생성하면 Unique와 Not null 제약이 생기므로 데이터 입력 시 오류가 발생한다. 데이터 입력 시 에러가 발생하는 것에 대해서만 고려하고, 실제 해당 엔터티의 본질 식별자에 대한 고민하지 않았기 때문이다.

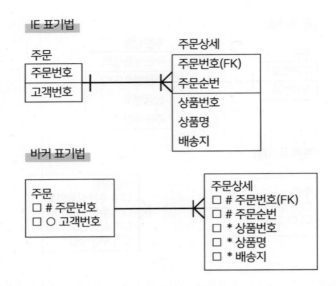

하나의 주문에 동일상품을 중복으로 구매하고 싶다면, 상품번호가 중복되기 때문에 첫 번째 모델에서는 불가능하다. 위의 주문상세모델은 상품번호를 식별자로 구성하지 않고 하나의 주문에 발생하는 상품의 count를 주문순번이라는 속성으로 식별자를 구성하였다.

본질식별자 주문상세

주문번호	주문순번	상품번호	상품명	배송지
110001	1	1234	귤 1BOX	우리집
110001	2	1234	귤 1BOX	부모님집
110001	3	1234	귤 1BOX	친구집

위의 주문상세 테이블에서 보면, 동일상품을 하나의 주문에서 처리하고있다.

INSERT INTO 주문상세 VALUES(110001, 1, 1234, '귤 1BOX', '우리집');
INSERT INTO 주문상세 VALUES(110001, 2, 1234, '귤 1BOX', '부모님집');
INSERT INTO 주문상세 VALUES(110001, 4, 1234, '귤 1BOX', '친구집');

이전 모델들과 다른 점은 주문순번값을 위해 하나의 주문에 구매하는 상품의 count를 계산하여 입력해야 한다는 것이다.

어려운 일은 아니더라도 번거로운 작업이 추가되었다.

그래서 다음과 같은 모델을 발견할 수 있다.

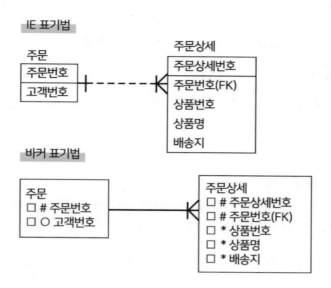

이전 모델과 차이점은 식별자를 하나의 속성으로 구성한 외부식별자로 생성하였다. 주문순번 속성이 사라졌지만 대신 주문상세번호가 생성되어 개발의 편의성이 향상되었다.

인조식별자 주문상세

주문상세번호	주문번호	상품번호	상품명	배송지
1	110001	1234	귤 1BOX	우리집
2	110001	1234	귤 1BOX	부모님집
3	110001	1234	귤 1BOX	친구집

본질식별자 주문상세와 비교하면 주문순번이 주문상세번호로 바뀐 것 말고는 다른 점이 없어 보이지만 해당 값을 구하는 방식을 비교해보면 차이점을 알 수 있다.

주문순번은 하나의 주문번호에 대해 구매가 일어나는 상품의 count를 구하는 것이므로 시퀀스 객체를 활용할 수 없어 따로 작업하였다. 하지만 '주문상세번호'는 단일식별자로 구성된 키값이기 때문에 시퀀스 객체로 해결이 가능하다.

INSERT INTO 주문상세 VALUES(주문상세번호SEQ.NEXTVAL, 110001, 1234, '귤 1BOX', '우리집');
INSERT INTO 주문상세 VALUES(주문상세번호SEQ.NEXTVAL, 110001, 1234, '귤 1BOX', '부모님집');
INSERT INTO 주문상세 VALUES(주문상세번호SEQ.NEXTVAL, 110001, 1234, '귤 1BOX', '친구집');

'주문상세번호SEQ'라는 시퀀스 객체를 만들고 NEXTVAL을 활용하면 기본키에 대한 부분은 더 이상 신경을 쓰지 않아도 된다. 실제 작업량이 줄어들기 때문에 이러한 방식을 선호할 수도 있지만, 위 방식에도 문제점이 있다.

2. 외부식별자 문제점

외부식별자를 사용하는 방식에는 크게 두 가지 문제점이 있다.
① 중복 데이터로 인한 품질
② 불필요한 인덱스 생성

1) 중복 데이터로 인한 품질 문제

외부 식별자를 사용하면 중복 데이터를 막을 수 없다. 기본키의 제약을 활용한다면 중복 데이터를 원천 차단할 수 있지만, 기본키를 인위적으로 생성한 속성으로 정의하였기 때문이다.

INSERT INTO 주문상세 VALUES(주문상세번호SEQ.NEXTVAL, 110001, 1234, '귤 1BOX', '우리집');
INSERT INTO 주문상세 VALUES(주문상세번호SEQ.NEXTVAL, 110001, 1234, '귤 1BOX', '우리집');
   //오류 중복발생
INSERT INTO 주문상세 VALUES(주문상세번호SEQ.NEXTVAL, 110001, 1234, '귤 1BOX', '부모님집');
INSERT INTO 주문상세 VALUES(주문상세번호SEQ.NEXTVAL, 110001, 1234, '귤 1BOX', '친구집');

위 SQL의 두번째 Insert문이 로직 오류로 인해 중복으로 발생되었다고 가정하면 중복된 데이터를 막을 수 있을까? 기본키를 인위적인 인조식별자로 구성하였으므로 기본키 제약은 주문상세번호에 대해 적용되어 있기 때문에 막을 수 없다. 그로인해 실제 데이터는 다음과 같이 저장된다.

인조식별자 주문상세

주문상세번호	주문번호	상품번호	상품명	배송지
1	110001	1234	귤 1BOX	우리집
2	110001	1234	귤 1BOX	우리집
3	110001	1234	귤 1BOX	부모님집
4	110001	1234	귤 1BOX	친구집

두 번째 행을 보면, 중복으로 발생된 데이터임에도 저장된 주문상세번호에 기본키 제약이 적용되어 있고, 주문상세번호는 시퀀스를 사용하였기에 제약에 위배된 사항이 없다.

그렇다면 위에서 살펴본 그림A의 모델의 본질식별자의 경우는 어떨까?

INSERT INTO 주문상세 VALUES(110001, 1, 1234, '귤 1BOX', '우리집');
INSERT INTO 주문상세 VALUES(110001, 1, 1234, '귤 1BOX', '우리집'); //오류 중복발생
INSERT INTO 주문상세 VALUES(110001, 2, 1234, '귤 1BOX', '부모님집');
INSERT INTO 주문상세 VALUES(110001, 3, 1234, '귤 1BOX', '친구집');

두 번째 INSERT문을 보면 오류로 인해 동일한 INSERT문이 발생하였지만, '주문번호+주문순번'이 식별자이기에 기본키 제약조건에 의해 두 번째 INSERT문은 에러가 날것이다. 최소 위와 같은 경우는 DBMS에서 원천적으로 차단을 해준다는 것이다.
그러므로 최대한 본질식별자를 지향해야 한다. 만일 외부식별자를 사용하였다면, DBMS에서는 해당 경우를 막아줄 수 없기에 애플리케이션에서 이를 방어해주어야 한다.

3. 불필요한 인덱스 생성

본질식별자와 인조식별자를 사용했을 때 인덱스 구성은 다음과 같다.

	IE표기법	바커표기법	인덱스
본질 식별자	주문상품 주문번호(FK) 상품번호 주문수량	주문상품 □ # 주문번호 □ # 상품번호 □ * 주문수량	PK : 주문번호+상품번호
외부 식별자	주문상품 주문상품번호(FK) 주문번호 상품번호 주문수량	주문상품 □ # 주문상품번호 □ * 주문번호(FK) □ * 상품번호 □ * 주문수량	PK : 주문상품번호 IX1 : 주문번호+상품번호

위의 주문상품 모델 데이터에 액세스 한다고 하면, 본질식별자로 구성하면 PK인덱스를 활용할 수 있겠지만, 인조식별자로 구성한다면 IX1과 같은 인덱스를 추가로 생성해주어야 할 것이다. 인조식별자를 사용하면 불필요한 인덱스를 추가로 생성해야 하고, 추가로 생성한 인덱스는 용량과 DML 성능에 영향을 줄 수 있다. 인조식별자는 꼭 필요한 경우에만 사용하는 것이 바람직하다.

1. 고객과 주문의 ERD에 대한 설명으로 가장 부적절한 것은?

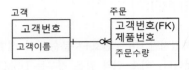

① 한명의 고객은 여러 개의 제품을 주문 할 수 있다. 주문은 할 수도 있고 안 할 수도 있다.
② 하나의 주문은 반드시 한 명의 고객에 의해 주문된다.
③ 주문에 데이터를 입력할 때는 반드시 고객데이터가 존재해야 한다.
④ 고객에 데이터를 입력할 때는 주문데이터가 존재하는 고객만을 입력할 수 있다.

| 정답과 풀이 | ④
고객에 데이터를 입력하는 것은 주문 데이터가 선택적 요소이기 때문에 주문 데이터가 없어도 고객만을 입력할 수 있다.

2. 사원엔터티에서 식별자의 특성에 해당하지 않는 것은?

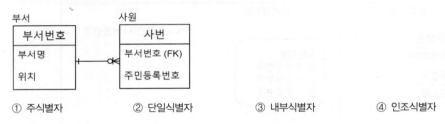

① 주식별자   ② 단일식별자   ③ 내부식별자   ④ 인조식별자

| 정답과 풀이 | ④

3. 다음 중 식별자로 가장 부적절한 것은?

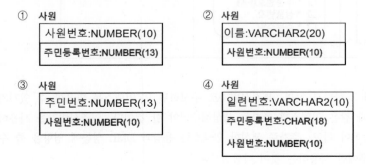

| 정답과 풀이 | ②
사람 이름과 같은 명칭. 내역 등과 같은 것들은 주식별자로 사용하지 않는다.

4. 다음 중 데이터 모델링의 특징으로 부적절한 것은?

① 추상화   ② 정규화   ③ 단순화   ④ 명확화

| 정답과 풀이 | ②

데이터 모델링의 특징
- 추상화(현실세계를 간략히 표현)
- 단순화(누구나 쉽게 이해할 수 있도록 표현)
- 명확화(명확하게 의미가 해석되어야 하고 한 가지 의미를 가짐)

5. 데이터모델링을 할 때 유의해야 할 사항으로 가장 부적절한 것은?

① 여러 장소의 데이터베이스에 같은 정보를 저장하지 않도록 하여 중복성을 최소화 한다.
② 데이터의 정의를 데이터의 사용 프로세스와 분리하여 유연성을 높인다.
③ 사용자가 처리하는 프로세스나 장표 등에 따라 매핑이 될 수 있도록 프로그램과 테이블간의 연계성을 높인다.
④ 데이터간의 상호 연관관계를 명확하게 정의하여 일관성 있게 데이터가 유지되도록 한다.

| 정답과 풀이 | ③

데이터 모델링 유의점 : 중복, 비유연성, 비일관성

6. 아래 설명이 의미하는 데이터모델링의 유의점에 해당하는 특성은 무엇인가?

데이터 모델을 어떻게 설계했느냐에 따라 사소한 업무변화에도 데이터 모델이 수시로 변경됨으로써 유지보수의 어려움을 가중시킬 수 있다. 데이터의 정의를 데이터의 사용 프로세스와 분리함으로써 데이터 모델링은 데이터 혹은 프로세스의 작은 변화가 애플리케이션과 데이터베이스에 중대한 변화를 일으킬 수 있는 가능성을 줄인다.

① 중복   ② 비유연성   ③ 비일관성   ④ 일관성

| 정답과 풀이 | ②

7. 아래 데이터모델링 개념에 대한 설명에서 빈칸에 들어갈 단어로 가장 적절한 것은?

전사적 데이터 모델링을 수행할 때 많이 하며, 추상화 수준이 높고 업무 중심적이고 포괄적인 수준의 모델링을 진행하는 것을 (　　)데이터 모델링이라고 한다. 이와 달리 실제로 데이터베이스에 이식 할 수 있도록 성능, 저장 등의 물리적인 성격을 고려한 데이터 모델링은 (　　)데이터 모델링이라고 한다.

① 개념적, 물리적   ② 논리적, 개념적   ③ 논리적, 물리적   ④ 개념적, 논리적

| 정답과 풀이 | ①

8. ANSI-SPARC에서 정의한 3단계구조(tree-level architecture)에서 아래 내용이 설명하는 스키마구조로 가장 적절한 것은?

> • 모든 사용자 관점을 통합한 조직 전체 관점의 통합적 표현
> • 모든 응용시스템들이나 사용자들이 필요로 하는 데이터를 통합한 조직 전체의 DB를 기술한 것으로 DB에 저장되는 데이터와 그들간의 관계를 표현

① 외부스키마(External Schema)　　　　② 개념스키마(Conceptual Schema)
③ 내부스키마(Internal Schema)　　　　④ 논리스키마(Logical Schema)

| 정답과 풀이 | ②
통합관점의 스키마구조를 표현한 것을 개념스키마

9. ERD에 대한 설명으로 가장 부적절한 것은?

① 1976년 피터첸(Peter Chen)에 의해 Entity-Relationship Model이라는 표기법이 만들어졌다.
② 일반적으로 ERD를 작성하는 방법은 엔터티 도출→엔터티 배치→관계설정→관계명 기술의 흐름으로 작업을 진행한다.
③ 관계의 명칭은 관계 표현에 있어서 매우 중요한 부분에 해당한다.
④ 가장 중요한 엔터티를 오른쪽 상단에 배치하고 추가 발생되는 엔터티들을 왼쪽과 하단에 배치하는 것이 원칙이다.

| 정답과 풀이 | ④
가장 중요한 엔터티는 왼쪽 상단에 배치, 추가 발생되는 엔터티는 오른쪽과 하단에 배치

10. 아래 시나리오에서 엔터티로 가장 적절한 것은?

> S병원은 여러 명의 환자가 존재하고 각 환자에 대한 이름, 주소 등을 관리해야 한다.
> (단, 업무범위와 데이터의 특성은 상기 시나리오에 기술되어 있는 사항만을 근거하여 판단해야 함)

① 병원　　　　　② 환자　　　　　③ 이름　　　　　④ 주소

| 정답과 풀이 | ②
엔터티 : 2개 이상의 속성과 2개 이상의 인스턴스의 집합
이름, 주소 : 속성

11. 엔터티의 특징으로 가장 부적절한 것은?

① 속성이 없는 엔터티는 있을 수 없다. 엔터티는 반드시 속성을 가져야 한다.
② 엔터티는 다른 엔터티와 관계가 있을 수 밖에 없다. 단 통계성 엔터티나, 코드성 엔터티의 경우 관계를 생략할 수 있다.
③ 객체지향의 디자인패턴에는 싱글턴패턴이 있어 하나의 인스턴스를 가지는 클래스가 존재한다. 이와 유사하게 엔터티는 한 개의 인스턴스를 가지는 것만으로도 충분한 의미를 부여할 수 있다.
④ 데이터로서 존재하지만 업무에서 필요로 하지 않으면 해당 업무의 엔터티로 성립될 수 없다.

| 정답과 풀이 | ③
엔터티의 특징
ⓐ 해당 업무에서 필요하고 관리하고자하는 정보　　　　ⓑ 유일한 식별자에 의해 식별 가능
ⓒ 영속적으로 존재하는 두 개 이상의 인스턴스의 집합　　ⓓ 업무 프로세스에 의해 이용
ⓔ 반드시 속성이 있어야 함　　　　　　　　　　　　　ⓕ 다른 엔터티와 최소 한 개 이상의 관계

12. 엔터티의 일반적인 특징으로 가장 부적절한 것은?

① 다른 엔터티와의 관계를 가지지 않는다.
② 유일한 식별자에 의해 식별이 가능해야 한다.
③ 엔터티는 업무 프로세스에 의해 이용되어야 한다.
④ 엔터티는 반드시 속성을 포함해야 한다.

| 정답과 풀이 | ①

엔터티의 특징

ⓐ 해당 업무에서 필요하고 관리하고자 하는 정보
ⓑ 유일한 식별자에 의해 식별 가능
ⓒ 영속적으로 존재하는 두 개 이상의 인스턴스의 집합
ⓓ 업무 프로세스에 의해 이용
ⓔ 반드시 속성이 있어야 함
ⓕ 다른 엔터티와 최소 한 개 이상의 관계

13. 다른 엔터티로부터 주식별자를 상속받지 않고 자신의 고유한 주식별자를 가지며 사원, 부서, 고객, 상품, 자재 등이 예가 될 수 있는 엔터티로 가장 적절한 것은?

① 기본 엔터티(키엔터티)
② 중심 엔터티(메인 엔터티)
③ 행위 엔터티
④ 개념 엔터티

| 정답과 풀이 | ①

기본 엔터티

ⓐ 그 업무에 원래 존재하는 정보로서 다른 엔터티와의 관계에 의해 생성되지 않고 독립적으로 생성이 가능.
ⓑ 다른 엔터티로부터 주식별자를 상속받지 않고 자신의 고유한 주식별자를 가짐

14. 업무에서 필요로 하는 인스턴스에서 관리하고자 하는 의미상 더 이상 분리되지 않는 최소의 데이터 단위를 무엇이라고 하는가?

| 정답과 풀이 | 속성

15. 속성에 대한 설명으로 가장 부적절한 것은?

① 엔터티에 대한 자세하고 구체적인 정보를 나타낸다.
② 하나의 엔터티는 두 개 이상의 속성을 갖는다.
③ 하나의 인스턴스에서 각각의 속성은 하나 이상의 속성값을 가질 수 있다.
④ 속성도 집합이다.

| 정답과 풀이 | ③

하나의 인스턴스에서 각각의 속성은 한 개의 속성값을 가진다.

16. 아래와 같은 사례에서 속성에 대한 설명으로 가장 부적절한 것은?

> 우리은행은 예금분류(일반예금, 특별예금 등)의 원금, 예치기간, 이자율을 관리할 필요가 있다. 또한 원금에 대한 이자율을 적용하여 계산된 이자에 대해서도 속성으로 관리하고자 한다. 예를 들어 원금이 1000원이고 예치기간이 5개월이며 이자율이 5.0%라는 속성을 관리하고 계산된 이자도 관리한다. 일반예금이나 특별예금 등에 대해서는 코드를 부여(예. 01-일반예금, 02-특별예금 등)하여 관리한다.

① 일반예금은 코드 엔터티를 별도로 구분하고 값에는 코드값만 포함한다.
② 원금, 예치기간은 기본속성(Basic Attribute)이다.
③ 이자와 이자율은 파생속성(Derived Attribute)이다.
④ 예금분류는 설계속성(Designed Attribute)이다.

| **정답과 풀이** | ③
이자는 계산된 값이기 때문에 파생속성이지만, 이자율은 원래 가지고 있는 속성이므로 기본속성에 해당.

17. 데이터를 조회할 때 빠른 성능을 낼 수 있도록 하기 위해 원래 속성의 값을 계산하여 저장할 수 있도록 만든 속성으로 가장 적절한 것은?

① 파생속성(Derived Attribute)   ② 기본속성(Basic Attribute)
③ 설계속성(Designed Attribute)   ④ PK속성(PK Attribute)

| **정답과 풀이** | ①

18. 아래 설명이 나타내는 데이터모델의 개념으로 가장 적절한 것은?

> 주문이라는 엔터티가 있을 때 단가라는 속성 값의 범위는 100에서 10,000 사이의 실수 값이며 제품명이라는 속성은 길이가 20자리 이내의 문자열로 정의할 수 있다.

① 시스템카탈로그(System Catalog)   ② 용어사전(Word Dictionary)
③ 속성사전(Attribute Dictionary)   ④ 도메인(Domain)

| **정답과 풀이** | ④
도메인(Domain) : 속성이 가질 수 있는 값의 범위

19. 데이터모델링을 할 때 속성의 명칭을 부여하는 방법으로 가장 부적절한 것은?

① 속성의 이름에 약어를 사용할 경우 그 의미를 명확하게 이해할 수 없고 혼돈을 초래하여 커뮤니케이션의 혼란을 야기할 수 있으므로 지나친 약어 사용은 가급적 제한하도록 한다.
② 속성의 이름에는 서술식 용어는 사용하지 않도록 한다.
③ 직원 엔터티의 이름, 고객 엔터티의 이름과 같이 각 엔터티별로 동일한 속성명을 사용하여 데이터모델의 일관성을 가져가는 것이 좋다.
④ 데이터모델링 대상에서 사용하는 용어도 있고 외부에서 사용하는 용어도 있어 중복이 있을 때, 가급적 해당 업무에서 자주 사용하는 이름을 이용하도록 한다.

| **정답과 풀이** | ③
동일한 속성명을 사용하지 않도록 유일성을 확보하는 것이 중요

20. 관계에 대한 설명으로 가장 부적절한 것은?

① 관계는 존재적 관계와 행위에 의한 관계로 나누어볼 수 있다.
② 관계의 표기법은 관계명, 관계차수, 식별성의 3가지 개념을 사용한다.
③ 부서와 사원 엔터티 간의 소속관계는 존재적 관계의 사례이다.
④ 주문과 배송 엔터티간의 배송근거관계는 행위에 의한 관계의 사례이다.

| 정답과 풀이 | ②
관계 표기법은 관계명, 관계차수, 선택성(선택사양)의 3가지로 표현

21. 엔터티의 관계에서 1:1, 1:M과 같이 관계의 기수성을 나타내는 것으로 가장 적절한 것은?

① 관계명   ② 관계차수   ③ 관계선택사양   ④ 관계정의

| 정답과 풀이 | ②

22. 두 개의 엔터티 사이에 정의한 관계를 체크하는 사항으로 가장 부적절한 것은?

① 두 개의 엔터티 사이에 관심 있는 연관규칙이 존재하는가?
② 두 개의 엔터티 사이에 정보의 조합이 발생되는가?
③ 업무기술서, 장표에 관계연결을 가능하게 하는 명사(Noun)가 있는가?
④ 업무기술서, 장표에 관계연결에 대한 규칙이 서술되어 있는가?

| 정답과 풀이 | ③
업무기술서, 장표에 관계연결을 가능하게 하는 동사(Verb)가 있는가?

23. 두 개의 엔터티 사이에서 관계를 도출 할 때 체크 할 사항을 모두 고르시오.

① 두 개의 엔터티 사이에 관심있는 연관규칙이 존재하는가?
② 두 개의 엔터티 사이에 정보의 조합이 발생되는가?
③ 업무기술서, 장표에 관계연결에 대한 규칙이 서술되어 있는가?
④ 업무기술서, 장표에 관계연결을 가능하게 하는 동사(Verb)가 있는가?

| 정답과 풀이 | ①, ②, ③, ④

24. 주식별자를 지정할 때 고려해야 할 사항을 모두 고르시오.

① 주식별자에 의해 엔터티 내의 모든 인스턴스들이 유일하게 구분되어야 한다.
② 주식별자를 구성하는 속성의 수는 유일성을 만족하는 최소의 수가 되어야 한다.
③ 지정된 주식별자의 값은 자주 변하지 않는 것이어야 한다.
④ 주식별자가 지정이 되면 반드시 값이 들어와야 한다.

| 정답과 풀이 | ①, ②, ③, ④

25. 엔터티 내에 주식별자를 도출하는 기준을 모두 고르시오.

① 해당 업무에서 자주 이용되는 속성을 주식별자로 지정한다.
② 명칭, 내역 등과 같이 이름으로 기술되는 것들을 주식별자로 지정한다.
③ 복합으로 주식별자를 구성할 경우 너무 많은 속성을 포함하지 않도록 한다.
④ 자주 수정되는 속성을 주식별자로 지정한다.

| 정답과 풀이 | ①, ③
명칭, 내역 등과 같은 이름으로 기술되는 것들은 주식별자로 지정하지 않는다.
지정된 주식별자의 값은 자주 변하지 않는 것이어야 한다.

26. 프로젝트를 전개할 때는 식별자관계와 비식별자관계를 선택하여 연결해야하는 높은 수준의 데이터모델링 기술
이 필요하다. 다음 중 비식별자관계를 선택하는 기준으로 가장 부적절한 것은?

① 관계의 강약을 분석하여 상호간에 연관성이 약할 경우 비식별자관계를 고려한다.
② 자식테이블에서 독립적인 Primary Key의 구조를 가지기 원할 때 비식별자관계를 고려한다.
③ 모든 관계가 식별자 관계로 연결되면 SQL Where절에서 비교하는 항목이 증가되어 조인에 참여하는 테이블에 따라 SQL
　문장이 길어져 SQL문의 복잡성이 증가되는 것을 방지하기 위해 비식별자관계를 고려한다.
④ 부모엔터티의 주식별자를 자식엔터티에서 받아 손자엔터티까지 계속 흘려보내기 위해 비식별자관계를 고려한다.

| 정답과 풀이 | ④
부모엔터티의 주식별자를 자식엔터티에서 받아 손자엔터티까지 계속 흘려보내기 위해 식별자관계를 고려한다.

27. 아래에서 성능을 고려한 데이터 모델링의 순서대로 나열하시오.

① 데이터모델링을 할 때 정규화를 정확하게 수행
② 용량과 트랜잭션의 유형에 따라 반정규화를 수행
③ 데이터베이스 용량산정을 수행
④ 데이터베이스에 발생되는 트랜잭션의 유형 파악
⑤ 성능관점에서 데이터 모델 검증
⑥ 이력모델의 조정, PK/FK조정, 슈퍼타입/서브타입 조정 등을 수행

| 정답과 풀이 | ①-③-④-②-⑥-⑤

28. 다음 중 조인에 대한 설명으로 가장 부적절한 것을 고르시오.

① 조인은 엔터티 간 관계에서 비롯된다.
② 조인은 매핑키를 통해 데이터를 연결하는 것이다.
③ 계층형 데이터 모델은 자기 자신에게 조인할 수 없다.
④ 상호배타적 관계에서는 조인키가 배타적으로 상속된다.

| 정답과 풀이 | ③
계층형 데이터 모델은 자기 자신에게 조인을 수행하는 모델

29. 다음 중 트랜잭션에 대한 설명으로 가장 부적절한 것을 고르시오.

① 트랜잭션은 업무의 논리적 단위이다.
② 트랜잭션의 원자성을 보장받기 위해서는 하나의 커밋 단위로 묶여야 한다.
③ 트랜잭션의 범위는 모델로는 표현되지 않는다.
④ 잘못된 트랜잭션의 처리는 데이터 품질을 저해한다.

| 정답과 풀이 | ③
데이터는 트랜잭션 범위로 묶일 수 있으며, 모델로 표현 가능

30. 다음 중 NULL속성에 대한 설명으로 가장 부적절한 것을 고르시오.

① NULL은 문자의 경우 ''와 숫자의 경우 0과 같다.
② NULL 값에 대한 사칙 연산의 결과는 언제나 NULL이다.
③ 집계함수에서 NULL은 제외된다.
④ NULL은 is NULL/is not NULL 연산만 가능하다.

| 정답과 풀이 | ①
NULL은 값 자체가 존재하지 않는 것으로 '', 0과는 다르다.

31. 아래 설명에서 데이터 액세스 성능을 향상시키기 위해 적용하는 방법은 무엇인가?

> 하나의 테이블에 많은 양의 데이터가 저장되면 인덱스를 추가하고 테이블을 몇 개로 쪼개도 성능이 저하되는 경우가 있다. 이때 논리적으로는 하나의 테이블이지만 물리적으로는 여러 개의 테이블로 분리하여 데이터 액세스 성능도 향상시키고, 데이터 관리방법도 개선할 수 있도록 테이블에 적용하는 기법

| 정답과 풀이 | 파티셔닝(Partitioning)
대량의 데이터는 Primary Key의 성격에 따라 부분적인 테이블로 분리할 수 있는데, 파티셔닝(Partitioning) 기법이 적용되어 성능저하 방지

32. 다음 중 조인에 대한 설명으로 가장 부적절한 것을 고르시오.

① 조인은 엔터티 간의 관계에서 만들어진다.
② 조인은 매핑키를 통해 데이터를 연결한다.
③ 계층형 데이터 모델은 자기 자신에게 조인할 수 없다.
④ 상호배타적 관계에서는 조인키가 배타적으로 상속된다.

| 정답과 풀이 | ③
계층형 데이터 모델은 자기 자신에게 조인할 수 있는 모델이다.

33. 발생 시점에 따라 구분할 수 있는 엔터티의 유형이 아닌 것은?

① 기본엔터티   ② 개념엔터티   ③ 중심엔터티   ④ 행위엔터티

| 정답과 풀이 | ②
발생 시점에 따른 엔터티 종류 : 기본엔터티, 중심엔터티, 행위엔터티
유형과 무형에 따른 엔터티 종류 : 유형엔터티, 개념엔터티, 사건엔터티

34. 다음 중 데이터 모델링 과정에서 발생되는 속성은?

① 파생 속성　　　　② 설계 속성　　　　③ 다중값 속성　　　　④ 복합 속성

| 정답과 풀이 | ②

파생 속성 : 다른 속성에 의해서 만들어지는 속성
다중값 속성 : 속성에 여러 개의 값을 가질 수 있는 속성(상품리스트)
복합 속성 : 여러 개의 의미를 가지고 있는 속성(주소)

35. 다음 중 인조식별자에 대한 설명으로 가장 부적절한 것을 고르시오.

① 인조식별자는 불필요한 인덱스를 발생시킬 수 있다.
② 인조식별자를 활용하면 본질적인 데이터의 중복을 차단할 수 있다.
③ 인조식별자는 식별자의 수가 많아졌을 경우 고려하는 것이 바람직하다.
④ 인조식별자는 반드시 본질식별자와의 장단점을 고려하여 생성해야 한다.

| 정답과 풀이 | ②

인조식별자는 인위적으로 만든 속성을 식별자로 선정한 것으로, 동일한 데이터가 발생했을 때 이를 DBMS에서 기본키 제약을 활용하여 차단할 수 있다.

36. 두 개의 엔터티 간에 관계에 참여하는 수를 의미하는 것으로 1:1, 1:N, M:N과 같은 관계를 나타내는 것을 무엇이라고 하는가?

| 정답과 풀이 | 관계차수

관계차수(Degree/Cardinality) : 두 개의 엔터티 간의 관계에서 참여자의 수를 표현. 1:1, 1:N, M:N 관계가 존재

37. 아래에서 ERD(Entity Relationship Diagram) 작성 순서대로 나열하시오.

① 엔터티를 그린다.
② 엔터티를 적절하게 배치한다.
③ 엔터티 간에 관계를 설정한다.
④ 관계명을 기술한다.
⑤ 관계의 참여도를 기술한다.
⑥ 관계의 필수 여부를 기술한다.

| 정답과 풀이 | ①-②-③-④-⑤-⑥

38. 다음 중 데이터 모델링 단계에 포함되지 않는 것은?

① 논리적 모델링　　　② 개념적 모델링　　　③ 데이터 모델링　　　④ 물리적 모델링

| 정답과 풀이 | ③

데이터 모델링 단계 : 개념적, 논리적, 물리적 모델링

39. 다음 중 속성의 분류 종류가 다른 것은?

① 단일 속성   ② 다중값 속성   ③ 복합 속성   ④ 설계 속성

| 정답과 풀이 | ④
분해여부에 따른 분류 : 단일, 복합, 다중값 속성
특성에 따른 분류 : 기본, 설계, 파생 속성

40. 아래 ERD에 대한 설명으로 올바르지 않은 것은?

① 부서에는 사원이 여러명일수도 있고 없을수도 있다.
② 부서에는 사원이 항상 여러명이다.
③ 사원은 부서에 소속된다.
④ 식별관계이다.

| 정답과 풀이 | ②
사원은 선택적 관계이므로 없을 수도 많을 수도 있다.

41. 다음 중 이행 함수 종속성을 제거하는 단계는 무엇인가?

① 1정규화   ② 2정규화   ③ 3정규화   ④ 5정규화

| 정답과 풀이 | ③
이행 함수 종속성 : 기본키를 제외한 컬럼간에 종속성이 발행하는 것을 의미한다.
이행 함수 종속성 제거는 3정규화 단계에서 수행한다.
3정규화는 1, 2정규화를 수행한 후에 해야한다.

42. 다음 중 아래 데이터 모델에서 필요한 정규화로 가장 적절한 것은?

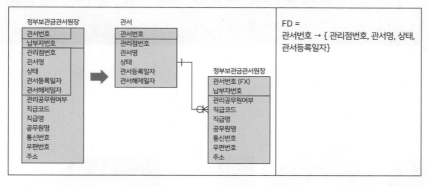

① 1정규화   ② 2정규화   ③ 3정규화   ④ 보이스-코드 정규화

| 정답과 풀이 | ②
부분함수 종속성을 가지고 있으므로 2차 정규화 필요

SQLD

Structured Query Language Developer

| CHAPTER 1 |

SQL 기본

관계형 데이터베이스 개요

1. 데이터베이스

① 데이터베이스는 일반적으로 특정 기업이나 조직, 개인이 필요에 따라 데이터를 일정한 형태로 저장해 놓은 것을 의미한다.
(학교−학생 관리 목적의 학생 개개인의 정보, 회사−직원 관리 목적의 직원 개개인의 정보)

② 자료를 구조화하여 중복된 데이터를 없애고 효율적인 처리를 할 수 있도록 관리된다.

③ 효율적인 데이터의 관리뿐만 아니라 예기치 못한 사건으로 인한 데이터의 손상을 피하고, 필요시 필요한 데이터를 복구하기 위한 강력한 기능의 소프트웨어를 필요로 하게 되었고 이러한 기본적인 요구사항을 만족시켜주는 시스템을 DBMS(Database Management System)라고 한다.

④ DBMS(Database Management System)의 종류에는 Oracle, MS−SQL, MySQL, Sybase 등이 있다.

◉ 데이터베이스의 발전

	설명
1960년대	• 플로우차트 중심의 개발 방법을 사용하였으며 파일 구조를 통해 데이터를 저장하고 관리
1970년대	• 데이터베이스 관리 기법이 처음 태동되던 시기였으며, 계층형(Hierarchical) 데이터베이스, 망형(Network) 데이터베이스 같은 제품들이 상용화
1980년대	• 현재 대부분의 기업에서 사용되고 있는 관계형 데이터베이스가 상용화되었으며, Oracle, Sybase, DB2와 같은 제품 사용
1990년대	• Oracle, Sybase, Informix, DB2, Teradata, SQL Server 외 많은 제품들이 보다 향상된 기능으로 정보시스템의 확실한 핵심 솔루션으로 자리잡게 되었으며, 인터넷 환경의 급속한 발전과 객체 지향 정보를 지원하기 위해 객체 관계형 데이터베이스로 발전

2. 데이터베이스 종류

데이터베이스 유형에는 계층형 데이터베이스, 네크워크형 데이터베이스, 관계형 데이터베이스 등이 있다.

◉ 데이터베이스 종류

종류	설명
계층형	• 트리(Tree) 형태의 자료구조에 데이터 저장, 관리 • 1:N 관계 표현
네트워크형	• 오너(Owner)와 멤버(Member) 형태로 데이터 저장 • 1:N, M:N 표현 가능

관계형	• 릴레이션에 데이터 저장, 관리 • 릴레이션을 사용해서 집합 연산과 관계 연산 가능
NoSQL	• Not Only SQL(SQL이 필요 없다는 의미가 아니고, 개선/보안의 의미) • 키(key)와 값(value) 형태로 저장, 키를 사용하여 데이터 관리 및 접근

3. 관계형 데이터베이스

① 1970년 영국의 수학자였던 E.F. Codd 박사의 논문에서 처음으로 관계형 데이터베이스가 소개되었다.

② 기존의 파일시스템과 계층형, 망형 데이터베이스를 대부분 대체하면서 주력 데이터베이스가 되었다.

③ 기업의 핵심 데이터는 대부분 관계형 데이터베이스 구조로 저장이 되고, 관계형 데이터베이스를 유일하게 조작할 수 있는 SQL 문장에 의해 관리되고 있다.

④ 파일시스템의 경우, 하나의 파일을 많은 사용자가 동시에 검색할 수는 있지만 동시에 입력, 수정, 삭제할 수 없기 때문에 정보의 관리가 어렵다. 하지만 관계형 데이터베이스는 동시성 관리, 병행 제어를 통해 많은 사용자들이 동시에 데이터를 공유 및 조작할 수 있는 기능이 있다.

⑤ 정규화를 통한 합리적인 테이블 모델링을 통해 이상(Anomaly) 현상을 제거하고 데이터 중복을 피할 수 있다.

⑥ 메타 데이터를 총괄 관리할 수 있기 때문에 데이터의 성격, 속성 또는 표현 방법 등을 체계화할 수 있고, 데이터 표준화를 통한 데이터 품질을 확보할 수 있는 장점을 가지고 있다.

⑦ DBMS는 인증된 사용자만이 참조할 수 있도록 보안 기능을 제공한다.

⑧ 다양한 제약조건을 이용하여 사용자가 실수로 조건에 위배되는 데이터를 입력한다든지, 관계를 연결하는 중요 데이터를 삭제하는 것을 방지하여 데이터 무결성(Integrity)을 보장할 수 있다.

⑨ 시스템의 갑작스런 장애로부터 사용자가 입력, 수정, 삭제하던 데이터가 제대로 반영될 수 있도록 보장해주는 기능과, 시스템 다운, 재해 등의 상황에서도 데이터를 회복/복구할 수 있는 기능이 있다.

4. SQL(Structured Query Language)

① SQL(Structured Query Language)은 관계형 데이터베이스에서 데이터 정의, 데이터 조작, 데이터 제어를 하기 위해 사용하는 언어이다.

② SQL 문장은 단순 스크립트가 아니라 이름에도 포함되어 있듯이, 일반적인 개발 언어처럼 독립된 하나의 개발 언어이다. 하지만 일반적인 프로그래밍 언어와는 달리 SQL은 관계형 데이터베이스에 대한 전담 접속(다른 언어는 관계형 데이터베이스에 접속할 수 없다) 용도로 사용되며 독립되어 있다.

◉ SQL 문장 종류

종류	명령어	
데이터 정의어 (DDL: Data Definition Language)	CREATE DROP RENAME ALTER TRUNCATE	• 테이블과 같은 데이터 구조를 정의하는데 사용되는 명령어 • 구조를 생성, 변경, 삭제, 이름을 바꾸는 데이터 구조와 관련된 명령어
데이터 조작어 (DML: Data Manipulation Language)	SELECT INSERT DELETE UPDATE	• 데이터베이스에 들어 있는 데이터를 조회하거나 검색하기 위한 명령어 • 데이터를 추가, 삭제, 수정하기 위한 명령어
데이터 제어어 (DCL: Data Control Language)	GRANT REVOKE	• 데이터베이스에 접근하고 객체들을 사용하도록 권한을 주고 회수하는 명령어
트랜잭션 제어어 (TCL: Transaction Control Language)	COMMIT ROLLBACK SAVEPOINT	• 트랜잭션 별로 제어하는 명령어

| SECTION |

02 DDL(Data Definition Language)

1. DDL이란?

1) DDL(Data Definition Language)
① 테이블과 같은 데이터 구조를 정의하는 데 사용되는 명령이다.
② 구조를 생성, 변경, 삭제하거나 이름을 바꾸는 명령어이다.

◉ DDL 종류

명령어	설명
CREATE	• 데이터베이스의 객체 생성
ALTER	• 생성된 객체의 구조 변경
DROP	• 객체 삭제
TRUNCATE	• 테이블의 모든 행 삭제, 테이블 초기화, 저장공간 반납

2) DDL 대상
DDL의 대상에는 Table, View, Index 등이 있다.

DDL 대상	설명
TABLE	• 행과 열로 구성된 데이터를 저장하는 기본 저장 단위
VIEW	• 테이블로부터 유도된 가상의 테이블
INDEX	• 데이터베이스에서 검색속도 향상

3) 데이터 유형(Data Type)
① 데이터 유형(Data Type)은 데이터의 저장 용량, 제약, 값의 범위들을 정의한다.
② 사용되는 모든 데이터는 데이터 유형(Data Type)을 가지고 있다.
③ 다른 유형의 데이터가 입력되거나 크기가 초과되면 에러가 발생하거나 암시적(Implicit) 형변환에 의해 변형될 수도 있다.

데이터 유형	설명
CHAR(n)	• 고정길이 문자열 데이터 • 기본 길이는 1바이트이며, n바이트의 길이로 정의 • 할당된 문자열의 길이가 n보다 작으면 그 차이 길이만큼 빈공간으로 채워짐
VARCHAR2(n)	• VARYING CHAR의 약자 • 기본 길이는 1바이트이며, n바이트의 길이로 정의 • 가변 길이로 조정되기 때문에 할당된 변수 값의 바이트만 적용
NUMBER(n,m)	• 정수, 실수 등의 숫자정보 • n길이의 숫자에 m길이 만큼의 소수점 자리 • m생략시 정수를 의미
DATE	• 날짜와 시각 정보 • ORACLE은 1초 단위, SQL SERVER은 3.33ms 단위 관리

2. CREATE TABLE

새로운 테이블을 만드는 명령어이다.

1) 테이블을 생성하는 구문은 다음과 같다.

① CREATE TABLE 문

SQL문	CREATE TABLE 테이블명(　〈컬럼명〉 〈데이터 유형〉 〈제약조건〉, 　〈컬럼명〉 〈데이터 유형〉 〈제약조건〉, 　〈컬럼명〉 〈데이터 유형〉 〈제약조건〉, 　CONSTRAINT 기본키명 PRIMARY KEY(컬럼명), 　CONSTRAINT 고유키명 UNIQUE KEY(컬럼명), 　CONSTRAINT 외래키명 FOREIGN KEY(컬럼명) 　　　　　REFERENCES 참조테이블(참조테이블 기본키명) 　　　　　ON DELETE CASCADE);

② CREATE TABLE 예제

예제	CREATE TABLE EMP (　EMPNO NUMBER(10), 　ENAME VARCHAR2(10), 　SAL NUMBER(10, 2) DEFAULT 0, 　DEPTNO VARCHAR2(10) NOT NULL, 　TODAY DATE DEFAULT SYSDATE, 　CONSTRAINT EMP_PK PRIMARY KEY(EMPNO), 　CONSTRAINT EMP_FK FOREIGN KEY(DEPTNO) 　　　　　REFERENCES DEPT(DEPTNO) ON DELETE CASCADE);

설명	– EMPNO NUMBER(10) : EMPNO 컬럼에 숫자를 저장한다. – ENAME VARCHAR2(10) : ENAME 컬럼에 10자리 가변문자를 저장한다. – SAL NUMBER(10, 2) DEFAULT 0 : SAL 컬럼에 소수 2째자리까지 저장할수 있고, 기본값은 0이다. – DEPTNO VARCHAR2(10) NOT NULL : DEPTNO 컬럼에 10자리 가변문자를 저장하고 NOT NULL이기 때문에 값이 반드시 존재해야한다. – TODAY DATE DEFAULT SYSDATE : TODAY에 오늘 날짜를 저장한다. – CONSTRAINT EMP_PK PRIMARY KEY(EMPNO) : EMPNO는 기본키이며 기본키의 이름은 EMP_PK이다. – CONSTRAINT EMP_FK FOREIGN KEY(DEPTNO) REFERENCES DEPT(DEPTNO) ON DELETE CASCADE : DEPTNO는 외래키이며 DEPT 테이블의 DEPTNO 컬럼을 참조하고, DEPT 테이블의 DEPTNO 컬럼이 삭제되면 DEPTNO도 같이 삭제된다.

2) TABLE 생성 시 주의사항

주의사항

• 테이블명은 객체를 의미할 수 있는 적절한 이름 사용(가능한 단수 사용)
 • 테이블명 명명 규칙
  – 알파벳 대/소문자 사용
  – 숫자 0~9 사용
  – 특수기호 _, $, # (특수기호는 3가지만 가능, 공백 불가능)
  – 첫글자는 반드시 문자
 • 다른 테이블과 동일 테이블명 불가
 • 동일 테이블내에 동일 컬럼명 불가
 • 테이블명으로 예약어 사용 불가

3) 제약조건

① 제약조건은 사용자가 원하는 조건의 데이터만 유지하기 위한 방법이다.

② 기본키(PRIMARY KEY), 외래키(FOREIGN KEY), 기본값(DEFAULT), NOT NULL 등은 테이블을 생성할 때 지정할 수 있다.

◉ 제약조건의 종류

종류	설명
기본키 (PRIMARY KEY)	• 기본키를 지정할 때 컬럼 옆에 PRIMARY KEY 입력 • 하나의 테이블에 하나의 기본키 제약만 가능 • 단일 컬럼, 여러 개의 컬럼으로 구성 가능 • 기본키로 지정된 컬럼에는 NULL 불가
고유키 (UNIQUE KEY)	• 테이블에 저장된 행 데이터를 고유하게 식별하기 위해 정의 • NULL은 고유키 제약의 대상이 아님 • NULL 값을 가진 행이 여러개가 있더라도 고유키 제약에 위반되지 않음
외래키 (FOREIGN KEY)	• 테이블 간의 관계를 정의하기 위해 다른 테이블의 기본키를 외래키로 사용 • ON DELETE CASCADE는 참조하고 있는 테이블의 컬럼 데이터가 삭제되면 같은 데이터가 동시에 삭제 • ON DELETE CASCADE 옵션을 사용하면 참조 무결성 준수
CHECK	• 입력할 수 있는 값의 범위 등을 제한
NOT NULL	• NULL 사용 불가

4) SELECT 문장으로 테이블 생성

① CTAS - Create Table ~ As Select

② 기존 테이블을 이용한 CTAS 방법을 사용하면 컬럼별로 데이터 유형을 다시 정의하지 않아도 되는 장점이 있다.

예제	CREATE TABLE EMP_CTAS AS SELECT * FROM EMP;
설명	• EMP 테이블과 같은 내용으로 EMP_CTAS라는 복사 테이블 생성

3. ALTER

① 테이블 등의 구조를 변경하는 명령어이다.

② 테이블 등의 컬럼을 추가/삭제하거나 제약조건을 추가/삭제하는 명령어이다.

종류	설명
ADD	• 테이블에 새로운 컬럼 추가 　- ALTER TABLE 〈테이블명〉 ADD (〈컬럼명〉 〈자료형〉 〈제약조건〉); • 테이블에 제약조건 추가 　- ALTER TABLE 〈테이블명〉 ADD (〈제약조건명〉 〈제약조건〉 〈컬럼명〉);
MODIFY	• 컬럼의 데이터 타입 변경 　- ALTER TABLE 〈테이블명〉 MODIFY (〈컬럼명〉 〈자료형〉 〈제약조건〉) ;
RENAME	• 테이블명 변경 　- ALTER TABLE 〈테이블명〉 RENAME TO 〈변경 후 테이블명〉; 　- RENAME 〈테이블명〉 TO 〈변경 후 테이블명〉; • 컬럼명 변경 　- ALTER TABLE 〈테이블명〉 RENAME COLUMN 〈변경 전 컬럼명〉 TO 〈변경 후 컬럼명〉 ;
DROP	• 테이블의 컬럼 삭제 　- ALTER TABLE 〈테이블명〉 DROP COLUMN 〈컬럼명〉; • 테이블 생성 시 부여했던 제약조건 삭제 　- ALTER TABLE 〈테이블명〉 DROP CONSTRAINT 〈제약조건명〉;

◉ ALTER 예제

종류	설명
ADD	• 테이블에 새로운 컬럼 추가 　- EXAMPLE1 테이블에 NUMBER(10)유형, NOT NULL 조건의 DATA1 컬럼 추가 　➜ ALTER TABLE EXAMPLE1 ADD (DATA1 NUMBER(10) NOT NULL);
MODIFY	• 컬럼의 데이터 타입 변경 　- DATA1의 NUMBER(10)을 VARCHAR2(10)으로 변경 　➜ ALTER TABLE EXAMPLE1 MODIFY (DATA1 VARCHAR2(10)) ;

RENAME	• 테이블명 변경 – 테이블명을 EXAMPLE1에서 EXAMPLE2로 변경 → ALTER TABLE EXAMPLE1 RENAME TO EXAMPLE2; → RENAME EXAMPLE1 TO EXAMPLE2; • 컬럼명 변경 – 테이블명 EXAMPLE2의 DATA1 컬럼의 컬럼명을 DATA2로 변경 → ALTER TABLE EXAMPLE2 RENAME COLUMN DATA1 TO DATA2 ;
DROP	• 테이블의 컬럼 삭제 – EXAMPLE2 테이블에서 DATA2 컬럼 삭제 → ALTER TABLEEXAMPLE2 DROP COLUMN DATA2;

4. DROP

① 테이블을 삭제하는 명령어이다.

② 테이블의 모든 데이터 및 구조를 삭제한다.

◉ DROP TABLE 문

SQL문	DROP TABLE 〈테이블명〉 [CASCADE CONSTRAINT];
예제	• 테이블 삭제 – EXAMPLE 테이블 삭제 → DROP TABLE EXAMPLE;

5. TRUNCATE

① 테이블은 삭제되지 않지만, 해당 테이블에 들어있던 모든 행들이 제거하는 명령어이다.

② 저장공간을 재사용 가능하도록 해제한다.

◉ TRUNCATE TABLE 문

SQL문	TRUNCATE TABLE 〈테이블명〉;
예제	• 테이블 행 삭제 – EXAMPLE 테이블 행 삭제 → TRUNCATE TABLE EXAMPLE;

6. 뷰(VIEW)

① 테이블은 실제로 데이터를 가지고 있지만, 뷰(VIEW)는 실제 데이터를 가지고 있지 않다.

② 뷰(VIEW)는 정의만 가지고 있다.

③ 참조한 테이블이 변경되면 뷰(VIEW)도 변경된다.

④ 질의에서 뷰(VIEW)가 사용되면 뷰(VIEW) 정의를 참조해서 DBMS 내부적으로 질의를 재작성해 질의를 수행한다.

1) 뷰(VIEW)의 장/단점

장점	• 숨기고 싶은 정보와 같은 특정 컬럼을 제외한 나머지 일부 컬럼으로만 정의할 수 있기 때문에 보안기능이 있다. • 복잡한 질의를 단순하게 작성할 수 있다. • 테이블 구조가 변경되어도 뷰를 사용하는 응용 프로그램은 변경하지 않아도 된다. • 하나의 테이블로 여러 개의 뷰를 만들 수 있다.
단점	• 삽입, 수정, 삭제 연산이 제한적이다. • 데이터 구조를 변경할 수 없다. • 독자적인 인덱스를 만들 수 없다.

2) 뷰(VIEW) 생성

SQL문	CREATE VIEW 〈뷰(VIEW)명〉 AS SELECT 〈컬럼명1〉, 〈컬럼명2〉, 〈컬럼명3〉, ... FROM 〈테이블명〉 ;

예제	• EMP 테이블에서 EMPNO, ENAME, DEPTNO 컬럼으로 뷰(VIEW) 생성(뷰(VIEW)명 : EMP_VIEW1)
	➜ CREATE VIEW EMP_VIEW1 AS
	  SELECT EMPNO, ENAME, DEPTNO
	  FROM EMP ;
	• EMP, DEPT 테이블을 조인해서 EMPNO, ENAME, DEPTNO, LOC 컬럼으로 뷰(VIEW) 생성(뷰(VIEW)명 : EMP_VIEW2)
	➜ CREATE VIEW EMP_VIEW2 AS
	  SELECT A.EMPNO, A.ENAME, A.DEPTNO, B.LOC
	  FROM EMP A, DEPT B
	  WHERE A.DEPTNO=B.DEPTNO;

3) 뷰(VIEW) 조회

예제	• EMP_VIEW1에서 EMPNO, ENAME 조회
	➜ SELECT EMPNO, ENAME
	  FROM EMP_VIEW1;
	• EMP_VIEW2에서 EMPNO, ENAME, LOC 조회
	➜ SELECT EMPNO, ENAEM, LOC
	  FROM EMP_VIEW2;

| SECTION |

03 | DML(Data Manipulation Language)

1. DML(Data Manipulation Language)이란?

① 데이터베이스에 저장된 데이터를 조회, 입력, 수정, 삭제하는 명령어이다.

② DML의 유형에는 SELECT, INSERT, UPDATE, DELETE가 있다.

◉ DML(Data Manipulation Language) 종류

명령어	설명
SELECT	• 테이블을 구성하는 레코드 중에서 전체 또는 조건을 만족하는 레코드 조회
INSERT	• 테이블에 새로운 레코드를 입력
UPDATE	• 테이블에 있는 레코드 중에서 특정 레코드의 내용 변경
DELETE	• 테이블에 있는 레코드 중에서 특정 레코드 삭제

2. SELECT

데이터의 내용을 조회할 때 사용

◉ SELECT 생성

SQL문	• 테이블의 전체 컬럼 조회 　　SELECT * FROM 테이블명; • 테이블의 일부 컬럼 조회 　　SELECT 〈컬럼명1〉 AS 별명1, 〈컬럼명2〉 AS 별명2, ... 　　FROM 테이블명;
예제	• SELECT * FROM EMP; – EMP 테이블의 전체 컬럼 조회 • SELECT EMPNO, ENAME FROM EMP; – EMP 테이블의 EMPNO, ENAME 컬럼 조회 • SELECT EMPNO AS A, ENAME AS B FROM EMP; – EMP 테이블의 EMPNO, ENAME 컬럼 조회 – EMPNO는 A, ENAME은 B 별칭으로 사용가능 • SELECT EMPNO A, ENAME B FROM EMP; – AS 생략해도 같은 결과 조회 • select empno a, ename b from emp; – 소문자도 같은 결과 조회

3. INSERT

데이터의 내용을 입력할 때 사용

◉ INSERT 생성

SQL문	• 테이블의 전체 컬럼에 데이터 입력 　INSERT INTO 테이블명 VALUES(입력값1, 입력값2, ... 입력값n); 　– 테이블의 컬럼명 순서대로 컬럼수 만큼 데이터를 입력해야 함. • 테이블의 일부 컬럼에 데이터 입력 　INSERT INTO 테이블명(〈컬럼명1〉, 〈컬럼명2〉, ...〈컬럼명n〉) 　VALUES(입력값1, 입력값2, ... 입력값n); 　– 컬럼명수 만큼 입력값을 입력해야 함. 　– 컬럼명 순서에 맞춰서 입력값 입력
예제1	• INSERT INTO EMP VALUES (7934, 'PAUL', 'CLERK', 7782, 　TO_DATE('25-05-1982', 'DD-MM-YYYY'), 1300, NULL, 10) 　– EMP 테이블의 전체 컬럼에 데이터 입력 • INSERT INTO EMP(EMPNO, ENAME, DEPTNO) VALUES (7934, 'PAUL', 10) 　– EMP 테이블의 EMPNO, ENAME, DEPTNO에 데이터 입력 　– 나머지 컬럼에는 NULL입력 • INSERT INTO EMP(ENAME, DEPTNO) VALUES ('PAUL', 10) 　– 오류 발생 : EMPNO 컬럼은 NOT NULL 제약조건이 있기 때문에 무조건 데이터 입력해야 함. NULL값이 입력되면 오류 발생
예제2	CREATE TABLE TEST1 (　　A NUMBER(10) NOT NULL, 　　B VARCHAR2(10), 　　C NUMBER(10)); • INSERT INTO TEST1 VALUES(111, 'AAA', 222); • INSERT INTO TEST1 VALUES(333, 'BBB'); 　– 3개의 컬럼이지만 입력되는 값은 2개이므로 오류 발생 • INSERT INTO TEST1 VALUES(333, 'BBB', NULL); 　– 값을 입력하지 않는 경우 NULL 또는 '' 사용 　– ''는 NULL 이지만 ' '(사이 공백)은 공백을 의미 　– C 컬럼에는 숫자를 입력해야하지만 공백이 입력되므로 오류 발생 • INSERT INTO TEST1 VALUES(444, 'CCC', ''); • INSERT INTO TEST1 VALUES(555, 'DDD', ' '); • INSERT INTO TEST1 VALUES(555, ' ', ''); • INSERT INTO TEST1(A,B) VALUES(666, 'EEE'); • INSERT INTO TEST1(C,B,A) VALUES(777, 'FFF', 888); ➜ 실행결과 | A	B	C
---	---	---
111	AAA	222
333	BBB	(NULL)
444	CCC	(NULL)
555		(NULL)
666	EEE	(NULL)
888	FFF	777	

4. UPDATE

데이터의 내용을 수정할 때 사용

◉ UPDATE 생성

SQL문	• UPDATE 테이블명 SET 컬럼명=입력값;
	  − 해당 컬럼 모든 열의 값이 입력값으로 수정
	• UPDATE 테이블명 SET 컬럼명=입력값 WHERE 조건절;
	  − 해당 컬럼의 조건에 맞는 열의 값이 입력값으로 수정

예제	• UPDATE TEST1 SET C=888;
	  − TEST1 테이블의 C 컬럼의 모든 값을 888로 수정
	• UPDATE TEST1 SET C=999 WHERE A=111;
	  − TEST1 테이블의 A컬럼의 값이 111인 열의 C컬럼의 값을 999로 수정
	• UPDATE TEST1 SET B='DDD' WHERE A=444 AND C=888;
	  − TEST1 테이블의 A컬럼의 값은 444이고 C컬럼의 값은 888인 B컬럼의 값을 DDD로 수정
	• UPDATE TEST1 SET B='FFF' WHERE A=111 OR C=888;
	  − TEST1 테이블의 A컬럼의 값은 111이거나 C컬럼의 값은 888인 B컬럼의 값을 FFF로 수정

5. DELETE

데이터의 내용을 삭제할 때 사용

◉ DELETE 생성

SQL문	• 테이블의 전체 데이터 삭제
	  DELETE FROM 테이블명;
	• 테이블의 일부 데이터 삭제
	  DELETE FROM 테이블명 WHERE 조건절;

예제	• DELETE FROM TEST1;
	  − TEST1 테이블의 모든 데이터 삭제
	• DELETE FROM TEST1 WHERE C=333;
	  − TEST1 테이블의 C 컬럼의 값이 333인 행을 삭제
	• DELETE FROM TEST1 WHERE B='CCC';
	  − TEST1 테이블의 B 컬럼의 값이 CCC인 행을 삭제
	• DELETE FROM TEST1 WHERE A=111 AND C=333;
	  − TEST1 테이블의 A 컬럼의 값이 111이고 C 컬럼의 값이 333인 행을 삭제
	• DELETE FROM TEST1 WHERE B=NULL;
	  − 삭제되는 행이 없음
	  − NULL에 비교연산자 사용 시 알 수 없음을 반환
	• DELETE FROM TEST1 WHERE B IS NULL;
	  − TEST1 테이블의 B 컬럼의 값이 NULL인 행을 삭제
	• DELETE FROM TEST1 WHERE C IS NOT NULL;
	  − TEST1 테이블의 B 컬럼의 값이 NULL이 아닌 행을 삭제

6. DELETE, DROP, TRUNCATE 비교

DELETE, DROP, TRUNCATE는 테이블 또는 데이터를 삭제하는 명령어로 공통점과 차이점을 비교하면 다음과 같다.

◉ DELETE, DROP, TRUNCATE 비교

구분	DELETE	DROP	TRUNCATE
명령어 분류	DML	DDL	DDL
삭제	데이터만 삭제	테이블 삭제	테이블 초기화
로그기록	로그기록존재	로그기록삭제	로그기록삭제
디스크	디스크사용량 초기화 안됨	디스크사용량 초기화	디스크사용량 초기화

7. Nologging

① 데이터베이스에 데이터를 입력하면 Redo Log가 쌓인다.

② Redo Log가 쌓이면 I/O가 발생하게 되어 속도가 느려진다.

③ Nologging은 Log 기록을 최소화시켜서 입력 시 성능을 향상시키는 방법이다.

◉ Nologging 예제

예제	설명
ALTER TABLE 테이블명 NOLOGGING; – ALTER TABLE EMP NOLOGGING;	• EMP 테이블에 NOLOGGING 적용
ALTER TABLE 테이블명 LOGGING; – ALTER TABLE EMP LOGGING;	• EMP 테이블에 LOGGING 적용

WHERE 절

1. WHERE 절 이란?

① 사용자가 원하는 자료만을 검색하여 출력하기 위한 조건절
② FROM 절 다음에 위치

◉ WHERE 절 문법

문법	예제
SELECT * FROM 테이블명 WHERE 절;	• EMP에서 DEPTNO가 10인 사원의 EMPNO, DEPTNO → SELECT EMPNO, DEPTNO FROM EMP 　WHERE DEPTNO=10;

2. 연산자의 종류

WHERE 절에 사용할 수 있는 연산자에는 비교 연산자, 부정 비교 연산자, 논리 연산자, SQL 연산자, 부정 SQL 연산자가 있다.

1) 비교 연산자

비교 연산자	설명
=	• 같은 것을 조회
>	• 큰 것을 조회
>=	• 크거나 같은 것을 조회
<	• 작은 것을 조회
<=	• 작거나 같은 것을 조회

◉ 비교 연산자 예제

• EMP에서 ENAME이 ADAMS인 사원을 조회	• EMP에서 SAL이 2000 이상인 사원들의 EMPNO, SAL를 조회
SELECT * FROM EMP WHERE ENAME = 'ADAMS';	SELECT EMPNO, SAL FROM EMP WHERE SAL>=2000;

2) 부정 비교 연산자

부정 비교 연산자	설명
!=	• 같지 않은 것을 조회
^=	• 같지 않은 것을 조회
< >	• 같지 않은 것을 조회
NOT 칼럼명 =	• 같지 않은 것을 조회
NOT 칼럼명 >	• 크지 않은 것을 조회

◉ 부정 비교 연산자 예제

• EMP에서 JOB이 MANAGER가 아닌 사원을 조회	
SELECT * FROM EMP WHERE JOB != 'MANAGER';	SELECT * FROM EMP WHERE NOT JOB = 'MANAGER';

3) 논리 연산자

논리 연산자	설명
AND	• 두 개의 조건이 모두 참일 경우 참
OR	• 두 개의 조건 중 하나만 만족해도 참
NOT	• 조건식의 결과를 부정

◉ 논리 연산자 예제

• EMP에서 20번 부서에 속한 사원 중에 SAL이 2000이상인 사원의 ENAME, SAL	• EMP에서 SAL이 2000보다 크거나 1000보다 작은 사원의 EMPNO, SAL
SELECT ENAME, SAL FROM EMP WHERE DEPTNO=20 AND SAL>=2000;	SELECT EMPNO, SAL FROM EMP WHERE SAL>=2000 OR SAL<1000;

4) SQL 연산자

SQL 연산자	설명
LIKE'비교문자열'	• 비교문자열과 형태가 일치(%, _ 사용)
BETWEEN A AND B	• A와 B의 값 사이의 값을 조회(A, B 값 포함)
IN(list)	• list 값 중에서 하나라도 일치하면 조회
IS NULL	• NULL 값을 조회

• EMP에서 JOB이 CLERK, SALESMAN인 사원의 EMPNO, ENAME, JOB	• EMP에서 SAL이 1000이상, 2000이하인 사원들의 EMPNO, SAL 조회
SELECT EMPNO, ENAME, JOB FROM EMP WHERE JOB IN ('CLERK', 'SALESMAN');	※ BETWEEN 이용 SELECT EMPNO, SAL FROM EMP WHERE SAL BETWEEN 1000 AND 2000; ※ 논리연산자 이용 SELECT EMPNO, SAL FROM EMP WHERE SAL>=1000 AND SAL<=2000;

5) 부정 SQL 연산자

부정 SQL 연산자	설명
NOT BETWEEN A AND B	• A와 B 사이의 있는 않는 값을 조회(A, B 값 미포함)
NOT IN(list)	• list 값 중에서 하나라도 일치하지 않으면 조회
IS NOT NULL	• NULL 값이 아닌 것을 조회

◉ 부정 SQL 연산자 예제

• EMP에서 JOB이 CLERK, SALESMAN이 아닌 사원의 EMPNO, ENAME, JOB	• EMP에서 SAL이 1000이상, 2000이하가 아닌 사원들의 EMPNO, SAL 조회
SELECT EMPNO, ENAME, JOB FROM EMP WHERE JOB NOT IN ('CLERK', 'SALESMAN');	※ BETWEEN 이용 SELECT EMPNO, SAL FROM EMP WHERE SAL NOT BETWEEN 1000 AND 2000; ※ 논리연산자 이용 SELECT EMPNO, SAL FROM EMP WHERE SAL<1000 OR SAL>2000;

6) LIKE 연산자

LIKE 연산자는 와일드카드를 사용해서 조회

와일드카드	설명
%	• 0개 이상의 문자
_	• 1개인 단일 문자

◉ LIKE 연산자 예제

• EMP에서 ENAME이 S로 끝나는 사원의 ENAME, EMPNO	• ENAME에 A가 포함되어 있는 사원의 ENAME, EMPNO
SELECT ENAME, EMPNO FROM EMP WHERE ENAME LIKE '%S';	SELECT ENAME, EMPNO FROM EMP WHERE ENAME LIKE '%A%';
• EMP에서 ENAME의 두번째 글자가 A인 사원의 EMPNO, ENAME	• ENAME이 4글자인 사원의 EMPNO, ENAME
SELECT ENAME, EMPNO FROM EMP WHERE ENAME LIKE '_A%';	SELECT ENAME, EMPNO FROM EMP WHERE ENAME LIKE '____';

7) NULL 조회

① NULL의 특징

ㄱ. 존재하지 않는 것으로 확정되지 않은 값을 표현할 때 사용한다.

ㄴ. NULL 값과 산술연산은 NULL 값을 반환한다.

ㄷ. NULL 값과 비교연산은 알 수 없음(FALSE)을 반환한다.

ㄹ. NULL 값을 조회할 경우 IS NULL 사용

ㅁ. NULL 값이 아닌 것을 조회할 경우 IS NOT NULL 사용

② NULL 예제 1

• EMP에서 MGR이 NULL인 사원의 EMPNO, ENAME, MGR
SELECT EMPNO, ENAME, MGR FROM EMP WHERE MGR IS NULL;

③ NULL 예제 2

• EMP에서 COMM이 NULL이 아닌 사원의 EMPNO, ENAME, SAL, COMM
SELECT EMPNO, ENAME, SAL, COMM FROM EMP WHERE COMM IS NOT NULL;

8) ROWNUM

① Oracle의 ROWNUM은 SQL 처리 결과 집합의 각 행에 대해 임시로 부여되는 일련번호이다.

② 테이블이나 집합에서 원하는 만큼의 행만 가져오고 싶을 때 WHERE 절에서 행의 개수를 제한하는 목적으로 사용한다.

A. 한 건의 행만 가져오고 싶을 때

- SELECT * FROM EMP WHERE ROWNUM = 1;
- SELECT * FROM EMP WHERE ROWNUM <= 1;
- SELECT * FROM EMP WHERE ROWNUM < 2;

B. 두 건 이상의 N 행을 가져오고 싶을 때

- SELECT * FROM EMP WHERE ROWNUM <= N;
- SELECT * FROM EMP WHERE ROWNUM < N+1;

ⓐ SELECT * FROM EMP WHERE ROWNUM = 2;
➜ 실행 결과 오류
➜ ROWNUM=1이 포함되어야 한다.

ⓑ 아래와 같이 논리 연산자를 사용하여 ROWNUM=1이 포함되게 할 수도 있다.
SELECT * FROM EMP WHERE ROWNUM=1 OR ROWNUM=2;
SELECT * FROM EMP WHERE ROWNUM=1 OR ROWNUM=3;
SELECT * FROM EMP WHERE ROWNUM=1 OR ROWNUM<3;
SELECT * FROM EMP WHERE ROWNUM=1 OR ROWNUM>2;
SELECT * FROM EMP WHERE ROWNUM=1 OR ROWNUM>=2;
SELECT * FROM EMP WHERE ROWNUM=1 OR ROWNUM>=3;
SELECT * FROM EMP WHERE ROWNUM=1 AND ROWNUM=2;
SELECT * FROM EMP WHERE ROWNUM=1 AND ROWNUM<=2;
SELECT * FROM EMP WHERE ROWNUM<=2 AND ROWNUM<=5;

9) 연산자의 우선순위

① 연산자들의 우선순위를 염두에 두지 않고 WHERE 절을 작성한다면 테이블에서 자기가 원하는 자료를 찾지 못하거나, 틀린 자료를 찾을 수도 있다.

② 비교 연산자와 논리 연산자의 경우 괄호를 사용하는 것이 좋다.

◉ 연산자 우선순위

우선순위	설명
1	• 괄호( )
2	• NOT 연산자
3	• 비교 연산자, SQL 비교 연산자
4	• AND
5	• OR

함수

1. 함수(Function)

함수는 벤더에서 제공하는 함수인 내장함수(Built-In Function)와 사용자가 정의할 수 있는 사용자 정의 함수(User Defined Function)로 구분된다.

◉ 함수의 분류

분류	종류
내장함수 (Built-In Function)	• 단일행 함수(Single-Row Function) – 함수 입력 값이 단일행 값 – 문자형, 숫자형, 날짜형, 형변환, NULL 관련함수 – SELECT, WHERE, ORDER BY 절에 사용 • 다중행 함수(Multi-Row Function) – 함수 입력 값이 여러 행의 값 – 여러개의 값이 입력되어도 하나의 값만 출력 – 집계함수, 그룹함수, 윈도우함수
사용자 정의 함수 (User Defined Function)	• 사용자가 작성하는 함수

2. 단일행 함수

문자형, 숫자형, 날짜형, 형변환, NULL 관련함수

◉ 단일행 함수의 분류

분류	설명	함수
문자형 함수	• 문자를 연산하는 함수	LOWER, UPPER, INITCAP, ASCII, CHR, CONCAT, SUBSTR, LENGTH, LTRIM, RTRIM, TRIM, LPAD, RPAD
숫자형 함수	• 숫자를 연산하는 함수	ABS, SIGN, MOD, CEIL, FLOOR, ROUND, TRUNC, SIN, COS, TAN, SQRT, EXP
날짜형 함수	• DATE 타입의 값을 연산하는 함수	SYSDATE, EXTRACT, YEAR|MONTH|DAY
형변환 함수	• 데이터 타입을 변화하는 함수	TO_NUMBER, TO_CHAR, TO_DATE
NULL 관련 함수	• NULL을 처리하는 함수	NVL(ISNULL), NVL2, NULLIF, COALESCE

1) 문자형 함수

문자형 함수는 문자열 데이터를 입력하였을 때 변형된 문자열 데이터가 출력되는 함수이다.

① 문자형 함수

함수	설명
LOWER(문자열)	• 문자열의 알파벳 문자를 소문자로 변환
UPPER(문자열)	• 문자열의 알파벳 문자를 대문자로 변환
INITCAP(문자열)	• 문자열의 첫글자는 대문자로 나머지는 소문자로 변환
ASCII(문자)	• 문자나 숫자를 ASCII 코드로 변환
CHR(ASCII번호)	• ASCII 코드를 문자나 숫자로 변환
CONCAT(문자열1, 문자열2)	• 문자열1과 문자열2 연결
SUBSTR(문자열, m(,n))	• 문자열의 m번째 위치에서 n개의 문자 • n이 생략되면 m번째 위치에서 마지막 문자까지
LENGTH(문자열)	• 문자열의 길이 계산(공백 포함)
LTRIM(문자열, 지정문자)	• 문자열의 왼쪽에서 연속되는 지정문자 제거 • 지정문자 생략 시 공백을 제거
RTRIM(문자열, 지정문자)	• 문자열의 오른쪽에서 연속되는 지정문자 제거 • 지정문자 생략 시 공백을 제거
TRIM(문자열, 지정문자)	• 문자열의 왼쪽 및 오른쪽에서 연속되는 지정문자 제거 • 지정문자 생략 시 공백을 제거
LPAD(문자열1, 숫자, 문자열2)	• 문자열1 좌측으로 문자열2를 추가하여 결과값이 총 숫자 바이트의 문자열을 생성
RPAD(문자열1, 숫자, 문자열2)	• 문자열1 우측으로 문자열2를 추가하여 결과값이 총 숫자 바이트의 문자열을 생성

② 문자형 함수 예제

예제	실행결과
SELECT LOWER('aBC') AS "LOWER", 　　　　UPPER('aBC') AS "UPPER", 　　　　INITCAP('aBC') AS "INITCAP" FROM DUAL;	<table><tr><td>LOWER</td><td>UPPER</td><td>INICAP</td></tr><tr><td>abc</td><td>ABC</td><td>Abc</td></tr></table>
SELECT ASCII('@') AS "ASCII", 　　　　CHR(64) AS "CHR" FROM DUAL;	<table><tr><td>ASCII</td><td>CHR</td></tr><tr><td>64</td><td>@</td></tr></table>
SELECT CONCAT('ABC', 'def') AS "CONCAT", 　　　　SUBSTR('abcde', 3, 2) AS "SUBSTR", 　　　　LENGTH('abcde') AS "LENGTH" FROM DUAL;	<table><tr><td>CONCAT</td><td>SUBSTR</td><td>LENGTH</td></tr><tr><td>ABCdef</td><td>cd</td><td>5</td></tr></table>
SELECT LTRIM('abcde', 'b') AS "LTRIM", 　　　　RTRIM('abcde', 'd') AS "RTRIM" FROM DUAL;	<table><tr><td>LTRIM</td><td>RTRIM</td></tr><tr><td>abcde</td><td>abcde</td></tr></table>
SELECT LPAD('abcde', 8, 'f') AS "LPAD", 　　　　RPAD('abcde', 8, 'f') AS "RPAD" FROM DUAL;	<table><tr><td>LPAD</td><td>RPAD</td></tr><tr><td>fffabcde</td><td>abcdefff</td></tr></table>

2) 숫자형 함수

숫자형 함수는 숫자 데이터를 입력받아 처리하고 숫자를 리턴하는 함수이다.

① 숫자형 함수

함수	설명
ABS(숫자)	• 숫자의 절대값을 반환
SIGN(숫자)	• 숫자가 양수이면 1, 음수이면 -1, 0이면 0을 반환
MOD(숫자1, 숫자2)	• 숫자1/숫자2의 나머지 값을 반환
FLOOR(숫자)	• 숫자의 소수점을 버린 값을 반환
CEIL(숫자)	• 숫자의 소수점을 올린 값을 반환
ROUND(숫자, 〈자리수〉)	• 숫자를 자리수 + 1자리에서 반올림
TRUNC(숫자, 〈자리수〉)	• 숫자를 자리수 + 1자리에서 버림

② 숫자형 함수 예제1

예제	실행결과
SELECT ABS(-10) AS "ABS", 　　　　SIGN(-10) AS "SIGN", 　　　　MOD(10, 3) AS "MOD" FROM DUAL;	<table><tr><td>ABS</td><td>SIGN</td><td>MOD</td></tr><tr><td>10</td><td>-1</td><td>1</td></tr></table>
SELECT FLOOR(10.9) AS "FLOOR", 　　　　CEIL(10.9) AS "CEIL" FROM DUAL;	<table><tr><td>FLOOR</td><td>CEIL</td></tr><tr><td>10</td><td>11</td></tr></table>
SELECT ROUND(12.987, 2) AS "ROUND1", 　　　　ROUND(12.987) AS "ROUND2", 　　　　ROUND(12.987, -1) AS "ROUND3" FROM DUAL;	<table><tr><td>ROUND1</td><td>ROUND2</td><td>ROUND3</td></tr><tr><td>12.99</td><td>13</td><td>10</td></tr></table>
SELECT TRUNC(12.987, 2) AS "TRUNC1", 　　　　TRUNC(12.987) AS "TRUNC2", 　　　　TRUNC(12.987, -1) AS "TRUNC3" FROM DUAL;	<table><tr><td>TRUNC1</td><td>TRUNC2</td><td>TRUNC3</td></tr><tr><td>12.98</td><td>12</td><td>10</td></tr></table>

③ 숫자형 함수 예제2

• SAL이 1500 이상인 사원의 SAL을 15% 인상
• 소수점 이하는 버림
	1. SELECT ENAME, SAL, TRUNC(SAL*1.15, 0)
	   FROM EMP
	   WHERE SAL>=1500;
	→ TRUNC(SAL*1.15, 0)에서 0생략 가능
	2. SELECT ENAME, SAL, FLOOR(SAL*1.15)
	   FROM EMP
	   WHERE SAL>=1500;

• SAL이 2000 이하인 사원들의 SAL을 20% 인상
• 10의 자리를 기준으로 반올림.
	1. SELECT ENAME, SAL, SAL*1.2,
	   ROUND(SAL*1.2, -2)
	   FROM EMP
	   WHERE SAL<=2000;

• 전직원의 SAL을 10자리 이하 버림	1. SELECT ENAME, SAL, TRUNC(SAL, -2) FROM EMP;

3) 날짜형 함수

날짜형 함수는 DATE 타입의 값을 연산하는 함수이다.

① 날짜형 함수

함수	설명
SYSDATE	• 오늘 날짜와 시간을 반환
EXTRACT(YEAR|MONTH|DAY FROM DUAL)	• 날짜에서 년, 월, 일을 반환

② 날짜형 함수 예제

예제	실행결과
SELECT SYSDATE FROM DUAL;	SYSDATE 24/01/01

SELECT
  SYSDATE AS "SYSDATE",
  EXTRACT(YEAR FROM SYSDATE) AS "YEAR",
  EXTRACT(MONTH FROM SYSDATE) AS "MONTN",
  EXTRACT(DAY FROM SYSDATE) AS "DAY"
FROM DUAL;
	SYSDATE | YEAR | MONTH | DAY
	24/01/01 | 2024 | 1 | 1

4) 형변환 함수

형변환 함수는 특정 데이터 타입을 다양한 형식으로 출력할 때 사용하는 함수이다.

① 형변환의 종류

종류	설명
명시적(Explicit) 형변환	• 형변환 함수를 사용해 데이터 타입 변환
암시적(Implicit) 형변환	• 데이터베이스가 자동으로 데이터 타입 변환

② 형변환 함수

함수	설명
TO_NUMBER(문자열)	• 문자열을 숫자로 변환
TO_CHAR(숫자)	• 숫자를 문자열로 변환
TO_CHAR(날짜, 형식)	• 날짜를 주어진 형식에 맞는 문자열로 변환
TO_DATE(문자열, 형식)	• 문자열을 주어진 형식에 맞는 날짜 형식으로 변환

③ 형변환 함수 예제1

예제	실행결과			
SELECT TO_NUMBER('10')+10 AS "NUMBER", 　　　TO_CHAR(123456, 'L999,999') AS "원화", 　　　TO_CHAR(SYSDATE, 'YYYY/MM/DD') AS "날짜", 　　　TO_DATE('2024-01', 'YYYY-MM') AS "문자" FROM DUAL;	NUMBER	원화	날짜	문자
	20	₩123,456	2024/01/01	2024/01/01

④ 형변환 함수 예제2

• 1234를 문자데이터로 변환하고 34 출력	1. SELECT SUBSTR(TO_CHAR(1234), 3, 2) 　　　FROM DUAL; ➔ 마지막 2글자 출력시 아래도 같은 결과 2. SELECT SUBSTR(TO_CHAR(1234), 3) 　　　FROM DUAL;

5) NULL 관련 함수

① NULL의 특성

ㄱ. NULL 값은 아직 정의되지 않은 값으로 0 또는 공백과 다르다.
　(0은 숫자, 공백은 하나의 문자)
ㄴ. NULL 값을 포함하는 연산의 경우 NULL을 반환한다.

② NULL 관련 함수

함수	설명
NVL(표현식1, 표현식2)/ ISNULL(표현식1, 표현식2)	• 표현식1이 NULL이 아니면 표현식1, NULL이면 표현식2를 반환
NVL2(표현식1, 표현식2, 표현식3)	• 표현식1이 NULL이 아니면 표현식2, NULL이면 표현식3을 반환
NULLIF(표현식1, 표현식2)	• 표현식1이 표현식2와 같으면 NULL, 다르면 표현식1을 반환
COALESCE(표현식1, 표현식2, …)	• NULL이 아닌 최초의 표현식을 반환 • 모든 표현식이 NULL이면 NULL을 반환

③ NULL 관련 함수 예제

• ENAME과 MGR을 가져오고 MGR이 없는 사원의 MGR값을 0으로 반환(NVL)	SELECT ENAME, MGR, NVL(MGR, 0) FROM EMP;
• ENAME과 MGR을 가져오고 MGR이 없는 사원의 MGR값만 0으로 반환하고 나머지 사원의 MGR 값은 1로 반환(NVL2)	SELECT ENAME, MGR, NVL2(MGR, 1, 0) FROM EMP;
• 숫자 3과 4가 같으면 NULL, 아니라면 3을 반환(NULLIF)	SELECT NULLIF(3, 4) FROM DUAL;
• MGR, COMM, SAL 중에서 NULL이 아닌 첫 번째 값을 반환 (COALESCE)	SELECT MGR, COMM, SAL, COALESCE(MGR, COMM, SAL) FROM EMP;

3. CASE 함수

① IF문을 구현하기 위해 사용하는 함수이다.

② IF-THEN-ELSE 논리와 유사한 방식으로 표현식을 작성해서 SQL의 비교 연산 기능을 보완하는 역할을 한다.

1) CASE 표현의 종류

CASE 표현	설명
CASE SIMPLE_CASE_EXPRESSION 조건 ELSE 표현절 END	• SIMPLE_CASE_EXPRESSION 조건이 맞으면 SIMPLE_CASE_EXPRESSION 조건내의 THEN 절을 수행하고, 조건이 맞지 않으면 ELSE 절을 수행
CASE SEARCHED_CASE_EXPRESSION 조건 ELSE 표현절 END	• SEARCHED_CASE_EXPRESSION 조건이 맞으면 SEARCHED_CASE_EXPRESSION 조건내의 THEN 절을 수행하고, 조건이 맞지 않으면 ELSE 절을 수행

DECODE(표현식, 기준값1, 값1, 기준값2, 값2, ..., 디폴트값)	• Oracle에서만 사용되는 함수 • 표현식의 값이 기준값1이면 값1을 출력하고, 기준값2이면 값2를 출력 • 기준값이 없으면 디폴트값 출력 • CASE 표현의 SIMPLE_CASE_EXPRESSION 조건과 동일

2) CASE 예제1

SIMPLE_CASE_EXPRESSION 방식

• DEPT 테이블에서 부서 지역을 미국의 동부, 중부, 서부로 구분

| ```
SELECT LOC,
    CASE LOC
        WHEN 'NEW YORK' THEN 'EAST'
        WHEN 'BOSTON' THEN 'EAST'
        WHEN 'CHICAGO' THEN 'CENTER'
        WHEN 'DALLAS' THEN 'CENTER'
        ELSE 'ETC'
    END AS AREA
FROM DEPT;
``` | [실행 결과]<br><br>LOC     AREA<br>————————————<br>NEW YORK  EAST<br>DALLAS     CENTER<br>CHICAGO   CENTER<br>BOSTON     EAST |

3) CASE 예제2

SEARCHED_CASE_EXPRESSION 방식

• EMP 테이블에서 사원들의 급여가 1000 미만이면 C등급, 1000 이상, 2000 미만이면 B등급, 2000 이상이면 A등급으로 분류

```
SELECT ENAME, SAL,
    CASE
        WHEN SAL<1000 THEN 'C'
        WHEN SAL>=1000 AND SAL<2000 THEN 'B'
        WHEN SAL>=2000 THEN 'A'
    END GRADE
FROM EMP;
```

[실행 결과]

ENAME	SAL	GRADE
SMITH	800	C
ALLEN	1600	B
WARD	1250	B
JONES	2975	A
MARTIN	1250	B
BLAKE	2850	A
CLARK	2450	A
SCOTT	3000	A
KING	5000	A
TURNER	1500	B
ADAMS	1100	B
JAMES	950	C
FORD	3000	A
MILLER	1300	B
```

• EMP에서 급여가 2000 이상이면 보너스를 1000, 1000 이상이면 500, 1000 미만이면 0

SELECT 구문	[실행 결과]		
	ENAME	SAL	BONUS
SELECT ENAME, SAL,	SMITH	800	0
CASE	ALLEN	1600	500
WHEN SAL >= 2000 THEN 1000	WARD	1250	500
ELSE (CASE	JONES	2975	1000
WHEN SAL >= 1000 THEN 500	MARTIN	1250	500
ELSE 0	BLAKE	2850	1000
END)	CLARK	2450	1000
END AS BONUS	SCOTT	3000	1000
FROM EMP;	KING	5000	1000
	TURNER	1500	500
	ADAMS	1100	500
	JAMES	950	0
	FORD	3000	1000
	MILLER	1300	500

4) CASE 예제3

DECODE 방식

• EMP 테이블에서 DEPTNO가 10이면 인사과, 20이면 개발부, 30이면 경영지원팀 분류

SELECT 구문	[실행 결과]		
	ENAME	DEPTNO	DEPT
SELECT ENAME, DEPTNO,	SMITH	20	개발부
DECODE(DEPTNO, 10, '인사과', 20,	ALLEN	30	경영지원팀
'개발부', 30, '경영지원팀', 40, '생산부')	WARD	30	경영지원팀
AS DEPT	JONES	20	개발부
FROM EMP;	MARTIN	30	경영지원팀
	BLAKE	30	경영지원팀
	CLARK	10	인사과
	SCOTT	20	개발부
	KING	10	인사과
	TURNER	30	경영지원팀
	ADAMS	20	개발부
	JAMES	30	경영지원팀
	FORD	20	개발부
	MILLER	10	인사과

5) CASE 예제4

DECODE, CASE 방식 비교

- EMP 테이블에서 JOB에 따라 SAL 인상
  (CLERK:10%, SALESMAN:20%, PRESIDENT:30%, MANAGER:10%, ANALYST:30%)

CASE 방식	DECODE 방식

SELECT ENAME, JOB, SAL,
  CASE JOB
    WHEN 'CLERK' THEN SAL*1.1
    WHEN 'SALESMAN' THEN SAL*1.2
    WHEN 'PRESIDENT' THEN SAL*1.3
    WHEN 'MANAGER' THEN SAL*1.1
    WHEN 'ANALYST' THEN SAL*1.3
  END AS 급여인상
FROM EMP;
	SELECT ENAME, JOB, SAL,
	  DECODE(JOB, 'CLERK', SAL*1.1,
	              'SALESMAN', SAL*1.2,
	              'PRESIDENT', SAL*1.3,
	              'MANAGER', SAL*1.1,
	              'ANALYST', SAL*1.3)
	  AS 급여인상
	FROM EMP;

ENAME	JOB	SAL	급여인상
SMITH	CLERK	800	880
ALLEN	SALESMAN	1600	1920
WARD	SALESMAN	1250	1500
JONES	MANAGER	2975	3272.5
MARTIN	SALESMAN	1250	1500
BLAKE	MANAGER	2850	3135
CLARK	MANAGER	2450	2695
SCOTT	ANALYST	3000	3900
KING	PRESIDENT	5000	6500
TURNER	SALESMAN	1500	1800
ADAMS	CLERK	1100	1210
JAMES	CLERK	950	1045
FORD	ANALYST	3000	3900
MILLER	CLERK	1300	1430

| SECTION |
06 GROUP BY, HAVING 절

1. 집계 함수(Aggregate Function)

① 여러 행들의 그룹이 모여서 그룹당 단 하나의 결과를 돌려주는 함수이다.

② GROUP BY 절은 행들을 소그룹화 한다.

③ SELECT 절, HAVING 절, ORDER BY 절에 사용할 수 있다.

1) 집계함수

SQL문	집계함수명([DISTINCT | ALL] 컬럼 | 표현식)
설명	• DISTINCT : 같은 값을 하나의 데이터로 간주하여 하나만 조회 • ALL : Default 옵션이므로 생략 가능

2) 집계함수의 종류

집계 함수	설명
COUNT(*)	• NULL 값을 포함한 행의 수를 출력
COUNT(컬럼|표현식)	• 컬럼이나 표현식의 값이 NULL 값인 것을 제외한 행의 수을 출력
SUM([DISTINCT | ALL] 컬럼 | 표현식)	• 컬럼이나 표현식의 NULL 값을 제외한 합계 출력
AVG([DISTINCT | ALL] 컬럼 | 표현식)	• 컬럼이나 표현식의 NULL 값을 제외한 평균 출력
MAX([DISTINCT | ALL] 컬럼 | 표현식)	• 컬럼이나 표현식의 최대값 출력 • 문자, 날짜, 데이터 타입도 가능
MIN([DISTINCT | ALL] 컬럼 | 표현식)	• 컬럼이나 표현식의 최소값 출력 • 문자, 날짜, 데이터 타입도 가능
STDDEV([DISTINCT | ALL] 컬럼 | 표현식)	• 컬럼이나 표현식의 표준편차 출력
VARIAN([DISTINCT | ALL] 컬럼 | 표현식)	• 컬럼이나 표현식의 분산 출력
기타 통계 함수	• 벤더별로 다양한 통계식 제공

3) 집계함수 예제

```
SELECT
    COUNT(*) 전체행수,
    COUNT(COMM) COMM건수,
    SUM(SAL) 급여합계,
    ROUND(AVG(SAL)) 급여평균,
    MAX(SAL) 최대급여,
    MIN(SAL) 최소급여
FROM EMP;
```

- COUNT(*) : 컬럼의 전체 행수
- COUNT(COMM) : COMM 컬럼에서 NULL을 제외한 행수
- SUM(SAL) : 급여의 총합
- ROUND(AVG(SAL)) : 급여의 평균, 일의 자리까지 표시
- MAX(SAL) : 최대 급여
- MIN(SAL) : 최소 급여

➔ 실행결과

전체행수	COMM건수	급여합계	급여평균	최대급여	최소급여
14	4	29025	2073	5000	800

2. GROUP BY 절, HAVING 절

1) GROUP BY 절

① GROUP BY 절은 SQL 문에서 FROM 절과 WHERE 절 뒤에 위치한다.

② 데이터들을 작은 그룹으로 분류하여 소그룹에 대한 항목별로 통계 정보를 얻을 때 추가로 사용된다.

◉ GROUP BY 예제

DEPTNO 별로 그룹화

```
SELECT
    DEPTNO,
    COUNT(*) 전체행수,
    COUNT(COMM) COMM건수,
    SUM(SAL) 급여합계,
    ROUND(AVG(SAL)) 급여평균,
    MAX(SAL) 최대급여,
    MIN(SAL) 최소급여
FROM EMP
GROUP BY DEPTNO;
```

- COUNT(*) : 각 부서별 컬럼의 전체 행수
- COUNT(COMM) : 각 부서별 COMM 컬럼에서 NULL을 제외한 행수
- SUM(SAL) : 각 부서별 급여의 총합
- ROUND(AVG(SAL)) : 각 부서별 급여의 평균, 일의 자리까지 표시
- MAX(SAL) : 각 부서별 최대 급여
- MIN(SAL) : 각 부서별 최소 급여

➔ 실행결과

DEPTNO	전체행수	COMM건수	급여합계	급여평균	최대급여	최소급여
30	6	4	9400	1567	2850	950
10	3	0	8750	2917	5000	1300
20	5	0	10875	2175	3000	800

2) HAVING 절

① HAVING 절은 GROUP BY 절의 조건절이다.

② HAVING 절은 GROUP BY 절 뒤에 위치한다.

③ WHERE 절은 집계함수를 사용할 수 없지만 HAVING 절은 사용할 수 있다.

● GROUP BY, HAVING 예제

　ⓐ DEPTNO 별로 그룹화

　ⓑ DEPTNO 급여평균이 2000 이상만 조회

SELECT 　　DEPTNO, 　　COUNT(*) 전체행수, 　　COUNT(COMM) COMM건수, 　　SUM(SAL) 급여합계, 　　ROUND(AVG(SAL)) 급여평균, 　　MAX(SAL) 최대급여, 　　MIN(SAL) 최소급여 FROM EMP GROUP BY DEPTNO HAVING AVG(SAL))=2000;	• COUNT(*) : 각 부서별 컬럼의 전체 행수 • COUNT(COMM) : 각 부서별 COMM 컬럼에서 NULL을 제외한 행수 • SUM(SAL) : 각 부서별 급여의 총합 • ROUND(AVG(SAL)) : 각 부서별 급여의 평균, 일의 자리까지 표시 • MAX(SAL) : 각 부서별 최대 급여 • MIN(SAL) : 각 부서별 최소 급여 → AVG(SAL)이 2000 이상만 조회

→ 실행결과

DEPTNO	전체행수	COMM건수	급여합계	급여평균	최대급여	최소급여
10	3	0	8750	2917	5000	1300
20	5	0	10875	2175	3000	800

3) GROUP BY 절과 HAVING 절의 특성

① GROUP BY 절을 통해 소그룹별 기준을 정한 후, SELECT 절에 집계 함수를 사용한다.

② 집계 함수의 통계 정보는 NULL 값을 가진 행을 제외하고 수행한다.

③ GROUP BY 절에서는 SELECT 절과는 달리 ALIAS 명을 사용할 수 없다.

④ 집계 함수는 WHERE 절에는 올 수 없다.

　(집계 함수를 사용할 수 있는 GROUP BY 절보다 WHERE 절이 먼저 수행된다)

⑤ WHERE 절은 전체 데이터를 GROUP으로 나누기 전에 행들을 미리 제거시킨다.

⑥ HAVING 절은 GROUP BY 절의 기준 항목이나 소그룹의 집계 함수를 이용한 조건을 표시할 수 있다.

⑦ GROUP BY 절에 의한 소그룹별로 만들어진 집계 데이터 중, HAVING 절에서 제한 조건을 두어 조건을 만족하는 내용만 출력한다.

⑧ HAVING 절은 일반적으로 GROUP BY 절 뒤에 위치한다.

3. 집계 함수와 NULL

① 테이블의 빈칸을 NULL이 아닌 0으로 표현하기 위해 NVL(Oracle)/ISNULL(SQL Server) 함수를 사용하는 경우가 많은데, 다중 행 함수를 사용하는 경우는 오히려 불필요한 부하가 발생하므로 굳이 NVL 함수를 다중 행 함수 안에 사용할 필요가 없다.

② 다중 행 함수는 입력 값으로 전체 건수가 NULL 값인 경우만 함수의 결과가 NULL이 나오고 전체 건수 중에서 일부만 NULL인 경우는 NULL인 행을 다중 행 함수의 대상에서 제외한다.

➜ TEST 테이블

COL1	COL2	COL3	COL4
30	NULL	20	NULL
NULL	40	40	NULL
0	10	NULL	NULL

SELECT 　SUM(COL1), 　SUM(COL4), 　SUM(COL1+COL4), 　SUM(COL1)+SUM(COL4) FROM TEST;	• SUM(COL1)은 COL1 컬럼에서 NULL을 제외한 합계 결과 　➜ 30+0=30 • SUM(COL4)은 COL4 컬럼에서 NULL을 제외한 합계 결과 　➜ COL4 모든 데이터가 NULL이기 때문에 합계 결과는 NULL • SUM(COL1+COL4)은 각 열에서 COL1+COL4 실행 후 SUM 실행 　➜ 해당 각열에 NULL이 존재하기 때문에 모든 열의 COL1 + COL4의 결과는 NULL 　➜ NULL값을 SUM 실행하면 결과는 NULL • SUM(COL1)+SUM(COL4) 　➜ SUM(COL1) 실행 결과인 30과 SUM(COL4) 실행 결과인 NULL을 더한 결과 NULL

➜ 실행결과

SUM(COL1)	SUM(COL4)	SUM(COL1+COL4)	SUM(COL1)+SUM(COL4)
30	NULL	NULL	NULL

ORDER BY 절

1. ORDER BY 절

① ORDER BY 절은 SQL 문장으로 조회된 데이터들을 다양한 목적에 맞게 특정 칼럼을 기준으로 정렬하여 출력하는데 사용한다.

② ORDER BY 절에 칼럼명 대신에 SELECT 절에서 사용한 ALIAS 명이나 칼럼 순서를 나타내는 정수도 사용 가능하고 ALIAS 명과 정수를 혼용해서 사용할 수도 있다.

③ 별도로 정렬 방식을 지정하지 않으면 기본적으로 오름차순이 적용된다.

④ 숫자형 데이터는 오름차순 정렬 시 가장 작은 값부터 출력

⑤ 날짜형 데이터는 오름차순 정렬 시 가장 과거부터 출력

⑥ Oracle에서는 NULL을 가장 큰 값으로 간주하여, 오름차순 정렬시 가장 마지막에 출력

⑦ SQL Server에서는 NULL을 가장 작은 값으로 간주하여, 오름차순 정렬시 가장 앞에 출력

⑧ SQL 문장의 제일 마지막에 위치한다.

1) ORDER BY 절 문법

문법	설명
SELECT 칼럼명 [ALIAS명] FROM 테이블명 [WHERE 조건식] [GROUP BY 칼럼표현식] [HAVING 그룹조건식] [ORDER BY 칼럼표현식 [ASC|DESC]] ;	• ASC(Ascending) ➜ 조회한 데이터를 오름차순으로 정렬 (기본 값이므로 생략 가능) • DESC(Descending) ➜ 조회한 데이터를 내림차순으로 정렬

2) GROUP BY, HAVING, ORDER BY 예제

① DEPTNO 별로 그룹화

② DEPTNO 급여평균이 2000 이상만 조회

③ 급여평균 오름차순으로 정렬

```
SELECT
    DEPTNO,
    COUNT(*) 전체행수,
    COUNT(COMM) COMM건수,
    SUM(SAL) 급여합계,
    ROUND(AVG(SAL)) 급여평균,
    MAX(SAL) 최대급여,
    MIN(SAL) 최소급여
FROM EMP
GROUP BY DEPTNO
HAVING AVG(SAL)>=2000
ORDER BY 급여평균;
```

- COUNT(*) : 각 부서별 컬럼의 전체 행수
- COUNT(COMM) : 각 부서별 COMM 컬럼에서 NULL을 제외한 행수
- SUM(SAL) : 각 부서별 급여의 총합
- ROUND(AVG(SAL)) : 각 부서별 급여의 평균, 일의 자리까지 표시
- MAX(SAL) : 각 부서별 최대 급여
- MIN(SAL) : 각 부서별 최소 급여

→ AVG(SAL)이 2000 이상만 조회
→ 급여평균 오름차순으로 정렬

→ 실행결과

DEPTNO	전체행수	COMM건수	급여합계	급여평균	최대급여	최소급여
20	5	0	10875	2175	3000	800
10	3	0	8750	2917	5000	1300

3) GROUP BY, HAVING, ORDER BY 예제

① DEPTNO 별로 그룹화
② DEPTNO 급여평균이 2000 이상만 조회
③ 급여평균대신 컬럼순서인 5를 사용

```
SELECT
    DEPTNO,
    COUNT(*) 전체행수,
    COUNT(COMM) COMM건수,
    SUM(SAL) 급여합계,
    ROUND(AVG(SAL)) 급여평균,
    MAX(SAL) 최대급여,
    MIN(SAL) 최소급여
FROM EMP
GROUP BY DEPTNO
HAVING AVG(SAL)>=2000
ORDER BY 5;
```

- COUNT(*) : 각 부서별 컬럼의 전체 행수
- COUNT(COMM) : 각 부서별 COMM 컬럼에서 NULL을 제외한 행수
- SUM(SAL) : 각 부서별 급여의 총합
- ROUND(AVG(SAL)) : 각 부서별 급여의 평균, 일의 자리까지 표시
- MAX(SAL) : 각 부서별 최대 급여
- MIN(SAL) : 각 부서별 최소 급여

→ AVG(SAL)이 2000 이상만 조회
→ 급여평균대신 컬럼순서인 5를 사용해도 같은 결과

→ 실행결과

DEPTNO	전체행수	COMM건수	급여합계	급여평균	최대급여	최소급여
20	5	0	10875	2175	3000	800
10	3	0	8750	2917	5000	1300

2. SELECT 문장 실행 순서

GROUP BY 절과 ORDER BY가 같이 사용될 때 SELECT 문장은 6개의 절로 구성이 되고, SELECT 문장의 수행 단계는 아래와 같다.

1) SELECT 문장 실행 순서

	작성순서	실행순서	설명
SELECT	①	⑤	• 데이터 값을 출력, 계산
FROM	②	①	• 조회 대상 테이블을 참조
WHERE	③	②	• 조회 대상 데이터가 아닌 것을 제거
GROUP BY	④	③	• 행들을 소그룹화
HAVING	⑤	④	• 소그룹화된 값의 조건에 맞는 것만 출력
ORDER BY	⑥	⑥	• 데이터 정렬

① SELECT 문장 실행 순서는 옵티마이저가 SQL 문장의 SYNTAX, SEMANTIC 에러를 점검하는 순서이다.

② FROM 절에 정의되지 않은 테이블의 칼럼을 WHERE 절, GROUP BY 절, HAVING 절, SELECT 절, ORDER BY 절에서 사용하면 에러가 발생한다.

③ ORDER BY 절에는 SELECT 목록에 나타나지 않은 문자형 항목이 포함될 수 있다.

④ SELECT DISTINCT를 지정하거나 SQL 문장에 GROUP BY 절이 있거나 또는 SELECT 문에 UNION 연산자가 있으면 열 정의가 SELECT 목록에 표시되어야 한다.

⑤ 관계형 데이터베이스가 데이터를 메모리에 올릴 때 행 단위로 모든 칼럼을 가져오게 되므로, SELECT 절에서 일부 칼럼만 선택하더라도 ORDER BY 절에서 메모리에 올라와 있는 다른 칼럼의 데이터를 사용할 수 있다.

2) SELECT 문장 실행 순서 예제1

SELECT 절에 없는 EMP 칼럼을 ORDER BY 절에 사용

SQL 문	실행 결과	
	EMPNO	ENAME
SELECT EMPNO, ENAME FROM EMP ORDER BY MGR;	7902	FORD
	7788	SCOTT
	7900	JAMES
	7499	ALLEN
	7521	WARD
	7844	TURNER
	7654	MARTIN
	7934	MILLER
	7876	ADAMS
	7698	BLAKE
	7566	JONES
	7782	CLARK
	7369	SMITH
	7839	KING

3) SELECT 문장 실행 순서 예제2

인라인 뷰에 정의된 SELECT 칼럼을 메인쿼리에서 사용

SQL 문	실행 결과	
	EMPNO	ENAME

SELECT EMPNO, ENAME
FROM
(SELECT EMPNO, ENAME
  FROM EMP
  ORDER BY MGR);
	7902	FORD

	7788	SCOTT
	7900	JAMES
	7499	ALLEN
	7521	WARD
	7844	TURNER
	7654	MARTIN
	7934	MILLER
	7876	ADAMS
	7698	BLAKE
	7566	JONES
	7782	CLARK
	7369	SMITH
	7839	KING

4) SELECT 문장 실행 순서 예제3

GROUP BY 절 사용시 SELECT 절에 일반 칼럼을 사용

SQL 문	실행 결과
[예제 및 실행 결과] SELECT JOB, SAL FROM EMP GROUP BY JOB HAVING COUNT(*) >0 ORDER BY SAL;	SELECT JOB, SAL ERROR: GROUP BY 표현식이 아니다. ➜ GROUP BY 절에 사용하지 않은 일반 컬럼을 SELECT에 사용할 수 없음

5) SELECT 문장 실행 순서 예제4

GROUP BY 절 사용시 ORDER BY 절에 일반 칼럼을 사용

SQL 문	실행 결과
SELECT JOB FROM EMP GROUP BY JOB HAVING COUNT(*) >0 ORDER BY SAL;	ORDER BY SAL; ERROR: GROUP BY 표현식이 아니다. ➜ GROUP BY 절에 사용하지 않은 일반 컬럼을 ORDER BY에 사용할 수 없음

6) SELECT 문장 실행 순서 예제5

GROUP BY 절 사용시 ORDER BY 절에 집계 칼럼을 사용

SQL 문	실행 결과
SELECT JOB FROM EMP GROUP BY JOB HAVING COUNT(*) >0 ORDER BY MAX(EMPNO), 　　　　MAX(MGR), SUM(SAL), 　　　　COUNT(DEPTNO), 　　　　MAX(HIREDATE);	JOB ─────── MANAGER PRESIDENT SALESMAN ANALYST CLERK

| SECTION |
08 DCL(Data Control Language)

1. DCL(Data Control Language)의 개념

① DCL(Data Control Language)은 유저를 생성하고 권한을 제어하는 명령어이다.

② 대부분의 데이터베이스는 데이터 보호와 보안을 위해서 유저와 권한을 관리하고 있다.

③ Oracle을 설치하면 기본적으로 SYS, SYSTEM, SCOTT 유저가 제공된다.

◉ Oracle에서 제공하는 유저들

유저	역할
SYS	• DBA ROLE을 부여받은 유저
SYSTEM	• 데이터베이스의 모든 시스템 권한을 부여받은 DBA 유저 • Oracle 설치 완료 시에 패스워드 설정

2. DCL 명령어

① DCL 명령어에는 GRANT, REVOKE가 있다.

② TCL인 COMMIT, ROLLBACK, SAVEPOINT를 DCL로 분류하기도 한다.

◉ DCL 명령어

명령어	설명
GRANT	• 권한을 부여하는 명령어
REVOKE	• 주어진 권한을 회수하는 명령어

1) GRANT

시스템 권한 부여

SQL 문	설명
CREATE USER SQLD IDENTIFIED BY 1234;	• CREATE USER SQLD IDENTIFIED BY 1234; → SQLD 사용자 생성
GRANT CREATE SESSION TO SQLD;	• GRANT CREATE SESSION TO SQLD; → SQLD 시스템 권한 부여

| CONN SQLD/1234; | • CONN SQLD/1234
→ 연결 |
| CREATE USER SQLD1 IDENTIFIED BY 1234; | • CREATE USER SQLD1 IDENTIFIED BY 1234;
→ SQLD1 사용자 생성 |

2) REVOKE

시스템 권한 회수

SQL 문	설명
CONN SQLD_STUDY/1234;	• CONN SQLD_STUDY/1234; → 연결
REVOKE CREATE SESSION FROM SQLD;	• REVOKE CREATE SESSION FROM SQLD; → SQLD의 권한 취소

3. 오브젝트 권한(Object Privilege)

오브젝트 권한은 특정 오브젝트인 테이블, 뷰 등에 대한 SELECT, INSERT, DELETE, UPDATE 작업 명령어를 의미한다.

1) 권한(Privilege)

권한	
ALTER	• 지정된 테이블에 대해서 수정할 수 있는 권한 부여
DELETE	• 지정된 테이블에 대해서 DELETE 권한 부여
ALL	• 테이블에 대한 모든 권한을 부여
INDEX	• 지정된 테이블에 대해서 인덱스를 생성할 수 있는 권한 부여
INSERT	• 지정된 테이블에 대해서 INSERT 권한 부여
REFERENCES	• 지정된 테이블을 참조하는 제약조건을 생성하는 권한 부여
SELECT	• 지정된 테이블에 대해서 SELECT 권한 부여
UPDATE	• 지정된 테이블에 대해서 UPDATE 권한 부여

2) 오브젝트 권한과 오브젝트와의 관계

객체 권한	테이블	VIEWS	SEQUENCE	PROCEDURE
ALTER	O		O	
DELETE	O	O		
EXECUTE				O
INDEX	O			
INSERT	O	O		
REFERENCES	O			
SELECT	O	O	O	
UPDATE	O	O		

4. Role을 이용한 권한 부여

1) Role의 개념

① 유저를 생성하면 기본적으로 CREATE SESSION, CREATE TABLE, CREATE PROCEDURE 등 많은 권한을 부여해야 한다.

② ROLE은 많은 데이터베이스에서 유저들과 권한들 사이에서 중개 역할을 한다.

③ ROLE은 유저에게 직접 부여될 수도 있고, 다른 ROLE에 포함하여 유저에게 부여될 수도 있다.

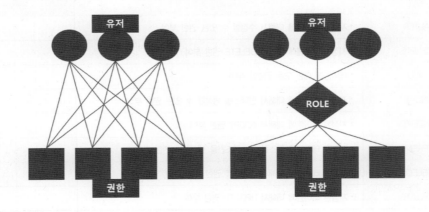

2) Role 예제1

SQLD 유저에게 CREATE SESSION과 CREATE TABLE 권한을 가진 ROLE을 생성한 후 ROLE을 이용하여 다시 권한을 할당한다. 권한을 취소할 때는 REVOKE를 사용.

SQL 문	설명
CONN SYSTEM/MANAGER;	• CONN SYSTEM/MANAGER ➔ 연결
REVOKE CREATE SESSION, CREATE TABLE FROM SQLD; CONN SQLD/1234;	• REVOKE CREATE SESSION, CREATE TABLE FROM SQLD; ➔ 권한 취소 • CONN SQLD/1234 ➔ ERROR : 사용자 SQLD은 CREATE SESSION권한을 가지고 있지 않음. 로그온 거절됨

3) Role 예제2

이제 LOGIN_TABLE이라는 ROLE을 만들고, 이 ROLE을 이용하여 SQLD 유저에게 권한 부여

SQL 문	설명
CONN SYSTEM/MANAGER;	• CONN SYSTEM/MANAGER ➔ 연결
CREATE ROLE LOGIN_TABLE;	• CREATE ROLE LOGIN_TABLE; ➔ 롤 생성
GRANT CREATE SESSION, CREATE TABLE TO LOGIN_TABLE;	• GRANT CREATE SESSION, CREATE TABLE TO LOGIN_TABLE; ➔ 권한 부여
GRANT LOGIN_TABLE TO SQLD;	• GRANT LOGIN_TABLE TO SQLD; ➔ 권한 부여
CONN SQLD/1234;	• CONN SQLD/1234 ➔ 연결
CREATE TABLE MENU2(MENU_SEQ NUMBER NOT NULL, TITLE VARCHAR2(10));	• CREATE TABLE MENU2(MENU_SEQ NUMBER NOT NULL, TITLE VARCHAR2(10)); ➔ 테이블 생성

TCL(Transaction Control Language)

1. 트랜잭션(Transaction)이란?

① 트랜잭션은 데이터베이스의 논리적인 연산단위이다.

② 밀접히 관련되어 분리될 수 없는 한 개 이상의 데이터베이스 조작을 가리킨다.

③ 하나의 트랜잭션에는 하나 이상의 SQL 문장이 포함된다.

④ 트랜잭션은 분할 할 수 없는 최소의 단위이다.

→ 전부 적용하거나 전부 취소한다.(ALL OR NOTHING의 개념)

◉ 트랜잭션(Transaction)의 특성

특성	설명
원자성 (Atomicity)	• 트랜잭션에서 정의된 연산들은 모두 성공적으로 실행되던지 아니면 실행되지 않은 상태여야 함(All or Nothing)
일관성 (Consistency)	• 트랜잭션이 실행되기 전의 데이터베이스 내용이 잘못 되어 있지 않다면 트랜잭션이 실행된 이후에도 데이터베이스의 내용에 잘못이 있으면 안됨
고립성 (Isolation)	• 트랜잭션이 실행되는 도중에 다른 트랜잭션이 접근할 수 없음
영속성 (Durability)	• 트랜잭션이 성공적으로 수행되면 그 트랜잭션이 갱신한 데이터베이스의 내용은 영구적으로 저장

2. TCL(Transaction Control Language)이란?

① TCL(Transaction Control Language)은 트랜잭션을 제어하는 명령어이다.

② TCL 명령어에는 COMMIT, ROLLBACK, SAVEPOINT가 있다.

◉ TCL(Transaction Control Language) 종류

명령어	설명
COMMIT	• 올바르게 반영된 데이터를 데이터베이스에 반영시키는 명령어
ROLLBACK	• 트랜잭션 시작 이전의 상태로 되돌리는 명령어
SAVEPOINT	• 하나의 트랜잭션을 작게 분할하여 저장하는 기능을 수행하는 명령어

1) COMMIT

① INSERT, UPDATE, DELETE로 변경한 데이터를 데이터베이스에 반영하는 명령어이다.

② COMMIT 이후 COMMIT 이전 상태로 복구는 불가능하다.

③ DDL(CREATE, ALTER, DROP, RENAME, TRUNCATE)은 자동으로 COMMIT이 실행되어 데이터베이스에 저장된다.

④ DML(INSERT, UPDATE, DELETE)은 COMMIT을 실행해야만 데이터베이스에 반영된다.

2) ROLLBACK

① 트랜잭션을 취소하는 명령어이다.

② ROLLBACK을 실행하면 마지막 COMMIT 지점으로 돌아간다.

3) SAVEPOINT

① ROLLBACK시 돌아가는 저장포인트를 지정하는 명령어이다.

② 하나의 트랜잭션에 여러 개의 SAVEPOINT 지정이 가능하다.

4) SQL Server의 트랜잭션 방식

① SQL Server에서는 기본적으로 AUTO COMMIT 모드이기 때문에 DML 수행 후 COMMIT을 실행할 필요가 없다.

② SQL Server에서의 트랜잭션은 AUTO COMMIT, 암시적 트랜잭션, 명시적 트랜잭션 3가지 방식으로 이루어진다.

◉ SQL Server의 트랜잭션 방식

방식	설명
AUTO COMMIT	• SQL Server의 기본 방식 • DML, DDL을 수행할 때마다 DBMS가 트랜잭션을 컨트롤하는 방식 • 명령어가 성공적으로 수행되면 자동으로 COMMIT 수행 • 오류가 발생하면 자동으로 ROLLBACK 수행
암시적 트랜잭션	• Oracle과 같은 방식으로 처리 • 트랜잭션의 시작은 DBMS가 처리하고 트랜잭션의 끝은 사용자가 명시적으로 COMMIT 또는 ROLLBACK으로 처리 • 인스턴스 단위 또는 세션 단위로 설정
명시적 트랜잭션	• 트랜잭션의 시작과 끝을 모두 사용자가 명시적으로 지정하는 방식 • BEGIN TRANSACTION(BEGIN TRAN 구문도 가능)으로 트랜잭션을 시작하고 COMMIT TRANSACTION(TRANSACTION은 생략 가능) 또는 ROLLBACK TRANSACTION(TRANSACTION은 생략 가능)으로 트랜잭션을 종료 • ROLLBACK 구문을 만나면 최초의 BEGIN TRANSACTION 시점까지 모두 ROLLBACK 수행

5) TCL 예제

◆ 예제 1(AUTO COMMIT)

① SQL문

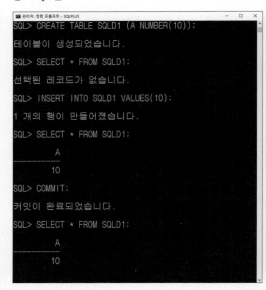

② SQL문

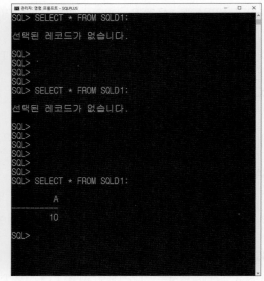

◉ 풀이

①	②

〉〉 CREATE TABLE SQLD1
   (
       A NUMBER(10)
   );
  → 테이블 생성
〉〉 SELECT * FROM SQLD1;
  → 테이블 생성 확인
	〉〉 SELECT * FROM SQLD1;
	  → CREATE는 DDL 명령어이기 때문에 AUTO COMMIT이 실행되어서 ②에서도 확인 가능

〉〉 INSERT INTO SQLD1 VALUES(10);
  → 데이터 입력
〉〉 SELECT * FROM SQLD1;
  → 데이터 확인
	〉〉 SELECT * FROM SQLD1;
	  → INSERT는 DML 명령어이기 때문에 AUTO COMMIT이 실행되지 않기 때문에 ①에서 입력한 데이터 확인 안됨

〉〉 COMMIT;
  → COMMIT 실행하여 입력된 데이터를 데이터베이스에 저장
〉〉 SELECT * FROM SQLD1;
  → 데이터 확인
	〉〉 SELECT * FROM SQLD1;
	  → ①에서 COMMIT를 실행하여 데이터를 데이터베이스에 저장했기 때문에 ②에서도 ①에서 입력한 데이터 확인 가능

◆ 예제 2(COMMIT, ROLLBACK)

① SQL문

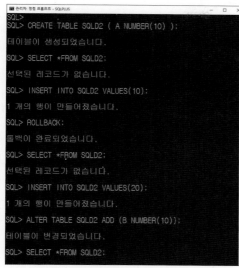

① 풀이

설명

〉〉 CREATE TABLE SQLD2
  (A NUMBER(10));
  → 테이블 생성
〉〉 SELECT * FROM SQLD2;
  → 테이블 생성 확인
〉〉 INSERT INTO SQLD2 VALUES(10);
  → 데이터 입력
〉〉 ROLLBACK;
  → 현재 위치까지의 변경된 실행 취소
〉〉 SELECT * FROM SQLD2;
  → 데이터 확인
  → 데이터 입력 후 COMMIT 실행이 없기 때문에 비어있는 테이블 조회
〉〉 INSERT INTO SQLD2 VALUES(20);
  → 데이터 입력
〉〉 ALTER TABLE SQLD2
  ADD (B NUMBER(10));
  → B 컬럼 추가
〉〉 SELECT * FROM SQLD2;
  → 데이터 확인
〉〉 ROLLBACK;
  → 현재 위치까지의 변경된 실행 취소
〉〉 SELECT * FROM SQLD2;
  → 데이터 확인
  → ALTER가 DDL이기 때문에 AUTO COMMIT이 실행되어 B컬럼 추가까지 데이터 저장
〉〉 INSERT INTO SQLD2 VALUES(30, 30);
  → 데이터 입력
〉〉 SELECT * FROM SQLD2;
  → 데이터 확인
〉〉 SAVEPOINT SV1;
  → SAVEPOINT SV1 지정

② SQL문

```
관리자: 명령 프롬프트 - SQLPLUS                    - □ ×
SQL> ROLLBACK;
롤백이 완료되었습니다.
SQL> INSERT INTO SQLD2 VALUES(30,30);
1 개의 행이 만들어졌습니다.
SQL> SELECT *FROM SQLD2;
          A          B
         20
         30         30
SQL> SAVEPOINT SV1;
저장점이 생성되었습니다.
SQL> ROLLBACK TO SV1;
롤백이 완료되었습니다.
SQL> SELECT *FROM SQLD2;
          A          B
         20
         30         30
```

```
관리자: 명령 프롬프트 - SQLPLUS                    - □ ×
SQL> INSERT INTO SQLD2 VALUES(40,40);
1 개의 행이 만들어졌습니다.
SQL> SELECT *FROM SQLD2;
          A          B
         20
         30         30
         40         40
SQL> SAVEPOINT SV2;
저장점이 생성되었습니다.
SQL> ALTER TABLE SQLD2 DROP COLUMN B;
테이블이 변경되었습니다.
SQL> SELECT *FROM SQLD2;
          A
         20
         30
         40
SQL> ROLLBACK TO SV2;
ROLLBACK TO SV2
```

```
관리자: 명령 프롬프트 - SQLPLUS                    - □ ×
SQL> ROLLBACK TO SV2;
ROLLBACK TO SV2
*
1행에 오류:
ORA-01086: 'SV2' 저장점이 이 세션에 설정되지 않았거나
부적합합니다.
```

② 풀이

설명

>> ROLLBACK;
  → 현재 위치까지의 변경된 실행 취소
  → 마지막 COMMIT후 AUTO COMMIT이 없기 때문에 INSERT INTO SQLD2 VALUES(30, 30); 저장되지 않음
>> INSERT INTO SQLD2 VALUES(30, 30);
  → 데이터 입력
>> SELECT * FROM SQLD2;
  → 데이터 확인
>> SAVEPOINT SV1;
  → SAVEPOINT SV1 지정
>> ROLLBACK TO SV1;
  → SV1부터 현재 위치까지의 변경된 실행 취소
>> SELECT * FROM SQLD2;
  → 데이터 확인
>> INSERT INTO SQLD2 VALUES(40, 40);
  → 데이터 입력
>> SELECT * FROM SQLD2;
  → 데이터 확인
>> SAVEPOINT SV2;
  → SAVEPOINT SV2 지정
>> ALTER TABLE SQLD2 DROP COLUMN B;
  → B 컬럼 삭제
>> SELECT * FROM SQLD2;
  → 데이터 확인
  → B 컬럼이 삭제되어 A 컬럼만 존재
>> ROLLBACK TO SV2;
  → SAVEPOINT SV2 지정 이후 ALTER 명령어에 의해 AUTO COMMIT이 실행되어 저장점 SV2으로 돌아갈 수 없음

◆ 예제 3(COMMIT, ROLLBACK, SAVEPOINT)

① SQL문

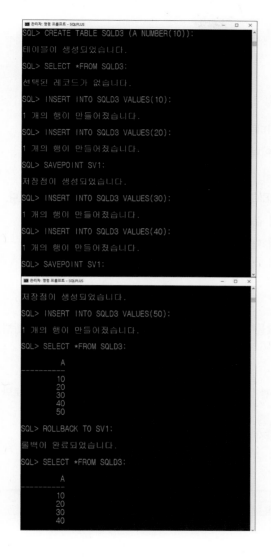

① 풀이

설명

》 CREATE TABLE SQLD3
   (A NUMBER(10));
→ 테이블 생성
》 SELECT * FROM SQLD3;
→ 테이블 생성 확인
》 INSERT INTO SQLD3 VALUES(10);
→ 데이터 입력
》 INSERT INTO SQLD3 VALUES(20);
→ 데이터 입력
》 SAVEPOINT SV1;
→ SAVEPOINT SV1 지정
》 INSERT INTO SQLD3 VALUES(30);
→ 데이터 입력
》 INSERT INTO SQLD3 VALUES(40);
→ 데이터 입력
》 SAVEPOINT SV1;
→ SAVEPOINT SV1 지정
》 INSERT INTO SQLD3 VALUES(50);
→ 데이터 입력
》 SELECT * FROM SQLD3;
→ 테이블 확인
》 ROLLBACK TO SV1;
→ SV1부터 현재 위치까지의 변경된 실행 취소
》 SELECT * FROM SQLD3;
→ 같은 이름(SV1)의 SAVEPOINT가 있다면 마지막에 실행한 SAVEPOINT 적용

1. 조인(JOIN)의 개념

① 두 개 이상의 테이블들을 연결 또는 결합하여 데이터를 출력하는 것을 JOIN이라고 한다.

② 일반적으로 사용되는 SQL 문장의 상당수가 JOIN이다.

③ JOIN은 관계형 데이터베이스의 가장 큰 장점이면서 대표적인 핵심 기능이라고 할 수 있다.

④ 일반적인 경우 행들은 PRIMARY KEY(PK)나 FOREIGN KEY(FK) 값의 연관에 의해 JOIN이 성립된다.

⑤ 어떤 경우에는 PK, FK의 관계가 없어도 논리적인 값들의 연관만으로 JOIN이 성립 가능하다.

⑥ 조인(JOIN)의 구체적인 내용은 2장 SQL 활용에서 다룬다.

2. EQUI JOIN(등가 조인)

① EQUI(등가) JOIN은 두 개의 테이블 간에 칼럼 값들이 서로 정확하게 일치하는 경우에 사용되는 방법이다.

② 주로 PK, FK의 관계를 기반으로 한다.

③ 일반적으로 테이블 설계 시에 나타난 PK, FK의 관계를 이용하는 것이지 반드시 PK, FK의 관계로만 EQUI JOIN이 성립하는 것은 아니다.

④ JOIN의 조건은 WHERE 절에 작성하고, "=" 연산자를 사용해서 표현한다.

1) EQUI JOIN(등가 조인) 문법

문법	설명
SELECT * FROM 테이블1, 테이블2 WHERE 테이블1.컬럼명1 = 테이블2.컬럼명2; SELECT 테이블1.컬럼명, 테이블2.컬럼명, ... FROM 테이블1, 테이블2 WHERE 테이블1.컬럼명1 = 테이블2.컬럼명2;	• SELECT 절 : 테이블의 컬럼명 명시 • FROM 절 : 조인할 테이블 명시 • WHERE 절 : 조인 조건 명시

2) EQUI JOIN(등가 조인) 예제

① EMP, DEPT 테이블에서 사원의 EMPNO, ENAME, DNAME을 가져온다.

② EMP 테이블의 DEPTNO와 DEPT 테이블의 DEPTNO가 서로 같은 행을 조회

SQL 문	실행 결과
SELECT EMP.EMPNO, EMP.ENAME, DEPT.DNAME FROM EMP, DEPT WHERE EMP.DEPTNO = DEPT.DEPTNO;	EMPNO ENAME DNAME 7782 CLARK ACCOUNTING 7839 KING ACCOUNTING 7934 MILLER ACCOUNTING 7369 SMITH RESEARCH 7566 JONES RESEARCH 7788 SCOTT RESEARCH 7876 ADAMS RESEARCH 7902 FORD RESEARCH 7499 ALLEN SALES 7521 WARD SALES 7654 MARTIN SALES 7698 BLAKE SALES 7844 TURNER SALES 7900 JAMES SALES

3. Non-EQUI JOIN(비등가 조인)

① Non-EQUI JOIN(비등가 조인)은 두 개의 테이블 간에 칼럼 값들이 서로 정확하게 일치하지 않는 경우에 사용된다.

② Non-EQUI JOIN(비등가 조인)의 경우에는 "=" 연산자가 아닌 다른(Between, >, >=, <, <= 등) 연산자들을 사용하여 JOIN을 수행한다.

③ 두 개의 테이블이 PK, FK로 연관관계를 가지거나 논리적으로 같은 값이 존재하는 경우에는 "=" 연산자를 이용하여 EQUI JOIN(등가 조인)을 사용하지만, 두 개의 테이블 간에 칼럼 값들이 서로 정확하게 일치하지 않는 경우에는 EQUI JOIN(등가 조인)을 사용할 수 없다. 이런 경우 Non-EQUI JOIN (비등가 조인)을 시도할 수 있으나 데이터모델에 따라서 Non-EQUI JOIN(비등가 조인)이 불가능한 경우도 있다.

1) Non-EQUI JOIN(비등가 조인) 문법

문법	설명
SELECT * FROM 테이블1, 테이블2 WHERE 테이블1.칼럼명1 BETWEEN 테이블2.칼럼명1 AND 테이블2. 칼럼명2; SELECT 테이블1.칼럼명, 테이블2.칼럼명, ... FROM 테이블1, 테이블2 WHERE 테이블1.칼럼명1 BETWEEN 테이블2.칼럼명1 AND 테이블2. 칼럼명2;	• SELECT 절 : 테이블의 칼럼명 명시 • FROM 절 : 조인할 테이블 명시 • WHERE 절 　: 조인 조건 명시, 테이블1의 칼럼명1이 테이블2의 칼럼명1과 칼럼명2 사이에 있는 행을 조회

2) Non-EQUI JOIN(비등가 조인) 예제

① EMP, SALGRADE 테이블에서 사원의 EMPNO, ENAME, SAL, GRADE를 가져온다.

② EMP 테이블의 SAL가 SALGRADE 테이블의 LOSAL과 HISAL 사이에 있는 GRADE를 조회

SQL 문	실행 결과			
	EMPNO	ENAME	SAL	GRADE
SELECT EMP.EMPNO, EMP.ENAME, 　　　　EMP.SAL, SALGRADE.GRADE FROM EMP, SALGRADE WHERE EMP.SAL BETWEEN 　　　　SALGRADE.LOSAL AND 　　　　SALGRADE.HISAL;	7369	SMITH	800	1
	7900	JAMES	950	1
	7876	ADAMS	1100	1
	7521	WARD	1250	2
	7654	MARTIN	1250	2
	7934	MILLER	1300	2
	7844	TURNER	1500	3
	7499	ALLEN	1600	3
	7782	CLARK	2450	4
	7698	BLAKE	2850	4
	7566	JONES	2975	4
	7788	SCOTT	3000	4
	7902	FORD	3000	4
	7839	KING	5000	5

4. 3개 이상 TABLE JOIN

EQUI JOIN(비등가 조인) 예제와 Non-EQUI JOIN(비등가 조인) 예제의 3개의 테이블을 이용하여 JOIN

SQL 문	SELECT EMP.EMPNO, EMP.ENAME, DEPT.DNAME, EMP.SAL, SALGRADE.GRADE FROM EMP, DEPT, SALGRADE WHERE EMP.DEPTNO = DEPT.DEPTNO AND 　　　　EMP.SAL BETWEEN SALGRADE.LOSAL AND SALGRADE.HISAL;				
	EMPNO	ENAME	DNAME	SAL	GRADE
실행 결과	7934	MILLER	ACCOUNTING	1300	2
	7782	CLARK	ACCOUNTING	2450	4
	7839	KING	ACCOUNTING	5000	5
	7369	SMITH	RESEARCH	800	1
	7876	ADAMS	RESEARCH	1100	1
	7566	JONES	RESEARCH	2975	4
	7788	SCOTT	RESEARCH	3000	4
	7902	FORD	RESEARCH	3000	4
	7900	JAMES	SALES	950	1
	7521	WARD	SALES	1250	2
	7654	MARTIN	SALES	1250	2
	7844	TURNER	SALES	1500	3
	7499	ALLEN	SALES	1600	3
	7698	BLAKE	SALES	2850	4

| CHAPTER 2 |

SQL 활용

표준조인

1. 표준조인(STANDARD JOIN)

1) STANDARD SQL 개요

① ANSI/ISO 표준 SQL에서 규정한 INNER JOIN, NATURAL JOIN, USING 조건절, ON 조건절, CROSS JOIN, OUTER JOIN 문법

② 사용자는 테이블간의 JOIN 조건을 FROM 절에서 명시적으로 정의할 수 있다.

③ ANSI/ISO SQL3 : 벤더별로 상이했던 SQL 문법을 필요한 기능을 정리하고 호환 가능한 여러 기준으로 제정

2) 대표적인 ANSI/ISO 표준 SQL 기능

① STANDARD JOIN 기능 추가
(CROSS JOIN, OUTER JOIN등 새로운 FROM 절 기능들)

② SCALAR SUBQUERY, TOP-N QUERY 등의 새로운 SUBQUERY 기능들

③ ROLLUP, CUBE, GROUPING SETS 등의 새로운 리포트 기능

④ WINDOW FUNCTION 같은 새로운 개념의 분석 기능들

3) 일반 집합 연산자

일반 집합 연산자에는 UNION, INTERSECTION, DIFFERENCE, PRODUCT가 있다.

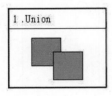 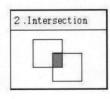 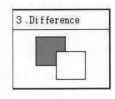 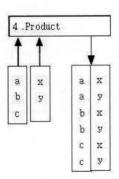

◉ 일반 집합 연산자의 유형

유형	설명
UNION	• 수학적 합집합 • UNION : 공통 교집합의 중복을 제거하여 표현 • UNION ALL : 공통 교집합의 중복을 포함하여 표현, 정렬 작업이 없음
INTERSECTION	• 수학적 교집합 • INTERSECT 사용
DIFFERENCE	• 수학적 차집합 • SQL 표준 : EXCEPT • Oracle : MINUS
PRODUCT	• 곱집합 • CROSS PRODUCT(CARTESIAN PRODUCT) • JOIN 조건이 없는 경우 생길 수 있는 모든 데이터의 조합

4) 순수 관계 연산자

순수 관계 연산자에는 SELECT, PROJECT, JOIN, DIVIDE가 있다.

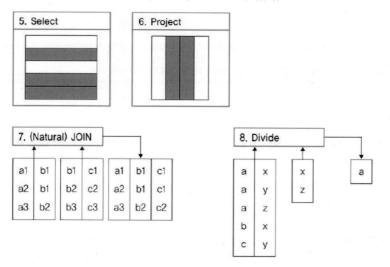

◉ 순수 관계 연산자의 유형

유형	설명
SELECT	• WHERE 절의 조건절 기능으로 구현
PROJECT	• SELECT 절의 컬럼 선택 기능으로 구현
JOIN	• WHERE 절의 INNER JOIN 조건과 함께 FROM 절의 NATURAL JOIN, INNER JOIN, OUTER JOIN, USING 조건절, ON 조건절
DIVIDE	• 나눗셈과 비슷한 개념 • SQL에서는 사용하지 않음

2. JOIN 유형

① ANSI/ISO SQL에서 규정한 JOIN 문법은 JOIN 조건을 FROM 절에서 명시적으로 정의할 수 있게 되었다.

② ANSI/ISO SQL에서 표시하는 FROM 절의 JOIN 형태는 다음과 같다.

1) JOIN 유형

유형	설명
INNER JOIN	• JOIN 조건에서 동일한 값이 있는 행만 반환 • INNER 생략 가능
NATURAL JOIN	• 두 테이블 간의 동일한 이름을 갖는 모든 컬럼들에 대해서 EQUI JOIN(=) 수행
CROSS JOIN	• 테이블 간 JOIN 조건이 없는 경우 생길 수 있는 모든 데이터의 조합
OUTER JOIN	• INNER JOIN과 대비하여 OUTER JOIN이라고 불리며, JOIN 조건에서 동일한 값이 없는 행도 반환

2) JOIN 조건절

유형	설명
USING 조건절	• 동일한 이름을 가진 컬럼들 중에서 원하는 컬럼에 대해서만 선택적으로 JOIN 조건 사용
ON 조건절	• 동일한 이름을 갖지 않은 컬럼에 대해서도 JOIN 조건 사용 가능

3) INNER JOIN

① INNER JOIN은 OUTER(외부) JOIN과 대비하여 내부 JOIN이라고 하며 JOIN 조건에서 동일한 값이 있는 행만 반환한다.

② INNER JOIN 표시는 WHERE 절에서 사용하던 JOIN 조건을 FROM 절에서 정의하겠다는 표시이므로 USING 조건절이나 ON 조건절을 필수적으로 사용해야 한다.

A. INNER JOIN 문법

문법	설명
SELECT * 또는 컬럼명1, 컬럼명2, ... FROM 테이블1 INNER JOIN 테이블2 ON 조건절	• SELECT 뒤에 전체 또는 컬럼명 선택 • FROM 절에서 JOIN 할 테이블 선택 • INNER 키워드 생략 가능 • ON 조건절에서 JOIN 조건 정의

B. INNER JOIN 예제

EMP, DEPT 테이블에서 사원의 EMPNO, ENAME, DEPTNO, DNAME를 가져온다.

SQL 문	실행 결과			

1.
 	
SELECT EMP.EMPNO, EMP.ENAME,
       EMP.DEPTNO, DEPT.DNAME
FROM EMP INNER JOIN DEPT
ON EMP.DEPTNO = DEPT.DEPTNO
ORDER BY EMPNO;
 	
2.
 	
SELECT A.EMPNO, A.ENAME,
      A.DEPTNO, B.DNAME
FROM EMP A INNER JOIN DEPT B
ON A.DEPTNO = B.DEPTNO
ORDER BY A.EMPNO;
 	
➔ INNER 생략 가능
	EMPNO	ENAME	DEPTNO	DNAME

	7369	SMITH	20	RESEARCH
	7499	ALLEN	30	SALES
	7521	WARD	30	SALES
	7566	JONES	20	RESEARCH
	7654	MARTIN	30	SALES
	7698	BLAKE	30	SALES
	7782	CLARK	10	ACCOUNTING
	7788	SCOTT	20	RESEARCH
	7839	KING	10	ACCOUNTING
	7844	TURNER	30	SALES
	7876	ADAMS	20	RESEARCH
	7900	JAMES	30	SALES
	7902	FORD	20	RESEARCH
	7934	MILLER	10	ACCOUNTING

4) NATURAL JOIN

① NATURAL JOIN은 두 테이블 간의 동일한 이름을 갖는 모든 컬럼들에 대해 자동으로 EQUI JOIN을 수행한다.

② WHERE 절에서 JOIN 조건, ON 조건절, USING 조건절을 사용할 수 없다.

A. NATURAL JOIN 문법

문법	설명
SELECT * 또는 컬럼명1, 컬럼명2, ... FROM 테이블1 NATURAL JOIN 테이블2;	• SELECT 뒤에 전체 또는 컬럼명 선택 • FROM 절에서 JOIN 할 테이블 선택 • 두 테이블의 공통 컬럼 자동 선택

B. NATURAL JOIN 예제

EMP, DEPT 테이블에서 사원의 EMPNO, ENAME, DEPTNO, DNAME를 가져온다.

SQL 문	실행 결과			
	EMPNO	ENAME	DEPTNO	DNAME
1. SELECT EMP.EMPNO, EMP.ENAME, EMP.DEPTNO, DEPT.DNAME FROM EMP NATURAL JOIN DEPT ORDER BY EMPNO;	7369	SMITH	20	RESEARCH
	7499	ALLEN	30	SALES
	7521	WARD	30	SALES
	7566	JONES	20	RESEARCH
	7654	MARTIN	30	SALES
	7698	BLAKE	30	SALES
2. SELECT A.EMPNO, A.ENAME, EMP.DEPTNO, B.DNAME FROM EMP A NATURAL JOIN DEPT B ORDER BY A.EMPNO; → NATURAL 생략 불가	7782	CLARK	10	ACCOUNTING
	7788	SCOTT	20	RESEARCH
	7839	KING	10	ACCOUNTING
	7844	TURNER	30	SALES
	7876	ADAMS	20	RESEARCH
	7900	JAMES	30	SALES
	7902	FORD	20	RESEARCH
	7934	MILLER	10	ACCOUNTING

5) ON 조건절

① ON 조건절은 동일한 이름을 갖지 않은 컬럼에 대해서도 JOIN 조건 사용 가능하다.

② WHERE 조건절과 ON 조건절을 혼용해서 사용할 수 있다.

A. ON 조건절 문법

문법	설명
SELECT * 또는 컬럼명1, 컬럼명2, ... FROM 테이블1 JOIN 테이블2 ON 조건절;	• SELECT 뒤에 전체 또는 컬럼명 선택 • FROM 절에서 JOIN 할 테이블 선택 • ON 조건절에서 JOIN 조건 정의

B. ON 조건절 예제

    EMP, DEPT 테이블에서 사원의 EMPNO, ENAME, DEPTNO, DNAME를 가져온다.

SQL 문	실행 결과			
SELECT EMP.EMPNO, EMP.ENAME, EMP.DEPTNO, DEPT.DNAME FROM EMP JOIN DEPT ON EMP.DEPTNO = DEPT.DEPTNO ORDER BY EMPNO;	EMPNO	ENAME	DEPTNO	DNAME
	7369	SMITH	20	RESEARCH
	7499	ALLEN	30	SALES
	7521	WARD	30	SALES
	7566	JONES	20	RESEARCH
	7654	MARTIN	30	SALES
	7698	BLAKE	30	SALES
	7782	CLARK	10	ACCOUNTING
	7788	SCOTT	20	RESEARCH
	7839	KING	10	ACCOUNTING
	7844	TURNER	30	SALES
	7876	ADAMS	20	RESEARCH
	7900	JAMES	30	SALES
	7902	FORD	20	RESEARCH
	7934	MILLER	10	ACCOUNTING

C. WHERE 절과 ON 조건절 혼용 예제

EMP, DEPT 테이블에서 DEPTNO가 30인 부서에 속하는 소속 사원의 ENAME, DEPTNO, DNAME를 가져온다.

SQL 문	실행 결과			
SELECT A.ENAME, A.DEPTNO, B.DEPTNO, B.DNAME FROM EMP A JOIN DEPT B ON (A.DEPTNO = B.DEPTNO) WHERE A.DEPTNO = 30;	ENAME	DEPTNO	DEPTNO	DNAME
	ALLEN	30	30	SALES
	WARD	30	30	SALES
	MARTIN	30	30	SALES
	BLAKE	30	30	SALES
	TURNER	30	30	SALES
	JAMES	30	30	SALES

D. ON 조건절과 데이터 검증 조건 추가 예제

EMP, DEPT 테이블에서 MGR이 7698인 사원의 ENAME, MGR, DEPTNO, DNAME를 가져온다.

SQL 문	실행 결과			

1.
SELECT A.ENAME, A.MGR,
        B.DEPTNO, B.DNAME
FROM EMP A JOIN DEPT B
ON (A.DEPTNO = B.DEPTNO AND
    A.MGR = 7698);
	ENAME	MGR	DEPTNO	DNAME

	ALLEN	7698	30	SALES
2. SELECT A.ENAME, A.MGR, B.DEPTNO, B.DNAME FROM EMP A JOIN DEPT B ON (A.DEPTNO = B.DEPTNO) WHERE A.MGR = 7698;	WARD	7698	30	SALES
	MARTIN	7698	30	SALES
	TURNER	7698	30	SALES
	JAMES	7698	30	SALES

6) USING 조건절

① USING 조건절은 동일한 이름을 가진 컬럼들 중에서 원하는 컬럼에 대해서만 선택적으로 JOIN 조건 사용한다.

② USING 절에 사용한 컬럼명 앞에는 접두어를 사용할 수 없다.

③ SQL Server에서는 지원하지 않는다.

A. USING 조건절 문법

문법	설명
SELECT * 또는 컬럼명1, 컬럼명2, ... FROM 테이블1 JOIN 테이블2 USING(공통 컬럼명);	• SELECT 뒤에 전체 또는 컬럼명 선택 • FROM 절에서 JOIN 할 테이블 선택 • USING 조건절에 두 테이블의 공통 컬럼명을 사용(데이터 유형도 동일해야 함)

B. USING 조건절 예제

EMP, DEPT 테이블에서 사원의 EMPNO, ENAME, DEPTNO, DNAME를 가져온다.

SQL 문	실행 결과

1.
SELECT EMP.EMPNO, EMP.ENAME,
       DEPTNO, DEPT.DNAME
FROM EMP INNER JOIN DEPT
USING(DEPTNO)
ORDER BY EMPNO;
 	
→ INNER 생략 가능
→ USING 절에 사용된 컬럼명 앞에 접두어 사용불가(EMP.DEPTNO(X))
 	
2.
SELECT A.EMPNO, A.ENAME,
      A.DEPTNO, B.DNAME
FROM EMP A INNER JOIN DEPT B
ON A.DEPTNO = B.DEPTNO
ORDER BY A.EMPNO;
 	
→ INNER 생략 가능
	EMPNO ENAME DEPTNO DNAME
	
	7369 SMITH 20 RESEARCH
	7499 ALLEN 30 SALES
	7521 WARD 30 SALES
	7566 JONES 20 RESEARCH
	7654 MARTIN 30 SALES
	7698 BLAKE 30 SALES
	7782 CLARK 10 ACCOUNTING
	7788 SCOTT 20 RESEARCH
	7839 KING 10 ACCOUNTING
	7844 TURNER 30 SALES
	7876 ADAMS 20 RESEARCH
	7900 JAMES 30 SALES
	7902 FORD 20 RESEARCH
	7934 MILLER 10 ACCOUNTING

7) CROSS JOIN

① CROSS JOIN은 테이블 간 JOIN 조건이 없는 경우 생길 수 있는 모든 데이터의 조합을 의미한다.

② CARTESIAN PRODUCT와 같은 의미이다.

A. CROSS JOIN 문법

문법	설명
SELECT * 또는 컬럼명1, 컬럼명2, ... FROM 테이블1 CROSS JOIN 테이블2;	• SELECT 뒤에 전체 또는 컬럼명 선택 • FROM 절에서 JOIN 할 테이블 선택 • JOIN 조건 정의하지 않음

B. CROSS JOIN 예제

EMP1, DEPT1 테이블에서 사원의 EMPNO, ENAME, DEPTNO, DNAME를 가져온다.

EMP1 테이블

EMPNO	ENAME	DEPTNO
7369	SMITH	20
7499	ALLEN	30
7839	KING	10

DEPT1 테이블

DEPTNO	DNAME
10	ACCOUNTING
20	RESEARCH
30	SALES

SQL 문	실행 결과
1. SELECT A.EMPNO, A.ENAME, B.DNAME FROM EMP1 A CROSS JOIN DEPT1 B; 2. SELECT A.EMPNO, A.ENAME, B.DNAME FROM EMP1 A, DEPT1 B; → CROSS 생략 불가	<table><tr><td>EMPNO</td><td>ENAME</td><td>DNAME</td></tr><tr><td>7369</td><td>SMITH</td><td>ACCOUNTING</td></tr><tr><td>7369</td><td>SMITH</td><td>RESEARCH</td></tr><tr><td>7369</td><td>SMITH</td><td>SALES</td></tr><tr><td>7499</td><td>ALLEN</td><td>ACCOUNTING</td></tr><tr><td>7499</td><td>ALLEN</td><td>RESEARCH</td></tr><tr><td>7499</td><td>ALLEN</td><td>SALES</td></tr><tr><td>7839</td><td>KING</td><td>ACCOUNTING</td></tr><tr><td>7839</td><td>KING</td><td>RESEARCH</td></tr><tr><td>7839</td><td>KING</td><td>SALES</td></tr></table>

8) 다중 테이블 JOIN

① 3개 이상의 테이블 간 JOIN 조건을 정의할 수 있다.

② WHERE 조건절 또는 ON 조건절을 사용한다.

A. 다중 테이블 JOIN 문법

문법	설명
SELECT * 또는 컬럼명1, 컬럼명2, ... FROM 테이블1, 테이블2, 테이블3.... WHERE 조건절; SELECT * 또는 컬럼명1, 컬럼명2, ... FROM 테이블1 JOIN 테이블2 ON 조건절 JOIN 테이블3 ON 조건절 ....;	• SELECT 뒤에 전체 또는 컬럼명 선택 • FROM 절에서 JOIN 할 테이블 선택 • ',' 와 WHERE 조건절 사용 • 테이블명 JOIN 테이블명 ON 조건절 JOIN 테이블명 ON 조건절 JOIN.... 반복

B. 다중 테이블 JOIN 예제

EMP, DEPT, SALGRADE 테이블에서 급여등급이 4등급인 사원들의 EMPNO, ENAME, SAL, DNAME, GRADE 를 가져온다.

SQL 문	
SELECT A.EMPNO, A.ENAME, A.SAL, 　　　　B.DNAME, C.GRADE FROM EMP A, DEPT B, SALGRADE C WHERE A.DEPTNO = B.DEPTNO AND 　　　　A.SAL BETWEEN C.LOSAL AND C.HISAL 　　　　AND C.GRADE=4;	SELECT A.EMPNO, A.ENAME, A.SAL, 　　　　B.DNAME, C.GRADE FROM EMP A JOIN DEPT B 　　ON A.DEPTNO = B.DEPTNO 　　JOIN SALGRADE C 　　ON A.SAL BETWEEN C.LOSAL AND C.HISAL 　　AND C.GRADE=4;

실행 결과				
EMPNO	ENAME	SAL	DNAME	GRADE
7782	CLARK	2450	ACCOUNTING	4
7566	JONES	2975	RESEARCH	4
7788	SCOTT	3000	RESEARCH	4
7902	FORD	3000	RESEARCH	4
7698	BLAKE	2850	SALES	4

9) OUTER JOIN

① INNER(내부) JOIN과 대비하여 OUTER(외부) JOIN이라고 불린다.

② OUTER JOIN은 JOIN 조건에서 동일한 값이 없는 행도 반환할 때 사용할 수 있다.

③ 동일한 값이 없는 행은 NULL로 표시된다.

④ ON 조건절에 (+)를 이용하여 OUTER JOIN을 나타낼 수도 있다.
(FULL OUTER JOIN에서는 사용할 수 없음)

◉ OUTER JOIN의 유형

유형	설명
LEFT OUTER JOIN	• 두 개의 테이블에서 같은 것을 조회하고 왼쪽 테이블에만 있는 것을 포함해서 조회
RIGHT OUTER JOIN	• 두 개의 테이블에서 같은 것을 조회하고 오른쪽 테이블에만 있는 것을 포함해서 조회
FULL OUTER JOIN	• LEFT OUTER JOIN과 RIGHT OUTER JOIN을 모두 실행

10) LEFT OUTER JOIN

① 두 개의 테이블에서 같은 것을 조회하고 왼쪽 테이블에만 있는 것을 포함해서 조회한다.

② 동일한 값이 없는 오른쪽 행은 NULL로 표시된다.

③ ON 조건절의 오른쪽 컬럼명 뒤에 (+)를 붙이면 LEFT OUTER를 생략할 수 있다.

A. LEFT OUTER JOIN 문법

문법	설명
1. SELECT * 또는 컬럼명1, 컬럼명2, ... FROM 테이블1 LEFT OUTER JOIN 테이블2 ON 조건절; 2. SELECT * 또는 컬럼명1, 컬럼명2, ... FROM 테이블1 JOIN 테이블2 ON 테이블1.컬럼명 = 테이블1.컬럼명(+);	• SELECT 뒤에 전체 또는 컬럼명 선택 • FROM 절에서 JOIN 할 테이블 선택 • 테이블1 기준으로 JOIN • ON 조건절에서 JOIN 조건 정의 • ON 조건절의 오른쪽 컬럼명 뒤에 (+)를 붙여 LEFT OUTER 생략

B. LEFT OUTER JOIN 예제

EMP, DEPT 테이블에서 각 사원의 EMPNO, ENAME, MGR, 상사의 ENAME을 가져오고 상사가 없는 사원도 가져온다.

SQL 문	실행 결과			
	ENAME	EMPNO	MGR	ENAME

1.
SELECT A.ENAME, A.EMPNO,
    A.MGR, B.ENAME
FROM EMP A LEFT OUTER JOIN
    EMP B
ON A.MGR = B.EMPNO
ORDER BY EMPNO;
→ OUTER 생략 가능
	SMITH
	ALLEN
	WARD
	JONES
	MARTIN
	BLAKE
	CLARK
	SCOTT
	KING
		7369
		7499
		7521
		7566
		7654
		7698
		7782
		7788
		7839
			7902
			7698
			7698
			7839
			7698
			7839
			7839
			7566
			(NULL)
				FORD
				BLAKE
				BLAKE
				KING
				BLAKE
				KING
				KING
				JONES
				(NULL)

2. SELECT A.ENAME, A.EMPNO, A.MGR, B.ENAME FROM EMP A JOIN EMP B ON A.MGR = B.EMPNO(+) ORDER BY EMPNO;	TURNER ADAMS JAMES FORD MILLER	7844 7876 7900 7902 7934	7698 7788 7698 7566 7782	BLAKE SCOTT BLAKE JONES CLARK

11) RIGHT OUTER JOIN

① 두 개의 테이블에서 같은 것을 조회하고 오른쪽 테이블에만 있는 것을 포함해서 조회한다.

② 동일한 값이 없는 왼쪽 행은 NULL로 표시된다.

③ ON 조건절의 왼쪽 컬럼명 뒤에 (+)를 붙이면 RIGHT OUTER를 생략할 수 있다.

A. RIGHT OUTER JOIN 문법

문법	설명
1. SELECT * 또는 컬럼명1, 컬럼명2, ... FROM 테이블1 RIGHT OUTER JOIN 테이블2 ON 조건절; 2. SELECT * 또는 컬럼명1, 컬럼명2, ... FROM 테이블1 JOIN 테이블2 ON 테이블1.컬럼명(+) = 테이블1.컬럼명;	• SELECT 뒤에 전체 또는 컬럼명 선택 • FROM 절에서 JOIN 할 테이블 선택 • 테이블2 기준으로 JOIN • ON 조건절에서 JOIN 조건 정의 • ON 조건절의 오른쪽 컬럼명 뒤에 (+)를 붙여 RIGHT OUTER 생략

B. RIGHT OUTER JOIN 예제

EMP, DEPT 테이블에서 각 사원의 EMPNO, ENAME, MGR, 상사의 ENAME을 가져오고 부하직원이 없는 사원도 가져온다.

SQL 문	실행 결과			
	ENAME	EMPNO	MGR	ENAME
1. SELECT A.ENAME, A.EMPNO, A.MGR, B.ENAME FROM EMP A RIGHT OUTER JOIN EMP B ON A.MGR = B.EMPNO ORDER BY A.EMPNO; → OUTER 생략 가능 2. SELECT A.ENAME, A.EMPNO, A.MGR, B.ENAME FROM EMP A JOIN EMP B ON A.MGR(+) = B.EMPNO ORDER BY A.EMPNO;	SMITH	7369	7902	FORD
	ALLEN	7499	7698	BLAKE
	WARD	7521	7698	BLAKE
	JONES	7566	7839	KING
	MARTIN	7654	7698	BLAKE
	BLAKE	7698	7839	KING
	CLARK	7782	7839	KING
	SCOTT	7788	7566	JONES
	TURNER	7844	7698	BLAKE
	ADAMS	7876	7788	SCOTT
	JAMES	7900	7698	BLAKE
	FORD	7902	7566	JONES
	MILLER	7934	7782	CLARK
	(NULL)	(NULL)	(NULL)	TURNER
	(NULL)	(NULL)	(NULL)	JAMES
	(NULL)	(NULL)	(NULL)	SMITH
	(NULL)	(NULL)	(NULL)	MILLER
	(NULL)	(NULL)	(NULL)	MARTIN
	(NULL)	(NULL)	(NULL)	WARD
	(NULL)	(NULL)	(NULL)	ADAMS
	(NULL)	(NULL)	(NULL)	ALLEN

SQL 문	실행 결과			
	ENAME	EMPNO	MGR	ENAME
	(NULL)	(NULL)	(NULL)	ADAMS
	(NULL)	(NULL)	(NULL)	ALLEN
	WARD	7521	7698	BLAKE
1.	ALLEN	7499	7698	BLAKE
SELECT A.ENAME, A.EMPNO, A.MGR, B.ENAME	JAMES	7900	7698	BLAKE
FROM EMP A RIGHT OUTER JOIN EMP B	TURNER	7844	7698	BLAKE
ON A.MGR = B.EMPNO	MARTIN	7654	7698	BLAKE
ORDER BY B.ENAME;	MILLER	7934	7782	CLARK
➜ OUTER 생략 가능	SMITH	7369	7902	FORD
	(NULL)	(NULL)	(NULL)	JAMES
2.	SCOTT	7788	7566	JONES
SELECT A.ENAME, A.EMPNO, A.MGR, B.ENAME	FORD	7902	7566	JONES
FROM EMP A JOIN EMP B	BLAKE	7698	7839	KING
ON A.MGR(+) = B.EMPNO	JONES	7566	7839	KING
ORDER BY B.ENAME;	CLARK	7782	7839	KING
	(NULL)	(NULL)	(NULL)	MARTIN
	(NULL)	(NULL)	(NULL)	MILLER
	ADAMS	7876	7788	SCOTT
	(NULL)	(NULL)	(NULL)	SMITH
	(NULL)	(NULL)	(NULL)	TURNER
	(NULL)	(NULL)	(NULL)	WARD

12) FULL OUTER JOIN

① LEFT OUTER JOIN과 RIGHT OUTER JOIN을 모두 실행한다.

② ON 조건절에 (+)를 붙여서 사용할 수 없다.

A. FULL OUTER JOIN 문법

문법	설명
SELECT * 또는 컬럼명1, 컬럼명2, …. FROM 테이블1 FULL OUTER JOIN 테이블2 ON 조건절;	• SELECT 뒤에 전체 또는 컬럼명 선택 • FROM 절에서 JOIN 할 테이블 선택 • ON 조건절에서 JOIN 조건 정의

B. FULL OUTER JOIN 예제

EMP, DEPT 테이블에서 각 사원의 EMPNO, ENAME, MGR, 상사의 ENAME을 가져오고 상사가 없는 사원과 부하직원이 없는 사원도 가져온다.

SQL 문	실행 결과			
	ENAME	EMPNO	MGR	ENAME
	SMITH	7369	7902	FORD
	ALLEN	7499	7698	BLAKE
	WARD	7521	7698	BLAKE
	JONES	7566	7839	KING
	MARTIN	7654	7698	BLAKE
	BLAKE	7698	7839	KING
	CLARK	7782	7839	KING
SELECT A.ENAME, A.EMPNO, A.MGR, B.ENAME	KING	7839	(NULL)	(NULL)
FROM EMP A FULL OUTER JOIN EMP B	SCOTT	7788	7566	JONES
ON A.MGR = B.EMPNO	TURNER	7844	7698	BLAKE
ORDER BY A.EMPNO;	ADAMS	7876	7788	SCOTT
	JAMES	7900	7698	BLAKE
➜ OUTER 생략 가능	FORD	7902	7566	JONES
	MILLER	7934	7782	CLARK
	(NULL)	(NULL)	(NULL)	TURNER
	(NULL)	(NULL)	(NULL)	JAMES
	(NULL)	(NULL)	(NULL)	SMITH
	(NULL)	(NULL)	(NULL)	MILLER
	(NULL)	(NULL)	(NULL)	MARTIN
	(NULL)	(NULL)	(NULL)	WARD
	(NULL)	(NULL)	(NULL)	ADAMS
	(NULL)	(NULL)	(NULL)	ALLEN

집합연산자

1. 집합 연산자(SET OPERATOR)의 개념

① 기존의 조인에서는 FROM 절에 검색하고자 하는 테이블을 나열하고, WHERE 절에 조인 조건을 기술하여 원하는 데이터를 조회할 수 있었다.

② 집합 연산자를 사용하면 두 개 이상의 테이블에서 조인을 사용하지 않고 연관된 데이터를 조회할 수 있다.

③ 집합 연산자는 두 개 이상의 질의 결과를 하나의 결과로 만들어 준다.

④ SELECT 절의 칼럼 수가 동일하고, SELECT 절의 동일 위치에 존재하는 칼럼의 데이터 타입이 상호 호환 가능해야 한다.(반드시 동일한 데이터 타입일 필요는 없음)

⑤ 집합 연산자는 종류에는 합집합(UNION/UNION ALL), 교집합(INTERSECT), 차집합(MINUS/EXCEPT)이 있다.

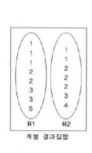

개별 결과집합

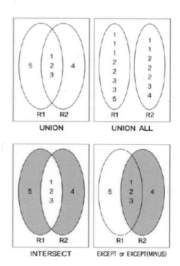

2. 집합 연산자(SET OPERATOR)의 종류

집합 연산자는 종류에는 합집합(UNION/UNION ALL), 교집합(INTERSECT), 차집합(MINUS/EXCEPT)이 있다.

◉ 집합 연산자의 종류

	설명
UNION	• 여러 개의 SQL문의 결과에 대한 합집합으로 결과에서 모든 중복된 행은 하나의 행으로 표시
UNION ALL	• 여러 개의 SQL문의 결과에 대한 합집합으로 중복된 행은 그대로 결과로 표시 • 개별 SQL문의 결과가 서로 중복되지 않는 경우, UNION과 결과가 동일(정렬 순서에는 차이가 있을 수 있음)
INTERSECT	• 여러 개의 SQL문의 결과에 대한 교집합 • 중복된 행은 하나의 행으로 표시
MINUS/EXCEPT	• 선행 SQL문의 결과에서 후행 SQL문의 결과에 대한 차집합 • MINUS는 Oracle에서 사용

1) UNION

① UNION은 여러 개의 SQL문의 결과에 대한 합집합 연산을 수행한다.

② UNION은 결과에서 모든 중복된 행은 하나의 행으로 표시한다.

③ UNION은 정렬(SORT)을 통해 중복된 값을 제거한다.

④ UNION은 후행(마지막) SELECT 문에 정수 표현법으로 ORDER BY 사용 가능하다.

A. UNION 문법

문법	설명
SELECT * FROM 테이블1 UNION SELECT * FROM 테이블2 ORDER BY 정수(컬럼위치);	• 선행 SELECT 문에서 테이블1 조회 • 후행 SELECT 문에서 테이블2 조회 • UNION 연산자를 사용하여 두 SELECT 문의 합집합 연산 수행 • 중복행은 하나만 조회 • 중복행을 제거하기 위해 정렬되므로 결과도 정렬됨 • 후행(마지막) SELECT 문에 ORDER BY 사용 가능(정수)

B. UNION 예제

EMP1, EMP2 테이블을 이용하여 UNION 연산을 한다.

EMP1 테이블

EMPNO	ENAME	DEPTNO
7369	SMITH	20
7499	ALLEN	30
7839	KING	10

EMP2 테이블

EMPNO	ENAME	DEPTNO
7369	SMITH	20
7521	WARD	30
7566	JONES	20

SQL 문	실행 결과
SELECT * FROM EMP1 UNION SELECT * FROM EMP2;	EMPNO ENAME DEPTNO 7369 SMITH 20 7499 ALLEN 30 7521 WARD 30 7566 JONES 20 7839 KING 10
SELECT * FROM EMP1 UNION SELECT * FROM EMP2 ORDER BY 2;	EMPNO ENAME DEPTNO 7499 ALLEN 30 7566 JONES 20 7839 KING 10 7369 SMITH 20 7521 WARD 30

2) UNION ALL

① UNION ALL은 여러 개의 SQL문의 결과에 대한 합집합 연산을 수행한다.

② UNION ALL은 결과에서 모든 중복된 행은 제거 없이 그대로 표시한다.

③ UNION ALL은 중복 제거 및 정렬 작업이 없어서 UNION보다 성능상 유리하다.

④ UNION ALL은 후행(마지막) SELECT 문에 정수 표현법으로 ORDER BY 사용 가능하다.

A. UNION ALL 문법

문법	설명
SELECT * FROM 테이블1 UNION ALL SELECT * FROM 테이블2 ORDER BY 정수(컬럼위치);	• 선행 SELECT 문에서 테이블1 조회 • 후행 SELECT 문에서 테이블2 조회 • UNION ALL 연산자를 사용하여 두 SELECT 문의 합집합 연산 수행 • 중복행은 제거 없이 그대로 표시 • 후행(마지막) SELECT 문에 ORDER BY 사용 가능(정수)

B. UNION ALL 예제

EMP1, EMP2 테이블을 이용하여 UNION ALL 연산을 한다.

EMP1 테이블

EMPNO	ENAME	DEPTNO
7369	SMITH	20
7499	ALLEN	30
7839	KING	10

EMP2 테이블

EMPNO	ENAME	DEPTNO
7369	SMITH	20
7521	WARD	30
7566	JONES	20

SQL 문	실행 결과		
SELECT * FROM EMP1 UNION ALL SELECT * FROM EMP2;	EMPNO	ENAME	DEPTNO
	7369	SMITH	20
	7499	ALLEN	30
	7839	KING	10
	7369	SMITH	20
	7521	WARD	30
	7566	JONES	20
SELECT * FROM EMP1 UNION ALL SELECT * FROM EMP2 ORDER BY 1;	EMPNO	ENAME	DEPTNO
	7369	SMITH	20
	7369	SMITH	20
	7499	ALLEN	30
	7521	WARD	30
	7566	JONES	20
	7839	KING	10

3) INTERSECT

① INTERSECT는 여러 개의 SQL문의 결과에 대한 교집합 연산을 수행한다.

② INTERSECT는 결과에서 모든 중복된 행은 하나의 행으로 표시한다.

③ INTERSECT는 후행(마지막) SELECT 문에 정수 표현법으로 ORDER BY 사용 가능하다.

A. INTERSECT 문법

문법	설명
SELECT * FROM 테이블1 INTERSECT SELECT * FROM 테이블2 ORDER BY 정수(컬럼위치);	• 선행 SELECT 문에서 테이블1 조회 • 후행 SELECT 문에서 테이블2 조회 • INTERSECT 연산자를 사용하여 두 SELECT 문의 교집합 연산 수행 • 중복행은 하나만 조회 • 후행(마지막) SELECT 문에 ORDER BY 사용 가능(정수)

B. INTERSECT 예제

EMP1, EMP2 테이블을 이용하여 INTERSECT 연산을 한다.

EMP1 테이블

EMPNO	ENAME	DEPTNO
7369	SMITH	20
7499	ALLEN	30
7839	KING	10

EMP2 테이블

EMPNO	ENAME	DEPTNO
7369	SMITH	20
7521	WARD	30
7566	JONES	20

SQL 문	실행 결과
SELECT * FROM EMP1 INTERSECT SELECT * FROM EMP2;	EMPNO ENAME DEPTNO 7369 SMITH 20

4) MINUS

① MINUS는 선행 SQL문의 결과에서 후행 SQL문의 결과에 대한 차집합 연산을 수행한다.

② MINUS는 결과에서 모든 중복된 행은 하나의 행으로 표시한다.

③ MINUS는 후행(마지막) SELECT 문에 정수 표현법으로 ORDER BY 사용 가능하다.

A. MINUS 문법

문법	설명
SELECT * FROM 테이블1 MINUS SELECT * FROM 테이블2 ORDER BY 정수(컬럼위치);	• 선행 SELECT 문에서 테이블1 조회 • 후행 SELECT 문에서 테이블2 조회 • MINUS 연산자를 사용하여 두 SELECT 문의 차집합 연산 수행 • 중복행은 하나만 조회 • 후행(마지막) SELECT 문에 ORDER BY 사용 가능(정수)

B. MINUS 예제

EMP1, EMP2 테이블을 이용하여 MINUS 연산을 한다.

EMP1 테이블

EMPNO	ENAME	DEPTNO
7369	SMITH	20
7499	ALLEN	30
7839	KING	10

EMP2 테이블

EMPNO	ENAME	DEPTNO
7369	SMITH	20
7521	WARD	30
7566	JONES	20

SQL 문	실행 결과
SELECT * FROM EMP1 MINUS SELECT * FROM EMP2;	EMPNO ENAME DEPTNO 7499 ALLEN 30 7839 KING 10
SELECT * FROM EMP1 MINUS SELECT * FROM EMP2 ORDER BY 3;	EMPNO ENAME DEPTNO 7839 KING 10 7499 ALLEN 30

계층형 질의와 셀프조인

1. 계층형 질의

① 계층형 데이터란 동일 테이블에 계층적으로 상위와 하위 데이터가 포함된 데이터를 말한다.

② 테이블에 계층형 데이터가 존재하는 경우 데이터를 조회하기 위해서 계층형 질의를 사용한다.

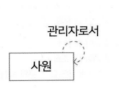

사원	관리자
A	
B	A
C	A
D	C
E	C

(1) 순환관계 데이터 모델   (2) 계층형 구조   (3) 샘플 데이터

2. 계층형 질의 문법

① START WITH 절은 계층 구조 전개의 시작 위치를 지정하는 구문이다. 즉, 루트 데이터를 지정한다.

② CONNECT BY 절은 다음에 전개될 자식 데이터를 지정하는 구문이다.

◉ 계층형 질의 문법

문법	설명
SELECT * 또는 컬럼명1, ... FROM 테이블 WHERE 조건절 START WITH 조건 CONNECT BY [NOCYCLE] 조건 [ORDER SIBLINGS BY 컬럼명]	• START WITH : 계층 구조의 시작 위치 결정 • WHERE : 모든 전개를 수행한 후에 지정된 조건을 만족하는 데이터만 추출 • CONNECT BY : PRIOR를 이용해 부모와 자식 데이터의 관계 정의(순방향, 역방향) • NOCYCLE : 사이클이 발생한 이후의 데이터는 전개하지 않음 • ORDER SIBLINGS BY : 형제 노드에서 정렬 수행

순방향, 역방향
→ PRIOR 자식 = 부모 : 부모 데이터에서 자식 데이터(부모 → 자식) 방향으로 전개하는 순방향 전개를 한다.
→ PRIOR 부모 = 자식 : 자식 데이터에서 부모 데이터(자식 → 부모) 방향으로 전개하는 역방향 전개를 한다.

3. 계층형 질의 가상 컬럼, 함수

① 계층형 질의를 사용할 때 다음과 같은 가상 컬럼을 제공한다.

② 계층형 질의 가상 컬럼에는 LEVEL, CONNECT_BY_ISLEAF, CONNECT_BY_ ISCYCLE이 있다.

③ 계층형 질의 함수에는 SYS_CONNECT_BY_PATH, CONNECT_BY_ROOT가 있다.

④ 루트(ROOT) : 가장 상위 데이터

⑤ 리프(LEAF) : 가장 하위 데이터

➜ 순방향, 역방향에 따라 루트와 리프가 달라진다.

◉ 계층형 질의 가상 컬럼, 함수

	설명
LEVEL	• 루트 데이터의 LEVEL은 1, 하위 데이터는 리프 데이터까지 1씩 증가
CONNECT_BY_ISLEAF	• 전개 과정에서 해당 데이터가 리프 데이터면 1, 아니면 0
CONNECT_BY_ISCYCLE	• CYCLE이 존재하면 1, 아니면 0 • CYCLE 옵션을 사용했을 때만 사용
SYS_CONNECT_BY_PATH	• 루트 데이터에서 현재 전개할 데이터까지의 경로 표시 • SYS_CONNECT_BY_PATH(컬럼명, 경로분리기호)
CONNECT_BY_ROOT	• 현재 전개할 데이터의 루트 데이터 표시 • CONNECT_BY_ROOT(컬럼명)

4. 순방향 계층형 질의

① 순방향 계층형 질의는 계층형 데이터를 상위에서 하위로 전개하는 질의이다.

② PRIOR 자식 = 부모 형태를 사용한다.

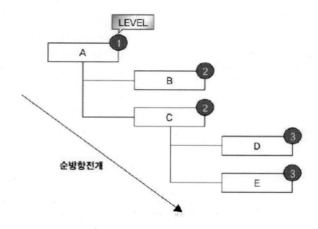

1) 순방향 계층형 질의 예제1

① EMP 테이블에서 최상위 관리자부터 상위 직원들 순으로 EMPNO, ENAME, JOB, MGR, LEVEL 출력.

② 단, 급여가 2000이하인 사원들만 출력.

SQL 문	설명

SELECT EMPNO, ENAME, JOB, MGR, SAL, LEVEL
FROM EMP
WHERE SAL<=2000
START WITH MGR IS NULL
CONNECT BY PRIOR EMPNO = MGR;
	• START WITH MGR IS NULL : MGR이 NULL인 데이터부터 시작
	• CONNECT BY PRIOR EMPNO = MGR : PRIOR 자식 = 부모 관계이므로 순방향 전개
	• LEVEL :
	  – 순방향 전개이기 때문에 MGR이 NULL인 값을 가지는 열의 LEVEL이 1
	  – 모든 전개를 수행한 후에 지정된 조건을 만족하는 데이터만 추출하기 때문에 1이 없을 수도 있음
	• WHERE SAL<=2000 : 모든 전개 후 조건에 맞는 데이터만 추출

실행결과					
EMPNO	ENAME	JOB	MGR	SAL	LEVEL
7876	ADAMS	CLERK	7788	1100	4
7369	SMITH	CLERK	7902	800	4
7499	ALLEN	SALESMAN	7698	1600	3
7521	WARD	SALESMAN	7698	1250	3
7654	MARTIN	SALESMAN	7698	1250	3
7844	TURNER	SALESMAN	7698	1500	3
7900	JAMES	CLERK	7698	950	3
7934	MILLER	CLERK	7782	1300	3

2) 순방향 계층형 질의 예제2

SQL 문	설명
SELECT EMPNO, ENAME, MGR, LEVEL, SYS_CONNECT_BY_PATH(EMPNO, '/') PATH FROM EMP START WITH MGR IS NULL CONNECT BY PRIOR EMPNO = MGR ORDER SIBLINGS BY EMPNO;	• START WITH MGR IS NULL : MGR이 NULL인 데이터부터 시작 • CONNECT BY PRIOR EMPNO = MGR : PRIOR 자식 = 부모 관계이므로 순방향 전개 • SYS_CONNECT_BY_PATH(EMPNO, '/') PATH : 루트 데이터가 MGR이 NULL인 데이터이므로 7839부터 현재 전개할 데이터까지의 경로 표시 • ORDER SIBLINGS BY EMPNO : 형제노드에서 EMPNO 오름차순으로 진행

실행결과				
EMPNO	ENAME	MGR	LEVEL	PATH
7839	KING	NULL	1	/7839
7566	JONES	7839	2	/7839/7566
7788	SCOTT	7566	3	/7839/7566/7788

7876	ADAMS	7788	4	/7839/7566/7788/7876
7902	FORD	7566	3	/7839/7566/7902
7369	SMITH	7902	4	/7839/7566/7902/7369
7698	BLAKE	7839	2	/7839/7698
7499	ALLEN	7698	3	/7839/7698/7499
7521	WARD	7698	3	/7839/7698/7521
7654	MARTIN	7698	3	/7839/7698/7654
7844	TURNER	7698	3	/7839/7698/7844
7900	JAMES	7698	3	/7839/7698/7900
7782	CLARK	7839	2	/7839/7782
7934	MILLER	7782	3	/7839/7782/7934

3) 순방향 계층형 질의 예제3

SQL 문	설명
SELECT EMPNO, ENAME, MGR, LEVEL, SYS_CONNECT_BY_PATH(EMPNO, '/') PATH FROM EMP START WITH MGR IS NULL CONNECT BY PRIOR EMPNO = MGR ORDER SIBLINGS BY EMPNO DESC;	• START WITH MGR IS NULL : MGR이 NULL인 데이터부터 시작 • CONNECT BY PRIOR EMPNO = MGR : PRIOR 자식 = 부모 관계이므로 순방향 전개 • SYS_CONNECT_BY_PATH(EMPNO, '/') PATH : 루트 데이터가 MGR이 NULL인 데이터이므로 7839부터 현재 전개할 데이터까지의 경로 표시 • ORDER SIBLINGS BY EMPNO : 형제노드에서 EMPNO 내림차순으로 진행

실행결과				
EMPNO	ENAME	MGR	LEVEL	PATH
7839	KING	NULL	1	/7839
7782	CLARK	7839	2	/7839/7782
7934	MILLER	7782	3	/7839/7782/7934
7698	BLAKE	7839	2	/7839/7698
7900	JAMES	7698	3	/7839/7698/7900
7844	TURNER	7698	3	/7839/7698/7844
7654	MARTIN	7698	3	/7839/7698/7654
7521	WARD	7698	3	/7839/7698/7521
7499	ALLEN	7698	3	/7839/7698/7499
7566	JONES	7839	2	/7839/7566
7902	FORD	7566	3	/7839/7566/7902
7369	SMITH	7902	4	/7839/7566/7902/7369
7788	SCOTT	7566	3	/7839/7566/7788
7876	ADAMS	7788	4	/7839/7566/7788/7876

4) 순방향 계층형 질의 예제4

SQL 문	설명
SELECT EMPNO, ENAME, MGR, LEVEL, SYS_CONNECT_BY_PATH(EMPNO, '/') PATH FROM EMP START WITH MGR = 7566 CONNECT BY PRIOR EMPNO = MGR ORDER SIBLINGS BY EMPNO;	• START WITH MGR = 7566 : MGR이 7566인 데이터부터 시작 • CONNECT BY PRIOR EMPNO = MGR : PRIOR 자식 = 부모 관계이므로 순방향 전개 • SYS_CONNECT_BY_PATH(EMPNO, '/') PATH : 루트 데이터가 MGR = 7566 데이터이므로 7788, 7902부터 현재 전개할 데이터까지의 경로 표시 • ORDER SIBLINGS BY EMPNO : 형제노드에서 EMPNO 오름차순으로 진행

실행결과				
EMPNO	ENAME	MGR	LEVEL	PATH
7788	SCOTT	7566	1	/7788
7876	ADAMS	7788	2	/7788/7876
7902	FORD	7566	1	/7902
7369	SMITH	7902	2	/7902/7369

5. 역방향 계층형 질의

① 역방향 계층형 질의는 계층형 데이터를 하위에서 상위로 전개하는 질의이다.
② PRIOR 부모 = 자식 형태를 사용한다.

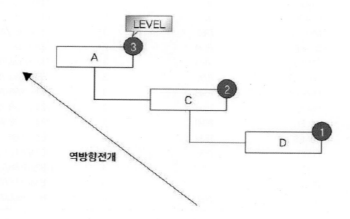

1) 역방향 계층형 질의 예제1

SQL 문	설명
SELECT EMPNO, ENAME, MGR, LEVEL, SYS_CONNECT_BY_PATH(EMPNO, '/') PATH FROM EMP START WITH MGR IS NULL CONNECT BY PRIOR MGR = EMPNO ORDER SIBLINGS BY EMPNO;	• START WITH MGR IS NULL : MGR이 NULL인 데이터부터 시작 • CONNECT BY PRIOR MGR = EMPNO : PRIOR 부모 = 자식 관계이므로 역방향 전개 • SYS_CONNECT_BY_PATH(EMPNO, '/') PATH : 루트 데이터가 MGR이 NULL인 데이터이므로 7839부터 현재 전개할 데이터까지의 경로 표시 • ORDER SIBLINGS BY EMPNO : 형제노드에서 EMPNO 오름차순으로 진행

실행결과				
EMPNO	ENAME	MGR	LEVEL	PATH
7839	KING	NULL	1	/7839

2) 역방향 계층형 질의 예제2

SQL 문	설명
SELECT EMPNO, ENAME, MGR, LEVEL, SYS_CONNECT_BY_PATH(EMPNO, '/') PATH FROM EMP START WITH MGR = 7566 CONNECT BY PRIOR MGR = EMPNO ORDER SIBLINGS BY EMPNO;	• START WITH MGR = 7566 : MGR이 7566인 데이터부터 시작 • CONNECT BY PRIOR MGR = EMPNO : PRIOR 부모 = 자식 관계이므로 역방향 전개 • SYS_CONNECT_BY_PATH(EMPNO, '/') PATH : 루트 데이터가 MGR = 7566 데이터이므로 7788, 7902부터 현재 전개할 데이터까지의 경로 표시 • ORDER SIBLINGS BY EMPNO : 형제노드에서 EMPNO 오름차순으로 진행

실행결과				
EMPNO	ENAME	MGR	LEVEL	PATH
7788	SCOTT	7566	1	/7788
7566	JONES	7839	2	/7788/7566
7839	KING	NULL	3	/7788/7566/7839
7902	FORD	7566	1	/7902
7566	JONES	7839	2	/7902/7566
7839	KING	NULL	3	/7902/7566/7839

3) 역방향 계층형 질의 예제3

SQL 문	설명
SELECT EMPNO, ENAME, MGR, LEVEL, SYS_CONNECT_BY_PATH(EMPNO, '/') PATH FROM EMP START WITH MGR = 7566 CONNECT BY PRIOR MGR = EMPNO ORDER SIBLINGS BY EMPNO DESC;	• START WITH MGR = 7566 : MGR이 7566인 데이터부터 시작 • CONNECT BY PRIOR MGR = EMPNO : PRIOR 부모 = 자식 관계이므로 역방향 전개 • SYS_CONNECT_BY_PATH(EMPNO, '/') PATH : 루트 데이터가 MGR = 7566 데이터이므로 7788, 7902부터 현재 전개할 데이터까지의 경로 표시

실행결과				
EMPNO	ENAME	MGR	LEVEL	PATH
7902	FORD	7566	1	/7902
7566	JONES	7839	2	/7902/7566
7839	KING	NULL	3	/7902/7566/7839
7788	SCOTT	7566	1	/7788
7566	JONES	7839	2	/7788/7566
7839	KING	NULL	3	/7788/7566/7839

6. 셀프조인(SELF JOIN)

① 셀프조인은 동일 테이블 내에서 컬럼 사이에 연관 관계가 있을 때 사용하는 조인이다.

② 동일 테이블 사이의 조인을 수행하면 테이블과 컬럼명이 모두 동일하기 때문에 반드시 테이블과 컬럼에 별칭(Alias)을 사용해서 어느 테이블인지 어느 컬럼인지를 식별해주어야 한다.

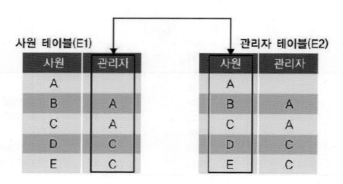

◉ 셀프조인 예제

각 사원의 EMPNO, ENAME, MGR과 상사의 EMPNO, ENAME

SQL 문	설명
SELECT A.EMPNO, A.ENAME, A.MGR, B.EMPNO, B.ENAME FROM EMP A JOIN EMP B ON A.MGR = B.EMPNO;	• EMP A는 사원 테이블, EMP B는 상사 테이블로 간주 • A.MGR과 B.EMPNO가 조인 조건
실행결과	

EMPNO	ENAME	MGR	EMPNO	ENAME
7788	SCOTT	7566	7566	JONES
7902	FORD	7566	7566	JONES
7499	ALLEN	7698	7698	BLAKE
7521	WARD	7698	7698	BLAKE
7654	MARTIN	7698	7698	BLAKE
7844	TURNER	7698	7698	BLAKE
7900	JAMES	7698	7698	BLAKE
7934	MILLER	7782	7782	CLARK
7876	ADAMS	7788	7788	SCOTT
7566	JONES	7839	7839	KING
7698	BLAKE	7839	7839	KING
7782	CLARK	7839	7839	KING
7369	SMITH	7902	7902	FORD

| SECTION | 04 서브쿼리

1. 서브쿼리(Subquery)의 개념

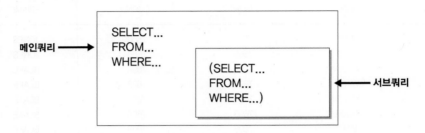

① 서브쿼리는 하나의 SQL문안에 포함되어 있는 또 다른 SQL문을 의미한다.

② 서브쿼리를 괄호로 감싸서 사용한다.

③ 서브쿼리는 단일 행(Single Row) 또는 복수 행(Multiple Row) 비교 연산자와 함께 사용 가능하다.

④ 단일 행 비교 연산자는 서브쿼리의 결과가 반드시 1건 이하이어야 하고 복수 행 비교 연산자는 서브쿼리의 결과 건수와 상관없다.

⑤ 서브쿼리에서는 ORDER BY를 사용하지 못한다. ORDER BY 절은 SELECT 절에서 오직 한 개만 올수 있기 때문에 ORDER BY 절은 메인쿼리의 마지막 문장에 위치해야 한다.

⑥ 서브쿼리가 SQL문에서 사용이 가능한 곳은 다음과 같다.
   ㄱ. SELECT 절
   ㄴ. FROM 절
   ㄷ. WHERE 절
   ㄹ. HAVING 절
   ㅁ. ORDER BY 절
   ㅂ. INSERT문의 VALUES 절
   ㅅ. UPDATE문의 SET 절

2. 서브쿼리의 분류

서브쿼리는 반환되는 데이터의 형태에 따라, 동작하는 방식에 따라 분류할 수 있다.

1) 데이터의 형태에 따른 서브쿼리 분류

서브쿼리 종류	설명
단일 행 서브쿼리 (Single Row Subquery)	• 서브쿼리의 실행 결과가 항상 1건 이하인 서브쿼리 • 단일 행 비교 연산자와 함께 사용(==, <, <=, >, >=, <>)
다중 행 서브쿼리 (Multi Row Subquery)	• 서브쿼리의 실행 결과가 1건 이상인 서브쿼리 • 다중 행 비교 연산자와 함께 사용(IN, ALL, ANY, EXISTS)
다중 컬럼 서브쿼리 (Multi Column Subquery)	• 서브쿼리의 실행 결과로 여러 컬럼을 반환 • 메인쿼리의 조건절에 여러 컬럼을 동시에 비교

2) 동작하는 방식에 따른 서브쿼리 분류

서브쿼리 종류	설명
연관 서브쿼리 (Correlated Subquery)	• 서브쿼리가 메인쿼리 컬럼을 가지고 있는 형태
비연관 서브쿼리 (Un-Correlated Subquery)	• 서브쿼리가 메인쿼리 컬럼을 가지고 있지 않는 형태 • 서브쿼리에 메인쿼리의 값을 제공하기 위해 사용

3. 반환되는 데이터의 형태에 따른 서브쿼리 분류

반환되는 데이터의 형태에 따른 서브쿼리 종류에는 단일 행 서브쿼리(Single Row Subquery), 다중 행 서브쿼리(Multi Row Subquery), 다중 컬럼 서브쿼리(Multi Column Subquery)가 있다.

1) 단일 행 서브쿼리(Single Row Subquery)

① 서브쿼리의 실행 결과가 항상 1건 이하인 서브쿼리이다.

② 단일 행 비교 연산자와 함께 사용(==, <, <=, >, >=, <>) 한다.

③ 서브쿼리의 결과 건수가 2건 이상을 반환하면 SQL문은 실행시간(Run Time) 오류가 발생한다.

A. 단일 행 서브쿼리(Single Row Subquery) 예제1

EMP 테이블에서 FORD와 같은 부서에 근무하는 사원들의 EMPNO, ENAME, SAL, DEPTNO

SQL 문	설명

SELECT EMPNO, ENAME, SAL, DEPTNO
FROM EMP
WHERE DEPTNO =
    (SELECT DEPTNO
     FROM EMP
     WHERE ENAME = 'FORD');
	• SELECT 절에서 EMPNO, ENAME, SAL, DEPTNO 조회
	• FROM 절에서 EMP 테이블 조회
	• WHERE 절에서 DEPTNO 컬럼에 대한 Single Row Subquery 조건
	• 서브쿼리에서 ENAME 컬럼이 FORD인 DEPT 값을 조회
	• FORD와 같은 부서에 근무하는 사원 조회

실행결과			
EMPNO	ENAME	SAL	DEPTNO
7369	SMITH	800	20
7566	JONES	2975	20
7788	SCOTT	3000	20
7876	ADAMS	1100	20
7902	FORD	3000	20

B. 단일 행 서브쿼리(Single Row Subquery) 예제2

EMP와 DEPT 테이블에서 CHICAGO 지역에서 근무하는 사원들 중 BLAKE가 직속상관인 사원들의 EMPNO, ENAME, JOB, DEPTNO, MGR

SQL 문	설명

SELECT EMPNO, ENAME, JOB, DEPTNO, MGR
FROM EMP
WHERE DEPTNO =
         (SELECT DEPTNO
         FROM DEPT
         WHERE LOC = 'CHICAGO')
AND MGR =
         (SELECT EMPNO
         FROM EMP
         WHERE ENAME = 'BLAKE');
	• SELECT 절에서 EMPNO, ENAME, JOB, DEPTNO, MGR 조회
	• FROM 절에서 EMP 테이블 조회
	• WHERE 절에서 DEPTNO, MGR 컬럼에 대한 EMP, DEPT 테이블에서 Single Row Subquery 조건
	• 서브쿼리에서 DEPT 테이블의 LOC 컬럼이 CHICAGO인 DEPTNO 값을 조회
	• 서브쿼리에서 EMP 테이블의 ENAME 컬럼이 BLAKE 인 EMPNO 값을 조회
	• CHICAGO에서 근무하고 부서에서 BLAKE가 상사인 사원 조회

실행결과				
EMPNO	ENAM	JOB	DEPTNO	MGR
7499	ALLEN	SALESMAN	30	7698
7521	WARD	SALESMAN	30	7698
7654	MARTIN	SALESMAN	30	7698
7844	TURNER	SALESMAN	30	7698
7900	JAMES	CLERK	30	7698

2) 다중 행 서브쿼리(Multi Row Subquery)

① 서브쿼리의 실행 결과가 다수인 서브쿼리이다.

② 다중 행 비교 연산자와 함께 사용 한다.

③ 다중 행 비교 연산자에는 IN, ALL, ANY, EXISTS이 있다.

④ 단일 행 서브쿼리에도 사용할 수 있다.

A. 다중 행 비교 연산자

서브쿼리 종류	설명
IN	• 서브쿼리의 결과에 존재하는 임의의 값과 동일한 조건 • 메인쿼리의 비교조건이 서브쿼리의 결과 중 하나만 동일하면 참 • OR 조건
ALL	• 서브쿼리의 결과에 존재하는 모든 값을 만족하는 조건 • 메인쿼리와 서브쿼리의 결과가 모두 동일하면 참 • > ALL : 최소값 반환 • < ALL : 최대값 반환
ANY	• 서브쿼리의 결과에 존재하는 어느 하나의 값이라도 만족하는 조건 • > ANY : 하나라도 크게되면 참 • < ANY : 하나라도 작게되면 참
EXISTS	• 서브쿼리의 결과를 만족하는 값이 존재하는지 여부 확인 • 메인쿼리와 서브쿼리의 결과가 하나라도 존재하면 참

B. IN 연산자 예제

EMP 테이블에서 SAL이 3000 이상인 사원들과 같은 부서에서 근무하는 사원들의 EMPNO, ENAME, SAL, DEPTNO

SQL 문	설명

SELECT EMPNO, ENAME, SAL, DEPTNO
FROM EMP
WHERE DEPTNO IN
    (SELECT DEPTNO
     FROM EMP
     WHERE SAL>=3000);
	• SELECT 절에서 EMPNO, ENAME, SAL, DEPTNO 조회
	• FROM 절에서 EMP 테이블 조회
	• WHERE 절에서 DEPTNO 컬럼에 대한 Multi Row Subquery IN 조건
	• 서브쿼리에서 EMP 테이블의 SAL 값을 조회
	• SAL이 3000 이상인 부서 번호 조회
	• IN에 NULL이 있을 경우 NULL은 비교 대상에서 제외

실행결과			
EMPNO	ENAME	SAL	DEPTNO
7369	SMITH	800	20
7566	JONES	2975	20
7788	SCOTT	3000	20
7876	ADAMS	1100	20
7902	FORD	3000	20
7782	CLARK	2450	10
7839	KING	5000	10
7934	MILLER	1300	10

C. ALL 연산자 예제

EMP 테이블에서 모든 부서별 급여 평균보다 더 많이 받는 사원들의 EMPNO, ENAME, SAL, DEPTNO

SQL 문	설명

SELECT EMPNO, ENAME, SAL, DEPTNO
FROM EMP
WHERE SAL > ALL
      (SELECT AVG(SAL)
        FROM EMP
        GROUP BY DEPTNO);
	• SELECT 절에서 EMPNO, ENAME, SAL, DEPTNO 조회
	• FROM 절에서 EMP 테이블 조회
	• WHERE 절에서 DEPTNO 컬럼에 대한 Multi Row Subquery
	  ALL 조건
	• 서브쿼리에서 EMP 테이블의 DEPTNO 별 평균 SAL 값을 조회
	• 부서별 평균 SAL 중 가장 큰 평균 급여보다 많은 급여를 받는
	  사원 조회

실행결과			
EMPNO	ENAME	SAL	DEPTNO
7566	JONES	2975	20
7788	SCOTT	3000	20
7902	FORD	3000	20
7839	KING	5000	10

D. ANY 연산자 예제

EMP 테이블에서 어느 부서별 최저 급여보다 더 많이 받는 사원들의 EMPNO, ENAME, SAL, DEPTNO

SQL 문	설명

SELECT EMPNO, ENAME, SAL, DEPTNO
FROM EMP
WHERE SAL > ANY
      (SELECT MIN(SAL)
        FROM EMP
        GROUP BY DEPTNO);
	• SELECT 절에서 EMPNO, ENAME, SAL, DEPTNO 조회
	• FROM 절에서 EMP 테이블 조회
	• WHERE 절에서 DEPTNO 컬럼에 대한 Multi Row Subquery
	  ANY 조건
	• 서브쿼리에서 EMP 테이블의 DEPTNO 별 최소 SAL 값을 조회
	• 부서별 최저 SAL 중 가장 적은 최저 SAL보다 많은 급여를 받는
	  사원 조회

실행결과			
EMPNO	ENAME	SAL	DEPTNO
7839	KING	5000	10
7902	FORD	3000	20
7788	SCOTT	3000	20
7566	JONES	2975	20
7698	BLAKE	2850	30
7782	CLARK	2450	10
7499	ALLEN	1600	30
7844	TURNER	1500	30
7934	MILLER	1300	10
7521	WARD	1250	30
7654	MARTIN	1250	30
7876	ADAMS	1100	20
7900	JAMES	950	30

E. EXISTS 연산자 예제

EMP 테이블에서 EMPNO, ENAME, SAL
(단, 사원들의 SAL이 3000이상인 사원이 존재하는 경우에만 반환)

SQL 문	설명
SELECT EMPNO, ENAME, SAL FROM EMP WHERE EXISTS 　　　　(SELECT * 　　　　 FROM EMP 　　　　 WHERE SAL>=3000);	• SELECT 절에서 EMPNO, ENAME, SAL 조회 • FROM 절에서 EMP 테이블 조회 • WHERE 절에서 Multi Row Subquery EXISTS 조건 • 서브쿼리에서 EMP 테이블의 SAL이 3000 이상인 사원 조회 • 3000 이상 SAL을 받는 사원 조회하여 존재하면 전체 사원 조회

실행결과		
EMPNO	ENAME	SAL
7369	SMITH	800
7499	ALLEN	1600
7521	WARD	1250
7566	JONES	2975
7654	MARTIN	1250
7698	BLAKE	2850
7782	CLARK	2450
7788	SCOTT	3000
7839	KING	5000
7844	TURNER	1500
7876	ADAMS	1100
7900	JAMES	950
7902	FORD	3000
7934	MILLER	1300

3) 다중 컬럼 서브쿼리(Multi Column Subquery)

① 다중 컬럼 서브쿼리는 서브쿼리의 결과로 여러 개의 칼럼이 반환되어 메인쿼리의 조건과 동시에 비교되는 것을 의미한다.

② SQL Server에서는 지원되지 않는다.

◉ 다중 컬럼 서브쿼리 예제

EMP 테이블에서 'FORD'와 MGR, DEPTNO이 같은 사원의 EMPNO, ENAME, MGR, DEPTNO

SQL 문	설명

SELECT EMPNO, ENAME, MGR, DEPTNO
FROM EMP
WHERE(MGR, DEPTNO) IN
       (SELECT MGR, DEPTNO
       FROM EMP
       WHERE ENAME = 'FORD');
	• SELECT 절에서 EMPNO, ENAME, MGR, DEPTNO 조회
	• FROM 절에서 EMP 테이블 조회
	• WHERE 절에서 MGR, DEPTNO 다중컬럼에 대해 IN 조건으로 정의
	• 서브쿼리에서 EMP 테이블의 ENAMEDL 'FORD'인 사원의 MGR,
	  DEPTNO 조회
	• 'FORD'와 동일 MGR, DEPTNO인 사원 조회

실행결과			
EMPNO	ENAME	MGR	DEPTNO
7788	SCOTT	7566	20
7902	FORD	7566	20

4. 동작하는 방식에 따른 서브쿼리 분류

동작하는 방식에 따른 서브쿼리 종류에는 연관 서브쿼리(Correlated Subquery), 비연관 서브쿼리 (Un-Correlated Subquery)가 있다.

◉ 연관 서브쿼리 예제

EMP 테이블에서 자신이 속한 부서의 평균 급여보다 많은 급여를 받는 사원들의 EMPNO, ENAME, SAL, DEPTNO

SQL 문	설명

SELECT A.EMPNO, A.ENAME, A.SAL, A.DEPTNO
FROM EMP A
WHERE A.SAL >
       (SELECT AVG(B.SAL)
       FROM EMP B
       WHERE A.DEPTNO = B.DEPTNO);
	• SELECT 절에서 EMPNO, ENAME, SAL, DEPTNO 조회
	• FROM 절에서 EMP 테이블 조회
	• WHERE 절에서 SAL 컬럼에 대한 조건을 연관 서브쿼리로 정의
	• 서브쿼리에서 메인쿼리의 DEPTNO 값과 동일한 레코드의 SAL의
	  평균값 계산
	• 자신이 속한 부서의 평균 급여보다 많은 급여를 받는 사원 조회

실행결과			
EMPNO	ENAME	MGR	DEPTNO
7499	ALLEN	1600	30
7566	JONES	2975	20
7698	BLAKE	2850	30
7788	SCOTT	3000	20
7839	KING	5000	10
7902	FORD	3000	20

5. 스칼라 서브쿼리(Scalar Subquery)

① 스칼라 서브쿼리는 SELECT 절에서 사용한다.

② 스칼라 서브쿼리는 한 행, 한 컬럼(1 Row 1 Column) 만을 반환하는 서브쿼리를 말한다.

③ 단일행 서브쿼리이기 때문에 결과가 2건 이상 반환하면 에러가 발생한다.

④ 스칼라 서브쿼리는 컬럼을 쓸 수 있는 대부분의 곳에서 사용할 수 있다.

◉ 스칼라서브쿼리 예제

EMP 테이블에서 4번째

SQL 문	설명
SELECT * FROM(SELECT ROWNUM A, ENAME FROM EMP) WHERE A=4;	• SELECT 절에서 FROM 절에서 정의된 모든 컬럼 조회 • FROM 절에서 ROWNUM(A)과 EMP 테이블의 ENAME 컬럼 조회 • WHERE 절에서 ROWNUM(A)가 4인 열 조회
실행결과	

A	ENAME
4	JONES

6. 인라인 뷰(Inline View)

① FROM 절에서 사용되는 서브쿼리를 인라인 뷰(Inline View)라고 한다.

② SQL문이 실행될 때만 임시적으로 생성되는 동적인 뷰이기 때문에 데이터베이스에 해당 정보가 저장되지 않는다.

③ 일반적인 뷰를 정적 뷰(Static View)라고 하고 인라인 뷰를 동적 뷰(Dynamic View)라고도 한다.

◉ 인라인 뷰 예제

EMP 테이블에서 4, 6번째 열의 사원의 EMPNO, ENAME, SAL, DEPTNO

SQL 문	설명
SELECT * FROM (SELECT ROWNUM A, EMPNO, 　　　　　　ENAME, SAL, DEPTNO 　　　　　FROM EMP) WHERE A=4 OR A=6;	• SELECT 절에서 FROM 절에서 정의된 모든 컬럼 조회 • FROM 절에서 인라인 뷰 정의 • WHERE 절에서 조건 정의 • ROWNUM이 4, 6인 열 조회
실행결과	

A	EMPNO	ENAME	MGR	DEPTNO
4	7566	JONES	2975	20
6	7698	BLAKE	2850	30

Top N 쿼리

1. ROWNUM 이란

1) ROWNUM

① Oracle의 ROWNUM은 SQL 처리 결과 집합의 각 행에 대해 임시로 부여되는 일련번호이다.

② 테이블이나 집합에서 원하는 만큼의 행만 가져오고 싶을 때 WHERE 절에서 행의 개수를 제한하는 목적으로 사용한다.

> A. 한 건의 행만 가져오고 싶을 때
>
> - SELECT * FROM EMP WHERE ROWNUM = 1;
> - SELECT * FROM EMP WHERE ROWNUM <= 1;
> - SELECT * FROM EMP WHERE ROWNUM < 2;

> B. 두 건 이상의 N 행을 가져오고 싶을 때
>
> - SELECT * FROM EMP WHERE ROWNUM <= N;
> - SELECT * FROM EMP WHERE ROWNUM < N+1;

③ SELECT * FROM EMP WHERE ROWNUM = 2;

ㄱ. 실행 결과 오류

ㄴ. ROWNUM=1이 포함되어야 한다.

ㄷ. 이후에 배우게 될 INLINE VIEW, 윈도우함수(순위관련함수)를 이용하여 같은 결과를 얻을 수도 있다.

④ 아래와 같이 논리 연산자를 사용하여 ROWNUM=1 이 포함되게 할 수도 있다.

SELECT * FROM EMP WHERE ROWNUM=1 OR ROWNUM=2;
SELECT * FROM EMP WHERE ROWNUM=1 OR ROWNUM=3;
SELECT * FROM EMP WHERE ROWNUM=1 OR ROWNUM<3;
SELECT * FROM EMP WHERE ROWNUM=1 OR ROWNUM>2;
SELECT * FROM EMP WHERE ROWNUM=1 OR ROWNUM>=2;
SELECT * FROM EMP WHERE ROWNUM=1 OR ROWNUM>=3;
SELECT * FROM EMP WHERE ROWNUM=1 AND ROWNUM=2;
SELECT * FROM EMP WHERE ROWNUM=1 AND ROWNUM<=2;
SELECT * FROM EMP WHERE ROWNUM<=2 AND ROWNUM<=5;

2. TOP 절

SQL Server는 TOP 절을 사용해 결과 집합으로 출력되는 행의 수를 제한할 수 있다.
TOP 절의 표현식은 다음과 같다.

TOP (Expression) [PERCENT] [WITH TIES]

① Expression : 반환할 행수를 지정하는 숫자이다.
② PERCENT : 쿼리 결과 집합에서 처음 Expression%의 행만 반환됨을 나타낸다.
③ WITH TIES : ORDER BY 절이 지정된 경우에만 사용할 수 있으며, TOP N(PERCENT)의 마지막 행과 같은 값이 있는 경우 추가 행이 출력되도록 지정할 수 있다.

한 건의 행만 가져오고 싶을 때는
SELECT TOP(1) ENAME FROM EMP;

두 건 이상의 N행을 가져오고 싶을 때는
SELECT TOP(N) ENAME FROM EMP;

◉ 예제 1

• 사원 테이블에서 급여가 높은 2명

SELECT TOP(2) ENAME, SAL FROM EMP ORDER BY SAL DESC;	[실행 결과]

[실행 결과]

ENAME	SAL
KING	5000
SCOTT	3000

◉ 예제 2

• 사원 테이블에서 급여가 높은 2명   (단, SAL가 같으면 행수가 초과 되더라도 같이 출력)

SELECT TOP(2) WITH TIES ENAME, SAL FROM EMP ORDER BY SAL DESC;	[실행 결과]

[실행 결과]

ENAME	SAL
KING	5000
SCOTT	3000
FORD	3000

3. ROW LIMITING 절

Oracle 12.1, SQL Server 2012 버전부터 ROW LIMITING 절로 Top N 쿼리를 작성할 수 있다.

[OFFSET offset {ROW : ROWS}]
[FETCH {FIRST : NEXT} [{rowcount : percent PERCENT}] {ROW : ROWS} {ONLY : WITH TIES}]

OFFSET offset : 건너뛸 행의 개수 지정
FETCH : 반환할 행의 개수나 백분율 지정
ONLY : 지정된 행의 개수나 백분율만큼 행 반환
WITH TIES : 마지막 행에 대한 동순위를 포함해서 반환

• 사원 테이블에서 급여가 낮은 5명

SELECT EMPNO, SAL FROM EMP ORDER BY SAL, EMPNO FETCH FIRST 5 ROWS ONLY;	[실행 결과]	
	EMPNO	SAL
	7369	800
	7900	950
	7876	1100
	7654	1250
	7521	1250

• 사원 테이블에서 급여가 낮은 5명 이외의 나머지

SELECT EMPNO, SAL FROM EMP ORDER BY SAL, EMPNO OFFSET 5 ROWS;	[실행 결과]	
	ENAME	SAL
	7934	1300
	7844	1500
	7499	1600
	7782	2450
	7698	2850
	7566	2975
	7788	3000
	7902	3000
	7839	5000

1. 그룹 함수(GROUP FUNCTION)

① 그룹 함수는 테이블에서 선택한 행을 컬럼 값에 따라 그룹화하여 그룹별로 결과를 출력하는 함수이다.

② 그룹 함수 대신 레벨별 집계를 위한 여러 단계의 SQL을 UNION, UNION ALL로 묶은 후 하나의 테이블을 여러 번 읽어 다시 재정렬하는 복잡한 단계를 거쳐서 결과를 확인할 수도 있다.

③ 그룹 함수 유형에는 ROLLUP, GROUPING, GROUPING SETS, CUBE가 있다.

◉ 그룹 함수 유형

유형	설명
ROLLUP	• 지정된 컬럼의 소계 및 총계를 구하는 함수
GROUPING	• 컬럼의 소계 여부 확인
GROUPING SETS	• 집계 대상 컬럼에 대한 소계 계산
CUBE	• 결합 가능한 모든 값에 대해 집계 계산

1) ROLLUP 함수

① ROLLUP 함수는 지정된 컬럼의 소계 및 총계를 구하는 함수이다.

② 지정 컬럼의 수보다 하나 더 큰 레벨의 Subtotal이 생성된다.

③ ROLLUP 함수는 계층 구조이므로 인수가 2개 이상일 때 인수 순서가 바뀌면 수행 결과도 바뀐다.

A. ROLLUP 함수 문법

문법	설명
SELECT 컬럼명, 집계함수 FROM 테이블명 [WHERE 조건절] GROUP BY [컬럼명] ROLLUP(그룹화할 컬럼) [HAVING ...] [ORDER BY ...]	• SELECT 뒤에 위치하는 컬럼이 GROUP BY 또는 ROLLUP 뒤에 위치 • 소계 집계 대상이 되는 컬럼을 ROLLUP 뒤에 위치 • 소계 집계 대상이 아닌 컬럼은 GROUP BY 뒤에 위치

B. ROLLUP 함수 예제1(인수가 1개일 때)

SQL 문	설명
SELECT DEPTNO, SUM(SAL) FROM EMP GROUP BY ROLLUP(DEPTNO);	• SELECT 절에서 DEPTNO, SUM(SAL) 조회 • FROM 절에서 EMP 테이블 조회 • GROUP BY 절에서 ROLLUP 그룹 함수 인자로 DEPTNO 선택 • DEPTNO별 소계, 전체 합계 표시
실행결과	

DEPTNO	SUM(SAL)
10	8750
20	10875
30	9400
NULL	29025

C. ROLLUP 함수 예제2(인수가 2개일 때)

SQL 문	설명
SELECT DEPTNO, JOB, SUM(SAL) FROM EMP GROUP BY ROLLUP(DEPTNO, JOB);	• SELECT 절에서 DEPTNO, JOB, SUM(SAL) 조회 • FROM 절에서 EMP 테이블 조회 • GROUP BY 절에서 ROLLUP 그룹 함수 인자로 DEPTNO, JOB 선택 • DEPTNO별 소계, (DEPTNO, JOB)별 소계, 전체 합계 표시
실행결과	

DEPTNO	JOB	SUM(SAL)
10	CLERK	1300
10	MANAGER	2450
10	PRESIDENT	5000
10	NULL	8750
20	CLERK	1900
20	ANALYST	6000
20	MANAGER	2975
20	NULL	10875
30	CLERK	950
30	MANAGER	2850
30	SALESMAN	5600
30	NULL	9400
NULL	NULL	29025

D. ROLLUP 함수와 GROUP BY와의 관계

ROLLUP 함수	GROUP BY
• 인수가 1개인 경우 GROUP BY ROLLUP(A)	GROUP BY A UNION ALL GROUP BY NULL
• 인수가 2개인 경우 GROUP BY ROLLUP(A, B)	GROUP BY A UNION ALL GROUP BY A, B UNION ALL GROUP BY NULL

2) GROUPING SETS 함수

① GROUPING SETS는 집계 대상 컬럼에 대한 소계를 구할 수 있는 그룹 함수이다.

② GROUP BY SQL 문장을 여러 번 반복하지 않아도 원하는 결과를 얻을 수 있다.

③ GROUPING SETS 함수에 대한 정렬이 필요한 경우 ORDER BY를 사용한다.

④ GROPUING SETS 함수는 인수의 순서가 바뀌어도 상관없다.

A. GROUPING SETS 문법

문법	설명
SELECT 컬럼명, 집계함수 FROM 테이블명 [WHERE 조건절] GROUP BY [컬럼명] GROUPING SETS(그룹화할 컬럼) [HAVING ...] [ORDER BY ...]	• SELECT 뒤에 위치하는 컬럼이 GROUP BY 또는 GROUPING SETS 뒤에 위치 • 소계 집계 대상이 되는 컬럼을 GROUPING SETS 뒤에 위치 • 소계 집계 대상이 아닌 컬럼은 GROUP BY 뒤에 위치

B. GROUPING SETS 함수 예제1(인수가 1개일 때)

SQL 문	설명
SELECT DEPTNO, SUM(SAL) FROM EMP GROUP BY GROUPING SETS(DEPTNO);	• SELECT 절에서 DEPTNO, SUM(SAL) 조회 • FROM 절에서 EMP 테이블 조회 • GROUP BY 절에서 GROUPING SETS 그룹 함수 인자로 DEPTNO 선택 • DEPTNO별 소계 표시
실행결과	

DEPTNO	SUM(SAL)
10	8750
20	10875
30	9400

C. GROUPING SETS 함수 예제2(인수가 2개일 때)

SQL 문	설명
SELECT DEPTNO, JOB, SUM(SAL) FROM EMP GROUP BY GROUPING SETS(DEPTNO, JOB);	• SELECT 절에서 DEPTNO, JOB, SUM(SAL) 조회 • FROM 절에서 EMP 테이블 조회 • GROUP BY 절에서 GROUPING SETS 그룹 함수 인자로 DEPTNO, JOB 선택 • DEPTNO별 소계, JOB별 소계

실행결과		
DEPTNO	JOB	SUM(SAL)
30	NULL	9400
10	NULL	8750
20	NULL	10875
NULL	PRESIDENT	5000
NULL	MANAGER	8275
NULL	ANALYST	6000
NULL	SALESMAN	5600
NULL	CLERK	4150

D. GROUPING SETS 함수와 GROUP BY와의 관계

GROUPING SETS 함수	GROUP BY
• 인수가 1개인 경우 GROUP BY GROUPING SETS(A)	GROUP BY A
• 인수가 2개인 경우 GROUP BY GROUPING SETS(A, B)	GROUP BY A UNION ALL GROUP BY B

3) CUBE 함수

① CUBE는 결합 가능한 모든 값에 대하여 다차원 집계를 생성한다.

② CUBE는 모든 결합 가능한 경우의 수를 구하므로, 인수의 순서 변경되어도 상관없다.

③ CUBE는 모든 결합 가능한 경우의 수를 구하므로, 다른 그룹함수보다 시스템에 대한 부하가 크다.

④ 정렬이 필요한 경우는 ORDER BY 절에 명시적으로 정렬한다.

A. CUBE 문법

문법	설명
SELECT 컬럼명, 집계함수 FROM 테이블명 [WHERE 조건절] GROUP BY [컬럼명] CUBE(그룹화할 컬럼) [HAVING ...] [ORDER BY ...]	• SELECT 뒤에 위치하는 컬럼이 GROUP BY 또는 CUBE 뒤에 위치 • 소계 집계 대상이 되는 컬럼을 CUBE 뒤에 위치 • 소계 집계 대상이 아닌 컬럼은 GROUP BY 뒤에 위치

B. CUBE 함수 예제1(인수가 1개일 때)

SQL 문	설명
SELECT DEPTNO, SUM(SAL) FROM EMP GROUP BY CUBE(DEPTNO);	• SELECT 절에서 DEPTNO, SUM(SAL) 조회 • FROM 절에서 EMP 테이블 조회 • GROUP BY 절에서 CUBE 그룹 함수 인자로 DEPTNO 선택 • DEPTNO별 소계, 전체 합계 표시

실행결과

DEPTNO	SUM(SAL)
10	8750
20	10875
30	9400
NULL	29025

C. CUBE 함수 예제2(인수가 2개일 때)

SQL 문	설명
SELECT DEPTNO, JOB, SUM(SAL) FROM EMP GROUP BY CUBE(DEPTNO, JOB);	• SELECT 절에서 DEPTNO, JOB, SUM(SAL) 조회 • FROM 절에서 EMP 테이블 조회 • GROUP BY 절에서 CUBE 그룹 함수 인자로 DEPTNO, JOB 선택 • DEPTNO별 소계, JOB별 소계, (DEPTNO, JOB)별 소계, 전체 합계 표시

실행결과

DEPTNO	JOB	SUM(SAL)
NULL	NULL	29025
NULL	CLERK	4150
NULL	ANALYST	6000
NULL	MANAGER	8275
NULL	SALESMAN	5600
NULL	PRESIDENT	5000
10	NULL	8750
10	CLERK	1300
10	MANAGER	2450
10	PRESIDENT	5000
20	NULL	10875
20	CLERK	1900
20	ANALYST	6000
20	MANAGER	2975
30	NULL	9400
30	CLERK	950
30	MANAGER	2850
30	SALESMAN	5600

D. CUBE 함수와 GROUP BY와의 관계

GROUPING SETS 함수	GROUP BY
• 인수가 1개인 경우 GROUP BY CUBE(A)	GROUP BY A UNION ALL GROUP BY NULL
• 인수가 2개인 경우 GROUP BY CUBE(A, B)	GROUP BY A UNION ALL GROUP BY B UNION ALL GROUP BY A, B UNION ALL GROUP BY NULL

4) GROUPING 함수

① GROUPING 함수는 그룹 함수에 사용하는 경우에 컬럼의 소계 여부를 확인할 수 있는 함수이다.

② GROUPING 함수 소계를 사용한 경우 1, 사용하지 않은 경우 0을 반환한다.

③ GROUPING 함수는 그룹 함수 중 주로 ROLLUP, GROUPING SETS에 사용된다.

④ GROUPING 함수는 SELECT 절과 HAVING 절에 사용 가능하다.

A. GROUPING SETS 문법

문법	설명
GROUPING [컬럼명]	• 컬럼이 소계 처리된 결과는 1을 반환 • 컬럼이 소계 처리 안된 결과는 0을 반환

B. GROUPING 함수 예제1

SQL 문	설명

SELECT DEPTNO, JOB, SUM(SAL),
       GROUPING(DEPTNO) DEPTNO,
       GROUPING(JOB) JOB
FROM EMP
GROUP BY ROLLUP(DEPTNO, JOB);
	• SELECT 절에서 DEPTNO, SUM(SAL),
	  GROUPING(DEPTNO), GROUPING(JOB) 조회
	• GROUPING(DEPTNO) DEPTNO,
	  GROUPING(JOB) JOB에서 소계 사용 여부 확인
	• FROM 절에서 EMP 테이블 조회
	• GROUP BY 절에서 ROLLUP 그룹 함수 인자로 DEPTNO, JOB 선택
	• DEPTNO별 소계, (DEPTNO, JOB)별 소계, 전체 합계 표시

실행결과				
DEPTNO	JOB	SUM(SAL)	DEPTNO_1	JOB_1
10	CLERK	1300	0	0
10	MANAGER	2450	0	0
10	PRESIDENT	5000	0	0
10	NULL	8750	0	1
20	CLERK	1900	0	0

20	ANALYST	6000	0	0
20	MANAGER	2975	0	0
20	NULL	10875	0	1
30	CLERK	950	0	0
30	MANAGER	2850	0	0
30	SALESMAN	5600	0	0
30	NULL	9400	0	1
NULL	NULL	29025	1	1

C. GROUPING 함수 예제2

SQL 문	설명

SELECT DEPTNO, JOB, SUM(SAL),
      GROUPING(DEPTNO) DEPTNO,
      GROUPING(JOB) JOB
FROM EMP
GROUP BY CUBE(DEPTNO, JOB);
	• SELECT 절에서 DEPTNO, SUM(SAL), GROUPING(DEPTNO), GROUPING(JOB) 조회
	• GROUPING(DEPTNO) DEPTNO, GROUPING(JOB) JOB에서 소계 사용 여부 확인
	• FROM 절에서 EMP 테이블 조회
	• GROUP BY 절에서 CUBE 그룹 함수 인자로 DEPTNO, JOB 선택
	• DEPTNO별 소계, JOB별 소계, (DEPTNO, JOB)별 소계, 전체 합계 표시

실행결과				
DEPTNO	JOB	SUM(SAL)	DEPTNO_1	JOB_1
NULL	NULL	29025	1	1
NULL	CLERK	4150	1	0
NULL	ANALYST	6000	1	0
NULL	MANAGER	8275	1	0
NULL	SALESMAN	5600	1	0
NULL	PRESIDENT	5000	1	0
10	NULL	8750	0	1
10	CLERK	1300	0	0
10	MANAGER	2450	0	0
10	PRESIDENT	5000	0	0
20	NULL	10875	0	1
20	CLERK	1900	0	0
20	ANALYST	6000	0	0
20	MANAGER	2975	0	0
30	NULL	9400	0	1
30	CLERK	950	0	0
30	MANAGER	2850	0	0
30	SALESMAN	5600	0	0

5) 인수 개수와 순서에 따른 그룹 함수 비교

유형	설명
ROLLUP	• 인수가 1개 일 때 CUBE와 같은 결과 • 인수가 2개 이상 일 때 : 모두 다른 결과 • 인수 순서에 따라 다른 결과
GROUPING SETS	• 인수가 2개 이상 일 때 : 모두 다른 결과 • 인수 순서에 무관
CUBE	• 인수가 1개 일 때 ROLLUP과 같은 결과 • 인수가 2개 이상 일 때 : 모두 다른 결과 • 인수 순서에 무관

윈도우 함수

1. 윈도우 함수(WINDOW FUNCTION)

1) 윈도우 함수(WINDOW FUNCTION) 개념

① 윈도우 함수는 행과 행간의 관계를 쉽게 정의하기 위한 함수이다.

② 분석 함수(ANALYTIC FUNCTION)나 순위 함수(RANK FUNCTION)로도 알려져 있다.

③ 집계 함수와 같이 기존에 사용하던 함수도 있고 새롭게 WINDOW 함수 전용으로 만들어진 기능도 있다.

④ 윈도우 함수는 서브쿼리에도 사용할 수 있지만, 함수 자체에서 중첩해서 사용할 수 없다.

⑤ 윈도우 함수 처리로 인해 결과 건수가 달라지지 않는다.

⑥ 윈도우 함수를 사용해서 순위, 합계, 평균, 행 위치 등을 조절할 수 있다.

2) 윈도우 함수 문법

① 윈도우 함수 함수 문법

문법	설명

SELECT 윈도우함수(인수) OVER
    (
    [PARTITION BY 컬럼명]
    [ORDER BY 컬럼명]
    [WINDOWING 절]
)
FROM 테이블명
	• 윈도우함수
	  – 순위 관련 함수, 집계 관련 함수, 행 순서 관련 함수, 비율 관련 함수
	• OVER
	  – 필수 키워드
	• PARTITION BY
	  – 전체를 기준에 의해 소그룹으로 분류
	  – GROUP BY와 의미상으로 유사
	• ORDER BY
	  – 그룹 내에서 순서 정의
	• WINDOWING 절
	  – 함수의 대상이 되는 행 기준의 범위 지정
	  – ROWS는 물리적 결과의 행 수
	  – RANGE는 논리적 값에 의한 범위
	  – SQL Server에서는 지원하지 않음

② WINDOWING 절 문법

문법	설명
ROWS │ RANGE BETWEEN start_point AND end_point	• WINDOWING 절에서 윈도우 함수를 적용할 행의 범위 정의 • ROWS – 물리적 결과의 행 수(ROW 기준) • RANGE – 논리적 값에 의한 범위(VALUE 기준) • N PRECEDING : N만큼 이전의 행 • N FOLLOWING : N만큼 이후의 행 • UNBOUNDED PRECEDING : 첫 번째 행 • UNBOUNDED FOLLOWING : 마지막 행 • CURRENT ROW : 현재 행

3) 윈도우 함수의 종류

윈도우 함수에는 순위 관련 함수, 집계 관련 함수, 행 순서 관련 함수, 비율 관련 함수가 있다.

◉ 윈도우 함수 종류

종류	설명	함수
순위 관련 함수	• 특정항목 및 파티션에 대해 순위 계산	RANK, DENSE_RANK, ROW_NUMBER
집계 관련 함수	• 여러 행 또는 테이블 전체 행으로부터 결과값을 반환	SUM, AVG, COUNT, MAX, MIN
행 순서 관련 함수	• 특정 위치의 행을 반환	FIRST_VALUE, LAST_VALUE, LAG, LEAD
비율 관련 함수	• 백분율과 같은 비율과 관련된 결과 반환	CUME_DIST, RATIO_TO_REPORT, PERCENT_RANK, NTILE

2. 순위 관련 함수

① 순위 관련 함수는 특정 항목 및 파티션에 대해 순위를 계산하여 반환하는 함수이다.

② ORDER BY를 포함한 QUERY 문에서 특정 항목(칼럼)에 대한 순위를 구하는 함수이다.

③ 특정 범위(PARTITION) 내에서 혹은 전체 데이터에 대한 순위를 구한다.

④ 순위 관련 함수는 순위를 정렬하기 위해 ORDER BY가 필수적으로 사용된다.

⑤ ANSI/ISO SQL 표준과 Oracle, SQL Server 등 대부분의 DBMS에서 지원한다.

⑥ 순위 관련 함수에는 RANK, DENSE_RANK, ROW_NUMBER가 있다.

1) 순위 관련 함수 종류

종류	설명
RANK	• 동일한 값에 대해서는 동일한 순위를 부여 • 공동 순위가 있다면 공동 등수를 고려해 다음 등수는 제거하여 부여
DENSE_RANK	• 동일한 값에 대해서는 동일한 순위를 부여 • 공동 순위가 있어도 공동 등수에 상관없이 다음 등수 부여
ROW_NUMBER	• 동일한 값에 대해서도 다른 순위를 부여

2) 순위 관련 함수 예제

SQL 문	설명

SELECT EMPNO, ENAME, SAL,
   RANK () OVER(ORDER BY SAL) RANK,
   DENSE_RANK () OVER(ORDER BY SAL) DENSE_RANK,
   ROW_NUMBER () OVER(ORDER BY SAL) ROW_NUMBER
FROM EMP;
	• SELECT 절에서 EMPNO, ENAME, SAL, RANK, DENSE_RANK, ROW_NUMBER 조회
	• ORDER BY SAL
	  – SAL 오름차순으로 정렬
	• FROM 절에서 EMP 테이블 조회
	• RANK
	  – 동일 값 동일 순위, 동일 순위는 별개의 건수로 취급하여 다음 등수 부여
	• DENSE_RANK
	  – 동일 값 동일 순위, 동일 순위는 하나의 건수로 취급하여 다음 등수 부여
	• ROW_NUMBER
	  – 동일 순위에 대해서 고유의 순위 부여. 각각 다른 순위 부여

실행결과					
EMPNO	ENAME	SAL	RANK	DENSE_RANK	ROW_NUMBER
7369	SMITH	800	1	1	1
7900	JAMES	950	2	2	2
7876	ADAMS	1100	3	3	3
7521	WARD	1250	4	4	4
7654	MARTIN	1250	4	4	5
7934	MILLER	1300	6	5	6
7844	TURNER	1500	7	6	7
7499	ALLEN	1600	8	7	8
7782	CLARK	2450	9	8	9
7698	BLAKE	2850	10	9	10
7566	JONES	2975	11	10	11
7788	SCOTT	3000	12	11	12
7902	FORD	3000	12	11	13
7839	KING	5000	14	12	14

3. 집계 관련 함수

① 집계 관련 함수에는 SUM, AVG, COUNT, MAX, MIN이 있다.

② ANSI/ISO SQL 표준과 Oracle, SQL Server 등 대부분의 DBMS에서 지원한다.

③ SQL Server의 경우 집계 함수는 OVER 절 내의 ORDER BY 구문을 지원하지 않는다.

1) 집계 관련 함수 종류

종류	설명
SUM	• 파티션 별로 합계를 계산한다.
AVG	• 파티션 별로 평균을 계산한다.
COUNT	• 파티션 별로 행 수(건 수)를 계산한다.
MAX	• 파티션 별로 최댓값을 계산한다.
MIN	• 파티션 별로 최솟값을 계산한다.

2) SUM 함수 예제1

SQL 문	설명
SELECT EMPNO, DEPTNO, SAL, SUM(SAL) OVER () SUM1, SUM(SAL) OVER (ORDER BY SAL) SUM2 FROM EMP;	• SELECT 절에서 EMPNO, DEPTNO, SAL, SUM1, SUM2 조회 • SUM1 – 전체 급여 합계 조회 • SUM2 – 전체 급여 누적 합계 조회 • FROM 절에서 EMP 테이블 조회

실행결과				
EMPNO	DEPTNO	SAL	SUM1	SUM2
7369	20	800	29025	800
7900	30	950	29025	1750
7876	20	1100	29025	2850
7521	30	1250	29025	5350
7654	30	1250	29025	5350
7934	10	1300	29025	6650
7844	30	1500	29025	8150
7499	30	1600	29025	9750
7782	10	2450	29025	12200
7698	30	2850	29025	15050
7566	20	2975	29025	18025
7788	20	3000	29025	24025
7902	20	3000	29025	24025
7839	10	5000	29025	29025

3) SUM 함수 예제2

SQL 문	설명

SELECT EMPNO, DEPTNO, SAL,
SUM(SAL) OVER (PARTITION BY DEPTNO) SUM3,
SUM(SAL) OVER (PARTITION BY
            DEPTNO ORDER BY SAL) SUM4
FROM EMP;
	• SELECT 절에서 EMPNO, DEPTNO, SAL, SUM3, SUM4 조회
	• PARTITION BY DEPTNO
	  – 부서별 조회
	• SUM3
	  – 부서별 전체 급여 합계 조회
	• SUM4
	  – 부서별 급여 누적 합계 조회
	• FROM 절에서 EMP 테이블 조회

실행결과				
EMPNO	DEPTNO	SAL	SUM3	SUM4
7934	10	1300	8750	1300
7782	10	2450	8750	3750
7839	10	5000	8750	8750
7369	10	800	10875	800
7876	20	1100	10875	1900
7566	20	2975	10875	4875
7788	20	3000	10875	10875
7902	20	3000	10875	10875
7900	30	950	9400	950
7654	30	1250	9400	3450
7521	30	1250	9400	3450
7844	30	1500	9400	4950
7499	30	1600	9400	6550
7698	30	2850	9400	9400

4) AVG 함수 예제1

SQL 문	설명

SELECT EMPNO, DEPTNO, SAL,
ROUND(AVG(SAL) OVER (), 1) AVG1,
ROUND(AVG(SAL) OVER (ORDER BY SAL), 1) AVG2
FROM EMP;
	• SELECT 절에서 EMPNO, DEPTNO, SAL, AVG1, AVG2 조회
	• AVG1
	  – 전체 급여 평균 조회(소수 첫째자리)
	• AVG2
	  – 전체 급여 누적 평균 조회(소수 첫째자리)
	• FROM 절에서 EMP 테이블 조회

실행결과				
EMPNO	DEPTNO	SAL	AVG1	AVG2
7369	20	800	2073.2	800
7900	30	950	2073.2	875
7876	20	1100	2073.2	950
7521	30	1250	2073.2	1070

7654	30	1250	2073.2	1070
7934	10	1300	2073.2	1108.3
7844	30	1500	2073.2	1164.3
7499	30	1600	2073.2	1218.8
7782	10	2450	2073.2	1355.6
7698	30	2850	2073.2	1505
7566	20	2975	2073.2	1638.6
7788	20	3000	2073.2	1848.1
7902	20	3000	2073.2	1848.1
7839	10	5000	2073.2	2073.2

5) AVG 함수 예제2

SQL 문	설명
SELECT EMPNO, DEPTNO, SAL, ROUND(AVG(SAL) OVER (PARTITION BY DEPTNO), 1) AVG3, ROUND(AVG(SAL) OVER (PARTITION BY 　　　　　　DEPTNO ORDER BY SAL), 1) AVG4 FROM EMP;	• SELECT 절에서 EMPNO, DEPTNO, SAL, SUM1, SUM2, SUM3, SUM4 조회 • PARTITION BY DEPTNO 　– 부서별 조회 • AVG3 　– 부서별 전체 급여 평균 조회 　　(소수 첫째자리) • AVG4 　– 부서별 급여 누적 평균 조회 　　(소수 첫째자리) • FROM 절에서 EMP 테이블 조회

실행결과				
EMPNO	DEPTNO	SAL	AVG3	AVG4
7934	10	1300	2916.7	1300
7782	10	2450	2916.7	1875
7839	10	5000	2916.7	2916.7
7369	20	800	2175	800
7876	20	1100	2175	950
7566	20	2975	2175	1625
7788	20	3000	2175	2175
7902	20	3000	2175	2175
7900	30	950	1566.7	950
7654	30	1250	1566.7	1150
7521	30	1250	1566.7	1150
7844	30	1500	1566.7	1237.5
7499	30	1600	1566.7	1310
7698	30	2850	1566.7	1566.7

6) COUNT 함수 예제1

SQL 문	설명

SELECT EMPNO, DEPTNO, SAL,
COUNT(*) OVER () COUNT1,
COUNT(*) OVER (ORDER BY SAL) COUNT2
FROM EMP;
	• SELECT 절에서 EMPNO, DEPTNO, SAL, COUNT1, COUNT2 조회
	• COUNT1
	  – 전체 인원 조회
	• COUNT2
	  – 전체 누적 인원 조회
	• FROM 절에서 EMP 테이블 조회

실행결과				
EMPNO	DEPTNO	SAL	COUNT1	COUNT2
7934	10	1300	3	1
7782	10	2450	3	2
7839	10	5000	3	3
7369	20	800	5	1
7876	20	1100	5	2
7566	20	2975	5	3
7788	20	3000	5	5
7902	20	3000	5	5
7900	30	950	6	1
7654	30	1250	6	3
7521	30	1250	6	3
7844	30	1500	6	4
7499	30	1600	6	5
7698	30	2850	6	6

7) COUNT 함수 예제2

SQL 문	설명

SELECT EMPNO, DEPTNO, SAL,
COUNT(*) OVER (PARTITION BY DEPTNO) COUNT3,
COUNT(*) OVER (PARTITION BY
       DEPTNO ORDER BY SAL) COUNT4
FROM EMP;
	• SELECT 절에서 EMPNO, DEPTNO, SAL, COUNT3, COUNT4 조회
	• PARTITION BY DEPTNO
	  – 부서별 조회
	• SUM3
	  – 부서별 전체 인원 조회
	• SUM4
	  – 부서별 누적 인원 조회
	• FROM 절에서 EMP 테이블 조회

실행결과				
EMPNO	DEPTNO	SAL	COUNT3	COUNT4
7934	10	1300	3	1
7782	10	2450	3	2
7839	10	5000	3	3
7369	20	800	5	1

7876	20	1100	5	2
7566	20	2975	5	3
7788	20	3000	5	5
7902	20	3000	5	5
7900	30	950	6	1
7654	30	1250	6	3
7521	30	1250	6	3
7844	30	1500	6	4
7499	30	1600	6	5
7698	30	2850	6	6

8) MAX, MIN 함수 예제1

SQL 문	설명
SELECT EMPNO, DEPTNO, SAL, MAX(SAL) OVER () MAX1, MIN(SAL) OVER () MIN1, MAX(SAL) OVER (ORDER BY SAL) MAX2, MIN(SAL) OVER (ORDER BY SAL) MIN2 FROM EMP;	• SELECT 절에서 EMPNO, DEPTNO, SAL, MAX1, MIN1, MAX2, MIN2 조회 • MAX1 – 전체 최대 급여 조회 • MIN1 – 전체 최소 급여 조회 • MAX2 – 전체 누적 최대 급여 조회 • MIN2 – 전체 누적 최소 급여 조회 • FROM 절에서 EMP 테이블 조회

실행결과						
EMPNO	DEPTNO	SAL	MAX1	MIN1	MAX2	MIN2
7369	20	800	5000	800	800	800
7900	30	950	5000	800	950	800
7876	20	1100	5000	800	1100	800
7521	30	1250	5000	800	1250	800
7654	30	1250	5000	800	1250	800
7934	10	1300	5000	800	1300	800
7844	30	1500	5000	800	1500	800
7499	30	1600	5000	800	1600	800
7782	10	2450	5000	800	2450	800
7698	30	2850	5000	800	2850	800
7566	20	2975	5000	800	2975	800
7788	20	3000	5000	800	3000	800
7902	20	3000	5000	800	3000	800
7839	10	5000	5000	800	5000	800

9) MAX, MIN 함수 예제2

SQL 문	설명
SELECT EMPNO, DEPTNO, SAL, MAX(SAL) OVER (PARTITION BY DEPTNO) MAX3, MIN(SAL) OVER (PARTITION BY DEPTNO) MIN3, MAX(SAL) OVER (PARTITION BY DEPTNO ORDER BY SAL) MAX4, MIN(SAL) OVER (PARTITION BY DEPTNO ORDER BY SAL) MIN4 FROM EMP;	• SELECT 절에서 EMPNO, DEPTNO, SAL, MAX3, MIN3, MAX4, MIN4 조회 • PARTITION BY DEPTNO – 부서별 조회 • MAX3 – 부서별 최대 급여 조회 • MIN3 – 부서별 최소 급여 조회 • MAX4 – 부서별 누적 최대 급여 조회 • MIN4 – 부서별 누적 최소 급여 조회 • FROM 절에서 EMP 테이블 조회

실행결과

EMPNO	DEPTNO	SAL	MAX3	MIN3	MAX4	MIN4
7934	10	1300	5000	1300	1300	1300
7782	10	2450	5000	1300	2450	1300
7839	10	5000	5000	1300	5000	1300
7369	20	800	3000	800	800	800
7876	20	1100	3000	800	1100	800
7566	20	2975	3000	800	2975	800
7788	20	3000	3000	800	3000	800
7902	20	3000	3000	800	3000	800
7900	30	950	2850	950	950	950
7654	30	1250	2850	950	1250	950
7521	30	1250	2850	950	1250	950
7844	30	1500	2850	950	1500	950
7499	30	1600	2850	950	1600	950
7698	30	2850	2850	950	2850	950

4. 행 순서 관련 함수

① 행 순서 관련 함수는 상위 행의 값을 하위에 출력하거나, 하위 행의 값을 상위 행에 출력하는 함수이다.
② 행 순서 관련 함수를 이용하여 특정 위치의 행을 출력할 수 있다
③ 행 순서 관련 함수 종류에는 FIRST_VALUE, LAST_VALUE, LAG, LEAD가 있다.

1) 행 순서 관련 함수 종류

종류	설명
FIRST_VALUE	• 파티션 별 윈도우에서 가장 먼저 나오는 값 반환 • MIN 함수와 같은 결과
LAST_VALUE	• 파티션 별 윈도우에서 가장 마지막에 나오는 값 반환 • MAX 함수와 같은 결과
LAG	• 이전행의 특정 위치의 행을 반환 • DEFAULT = 1
LEAD	• 이후행의 특정 위치의 행을 반환 • DEFAULT = 1

2) FIRST_VALUE 함수 예제

부서별 직원들의 연봉이 높은 순서로 정렬 후, 부서별 최초로 나오는 사원의 이름 출력

SQL 문	설명
SELECT ENAME, DEPTNO, SAL, RANK() OVER (PARTITION BY DEPTNO ORDER BY SAL DESC) RANK, FIRST_VALUE(ENAME) OVER (PARTITION BY DEPTNO ORDER BY SAL DESC) FIRST FROM EMP;	• SELECT 절에서 EMPNO, DEPTNO, SAL, RANK, FIRST_VALUE 조회 • FIRST_VALUE – 부서별 연봉 내림차순으로 정렬되어 가장 앞에 있는(연봉이 가장 높은) 사원의 이름 조회 • FIRST_VALUE(인수) – 사원의 이름을 조회하기 때문에 인수 자리에 ENAME • FROM 절에서 EMP 테이블 조회

실행결과				
EMPNO	DEPTNO	SAL	RANK	FRIST
KING	10	5000	1	KING
CLARK	10	2450	2	KING
MILLER	10	1300	3	KING
FORD	20	3000	1	FORD
SCOTT	20	3000	1	FORD
JONES	20	2975	3	FORD
ADAMS	20	1100	4	FORD
SMITH	20	800	5	FORD
BLAKE	30	2850	1	BLAKE
ALLEN	30	1600	2	BLAKE
TURNER	30	1500	3	BLAKE
MARTIN	30	1250	4	BLAKE
WARD	30	1250	4	BLAKE
JAMES	0	950	6	BLAKE

3) LAST_VALUE 함수 예제

부서별 직원들의 연봉이 높은 순서로 정렬 후, 부서별 가장 마지막에 나오는 사원의 이름 출력

SQL 문	설명

SELECT ENAME, DEPTNO, SAL,
RANK() OVER (PARTITION BY DEPTNO
ORDER BY SAL DESC) RANK,
LAST_VALUE(ENAME) OVER (PARTITION
BY DEPTNO ORDER BY SAL DESC) LAST
FROM EMP;
	• SELECT 절에서 EMPNO, DEPTNO, SAL, RANK, LAST_VALUE 조회
	• LAST_VALUE
	  – 부서별 연봉 내림차순으로 정렬되어 가장 앞에 있는(연봉이 가장 낮은) 사원의 이름 조회
	• LAST_VALUE(인수)
	  – 사원의 이름을 조회하기 때문에 인수 자리에 ENAME
	• FROM 절에서 EMP 테이블 조회

실행결과				
EMPNO	DEPTNO	SAL	RANK	LAST
KING	10	5000	1	KING
CLARK	10	2450	2	CLARK
MILLER	10	1300	3	MILLER
FORD	20	3000	1	SCOTT
SCOTT	20	3000	1	SCOTT
JONES	20	2975	3	JONES
ADAMS	20	1100	4	ADAMS
SMITH	20	800	5	SMITH
BLAKE	30	2850	1	BLAKE
ALLEN	30	1600	2	ALLEN
TURNER	30	1500	3	TURNER
MARTIN	30	1250	4	WARD
WARD	30	1250	4	WARD
JAMES	30	950	6	JAMES

4) LAG, LEAD 함수 예제

부서별 직원들의 SAL이 낮은 순서로 정렬 후, 2행 앞의 SAL과 2행 이후의 SAL을 가져온다.

SQL 문	설명

SELECT EMPNO, ENAME, DEPTNO, SAL,
LAG(SAL, 2) OVER (PARTITION BY
DEPTNO ORDER BY SAL) LAG,
LEAD(SAL, 2) OVER (PARTITION BY
DEPTNO ORDER BY SAL) LEAD
FROM EMP;
	• SELECT 절에서 EMPNO, ENAME, DEPTNO, SAL, LAG, LEAD 조회
	• LAG(SAL, 2)
	  – 2행 앞의 SAL 조회
	  – 숫자를 생략하면 DEFAULT = 1
	  – 음수는 입력 불가
	• LEAD(SAL, 2)
	  – 2행 뒤의 SAL 조회
	  – 숫자를 생략하면 DEFAULT = 1
	  – 음수는 입력 불가
	• FROM 절에서 EMP 테이블 조회

실행결과					
EMPNO	ENAME	DEPTNO	SAL	LAG	LEAD
7934	MILLER	10	1300	NULL	5000
7782	CLARK	10	2450	NULL	NULL
7839	KING	10	5000	1300	NULL
7369	SMITH	20	800	NULL	2975
7876	ADAMS	20	1100	NULL	3000
7566	JONES	20	2975	800	3000
7788	SCOTT	20	3000	1100	NULL
7902	FORD	20	3000	2975	NULL
7900	JAMES	30	950	NULL	1250
7654	MARTIN	30	1250	NULL	1500
7521	WARD	30	1250	950	1600
7844	TURNER	30	1500	1250	2850
7499	ALLEN	30	1600	1250	NULL
7698	BLAKE	30	2850	1500	NULL

5. 비율 관련 함수

① 비율 순서 관련 함수는 백분율과 같은 비율과 관련된 결과를 반환한다.

② 비율 관련 함수 종류에는 CUME_DIST, RATIO_TO_REPORT, PERCENT_RANK, NTILE가 있다.

1) 비율 관련 함수 종류

종류	설명
CUME_DIST	• 파티션 전체 건수에서 현재 행보다 작거나 같은 건수에 대한 누적 백분율을 조회 • 누적 분포상에 위치는 0~1 사이
RATIO_TO_REPORT	• 파티션 내에 전체 SUM(컬럼)에 대한 행별 컬럼값의 백분율을 조회
PERCENT_RANK	• 파티션 내 순서별 백분율을 계산하여 0~1 사이 값으로 조회
NTILE	• 인수 값으로 등분한 결과 • 균등 배분 후 남은 행은 앞에서부터 순차적으로 할당

2) CUME_DIST 함수 예제

부서별 사원들의 집합에서 본인의 급여가 누적 순서상 몇 번째 위치쯤에 있는지 0과 1사이의 값으로 출력

SQL 문	설명

SELECT EMPNO, ENAME, SAL, DEPTNO,
ROUND(CUME_DIST() OVER (PARTITION
BY DEPTNO ORDER BY SAL), 2) CUME_DIST
FROM EMP;
	• SELECT 절에서 EMPNO, ENAME, SAL, DEPTNO, CUME_DIST()
	  조회
	• ROUND
	  – 소수 2째 자리까지 표시
	• CUME_DIST()
	  – 누적 순서상 백분율
	• FROM 절에서 EMP 테이블 조회

실행결과				
EMPNO	ENAME	SAL	DEPTNO	CUME_DIST
7934	MILLER	1300	10	0.33
7782	CLARK	2450	10	0.67
7839	KING	5000	10	1
7369	SMITH	800	20	0.2
7876	ADAMS	1100	20	0.4
7566	JONES	2975	20	0.6
7788	SCOTT	3000	20	1
7902	FORD	3000	20	1
7900	JAMES	950	30	0.17
7654	MARTIN	1250	30	0.5
7521	WARD	1250	30	0.5
7844	TURNER	1500	30	0.67
7499	ALLEN	1600	30	0.83
7698	BLAKE	2850	30	1

3) RATIO_TO_REPOR 함수 예제

JOB별로 전체 SAL에서 본인 SAL이 차지하는 비율을 %로 나타내시오.

SQL 문	설명

SELECT EMPNO, ENAME, JOB, SAL,
ROUND(RATIO_TO_REPORT(SAL) OVER
(PARTITION BY JOB) * 100) || '%' RATIO
FROM EMP;
	• SELECT 절에서 EMPNO, ENAME, JOB, SAL, RATIO_TO_REPORT
	  (SAL) 조회
	• ROUND(RATIO_TO_REPORT(SAL)
	  OVER (PARTITION BY JOB) * 100) || '%'
	  – ROUND : 1의 자리까지 반올림
	  – * 100) || '%' : %로 표현하기 위해 100을 곱하고 뒤에 % 붙임
	• FROM 절에서 EMP 테이블 조회

실행결과				
EMPNO	ENAME	JOB	SAL	RATIO
7788	SCOTT	ANALYST	3000	50%
7902	FORD	ANALYST	3000	50%
7934	MILLER	CLERK	1300	31%
7900	JAMES	CLERK	950	23%
7369	SMITH	CLERK	800	19%

7876	ADAMS	CLERK	1100	27%
7698	BLAKE	MANAGER	2850	34%
7566	JONES	MANAGER	2975	36%
7782	CLARK	MANAGER	2450	30%
7839	KING	PRESIDENT	5000	100%
7844	TURNER	SALESMAN	1500	27%
7654	MARTIN	SALESMAN	1250	22%
7521	WARD	SALESMAN	1250	22%
7499	ALLEN	SALESMAN	1600	29%

4) PERCENT_RANK 함수 예제

부서별 직원들의 본인의 SAL이 순서상으로 상위 몇 %의 위치인지 소수점비율로 출력

SQL 문	설명

SELECT EMPNO, SAL, DEPTNO,
RANK() OVER (PARTITION BY DEPTNO
ORDER BY SAL) RANK,
PERCENT_RANK() OVER (PARTITION BY
DEPTNO ORDER BY SAL) PERCENT_RANK
FROM EMP;
	• SELECT 절에서 EMPNO, SAL, DEPTNO, PERCENT_RANK()
	  조회
	• PERCENT_RANK() OVER (PARTITION BY DEPTNO ORDER
	  BY SAL)
	– 부서별 SAL의 오름차순으로 정렬
	• FROM 절에서 EMP 테이블 조회

실행결과				
EMPNO	SAL	DEPTNO	RANK	PERCENT_RANK
7934	1300	10	1	0
7782	2450	10	2	0.5
7839	5000	10	3	1
7369	800	20	1	0
7876	1100	20	2	0.25
7566	2975	20	3	0.5
7788	3000	20	4	0.75
7902	3000	20	4	0.75
7900	950	30	1	0
7654	1250	30	2	0.2
7521	1250	30	2	0.2
7844	1500	30	4	0.6
7499	1600	30	5	0.8
7698	2850	30	6	1

5) NTILE 함수 예제

전체 사원을 SAL 내림차순으로 정렬하고 SAL을 기준으로 4개의 그룹으로 분류

SQL 문	설명
SELECT EMPNO, ENAME, SAL, NTILE(4) OVER (ORDER BY SAL DESC) NTILE FROM EMP;	• SELECT 절에서 EMPNO, ENAME, SAL, NTILE 조회 • NTILE(4) - 14개 열을 4개로 나눔 - 동등하게 3개씩 분해하고 남은 2개는 위에서부터 순차적으로 분배 • FROM 절에서 EMP 테이블 조회

실행결과			
EMPNO	ENAME	SAL	NTILE
7839	KING	5000	1
7902	FORD	3000	1
7788	SCOTT	3000	1
7566	JONES	2975	1
7698	BLAKE	2850	2
7782	CLARK	2450	2
7499	ALLEN	1600	2
7844	TURNER	1500	2
7934	MILLER	1300	3
7521	WARD	1250	3
7654	MARTIN	1250	3
7876	ADAMS	1100	4
7900	JAMES	950	4
7369	SMITH	800	4

6. WINDOWING 절 예제

1) ROWS 예제1

① EMP 테이블에서 ENAME, JOB, SAL, SAL 누계

② 파티션은 JOB에 따라 설정, 직전 1행과 현재행의 합을 출력

SQL 문	설명
SELECT ENAME, JOB, SAL, SUM(SAL) OVER (PARTITION BY JOB ORDER BY SAL ROWS BETWEEN 1 PRECEDING AND CURRENT ROW) SUM1, SUM(SAL) OVER (PARTITION BY JOB ORDER BY SAL ROWS 1 PRECEDING) SUM2 FROM EMP;	• SELECT 절에서 ENAME, JOB, SAL, SUM(SAL) 조회 • BETWEEN A AND B 사용 • BETWEEN A AND B에서 B가 CURRENT ROW일 때는 BETWEEN 생략하고 A만으로도 같은 결과 • FROM 절에서 EMP 테이블 조회

		실행결과		
EMPNO	JOB	SAL	SUM1	SUM2
FORD	ANALYST	3000	3000	3000
SCOTT	ANALYST	3000	6000	6000
SMITH	CLERK	800	800	800
JAMES	CLERK	950	1750	1750
ADAMS	CLERK	1100	2050	2050
MILLER	CLERK	1300	2400	2400
CLARK	MANAGER	2450	2450	2450
BLAKE	MANAGER	2850	5300	5300
JONES	MANAGER	2975	5825	5825
KING	PRESIDENT	5000	5000	5000
MARTIN	SALESMAN	1250	1250	1250
WARD	SALESMAN	1250	2500	2500
TURNER	SALESMAN	1500	2750	2750
ALLEN	SALESMAN	1600	3100	3100

2) ROWS 예제2

① EMP 테이블에서 ENAME, JOB, SAL, SAL 누계
② 파티션은 JOB에 따라 설정, 현재행과 직후 1행과의 합을 출력

SQL 문	설명
SELECT ENAME, JOB, SAL, SUM(SAL) OVER (PARTITION BY JOB ORDER BY ENAME ROWS BETWEEN CURRENT ROW AND 1 FOLLOWING) SUM FROM EMP;	• SELECT 절에서 ENAME, JOB, SAL, SUM(SAL) 조회 • BETWEEN A AND B 사용 • BETWEEN A AND B에서 A가 CURRENT ROW일 때는 BETWEEN 생략하고 B만으로도 실행하면 에러 발생 • FROM 절에서 EMP 테이블 조회

		실행결과		
EMPNO	JOB	SAL	SUM	
FORD	ANALYST	3000	6000	
SCOTT	ANALYST	3000	3000	
ADAMS	CLERK	1100	2050	
JAMES	CLERK	950	2250	
MILLER	CLERK	1300	2100	
SMITH	CLERK	800	800	
BLAKE	MANAGER	2850	5300	
CLARK	MANAGER	2450	5425	
JONES	MANAGER	2975	2975	
KING	PRESIDENT	5000	5000	
ALLEN	SALESMAN	1600	2850	
MARTIN	SALESMAN	1250	2750	
TURNER	SALESMAN	1500	2750	
WARD	SALESMAN	1250	1250	

3) RANGE 예제

사원들을 급여 오름차순으로 정렬하고 본인 급여보다 −50~150 만큼 차이나는 사원의 수

SQL 문	설명
SELECT EMPNO, ENAME, SAL, COUNT(*) OVER (ORDER BY SAL RANGE BETWEEN 50 PRECEDING AND 150 FOLLOWING) − 1 COUNT FROM EMP;	• SELECT 절에서 EMPNO, ENAME, SAL, COUNT(*) 조회 • BETWEEN 50 PRECEDING AND 150 FOLLOWING : −50 ~ 150 • COUNT에서 -1을 해서 자기 자신을 제외 시킴 • FROM 절에서 EMP 테이블 조회

실행결과			
EMPNO	ENAME	SAL	COUNT
7369	SMITH	800	1
7900	JAMES	950	1
7876	ADAMS	1100	2
7521	WARD	1250	2
7654	MARTIN	1250	2
7934	MILLER	1300	2
7844	TURNER	1500	1
7499	ALLEN	1600	0
7782	CLARK	2450	0
7698	BLAKE	2850	3
7566	JONES	2975	2
7788	SCOTT	3000	2
7902	FORD	3000	2
7839	KING	5000	0

1. 개요

PIVOT은 회전시킨다는 의미를 갖고 있다. PIVOT절은 행을 열로 회전시키고, UNPIVOT절은 열을 행으로 회전시킨다.

2. PIVOT절

PIVOT절은 행을 열로 전환한다.

```
PIVOT [XML]
            (aggregate_function (expr) [[AS] alias]
        [, (aggregate_function (expr) [[AS] alias]] ...
        FOR {column | (column [ , column] ... )}
        IN ({{{expr | (expr [ , expr]...)} [[AS] alias}...
                    | subquery
                    | ANY [, ANY]...
                    })
        )
```

aggregate_function은 집계할 열을 지정한다.
FOR절은 PIVOT할 열을 지정한다.
IN절은 PIVOT할 열 값을 지정한다.

다음은 PIVOT절을 사용한 쿼리다. PIVOT절은 집계함수와 FOR절에 지정되지 않은 열을 기준으로 집계되기 때문에 인라인 뷰를 통해 사용할 열을 지정해야 한다.

예제	실행결과			
	JOB	10	20	30
SELECT *				
FROM (SELECT JOB, DEPTNO, SAL FROM EMP)	ANALYST		6000	
PIVOT (SUM(SAL) FOR DEPTNO IN(10,20,30))	CLERK	1300	1900	950
ORDER BY 1;	MANAGER	2450	2975	2850
	SALESMAN			5600

다음 쿼리는 인라인 뷰에 yyyy 표현식을 추가한 것이다. 행 그룹에 yyyy 표현식이 추가된 것을 확인할 수 있다.

예제	실행결과				
SELECT * FROM(SELECT TO_CHAR(HIREDATE, 'YYYY') AS YYYY, JOB, DEPTNO, SAL FROM EMP) PIVOT(SUM(SAL) FOR DEPTNO IN(10,20,30)) ORDER BY 1,2;	YYYY	JOB	10	20	30
	1980	CLERK		800	
	1981	ANALYST		3000	
	1981	CLERK			950
	1981	MANAGER	2450	2975	2850
	....				

예제	실행결과		
SELECT * FROM(SELECT JOB, DEPTNO, SAL FROM EMP) PIVOT(SUM(SAL) AS SAL FOR DEPTNO IN(10 AS D10, 20 AS D20, 30 AS D30) ORDER BY 1;	JOB	D10_SAL	D20_SAL	D30_SAL
	ANALYST		6000	
	CLERK	1300	1900	950
	MANAGER	2450	2975	2850
	PRESIDENT	5000		
	SALESMAN			5600

(Note: table above has 4 data columns)

예제	실행결과	
SELECT JOB, D20_SAL FROM(SELECT JOB, DEPTNO, SAL FROM EMP) PIVOT(SUM(SAL) AS SAL FOR DEPTNO IN(10 AS D10, 20 AS D20, 30 AS D30) WHERE D20_SAL>2500 ORDER BY 1;	JOB	D20_SAL
	ANALYST	6000
	MANAGER	2975

PIVOT절은 다수의 집계함수를 사용할 수 있다.

예제	실행결과				
SELECT * FROM(SELECT JOB, DEPTNO, SAL FROM EMP) PIVOT(SUM(SAL) AS SAL, COUNT(*) AS CNT FOR DEPTNO IN(10 AS D10, 20 AS D20) ORDER BY 1;	JOB	D10_SAL	D10_CNT	D20_SAL	D20_CNT
	ANALYST		0	6000	2
	CLERK	1300	1	1900	2
	MANAGER	2450	1	2975	1
	PRESIDENT	5000	1		0
	SALESMAN		0		0

FOR절에도 다수의 열을 기술할 수 있다. 다음과 같이 IN절에 다중열을 사용해야한다.

예제	실행결과							

SELECT *
 FROM(SELECT TO_CHAR(HIREDATE, 'YYYY') AS YYYY,
    JOB, DEPTNO, SAL FROM EMP)
 PIVOT(SUM(SAL) AS SAL, COUNT(*) AS CNT
      FOR(DEPTNO, JOB) IN ((10, 'ANALYST') AS D10A,
                    (10, 'CLERK') AS D10C,
                    (20, 'ANALYST') AS D20A,
                    (20, 'CLERK') AS D20C))
 ORDER BY 1;
	YYYY D10_SAL D10_CNT D20_SAL D20_CNT D10_SAL D10_CNT D10_SAL D10_CNT							

YYYY	D10_SAL	D10_CNT	D20_SAL	D20_CNT	D10_SAL	D10_CNT	D10_SAL	D10_CNT
1980	0		0		0		800	1
1981	0		0		3000	1		0
1982	0		1300	1	0			0
1987	0		0		3000	1	1100	1

PIVOT절을 사용할 수 없는 경우 집계함수와 CASE 표현식으로 PIVOT을 수행할 수 있다.

예제	실행결과			
SELECT JOB ,SUM(CASE DEPTNO WHEN 10 THEN SAL END) AS D10_SAL ,SUM(CASE DEPTNO WHEN 20 THEN SAL END) AS D20_SAL ,SUM(CASE DEPTNO WHEN 30 THEN SAL END) AS D30_SAL FROM EMP GROUP BY JOB ORDER BY JOB;	JOB	D10_SAL	D20_SAL	D30_SAL

JOB	D10_SAL	D20_SAL	D30_SAL
ANALYST		6000	
CLERK	1300	1900	950
MANAGER	2450	2975	2850
PRESIDENT	5000		
SALESMAN			5600

3. UNPIVOT 절

UNPIVOT절은 PIVOT절과 반대로 동작한다. 열이 행으로 전환된다.
UNPIVOT절의 구문은 아래와 같다.

```
UNPIVOT [{INCLUDE | EXCLUDE} NULLS]
        (      {column | (column [, col]...)}
        FOR {column | (column [, col]...)}
        IN ({column | (column [, col]...)} [AS {literal | (literal [, literal]...)}]
        [, {column | (column [, col]...)} [AS {literal | (literal [, literal]...)}]]...
    )
        )
```

① UNPIVOT column절은 UNPIVOT 된 값이 들어갈 열을 지정한다.
② FOR 절은 UNPIVOT된 값을 설명할 값이 들어갈 열을 지정한다.
③ IN 절은 UNPIVOT할 열과 설명할 값의 리터럴 값을 지정한다.

예제를 위해 다음과 같이 테이블을 생성하자.

```
CREATE TABLE T1 AS
SELECT JOB, D10_SAL, D20_SAL, D10_CNT, D20_CNT
FROM (SELECT JOB, DEPTNO, SAL FROM EMP WHERE JOB IN ('ANALYST', 'CLERK')
PIVOT(SUM(SAL) AS SAL, COUNT(*) AS CNT FOR DEPTNO IN (10 AS D10, 20 AS D20)
```

아래는 T1 테이블 조회한 결과다.

```
SELECT * FROM T1 ORDER BY JOB;
```

JOB	D10_SAL	D20_SAL	D10_CNT	D20_CNT
ANALYST		6000	0	2
CLERK	1300	1900	1	2

아래는 UNPIVOT절을 사용한 쿼리다.

예제	실행결과		
SELECT JOB, DEPTNO, SAL FROM T1 UNPIVOT(SAL FOR DEPTNO IN(D10_SAL, D20_SAL) ORDER BY 1, 2;	**JOB**	**DEPTNO**	**SAL**
	ANALYST	D20_SAL	6000
	CLERK	D10_SAL	1300
	CLERK	D20_SAL	1900

IN절에 별칭을 지정하면 FOR절에 지정한 열의 값을 변경할 수 있다.

예제	실행결과		
SELECT JOB, DEPTNO, SAL FROM T1 UNPIVOT(SAL FOR DEPTNO IN(D10_SAL AS 10, D20_SAL AS 20) ORDER BY 1, 2;	**JOB**	**DEPTNO**	**SAL**
	ANALYST	20	6000
	CLERK	10	1300
	CLERK	20	1900

다음과 같이 INCLUDE NULLS 키워드를 기술하면 UNPIVOT된 열의 값이 널인 행도 결과에 포함된다.

예제	실행결과		
SELECT JOB, DEPTNO, SAL FROM T1 UNPIVOT INCLUDE NULLS (SAL FOR DEPTNO IN(D10_SAL AS 10, D20_SAL AS 20) ORDER BY 1, 2;	**JOB**	**DEPTNO**	**SAL**
	ANALYST	10	
	ANALYST	20	6000
	CLERK	10	1300
	CLERK	20	1900

FOR절에 다수의 열, IN절에 다수의 별칭을 지정할 수도 있다.

예제	실행결과			
	JOB	DEPTNO	SAL	CNT
SELECT *				
FROM T1	ANALYST	10		0
UNPIVOT((SAL, CNT) FOR DEPTNO IN((D10_SAL, D10_CNT) AS 10,	ANALYST	20	6000	2
(D20_SAL, D20_CNT) AS 20))	CLERK	10	1300	1
ORDER BY 1, 2;	CLERK	20	1900	2

FOR절에 다수의 열, IN절에 다수의 별칭을 지정할 수도 있다.

예제	실행결과				
	JOB	DEPTNO	DNAME	SAL	CNT
SELECT *					
FROM T1	ANALYST	10	ACCOUNTING		0
UNPIVOT((SAL, CNT)	ANALYST	20	RESEARCH	6000	2
FOR (DEPTNO, DNAME) IN ((D10_SAL, D10_CNT) AS (10, 'ACCOUNTING'),	CLERK	10	ACCOUNTING	1300	1
(D20_SAL, D20_CNT) AS (20, 'RESEARCH')))	CLERK	20	RESEARCH	1900	2
ORDER BY 1, 2;					

UNPIVOT절을 사용할 수 없는 경우 카테시안 곱을 사용해 UNPIVOT을 수행할 수 있다.
UNPIVOT할 열의 개수만큼 행을 복제하고, CASE 표현식으로 UNPIVOT할 열을 선택하는 방식이다.

예제	실행결과			
SELECT A.JOB,				
CASE B.LV WHEN 1 THEN 10 WHEN 2 THEN 20 END AS DEPTNO,	JOB	DEPTNO	SAL	CNT
CASE B.LV WHEN 1 THEN A.D10_SAL WHEN 2 THEN A.D20_SAL END AS SAL,	ANALYST	10		0
CASE B.LV WHEN 1 THEN A.D10_CNT WHEN 2 THEN A.D20_CNT END AS CNT	ANALYST	20	6000	2
FROM T1 A, (SELECT LEVEL AS LV FROM DUAL CONNECT BY LEVEL(<=2) B	CLERK	10	1300	1
ORDER BY 1, 2;	CLERK	20	1900	2

다음 실행 결과에서 강조한 부분이 CASE표현식으로 선택한 값이다.

예제	실행결과					
	JOB	LV	D10_SAL	D20_SAL	D10_CNT	D20_CNT
SELECT A.JOB, B.LV, A.D10_SAL, A.D20_SAL, A.D10_CNT, A.D20_CNT	ANALYST	1		6000	0	2
FROM T1 A, (SELECT LEVEL AS LV FROM DUAL CONNECT BY LEVEL(<=2) B	ANALYST	2		6000	0	2
ORDER BY A.JOB, B.LV;	CLERK	1	1300	1900	1	2
	CLERK	2	1300	1900	1	2

| SECTION |

09 정규 표현식

1. 개요

정규표현식(Regural Expression)은 문자열의 규칙을 표현하는 검색 패턴으로 주로 문자열 검색과 치환에 사용된다.

2. 기본문법

가. POSIX 연산자

정규표현식 POSIX 연산자(POSIX operator)

1) 정규표현식의 기본 연산자

연산자	영문	설명
.	dot	모든 문자와 일치(newline 제외)
|	or	대체 문자를 구분
₩	backslash	다음 문자를 일반 문자로 취급

◉ dot 연산자를 사용한 예제

예제	실행결과

SELECT REGEXP_SUBSTR('aab', 'a.b') AS C1
    ,REGEXP_SUBSTR('abb', 'a.b') AS C2
    ,REGEXP_SUBSTR('acb', 'a.b') AS C3
    ,REGEXP_SUBSTR('adc', 'a.b') AS C4
FROM DUAL;
	C1 C2 C3 C4
	
	aab abb acb

① REGEXP_SUBSTR 함수는 문자열에서 일치하는 패턴을 반환

② C1, C2, C3, C4 열의 dot 연산자는 각각 a,b,c,d 문자와 일치

③ C4열은 세 번째 문자인 c가 패턴의 세 번째 문자인 b와 일치하지 않기 때문에 널을 반환

⊙ or 연산자를 사용한 예제

예제	실행결과
SELECT REGEXP_SUBSTR('a' , 'a|b') AS C1 —— a 또는 b ,REGEXP_SUBSTR('b' , 'a|b') AS C2 ,REGEXP_SUBSTR('c' , 'a|b') AS C3 ,REGEXP_SUBSTR('ab', 'ab|cd') AS C4 —— ab 또는 cd ,REGEXP_SUBSTR('cd', 'ab|cd') AS C5 ,REGEXP_SUBSTR('bc', 'ab|cd') AS C6 ,REGEXP_SUBSTR('a' , 'a|aa') AS C7 —— a 또는 aa ,REGEXP_SUBSTR('aa', 'aa|a') AS C8 FROM DUAL;	C1 C2 C3 C4 C5 C6 C7 C8 ――――――――――――――――――― a b ab cd a aa

① C3열의 c는 a 또는 b와 일치하지 않기 때문에 널은 반환
② C6열의 bc는 ab 또는 cd와 일치하지 않기 때문에 널은 반환
③ C7열은 a, C8열은 aa가 일치

⊙ backslash 연산자를 사용한 예제

예제	실행결과
SELECT REGEXP_SUBSTR('a|b' , 'a|b') AS C1 ,REGEXP_SUBSTR('a|b' , 'a\\|b') AS C2 FROM DUAL;	C1 C2 ――――――― a a|b

① C1열은 '\|' 문자가 or 연산자로 동작해 a문자가 일치
② C2열은 '\|' 문자가 일반 문자로 처리돼 a\|b 문자열이 일치

2) 앵커(anchor)

검색 패턴의 시작과 끝을 지정

연산자	영문	설명
^	carrot	문자열의 시작
$	dollar	문자열의 끝

⊙ backslash 연산자를 사용한 예제

예제	실행결과
SELECT REGEXP_SUBSTR('ab' || CHR(10) || 'cd', '^.', 1, 1) AS C1 ,REGEXP_SUBSTR('ab' || CHR(10) || 'cd', '^.', 1, 2) AS C2 ,REGEXP_SUBSTR('ab' || CHR(10) || 'cd', '.$', 1, 1) AS C3 ,REGEXP_SUBSTR('ab' \|\| CHR(10) \|\| 'cd', '.$', 1, 2) AS C4 FROM DUAL;	C1 C2 C3 C4 ――――――――――――――― a d

① C1열은 전체 문자열의 시작 문자인 a를 반환

② C2열은 전체 문자열의 두 번째 시작 문자가 존재하지 않으므로 널을 반환

③ C3열은 전체 문자열의 끝 문자인 d를 반환

④ C4열은 전체 문자열의 두 번째 끝 문자가 존재하지 않으므로 널을 반환

3) 수량사(quantifier)

① 선행 표현식의 일치 횟수 지정

② 패턴을 최대로 일치시키는 탐욕적(greedy) 방식으로 동작

연산자	설명
?	0회 또는 1회 일치
*	0회 또는 그 이상의 횟수로 일치
+	1회 또는 그 이상의 횟수로 일치
{m}	m회 일치
{m,}	최소 m회 일치
{,m}	최대 m회 일치
{m,n}	최소 m회, 최대 n회 일치

⊙ ?, *, + 연산자를 사용한 예제

예제	실행결과

SELECT REGEXP_SUBSTR('ac' , 'ab?c') AS C1 —— ac, abc
    ,REGEXP_SUBSTR('abc', 'ab?c') AS C2
    ,REGEXP_SUBSTR('abbc', 'ab?c') AS C3
    ,REGEXP_SUBSTR('ac' , 'ab*c') AS C4 —— ac, abc, abbc, ...
    ,REGEXP_SUBSTR('abc', 'ab*c') AS C5
    ,REGEXP_SUBSTR('abbc', 'ab*c') AS C6
    ,REGEXP_SUBSTR('ac' , 'ab+c') AS C7 —— abc, abbc, abbbc, ...
    ,REGEXP_SUBSTR('abc', 'ab+c') AS C8
    ,REGEXP_SUBSTR('abbc', 'ab+c') AS C9
FROM DUAL;
	C1 C2 C3 C4 C5 C6 C7 C8 C9
	————————————————————
	ac abc ac abc abbc abc abbc

① C3열은 b가 0회 또는 1회 일치해야하기 때문에 널을 반환

② C7열은 b가 1회 또는 그 이상의 횟수로 일치해야하기 때문에 널을 반환

⊙ {m}, {m,}, {,m} 연산자를 사용한 예제

예제	실행결과

SELECT REGEXP_SUBSTR('ab' , 'a{2}') AS C1   —— aa
      ,REGEXP_SUBSTR('aab' , 'a{2}') AS C2
      ,REGEXP_SUBSTR('aab' , 'a{3,}') AS C3   —— aaa, aaaa, ...
      ,REGEXP_SUBSTR('aaab' , 'a{3,}') AS C4
      ,REGEXP_SUBSTR('aaab' , 'a{4,5}') AS C5   —— aaaa, aaaaa
      ,REGEXP_SUBSTR('aaaab', 'a{4,5}') AS C6
FROM DUAL;
	C1 C2 C3 C4 C5 C6
	―――――――――――――――
	aa aaa aaaa

① C1열은 a가 2회 일치해야하기 때문에 널을 반환

② C3열은 a가 4회 이상 일치해야하기 때문에 널을 반환

③ C5열은 a가 최소 4회, 최대 5회 일치해야하기 때문에 널을 반환

4) 서브 표현식

연산자	설명
(expr)	괄호 안의 표현식을 하나의 단위로 취급

⊙ 서브 표현식을 사용한 예제

예제	실행결과

SELECT REGEXP_SUBSTR('ababc', '(ab)+c') AS C1   —— abc, ababc, ...
      ,REGEXP_SUBSTR('ababc', 'ab+c') AS C2   —— abc, abbc, ...
      ,REGEXP_SUBSTR('abd' , 'a(b|c)d') AS C3   —— abd, acd
      ,REGEXP_SUBSTR('abd' , 'ab|cd') AS C4   —— ab, cd
FROM DUAL;
	C1 C2 C3 C4
	――――――――――――
	ababc abc abd ab

① C1열은 ab가 반복

② C2열은 b가 1회 이상 반복

③ C3열은 b 또는 c

④ C4열은 ab 또는 cd가 대체

5) 역참조(back reference)

① 일치한 서브 표현식을 다시 참조

② 반복된 패턴을 검색하거나 서브 표현식의 위치를 변경하는 용도

연산자	설명
₩n	n번째 서브 표현식과 일치(n은 1~9사이 정수)

◉ 역참조를 사용한 예제

예제	실행결과

SELECT REGEXP_SUBSTR('acxab' , '(ab|cd)x₩1') AS C1
   —— abxab, cdxcd
    ,REGEXP_SUBSTR('cdxcd' , '(ab|cd)x₩1') AS C2
    ,REGEXP_SUBSTR('abxef' , '(ab|cd)x₩1') AS C3
    ,REGEXP_SUBSTR('ababab', '(.*)₩1+'   ) AS C4
    ,REGEXP_SUBSTR('abcabc', '(.*)₩1+'   ) AS C5
    ,REGEXP_SUBSTR('abcabd', '(.*)₩1+'   ) AS C6
FROM DUAL;
	C1 C2 C3 C4 C5 C6
	———————————————————
	abxab cdxcd ababab abcabc

① C1, C2, C3열은 abxab, cdxcd 문자열과 일치 확인
② C4, C5, C6열은 동일한 문자열이 1회 이상 반복되는 패턴 검색

6) 문자 리스트(character list)

① 문자를 대괄호로 묶는 표현식
② 문자 리스트 중 한 문자만 일치하면 패턴이 일치
③ 하이픈(−)은 범위 연산자로 동작

연산자	설명
[char…]	문자 리스트 중 한 문자와 일치
[^char…]	문자 리스트에 포함되지 않은 한 문자와 일치

◉ 문자 리스트를 사용한 예제

예제	실행결과

SELECT REGEXP_SUBSTR('ac', '[ab]c') AS C1 —— ac, bc
    ,REGEXP_SUBSTR('bc', '[ab]c') AS C2
    ,REGEXP_SUBSTR('cc', '[ab]c') AS C3
    ,REGEXP_SUBSTR('ac', '[^ab]c') AS C4 —— ac, bc가 아닌 문자열
    ,REGEXP_SUBSTR('bc', '[^ab]c') AS C5
    ,REGEXP_SUBSTR('cc', '[^ab]c') AS C6
FROM DUAL;
	C1 C2 C3 C4 C5 C6
	————————————————
	ac bc cc

① C1, C2, C3열은 ac, bc 문자열과 일치 확인
② C4, C5, C6열은 ac, bc가 아닌 문자열과 일치

7) 문자 리스트(character list)의 범위 연산자

연산자	설명	동일
[:digit:]	숫자	[0-9]
[:lower:]	소문자	[a-z]
[:upper:]	대문자	[A-Z]
[:alpha:]	영문자	[a-zA-Z]
[:alnum:]	영문자와 숫자	[0-9a-zA-Z]
[:xdigit:]	16진수	[0-9a-fA-F]
[:punct:]	구두점 기호	[^[:alnum:][:cntrl:]]
[:blank:]	공백 문자	
[:space:]	공간 문자(space, enter, tab)	

⊙ 문자 리스트의 범위 연산자를 사용한 예제

예제	실행결과

SELECT REGEXP_SUBSTR('1a', '[0-9][a-z]'   ) AS C1
     ,REGEXP_SUBSTR('9z', '[0-9][a-z]'   ) AS C2
     ,REGEXP_SUBSTR('aA', '[^0-9][^a-z]') AS C3
     ,REGEXP_SUBSTR('Aa', '[^0-9][^a-z]') AS C4
FROM DUAL;
	C1 C2 C3 C4
	――――――――――
	1a 9z aA

C4열은 첫 번째 문자는 숫자가 아닌 문자, 두 번째 문자는 소문자가 아닌 문자와 일치해야 하므로 널을 반환

8) POSIX 문자 클래스

⊙ POSIX 문자 클래스를 사용한 예제이다.

예제	실행결과

SELECT REGEXP_SUBSTR('gF1,', '[[:digit:]]') AS C1
     ,REGEXP_SUBSTR('gF1,', '[[:alpha:]]') AS C2
     ,REGEXP_SUBSTR('gF1,', '[[:lower:]]') AS C3
     ,REGEXP_SUBSTR('gF1,', '[[:upper:]]') AS C4
     ,REGEXP_SUBSTR('gF1,', '[[:alnum:]]') AS C5
     ,REGEXP_SUBSTR('gF1,', '[[:xdigit:]]') AS C6
     ,REGEXP_SUBSTR('gF1,', '[[:punct:]]') AS C7
FROM DUAL;
	C1 C2 C3 C4 C5 C6 C7
	―――――――――――――
	1 g g F g F

나. PEAR 정규 표현식 연산자(PERL regular expression operator)

POSIX 문자 클래스와 유사하게 동작

1. 다음 중 DCL(데이터 제어어)에 해당하는 명령어는?

① INSERT   ② RENAME   ③ COMMIT   ④ REVOKE

| 정답과 풀이 | ④

DDL(Data Definition Language) : CREATE, ALTER, DROP, RENAME, TRUNCATE
DML(Data Manipulation Language) : INSERT, UPDATE, DELETE, SELECT
DCL(Data Control Language) : GRANT, REVOKE
TCL(Transaction Control Language) : COMMIT, ROLLBACK, SAVEPOINT

2. 다음 중 아래 내용의 범주에 해당하는 SQL 명령어가 아닌 것은?

> 테이블의 구조를 생성, 변경, 삭제하는 등 데이터 구조를 정의하는데 사용하는 명령어

① CREATE   ② GRANT   ③ ALTER   ④ DROP

| 정답과 풀이 | ②

DDL(Data Definition Language) : 테이블의 구조를 생성, 변경, 삭제하는 등 데이터 구조를 정의하는데 사용하는 명령어

3. 아래 내용에 해당하는 SQL 명령어는 무엇인가?

> 논리적인 작업의 단위를 묶어 DML에 의해 조작된 결과를 작업단위별로 제어하는 명령어인 COMMIT, ROLLBACK, SAVEPOINT 등이 여기에 해당하며, 일부에서는 DCL(DATA CONTROL LANGUAGE)로 분류하기도 한다.

| 정답과 풀이 | TCL

TCL(Transaction Control Language) : COMMIT, ROLLBACK, SAVEPOINT

4. 다음 중 데이터베이스 시스템의 언어의 종류와 해당되는 명령어를 바르게 연결한 것을 2개 고르시오.

① DML - SELECT   ② TCL - COMMIT   ③ DCL - DROP   ④ DML - ALTER

| 정답과 풀이 | ①, ②

DDL : CREATE, ALTER, DROP, RENAME, TRUNCATE
DML : INSERT, UPDATE, DELETE, SELECT
DCL : GRANT, REVOKE
TCL : COMMIT, ROLLBACK, SAVEPOINT

5. SQL 문장에서 조회되는 데이터의 조건을 설정하여 데이터를 제한하기 위해서 SELECT, FROM과 함께 사용하는 것은?

① GROUP BY   ② ORDER BY   ③ HAVING   ④ WHERE

| 정답과 풀이 | ④
WHERE 절 : 사용자가 원하는 자료만을 검색하여 출력하기 위한 조건절

6. 다음 중 SELECT 문장의 실행 순서를 올바르게 나열한 것은?

① SELECT – FROM – WHERE – GROUP BY – HAVING – ORDER BY
② FROM – SELECT – WHERE – GROUP BY – HAVING – ORDER BY
③ FROM – WHERE – GROUP BY – HAVING – ORDER BY – SELECT
④ FROM – WHERE – GROUP BY – HAVING – SELECT – ORDER BY

| 정답과 풀이 | ④
실행순서 : FROM – WHERE – GROUP BY – HAVING – SELECT – ORDER BY
작성순서 : SELECT – FROM – WHERE – GROUP BY – HAVING – ORDER BY

7. NULL의 설명으로 가장 부적절한 것은?

① 모르는 값을 의미한다.
② 존재하지 않는 값을 의미한다.
③ 숫자 0, 공백을 의미한다.
④ NULL과의 모든 비교(IS NULL, IS NOT NULL 제외)는 알 수 없음을 반환한다.

| 정답과 풀이 | ③
존재하지 않는 것으로 확정되지 않은 값을 표현할 때 사용
NULL 값과 산술연산은 NULL 값을 반환
NULL 값과 비교연산은 알 수 없음(FALSE)을 반환
NULL 값을 조회할 경우 IS NULL 사용
NULL 값이 아닌 것을 조회할 경우 IS NOT NULL 사용

8. 다음 중 SELECT SUM(C1+C3) FROM TEST_08; 결과로 가장 적절한 것은?

[TEST_08]

C1	C2	C3
30	NULL	20
NULL	10	40
50	NULL	NULL

① NULL   ② 80   ③ 150   ④ 50

| 정답과 풀이 | ④
NULL 값과 산술연산은 NULL 값을 반환

9. 아래 세 개의 결과를 작성하시오.

① SELECT C2/C3 FROM TEST_09 WHERE C1='KING';
② SELECT C2/C3 FROM TEST_09 WHERE C1='FORD';
③ SELECT C2/C3 FROM TEST_09 WHERE C1='SCOTT';

[TEST_09]

C1	C2	C3
KING	0	300
FORD	5000	0
SCOTT	1000	

| 정답과 풀이 | ① 0, ② ERROR, ③ NULL
NULL 값과 산술연산은 NULL 값을 반환

10. C1값이 NULL이 아닌 경우를 찾아내는 문장으로 가장 적절한 것은?

① SELECT * FROM TEST_11 WHERE C1 IS NOT NULL;
② SELECT * FROM TEST_11 WHERE C1 < > NULL;
③ SELECT * FROM TEST_11 WHERE C1 !=NULL;
④ SELECT * FROM TEST_11 WHERE C1 NOT NULL;

| 정답과 풀이 | ①
NULL 값을 조회할 경우 IS NULL 사용
NULL 값이 아닌 것을 조회할 경우 IS NOT NULL 사용

11. 아래 각 함수에 대한 설명 중 ①, ②, ③에 들어갈 함수를 차례대로 작성하시오.

(①)(A, B) : A의 결과값이 NULL이면 B의 값을 반환
(②)(A, B) : A가 B와 같으면 NULL을 같지 않으면 A를 반환
(③)(A, B) : 임의의 개수 표현식에서 NULL이 아닌 최초의 표현식을 반환

| 정답과 풀이 | NVL, NULLIF, COALESCE
NVL(표현식1, 표현식2) : 표현식1이 NULL이 아니면 표현식1, NULL 이면 표현식2 반환
NVL2(표현식1, 표현식2, 표현식3) : 표현식1이 NULL이 아니면 표현식2, NULL 이면 표현식3 반환
NULLIF(표현식1, 표현식2) : 표현식1이 표현식2와 같으면 NULL, 다르면 표현식1 반환
COALESCE(표현식1, 표현식2, …) : NULL이 아닌 최초의 표현식 반환, 모든 표현식이 NULL이면 NULL 반환

12. EMP 테이블에서 MGR의 값이 7698과 같으면 NULL을 표시하고, 같지 않으면 MGR을 표시하려고 한다. 아래 빈칸에 들어갈 함수명을 작성하시오.

SELECT ENAME, EMPNO, MGR, ( )(MGR, 7698) AS NM FROM EMP

| 정답과 풀이 | NULLIF
NULLIF(표현식1, 표현식2) : 표현식1이 표현식2와 같으면 NULL, 다르면 표현식1 반환

13. 아래 SQL의 실행 결과는?

[TEST_13]

C1	C2
100	1500
200	3000
300	2000

SELECT COUNT(*)
FROM TEST_13 WHERE C1>100 AND C2>=3000 OR C1=300;

| 정답과 풀이 | 2

논리연산자의 우선순위 : NOT > AND > OR

14. 2021년 11월부터 2022년 3월까지의 매출금액 합계를 출력하는 문장으로 옳은 것은?

[TEST_14]

년	월	매출금액
2021	01	1000
2021	02	2000
2021	03	3000
2021	11	4000
2021	12	5000
2022	01	6000
2022	02	7000
2022	03	8000
2022	11	9000
2022	12	10000

① SELECT SUM(매출금액) AS 매출금액합계
   FROM TEST_14
   WHERE 년 BETWEEN '2021' AND '2022' AND 월 BETWEEN '03' AND '12';
② SELECT SUM(매출금액) AS 매출금액합계
   FROM TEST_14
   WHERE 년 IN ('2021', '2022') AND 월 IN ('11', '12', '03', '04', '05');
③ SELECT SUM(매출금액) AS 매출금액합계
   FROM TEST_14
   WHERE (년='2021' OR 년='2022') AND (월 BETWEEN '01' AND '03' OR 월 BETWEEN '11' AND '12');
④ SELECT SUM(매출금액) AS 매출금액합계
   FROM TEST_14
   WHERE 년='2021' AND 월 BETWEEN '11' AND '12' OR 년='2022' AND 월 BETWEEN '01' AND '03';

| 정답과 풀이 | ④

BETWEEN A AND B : A와 B 사이(A, B 포함)   IN(LIST) : LIST 값 중에서 하나라도 일치하면 조회
① : 2021년, 2022년 각각 03월부터 12월까지 매출금액의 합   ② : ①과 같은 조건
③ : 2021년, 2022년 각각 01월에서 03월 그리고 11월에서 12월. 즉, 전체 매출금액의 합
④ : 2021년 11월부터 2022년 3월까지의 매출금액 합

15. 아래 SQL의 실행 결과는?

[TEST_15]

C1	C2	C3
1	2	3
	4	5
		6

SELECT SUM(COALESCE(C1, C2, C3)) FROM TEST_15;

| 정답과 풀이 | 11

COALESCE(표현식1, 표현식2, ⋯) : NULL이 아닌 최초의 표현식 반환, 모든 표현식이 NULL이면 NULL 반환
SELECT COALESCE(C1, C2, C3) AS A FROM TEST_15;

A
1
4
6

16. 아래 SQL의 실행 결과 3개를 순서대로 작성하시오.

① SELECT AVG(C3) FROM TEST_16;
② SELECT AVG(C3) FROM TEST_16 WHERE C1 > 0;
③ SELECT AVG(C3) FROM TEST_16 WHERE C1 IS NOT NULL;

[TEST_16]

C1	C2	C3
10	NULL	20
NULL	30	0
0	40	NULL

| 정답과 풀이 | 10, 20, 20

집계함수에서 NULL은 연산 대상에서 제외
① NULL을 제외한 20, 0의 평균 계산
② WHERE C1 > 0 조건에서 C1=0 제외, NULL은 비교연산시 알수없음을 반환, C1=10 인 경우만 평균 계산
③ WHERE C1 IS NOT NULL 조건에서 두 번째 행 제외, 첫 번째와 세 번째 행의 C3값의 평균 계산시 NULL 제외한 20의 평균 계산

17. EMP에서 GRADE별로 사원 500명, 대리 100명, 과장 30명, 차장 10명, 부장 5명, 직급이 정해지지 않은 (NULL) 직원 25명으로 구성되어 있다. 아래 실행 결과 2개를 순서대로 작성하시오.

SQL1) SELECT COUNT(GRADE) FROM EMP;
SQL2) SELECT COUNT(*) FROM EMP WHERE GRADE IN('차장', '부장', NULL);

| 정답과 풀이 | SQL1) 645, SQL2) 15

COUNT(*) : 컬럼의 행의 수 출력(NULL 포함)
COUNT(컬럼명) : 컬럼의 행의 수 출력(NULL 제외)
IN(LIST) : LIST 값 중에서 하나라도 일치하면 조회(LIST 값 중에 NULL 포함시 NULL 제외)

18. 아래 SQL의 실행 결과를 작성하시오.

[TEST_18]

C1
100
100
200
200
200
999
999

```
SELECT C1 FROM TEST_18
GROUP BY C1
HAVING COUNT(*) = 2
ORDER BY (CASE WHEN C1 = 999 THEN 0 ELSE C1 END);
```

| 정답과 풀이 |

C1
999
100

GROUP BY, HAVING : C1에서 COUNT가 2개인 것은 100, 999
ORDER BY : CASE에서 999를 0으로 치환해서 정렬(실제 값은 999)

19. 다음 중 오류가 발생하는 것은?

① SELECT 지역, SUM(매출금액) AS 매출금액
  FROM 지역별매출
  GROUP BY 지역
  ORDER BY 매출금액 DESC;

② SELECT 지역, 매출금액
  FROM 지역별매출
  ORDER BY 년 DESC;

③ SELECT 지역, SUM(매출금액) AS 매출금액
  FROM 지역별매출
  GROUP BY 지역
  ORDER BY 년 DESC;

④ SELECT 지역, SUM(매출금액) AS 매출금액
  FROM 지역별매출
  GROUP BY 지역
  HAVING SUM(매출금액) >10000
  ORDER BY COUNT(*) ASC;

| 정답과 풀이 | ③

GROUP BY를 사용할 경우 SELECT와 ORDER BY에 GROUP BY에 사용한 컬럼과 집계함수만 사용 가능.
②에서는 GROUP BY절이 없기 때문에 테이블에 있는 다른 컬럼을 사용하여 ORDER BY 가능

20. 다음 중 ORDER BY 절에 대한 설명으로 가장 부적절한 것은?

① SQL문장으로 조회된 데이터들을 다양한 목적에 맞게 특정 컬럼을 기준으로 정렬하는데 사용.
② DBMS마다 NULL값에 대한 정렬 순서가 다를 수 있으므로 주의.
③ ORDER BY 절에서 컬럼명 대신 Alias 명이나 컬럼순서를 나타내는 정수도 사용이 가능하나, 이들을 혼용하여 사용할 수 없다.
④ GROUP BY 절을 사용하는 경우 ORDER BY 절에 집계함수를 사용할 수도 있다.

| 정답과 풀이 | ③
③ 혼용 사용 가능. 정수는 조회되는(SELECT) 개수 범위내에서 사용가능.

21. 아래 SQL의 실행 결과를 작성하시오.

[TEST_21]

C1	C2
A	50
A	200
B	300
C	100

SELECT C1, C2
FROM TEST_21
ORDER BY(CASE WHEN C1='A' THEN 2 ELSE 1 END), C2 DESC;

| 정답과 풀이 |

C1	C2
B	300
C	100
A	200
A	50

CASE문에서 B, C를 먼저 표기하고, C1이 같은 조건일 경우 C2의 내림차순으로 정렬

22. 다음 중 테이블명으로 가장 적절한 것은?

① TEST_22
② 22-TEST
③ TEST-22
④ 22_TEST

| 정답과 풀이 | ①
테이블명에는 영문대, 소문자, 숫자, _, $, # 만 사용가능
테이블명의 첫글자는 문자만 가능

23. 다음 중 아래와 같은 문장으로 '학생' 테이블을 생성한 후, 데이터를 INSERT 하였다. SQL1, SQL2 문장의 실행 결과로 가장 적절한 것은?

> 생성) CREATE TABLE 학생 (학번 CHAR(8) PRIMARY KEY, 장학금 INTEGER);
> SQL1 : SELECT COUNT(*) FROM 학생
> SQL2 : SELECT COUNT(학번) FROM 학생

① SQL1, SQL2 문장의 실행 결과는 다를 수 있으며, 그 이유는 장학금에 NULL값이 존재할 수 있기 때문이다.
② SQL1, SQL2 문장의 실행 결과는 항상 다르다.
③ SQL1, SQL2 문장의 실행 결과는 항상 같다.
④ SQL1, SQL2 문장의 실행 결과는 다를 수 있으며, 그 이유는 학번에 NULL값이 존재할 수 있기 때문이다.

| 정답과 풀이 | ③
학번 칼럼이 PRIMARY KEY이기 때문에 NULL 값이 존재하지 않음
COUNT(*), COUNT(학번)의 결과는 같음

24. 다음 중 외래키에 대한 설명으로 가장 부적절한 것을 모두 고르시오.

① 테이블 생성 시 설정할 수 있다.
② 외래키 값은 NULL 값을 가질 수 없다.
③ 한 테이블에 하나만 존재해야 한다.
④ 외래키 값은 참조 무결성 제약을 받을 수 있다.

| 정답과 풀이 | ②, ③
② 외래키도 NULL 값을 가질수 있음
③ 한 테이블에 여러개 존재 가능

25. 아래 테이블에서 COMM 칼럼을 삭제하고자 한다. 빈칸을 채우시오.

[TEST_25]

ENAME	SAL	COMM
SMITH	800	
ALLEN	1600	300
WARD	1250	500
JONES	2975	

(   ) TABLE TEST_25
(   ) COMM;

| 정답과 풀이 | ALTER, DROP COLUMN
ALTER TABLE 테이블명
DROP COLUMN 칼럼명;

26. 아래 문장이 수행되었을 때, A, B, C를 실행하면 A, C의 결과를 작성하시오.

CREATE TABLE 부서 (부서번호 CHAR(10), 부서명 CHAR(10), PRIMARY KEY(부서번호));
CREATE TABLE 직원 (직원번호 CHAR(10), 소속부서 CHAR(10), PRIMARY KEY(직원번호),
FOREIGN KEY(소속부서) REFERENCES 부서(부서번호) ON DELETE CASCADE);

INSERT INTO 부서 VALUES('10', '총무부');
INSERT INTO 부서 VALUES('20', '관리부');

INSERT INTO 직원 VALUES('1000', '10');
INSERT INTO 직원 VALUES('2000', '20');
INSERT INTO 직원 VALUES('3000', '20');
COMMIT;

A. SELECT COUNT(직원번호) FROM 직원;
B. DELETE FROM 부서 WHERE 부서번호 = '20';
C. SELECT COUNT(직원번호) FROM 직원;

| 정답과 풀이 | 3, 1

[부서]

부서번호	부서명
10	총무부
20	관리부

[직원]

직원번호	소속부서
1000	10
2000	20
3000	20

A. 직원번호 1000, 2000, 3000 3개 존재
B. 부서 테이블에서 부서번호 20 삭제시
FOREIGN KEY(소속부서) REFERENCES 부서(부서번호) ON DELETE CASCADE
SQL문에 의해서 직원 테이블의 소속부서 20 같이 삭제
직원 테이블에는 소속부서 10만 존재

27. 테이블 TEST_27의 테이블명을 TEST_27_01로 변경하는 SQL을 작성하시오.

| 정답과 풀이 | ALTER TABLE TEST_27 RENAME TO TEST_27_01;
RENAME TEST_27 TO TEST_27_01;

28. 아래 SQL문에 대해 INSERT가 가능한 것을 모두 고르시오.

```
CREATE TABLE TEST_28
(   ID NUMBER PRIMARY KEY,
    AMT NUMBER NOT NULL,
    DEGREE VARCHAR2(1)
);
```

① INSERT INTO TEST_28 VALUES(1,100);
② INSERT INTO TEST_28(ID, AMT, DEGREE) VALUES(2, 200, 'AB');
③ INSERT INTO TEST_28(ID, DEGREE) VALUES(4, 'X');
④ INSERT INTO TEST_28(ID, AMT) VALUES(3, 300);
⑤ INSERT INTO TEST_28 VALUES(5, 500, NULL);

| 정답과 풀이 | ④, ⑤
① 컬럼명을 생략하는 경우 모든 컬럼의 데이터 입력   ② DEGREE는 1바이트, AB는 2바이트
③ AMT는 NOT NULL이기 때문에 입력 데이터 필요   ⑤ NULL 사용 가능

29. 개발 프로젝트의 표준은 모든 삭제 데이터에 대한 로그를 남기는 것을 원칙으로 하고, 테이블 삭제의 경우는 허가된 인력만이 정기적으로 수행 가능하도록 정하고 있다. 개발팀에서 사용 용도가 없다고 판단한 TEST_29 테이블의 데이터를 삭제하는 가장 좋은 방법은 무엇인가?

① DELETE FROM TEST_29   ② DELETE * FROM TEST_29
③ TRUNCATE TABLE TEST_29   ④ DROP TABLE TEST_29

| 정답과 풀이 | ①

DELETE	DROP	TRUNCATE
DML	DDL	DDL
데이터만 삭제	테이블 삭제	테이블 초기화
로그기록존재	로그기록삭제	로그기록삭제

30. 아래와 같은 상황에서 사용할 수 있는 것은?

우리가 관리하는 데이터베이스의 TEST_30 테이블이 너무나 많은 디스크 용량을 차지하여 TEST_30 테이블에서 필요한 데이터만을 추출하여 별도의 테이블로 옮겨 놓았다. 이후 TEST_30 원본 테이블의 데이터를 모두 삭제함과 동시에, 디스크 사용량도 초기화 하고자 한다.(단, TEST_30 테이블의 스키마 정의는 유지)

① TRUNCATE TABLE TEST_30;   ② DELETE FROM TEST_30;
③ DROP TABLE TEST_30;   ④ DELETE TABLE FROM TEST_30;

| 정답과 풀이 | ①

DELETE	DROP	TRUNCATE
DML	DDL	DDL
데이터만 삭제	테이블 삭제	테이블 초기화
로그기록존재	로그기록삭제	로그기록삭제
	디스크사용량 초기화	디스크사용량 초기화

31. DELETE와 TRUNCATE, DROP 명령어에 대해 비교한 설명으로 가장 부적절한 것을 2개 고르시오.

① 특정 테이블에 대하여 WHERE 조건절이 없는 DELETE 명령을 수행하면 DROP TABLE 명령을 수행했을 때와 똑같은 결과를 얻을 수 있다.

② DROP 명령어는 테이블 정의 자체를 삭제하고, TRUNCATE 명령어는 테이블을 초기상태로 만든다.

③ TRUNCATE 명령어는 UNDO를 위한 데이터를 생성하지 않기 때문에 동일 데이터량 삭제시 DELETE보다 빠르다.

④ DROP은 Auto Commit이 되고, DELETE와 TRUNCATE는 사용자 Commit으로 수행된다.

| 정답과 풀이 | ①, ④

DELETE	DROP	TRUNCATE
DML	DDL	DDL
데이터만 삭제	테이블 삭제	테이블 초기화
로그기록존재	로그기록삭제	로그기록삭제
	디스크사용량 초기화	디스크사용량 초기화

④ DDL(DROP, TRUNCATE)은 AUTO COMMIT

32. 데이터베이스 트랜잭션에 대한 설명으로 가장 부적절한 것을 2개 고르시오.

① 원자성(atomicity) : 트랜잭션에서 정의된 연산들은 모두 성공적으로 실행되던지 아니면 전혀 실행되지 않은 상태로 남아있어야 한다.

② 일관성(consistency) : 트랜잭션이 성공적으로 수행되면 그 트랜잭션이 갱신한 데이터베이스의 내용은 영구적으로 저장된다.

③ 고립성(isolation) : 트랜잭션이 실행되는 도중에 다른 트랜잭션의 영향을 받아 잘못된 결과를 만들어서는 안 된다.

④ 지속성(durability) : 트랜잭션이 실행되기 전의 데이터베이스 내용이 잘못되어있지 않다면 트랜잭션이 실행된 이후에도 데이터베이스의 내용에 잘못이 있으면 안 된다.

| 정답과 풀이 | ②, ④

트랜잭션(Transaction) : 작업을 처리하는 단위

② 일관성(consistency) : 트랜잭션이 실행되기 전의 데이터베이스 내용이 잘못되어있지 않다면 트랜잭션이 실행된 이후에도 데이터베이스의 내용에 잘못이 있으면 안 된다.

④ 지속성(durability) : 트랜잭션이 성공적으로 수행되면 그 트랜잭션이 갱신한 데이터베이스의 내용은 영구적으로 저장된다.

33. TEST_33_01에 대해 아래와 같이 수행하였을 때 TEST_33_01의 C1 '001'에 해당하는 최종 C2의 값이 ORACLE에서는 200, SQL Server에서는 100이 되었다. 다음 설명 중 가장 부적절한 것은? (단, AUTO COMMIT은 FALSE로 설정되어 있다.)

[TEST_33_01]

C1(PK)	C2
001	100
002	200

[SQL]
UPDATE TEST_33_01 SET C2=200 WHERE C1='001';
CREATE TABLE TEST_33_02 (C1 CHAR(3) PRIMARY KEY);
ROLLBACK;

① 오라클에서는 CREATE TABLE을 수행한 후, 묵시적으로 COMMIT이 수행되어 C2 값은 200

② SQL Server에서는 ROLLBACK에 의해 UPDATE가 취소되어 C2 값은 100

③ 오라클에서는 CREATE TABLE에 의해 C2 값은 200이 되었지만, ROLLBACK 실행으로 인하여 최종적으로 TEST_33_02 테이블은 생성이 되지 않았다.

④ SQL Server에서는 ROLLBACK 실행으로 인하여 UPDATE가 취소되었으며, 최종적으로 TEST_33_02 테이블은 생성되지 않는다.

| 정답과 풀이 | ③

① ORACLE에서는 DDL 실행후 자동 COMMIT

② SQL Server는 DDL 실행후 자동 COMMIT 안됨

③ ORACLE에서는 DDL 실행후 자동 COMMIT 되기 때문에 TEST_33_02 테이블 생성

④ SQL Server는 DDL 실행후 자동 COMMIT 안되기 때문에 TEST_33_02 테이블 생성 안됨

34. 다음 빈칸을 채우시오.

(①)은 데이터베이스의 논리적 연산단위로서 밀접히 관련되어 분리될 수 없는 한 개 이상의 데이터베이스 조작을 가리킨다. (①)의 종료를 위한 대표적인 명령어로서는 데이터에 대한 변경사항을 데이터베이스에 영구적으로 반영하는 (②)과 데이터에 대한 변경사항을 모두 폐기하고 변경전의 상태로 되돌리는 (③)이 있다.

| 정답과 풀이 | ① 트랜잭션(Transaction), ② 커밋(Commit), ③ 롤백(Rollback)

35. 아래 SQL문 최종 출력 값을 작성하시오.

[TEST_35]

C1	C2
001	1000
002	2000
003	1000
004	2000

[SQL 구문]

```
INSERT INTO TEST_35(C1, C2) VALUES('005', 2000);
COMMIT;
DELETE TEST_35 WHERE C1='002';
UPDATE TEST_35 SET C2=2000 WHERE C2=1000;
ROLLBACK;
SELECT COUNT(C1) FROM TEST_35 WHERE C2=2000;
```

| 정답과 풀이 | 3

INSERT INTO TEST_35(C1, C2) VALUES('005', 2000);

COMMIT; C1=005 열 추가

DELETE TEST_35 WHERE C1='002';

UPDATE TEST_35 SET C2=2000 WHERE C2=1000;

ROLLBACK; DELETE, UPDATE 삭제(AUTO COMMIT 안됨)

SELECT COUNT(C1) FROM TEST_35 WHERE C2=2000;

C2=2000 => C1=002, 004, 005

36. 데이터 변경 후의 상품ID '001'의 최종 상품명은?

[TEST_36]

상품ID	상품명
001	TV

[SQL 구문]
UPDATE TEST_36 SET 상품명 = 'LCD−TV' WHERE 상품ID = '001';
SAVEPOINT SP1;
COMMIT;
UPDATE TEST_36 SET 상품명 = '평면−TV' WHERE 상품ID = '001';
ROLLBACK SAVEPOINT SP1;

| 정답과 풀이 | LCD−TV
SAVEPOINT SP1에서 상품명 = 'LCD−TV'
ROLLBACK SAVEPOINT SP1에 의해서 UPDATE는 제거

37. 5개의 테이블로부터 필요한 칼럼을 조회하려고 할 때, 최소 몇 개의 JOIN 조건이 필요한가?

| 정답과 풀이 | 4개
여러 테이블에서 원하는 데이터를 조회하기 위해서 최소 전체 테이블 수−1개 만큼의 JOIN 조건 필요

38. 아래 테이블 스키마 정보를 참고하여 다음 중 '구매 이력이 있는 고객 중 구매횟수가 3회 이상인 고객의 이름과 등급을 출력하시오'라는 질의에 대한 SQL 문장의 빈칸에 들어 갈 구문을 JOIN을 사용하여 작성하시오.

[테이블]
고객(고객번호(PK), 이름, 등급)
구매정보(구매번호(PK), 구매금액, 고객번호(FK))
(구매정보 테이블의 고객번호는 고객 테이블의 고객번호를 참조하는 외래키(FOREIGN KEY))

[SQL 문장]
SELECT A.이름, A.등급
FROM 고객 A (   )
GROUP BY A.이름, A.등급
(   );

| 정답과 풀이 |
INNER JOIN 구매정보 B   ON A.고객번호 = B.고객번호, HAVING COUNT(B.구매번호))=3

39. 다음 중 TEAM 테이블과 STADIUM 테이블의 관계를 이용해서 소속팀이 가지고 있는 전용구장의 정보를 팀의 정보와 함께 출력하는 SQL을 작성할 때 결과가 다른 것은?

① SELECT T.REGION_NAME, T.TEAM_NAME, T.STADIUM_ID, S.STADIUM_NAME
   FROM TEAM T INNER JOIN STADIUM S
   USING(T.STADIUM_ID = S.STADIUM_ID);

② SELECT TEAM.REGION_NAME, TEAM.TEAM_NAME, TEAM.STADIUM_ID, STADIUM.STADIUM_NAME
   FROM TEAM INNER JOIN STADIUM
   ON (TEAM.STADIUM_ID = STADIUM.STADIUM_ID);

③ SELECT T.REGION_NAME, T.TEAM_NAME, T.STADIUM_ID, S.STADIUM_NAME
   FROM TEAM T, STADIUM S
   WHERE T.STADIUM_ID = S.STADIUM_ID;

④ SELECT TEAM.REGION_NAME, TEAM.TEAM_NAME, TEAM.STADIUM_ID, STADIUM.STADIUM_NAME
   FROM TEAM, STADIUM
   WHERE TEAM.STADIUM_ID = STADIUM.STADIUM_ID;

| 정답과 풀이 | ①

USING(컬럼명) 사용시 컬럼명에는 두 개의 테이블의 공통 컬럼명 1개만 사용 가능

40. TEST_40_01은 Cartesian Product를 만들기 위한 SQL 문장이다. TEST_40_01과 같은 결과를 얻기 위해 TEST40_02 SQL 문장의 괄호 안에 들어갈 내용을 작성하시오.

[TEST_40_01]   [TEST_40_02]
SELECT ENAME, DNAME   SELECT ENAME, DNAME
FROM EMP, DEPT   FROM EMP (   ) DEPT
ORDER BY ENAME;   ORDER BY ENAME;

| 정답과 풀이 | CROSS JOIN

41. EMP테이블과 DEPT테이블에서 밑줄 친 속성은 주키이며 EMP.C는 DEPT와 연결된 외래키이다. EMP 테이블과 DEPT 테이블을 LEFT, FULL, RIGHT OUTER JOIN하면 생성되는 결과 건수는?

EMP 테이블

A	B	C
1	b	w
3	d	w
5	y	y

DEPT 테이블

C	D	E
w	1	10
z	4	11
v	2	22

| 정답과 풀이 | LEFT OUTER JOIN : 3, RIGHT OUTER JOIN : 4, FULL OUTER JOIN : 5

LEFT OUTER JOIN

A	B	C	D	E
1	b	w	1	10
3	d	w	1	10
5	y	y	null	null

RIGHT OUTER JOIN

A	B	C	D	E
1	b	w	1	10
3	d	w	1	10
null	null	z	4	11
null	null	v	2	22

RIGHT OUTER JOIN

A	B	C	D	E
1	b	w	1	10
3	d	w	1	10
5	y	y	null	null
null	null	z	4	11
null	null	v	2	22

42. 신규 부서의 경우 일시적으로 사원이 없는 경우도 있다고 가정하고 DEPT와 EMP를 조인하되 사원이 없는 부서 정보도 같이 출력하도록 할 때, 아래 SQL 문장의 괄호 안에 들어갈 내용을 기술하시오.

```
SELECT E.ENAME, D.DEPTNO, D.DNAME
FROM DEPT D (                    ) EMP E
ON D.DEPTNO = E.DEPTNO;
```

| 정답과 풀이 | LEFT OUTER JOIN

43. 아래 SQL 수행결과를 기술하시오.

[TEST_43_01]

C1	C2
A	1
B	2
C	3
D	4
E	5

[TEST_43_02]

C1	C2
B	2
C	3
D	4

```
SELECT *
FROM TEST_43_01 A LEFT OUTER JOIN TEST_43_02 B
ON (A.C1 = B.C1 AND B.C2 BETWEEN 1 AND 3)
```

| 정답과 풀이 |

C1	C2	C1	C2
A	1	null	null
B	2	B	2
C	3	C	3
D	4	null	null
E	5	null	null

44. 아래 SQL문과 동일한 결과를 나타내는 SQL문을 고르시오. (단, 테이블 TAB1, TAB2의 PK 컬럼은 A, B 이다.)

```
SELECT A, B
FROM TAB1
EXCEPT
SELECT A, B
FROM TAB2;
```

① SELECT TAB2.A, TAB2.B
   FROM TAB1, TAB2
   WHERE TAB1.A < > TAB2.A AND TAB1.B < > TAB2.B

② SELECT TAB1.A, TAB1.B
   FROM TAB1
   WHERE TAB1.A NOT IN (SELECT TAB2.A FROM TAB2)
   AND TAB1.B NOT IN (SELECT TAB2.B FROM TAB2)

③ SELECT TAB2.A, TAB2.B
   FROM TAB1, TAB2
   WHERE TAB1.A = TAB2.A AND TAB1.B = TAB2.B

④ SELECT TAB1.A, TAB1.B
   FROM TAB1
   WHERE NOT EXISTS (SELECT 'X'
   FROM TAB2
   WHERE TAB1.A = TAB2.A AND TAB1.B = TAB2.B);

| 정답과 풀이 | ④

45. SET OPERATOR 중에서 수학의 교집합과 같은 기능을 하는 연산자로 가장 적절한 것은?

① UNION   ② INTERSECT   ③ MINUS   ④ EXCEPT

| 정답과 풀이 | ②
UNION : 합집합
INTERSECT : 교집합
MINUS/EXCEPT : 차집합

46. 테이블 T1, T2에 대한 가, 나 두 개의 SQL문의 결과 조회되는 행의 수는?

[TEST_46_01]

A	B	C
A3	B2	C3
A1	B1	C1
A2	B1	C2

[TEST_46_02]

A	B	C
A1	B1	C1
A3	B2	C3

[가]

SELECT A, B, C FROM TEST_46_01
UNION ALL
SELECT A, B, C FROM TEST_46_02

[나]

SELECT A, B, C FROM TEST_46_01
UNION
SELECT A, B, C FROM TEST_46_02

| 정답과 풀이 | [가] 5, [나] 3
UNION ALL : 중복열 유지
UNION : 중복열 제거

47. 아래 SQL문 실행 결과를 기술하시오.

[TEST_47_01]

C1	C2
AA	A1
AB	A2

[TEST_47_02]

C1	C2
AA	A1
AB	A2
AC	A3
AD	A4

[SQL]
SELECT C1, C2, COUNT(*) AS CNT
FROM   (SELECT C1, C2
            FROM TEST_47_01
            UNION ALL
            SELECT C1, C2
            FROM TEST_47_02
            UNION
            SELECT C1, C2
            FROM TEST_47_01)
GROUP BY C1, C2;

C1	C2	CNT
AA	A1	1
AB	A2	1
AC	A3	1
AD	A4	1

UNION ALL : 중복열 유지

UNION : 중복열 제거

UNION ALL 연산자 실행후 UNION 연산자가 실행되기 때문에 중복열 제거

48. 다음 중 아래와 같은 집합에서, 집합 A와 B에 대하여 집합연산을 수행한 결과 집합 C가 되는 경우 이용되는 데이터베이스 집합연산은?

> 집합 A = {가, 나, 다, 라}
> 집합 B = {다, 라, 마, 바}
> 집합 C = {다, 라}

① UNION   ② DIFFERENCE   ③ INTERSECT   ④ PRODUCT

| 정답과 풀이 | ③

UNION : 합집합

INTERSECT : 교집합

MINUS/EXCEPT : 차집합

49. 정렬 순서상 2번째 표시될 값은?

[TEST_49]

C1	C2	C3
1		A
2	1	B
3	1	C
4	2	D

```
SELECT C3
FROM TEST_49
START WITH C2 IS NULL
CONNECT BY PRIOR C1=C2
ORDER SIBLINGS BY C3 DESC;
```

SQL 수행결과

C3
A
C
B
D

* SIBLINGS가 생략되었을 때 SQL 수행결과

C3
D
C
B
A

50. 다음 중 Oracle 계층형 질의에 대한 설명으로 가장 부적절한 것은?

① START WITH 절은 계층 구조의 시작점을 지정하는 구문이다.
② ORDER SIBLINGS BY 절은 형제 노드 사이에서 정렬을 지정하는 구문이다.
③ 순방향전개란 부모 노드로부터 자식 노드 방향으로 전개하는 것을 말한다.
④ 루트 노드의 LEVEL 값은 0이다.

루트 노드의 LEVEL 값은 1

51. 아래 SQL 수행결과를 기술하시오.

[TEST_51]

사원번호	사원명	입사일자	매니저사원번호
001	SMITH	2020-01-01	NULL
002	ALLEN	2020-01-01	001
003	WARD	2021-01-01	001
004	JONES	2021-01-01	001
005	MARTIN	2021-01-01	NULL
006	BLAKE	2022-01-01	005
007	CLARK	2022-01-01	005
008	SCOTT	2022-01-01	005

[SQL]
```
SELECT 사원번호, 사원명, 입사일자, 매니저사원번호
FROM TEST_51
START WITH 매니저사원번호 IS NULL
CONNECT BY PRIOR 사원번호 = 매니저사원번호
AND 입사일자 BETWEEN '2021-01-01' AND '2021-12-31'
ORDER SIBLINGS BY 사원번호;
```

사원번호(PK)	사원명	입사일자	매니저사원번호(FK)
001	SMITH	2020-01-01	NULL
003	WARD	2021-01-01	001
004	JONES	2021-01-01	001
005	MARTIN	2021-01-01	NULL

순방향 전개

매니저사원번호가 NULL인 SMITH와 MARTIN 중에 앞에 있는 SMITH부터 시작

SMITH의 전개가 끝나고 MARTIN의 전개 시작

52. 다음 중 SELF JOIN을 수행해야 할 경우로 가장 적절한 것은?

① 한 테이블 내에서 두 칼럼이 연관 관계가 있다.

② 두 테이블에 연관된 칼럼은 없으나 JOIN을 해야 한다.

③ 두 테이블에 공통 칼럼이 존재하고 두 테이블이 연관 관계가 있다.

④ 한 테이블 내에서 연관된 칼럼은 없으나 JOIN을 해야 한다.

①

SELF JOIN은 하나의 테이블에서 두 개의 칼럼이 연관관계를 가질 경우 사용

53. 아래 SQL 실행 결과를 기술하시오.

SELECT COUNT(DISTINCT A||B)

FROM TEST_53_01

WHERE D=(SELECT D FROM TEST_53_02 WHERE E = 'i');

[TEST_53_01]

A	B	C	D
1	a	1	x
2	b	1	x
3	c	2	y

[TEST_53_02]

D	E	F
x	i	5
y	m	6

2

서브쿼리 SELECT D FROM TEST_53_02 WHERE E = 'i'에서 TEST_53_02 테이블의 x 선택

TEST_53_01 테이블에서 x의 수 COUNT

54. 서브쿼리에 대한 설명으로 가장 적절한 것은?

① 단일 행 서브쿼리는 서브쿼리의 실행 결과가 항상 한 건 이하인 서브쿼리로서 IN, ALL 등의 비교연산자를 사용하여야 한다.
② 다중 행 서브쿼리 비교연산자는 단일 행 서브쿼리의 비교연산자로도 사용할 수 있다.
③ 연관 서브쿼리는 주로 메인쿼리에서 읽혀진 데이터에 대해 서브쿼리에서 해당 조건이 만족하는지를 확인하는 방식으로 수행된다.
④ 서브 쿼리는 항상 메인쿼리에서 읽혀진 데이터에 대해 서브쿼리에서 해당 조건이 만족하는지를 확인하는 방식으로 수행된다.

| 정답과 풀이 | ②
① 단일 행 서브쿼리 비교연산자 : =, >, >=, <, <=, <>
　단일 행 서브쿼리 비교연산자 : IN, ALL
② 다중 행 서브쿼리 비교연산자는 단일 행 서브쿼리 비교연산자에 사용가능하지만, 단일 행 서브쿼리 비교연산자를 다행 중 서브쿼리 비교연산자로 사용은 불가능

55. 다음 설명 중 가장 적절한 것은?

① 일반 그룹 함수를 사용하여 CUBE, GROUPING SETS와 같은 그룹 함수와 동일한 결과를 추출할 수 있으나, ROLLUP 그룹 함수와 동일한 결과는 추출할 수 없다.
② GROUPING SETS 함수의 경우에는 함수의 인자로 주어진 컬럼의 순서에 따라 결과가 달라지므로 컬럼의 순서가 중요하다.
③ CUBE, ROLLUP, GROUPING SETS 함수들의 대상 컬럼 중 집계된 컬럼 이외의 대상 컬럼 값은 해당 컬럼의 데이터 중 가장 작은 값을 반환한다.
④ CUBE 그룹 함수는 인자로 주어진 컬럼의 결합 가능한 모든 조합에 대해서 집계를 수행하므로 다른 그룹 함수에 비해 시스템에 대한 부하가 크다.

| 정답과 풀이 | ④
① ROLLUP, CUBE, GROUPING SETS 모두 일반 그룹 함수를 사용하여 동일 결과 추출 가능
② CUBE, GROUPING SETS는 인자의 순서와 무관
　ROLLUP은 인자의 순서에 따라 다른 결과 도출
③ NULL값 반환

56. 다음 중 뷰(VIEW)에 대한 설명으로 가장 부적절한 것은?

① 뷰는 단지 정의만을 가지고 있으며, 실행 시점에 질의를 재작성하여 수행한다.
② 뷰는 복잡한 SQL 문장을 단순화 시켜주는 장점이 있는 반면, 테이블 구조가 변경되면 응용 프로그램을 변경해 주어야 한다.
③ 뷰는 보안을 강화하기 위한 목적으로도 활용한다.
④ 실제 데이터를 저장하고 있는 뷰를 생성하는 기능을 지원하는 DBMS도 존재한다.

| 정답과 풀이 | ②
② 뷰는 테이블 구조가 변경되어도 응용 프로그램을 변경할 필요가 없다.

57. TEST_57 테이블에 대한 뷰 생성 후 아래 SQL문 실행 결과를 기술하시오.

[TEST_57]

C1	C2
A	100
B	200
B	100
B	
	200

[뷰 생성]
CREATE VIEW V_TEST_57
AS
SELECT *
FROM TEST_57
WHERE C1 = 'B' OR C1 IS NULL;

[SQL]
SELECT SUM(C2) C2
FROM V_TEST_57
WHERE C2>=200 AND C1 = 'B';

| 정답과 풀이 |

C2
200

[V_TEST_57]

C1	C2
B	200
B	100
B	
	200

58. 아래 결과를 얻기 위한 SQL문에서 괄호에 들어갈 함수를 작성하시오.

[TEST_58]

구매고객	구매월	총구매건	총구매액
AAA	201001	1	1000
AAA	201002	2	3000
AAA	201003	1	1000
AAA		4	5000
BBB	201001	3	2000
BBB	201002	5	3000
BBB	201003	1	2000
BBB		9	7000
CCC	201101	1	2000
CCC	201102	1	5000
CCC	201103	1	1000
CCC		3	8000
		16	20000

[SQL문]

SELECT 구매고객, 구매월, COUNT(*) "총구매건", SUM(구매금액) "총구매액"
FROM TEST_58
GROUP BY (   ) (구매고객, 구매월);

| 정답과 풀이 | ROLLUP

ROLLUP : 구매고객별 소계, 구매고객, 구매월별 소계, 전체합계

59. 아래와 같이 TEST_59 테이블을 이용하여 결과를 나타낼 수 있는 SQL문을 작성하시오.

[TEST_59]

설비ID	에너지코드	사용량
1	전기	100
1	용수	200
1	바람	300
2	전기	200
2	용수	300
3	전기	300

[SQL 실행 결과]

설비ID	에너지코드	사용량합계
1	바람	300
1	용수	200
1	전기	100
1	NULL	600
2	용수	300
2	전기	200
2	NULL	500
3	전기	300
3	NULL	300
NULL	바람	300
NULL	용수	500
NULL	전기	600
NULL	NULL	1400

| 정답과 풀이 |

SELECT 설비ID, 에너지코드, SUM(사용량) AS 사용량합계
FROM TEST_59
GROUP BY CUBE(설비ID, 에너지코드)
ORDER BY 설비ID;

CUBE : 모든 종류의 집계 생성

60. TEST_60 테이블에서 아래 SQL 실행 결과는?

[TEST_60]

상품ID	월	매출액
P001	2021.10	1500
P001	2021.11	1500
P001	2021.12	2500
P002	2021.10	1000
P002	2021.11	2000
P002	2021.12	1500
P003	2021.10	2000
P003	2021.11	1000
P003	2021.12	1000

[SQL]

SELECT 상품ID, 월, SUM(매출액) AS 매출액
FROM TEST_60
WHERE 월 BETWEEN '2021.10' AND '2021.12'
GROUP BY GROUPING SETS(상품ID, 월);

| 정답과 풀이 |

상품ID	월	매출액
P001	(null)	5500
P002	(null)	4500
P003	(null)	4000
(null)	2021.10	4500
(null)	2021.11	4500
(null)	2021.12	5000

GROUPING SETS : 컬럼별 집계만 생성

61. 다음 중 윈도우 함수에 대한 설명으로 가장 부적절한 것은?

① PARTITION과 GROUP BY 구문은 의미적으로 유사하다.
② PARTITION 구문이 없으면 전체 집합을 하나의 PARTITION으로 정의한 것과 동일하다.
③ 윈도우 함수 처리로 인해 결과 건수가 줄어든다.
④ 윈도우 함수 적용 범위는 PARTITION을 넘을 수 없다.

| 정답과 풀이 | ③
윈도우 함수는 결과 처리를 위한 함수이기 때문에 결과 건수와는 무관

62. TEST_62 테이블에서 아래 SQL 실행 결과는?

[TEST_62]

추천경로	추천인	피추천인	추천점수
SNS	장보고	강감찬	75
SNS	이순신	강감찬	80
이벤트응모	유관순	강감찬	88
이벤트응모	허준	이순신	78
홈페이지	허준	이황	93
홈페이지	정약용	심청이	98

[SQL]
SELECT 추천경로, 추천인, 피추천인, 추천점수
FROM (SELECT 추천경로, 추천인, 피추천인, 추천점수, ROW_NUMBER( )
            OVER (PARTITION BY 추천경로 ORDER BY 추천점수 DESC) AS RNUM
                            FROM TEST_62)
WHERE RNUM=1;

| 정답과 풀이 |

추천경로	추천인	피추천인	추천점수
SNS	이순신	강감찬	80
이벤트응모	유관순	강감찬	88
홈페이지	정약용	심청이	98

ROW_NUMBER( ) : 동일한 값이라도 동일 하지 않은 순위

63. TEST_63 테이블에서 아래 SQL 실행 결과는?

[TEST_63]

사원ID	부서ID	사원명	연봉
001	100	홍길동	2500
002	100	강감찬	3000
003	200	김유신	4500
004	200	김선달	3000
005	200	이순신	2500
006	300	유관순	4500
007	300	정약용	3000

[SQL]
SELECT Y.사원ID, Y.부서ID, Y.사원명, Y.연봉
FROM (SELECT 사원ID, MAX(연봉) OVER(PARTITION BY 부서ID) AS 최고연봉 FROM TEST_63) X, TEST_63 Y
WHERE X.사원ID = Y.사원ID
AND X.최고연봉 = Y.연봉;

사원ID	부서ID	사원명	연봉
002	100	강감찬	3000
003	200	김유신	4500
006	300	유관순	4500

부서별 최고 연봉 사원

64. 다음 중 문자, 숫자 유형 모두 사용이 가능한 집계함수는?

① COUNT   ② SUM   ③ AVG   ④STDDEV

MAX, MIN, COUNT 함수는 문자, 숫자, 날짜 유형 적용 가능.

65. SQL 문장에서 그룹별로 집계된 데이터에 대한 조회 조건을 제한하기 위해서 사용하는 절은?

① WHERE 절   ② HAVING 절   ③ FROM 절   ④ GROUP BY 절

WHERE 절 : 조회하는 데이터를 제한
HAVING 절 : 그룹별로 조회할 때 집계 데이터에 대한 제한

66. 다음 중 조인의 종류에 대한 설명 중 틀린 것은?

① EQUI JOIN은 반드시 PK, FK 관계에 의해서만 성립
② NON−EQUI JOIN은 등가 조건이 성립되지 않은 테이블에 조인을 걸어주는 방법
③ OUTER JOIN은 조인 조건을 만족하지 않는 데이터도 조회 가능
④ SELF JOIN은 한 테이블을 논리적으로 분리시켜 EQUI JOIN을 이용하는 방법

EQUI JOIN은 반드시 PK, FK 관계에 의해서만 성립되는 것이 아니다. JOIN 칼럼이 1:1 맵핑이 가능하면 사용가능

67. FROM 절에서 사용되는 서브 쿼리를 무엇이라고 하는가?

INLINE VIEW : FROM 절에 사용하는 서브쿼리

68. 다음 서브 쿼리에 대한 설명 중 틀린 것은?

① 다중 행 연산자는 IN, ANY, ALL이 있으며, 서브 쿼리의 결과로 하나 이상의 데이터가 반환된다.

② TOP N 서브 쿼리는 INLINE VIEW의 정렬된 데이터를 ROWNUM을 이용해 결과 행수를 제한한다.

③ INLINE VIEW는 FROM 절에 사용되는 서브 쿼리로 SQL 문장에서 VIEW나 테이블처럼 사용된다.

④ 상호연관 서브 쿼리는 처리 속도가 가장 빠르므로 최대한 활용하는 것이 좋다.

| 정답과 풀이 | ④

상호연관 서브 쿼리는 메인 쿼리만큼 실행되는 쿼리로서 실행 속도가 상대적으로 떨어진다.

69. 소계, 중계, 합계처럼 계층적 분류를 포함하고 있는 데이터의 집계에 적합한 GROUP 함수 두가지는 무엇인가?

| 정답과 풀이 | ROLLUP, CUBE

70. 다음 중 WINDOW 함수의 특징이 아닌 것은?

① RANK 함수는 동일한 값에 대해서는 동일한 순위를 부여(같은 등수가 존재할 경우 그만큼 등수를 생략)

② DENSE_RANK 함수는 RANK 함수와 유사하나, 동일한 순위를 하나의 건수로 처리

③ ROW_NUMBER 함수는 누적된 순위를 부여

④ RANK 함수가 동일한 값에 대해서는 동일한 순위를 부여, ROW_NUMBER 함수는 고유한 순위 부여(같은 등수 존재하지 않음)

| 정답과 풀이 | ③

누적된 순위 부여 : DENSE_RANK 함수

71. 다음 주어진 SQL문을 실행 결과가 아래와 같을 때 빈칸에 들어갈 것으로 알맞은 것은?

[SQL문]
SELECT 10 + 10 * (( )(NULL, 0.1, 0.2)) FROM DUAL;

[실행 결과]
12

① NVL

② NVL2

③ NULLIF

④ COALESCE

| 정답과 풀이 | ②

NVL(표현식1, 표현식2) : 표현식1이 NULL이 아니면 표현식1, NULL 이면 표현식2 반환

NVL2(표현식1, 표현식2, 표현식3) : 표현식1이 NULL이 아니면 표현식2, NULL 이면 표현식3 반환

NULLIF(표현식1, 표현식2) : 표현식1이 표현식2와 같으면 NULL, 다르면 표현식1 반환

COALESCE(표현식1, 표현식2, …) : NULL이 아닌 최초의 표현식 반환, 모든 표현식이 NULL이면 NULL 반환

72. 실행 결과가 NULL이 아닌 것은?

① SELECT NULLIF(0, 0) FROM DUAL;
② SELECT DECODE(1, 2, 3, NULL) FROM DUAL;
③ SELECT COALESCE(1, 2, 3) FROM DUAL;
④ SELECT NVL(NULL, NULL) FROM DUAL;

| 정답과 풀이 | ③

COALESCE(표현식1, 표현식2, …) : NULL이 아닌 최초의 표현식 반환하기 때문에 1을 반환

73. 아래 SQL의 실행 결과로 알맞게 짝지어 진 것은?

[TEST_82]

C1	C2	C3	C4
10	10	10	10
	20		20
30			30
	40	40	40

[SQL문]
SELECT SUM(C1+C2+C3+C4) FROM TEST_82;
SELECT SUM(C1)+SUM(C2)+SUM(C3)+SUM(C4) FROM TEST_82;

① 40, 260　　　　② 40, NULL　　　　③ NULL, NULL　　　　④ NULL, 260

| 정답과 풀이 |

NULL은 연산지 NULL을 반환
집계함수에서 NULL은 제외하고 연산

74. 윈도우에서 가장 먼저 나온 값을 구하는 WINDOW FUNCTION은 무엇인가?

① FIRST_VALUE　　　② LAST_VALUE　　　③ LAG　　　　④ LEAD

| 정답과 풀이 | ①

FIRST_VALUE : 파티션에서 가장 처음에 나오는 값
LAST_VALUE : 파티션에서 가장 나중에 나오는 값
LAG : 이전 행을 호출
LEAD : 특정 위치의 행을 호출

75. 아래 SQL의 실행 결과를 서술하시오.

[SQL문]
```
CREATE TABLE TEST_85(C1 NUMBER(10), C2 NUMBER(10))
INSERT INTO TEST_85 VALUES(10, NULL) ;
INSERT INTO TEST_85 VALUES(5, NULL);
CREATE TABLE TEST_85_01(C1 NUMBER(10), C2 NUMBER(10)) ;
INSERT INTO TEST_85 VALUES(NULL, 10);
INSERT INTO TEST_85 VALUES(NULL, 5);
TRUNCATE TABLE TEST_85_01 ;
ROLLBACK;
SELECT SUM(C1) + SUM(C2) FROM TEST_85;
```

| 정답과 풀이 |

SUM(C1) + SUM(C2)
30

DDL(CREATE, TRUNCATE)가 실행되어 AUTO COMMIT 처리되어서 TEST_85 테이블의 모든 데이터가 존재.
집계함수(SUM)에서는 NULL이 제외되어 연산.

76. 아래 SQL의 실행 결과가 아래와 같을 때 빈칸을 채우시오.

[TEST_86]
```
CREATE TABLE TEST_86(C1 VARCHAR2(10), C2 VARCHAR2(10), C3 NUMBER(10));
INSERT INTO TEST_86 VALUES('A', '가', 10);
INSERT INTO TEST_86 VALUES('B', '나', 20);
INSERT INTO TEST_86 VALUES('C', '다', 30);
INSERT INTO TEST_86 VALUES('D', '라', 40);
INSERT INTO TEST_86 VALUES('E', '마', 50);
INSERT INTO TEST_86 VALUES('F', '바', 60);
INSERT INTO TEST_86 VALUES('G', '사', 70);
INSERT INTO TEST_86 VALUES('H', '아', 80);
```

[SQL문]
```
SELECT NTILE, COUNT(*) AS CNT
FROM (SELECT C1, C2, C3, NTILE(3) OVER (ORDER BY C3) AS NTILE FROM TEST_86)
GROUP BY NTILE;
```

NTILE	CNT
1	( )
2	( )
( )	( )

| 정답과 풀이 |

NTILE	CNT
1	3
2	3
3	2

NTILE(n)은 주어진 테이블의 데이터를 n등분한다는 의미. CNT는 데이터의 개수를 n으로 나눈 몫으로 나누고 나머지는 1부터 차례대로 1개씩 분배

EX) SELECT NTILE, COUNT(*) AS CNT
FROM (SELECT C1, C2, C3, NTILE(5) OVER (ORDER BY C3) AS NTILE FROM TEST_86)
GROUP BY NTILE;

NTILE	CNT
1	2
2	2
3	2
4	1
5	1

77. 주어진 테이블로 아래 SQL문 실행 결과를 서술하시오.

[TEST_87]

C1	C2	C3
A		1
B	A	2
C	A	3
D	B	4

[SQL문]
SELECT COUNT(*) FROM TEST_87
WHERE C3<>3
START WITH C3=4
CONNECT BY C1 = PRIOR C2;

| 정답과 풀이 |

COUNT(*)
3

CONNECT BY COL1 = PRIOR COL2; => 역방향 계층형 쿼리

SELECT * FROM TEST_87
WHERE C3<>3
START WITH C3=4
CONNECT BY C1 = PRIOR C2;

C1	C2	C3
D	B	4
B	A	2
A		1

→ C3가 3인 경우를 제외한 나머지 3개 열이 역방향 계층형 쿼리 정렬

78. 테이블에 대한 권한을 회수하는 DCL 명령어는 무엇인가?

| 정답과 풀이 | REVOKE

DCL(DATA CONTROL LANGUAGE) : GRANT, REVOKE

GRANT : 권한 부여

REVOKE : 권한 회수

79. 계층형 쿼리에 대한 설명으로 적절하지 않은 것은?

① 순방향만 가능하다.
② 재무제표 및 조직도와 같은 구조에서 사용한다.
③ 하나의 테이블에서 SELF JOIN 형태로 사용한다.
④ 루트 노드의 LEVEL 값은 1이다.

| 정답과 풀이 | ①

계층형 쿼리는 순방향, 역방향 모두 가능.

80. 다음 중 ANSI/ISO 표준 SQL에서 표시하는 FROM 절의 JOIN 형태로 가장 부적절한 것은?

① NATURAL JOIN   ② HASH JOIN   ③ OUTER JOIN   ④ CROSS JOIN

| 정답과 풀이 | ②

FROM절의 JOIN 형태

: INNER JOIN, NATURAL JOIN, CROSS JOIN, OUTER JOIN, USING 조건절, ON 조건절

81. 다음 중 INSERT와 UPDATE를 동시에 수행할 수 있는 SQL구문으로 적절한 것은?

① UPDATE 문   ② MERGE 문   ③ INSERT FIRST 문   ④ INSERT ALL 문

| 정답과 풀이 | ②

INSERT와 UPDATE를 동시에 처리할 수 있는 SQL 구문은 MERGE문이다.

82. 다음 중 뷰(VIEW)의 장점으로 가장 적절한 것을 2개 고르시오.

① 데이터 처리의 절차성
② 보안 강화
③ 성능 향상
④ 복잡한 질의에 대한 단순화

| 정답과 풀이 | ②, ④

뷰의 장점

숨기고 싶은 정보와 같은 특정 컬럼을 제외한 나머지 일부 컬럼으로만 정의할 수 있기 때문에 보안기능이 있다.

복잡한 질의를 단순하게 작성할 수 있다.

테이블 구조가 변경되어도 뷰를 사용하는 응용 프로그램은 변경하지 않아도 된다.

하나의 테이블로 여러개의 뷰를 만들 수 있다.

83. 아래 실행결과의 괄호 안에 들어갈 내용을 순서대로 작성하시오.

[TAB]

C1	C2
1	1
	1
1	
1	1

SELECT COUNT(*) C1, COUNT(C1) C2, AVG(1) C3, AVG(C2) C4 FROM TAB;

실행결과

C1	C2	C3	C4
4	( )	1	( )

| 정답과 풀이 | 3, 1
집계함수에서 컬럼명을 사용하면 NULL은 계산에서 제외
AVG(1)처럼 컬럼명 대신 정수를 사용하면 AVG(*)과 같은 의미를 갖는다.

84. 아래 테이블에서 사원들의 급여와, 매니저가 같은 사원들의 급여 합을 구하려고 한다. 빈칸을 순서대로 작성하시오.

[EMP]

EMPNO	ENAME	JOB	MRG	HIREDATE	SAL	COMM	DEPTNO
7369	SMITH	CLERK	7902	1980-12-17	800		20
7499	ALLEN	SALESMAN	7698	1981-02-20	1600	300	30
7521	WARD	SALESMAN	7698	1981-02-22	1250	500	30
7566	JONES	MANAGER	7839	1981-04-02	2975		20
7654	MARTIN	SALESMAN	7698	1981-09-28	1250	1400	30
7698	BLAKE	MANAGER	7839	1981-05-01	2850		30
7782	CLARK	MANAGER	7839	1981-06-09	2450		10
7788	SCOTT	ANALYST	7566	1987-04-19	3000		20
7839	KING	PRESIDENT		1981-11-17	5000		10
7844	TURNER	SALESMAN	7698	1981-09-08	1500	0	30
7876	ADAMS	CLERK	7788	1987-05-23	1100		20
7900	JAMES	CLERK	7698	1981-12-03	950		30
7902	FORD	ANALYST	7566	1981-12-03	3000		20
7934	MILLER	CLERK	7782	1982-01-23	1300		10

SELECT MGR, ENAME, SAL,
SUM(SAL) ( ) (( ) BY MGR) MGR_SUM
FROM EMP;

85. 다음 서브쿼리에 대한 설명 중 틀린 것을 고르시오.

① 다중 행 연산자는 IN, ANY, ALL이 있으며, 서브 쿼리의 결과로 하나 이상의 데이터가RETURN 되는 서브쿼리이다.

② Top N 서브쿼리는 INLINE VIEW의 정렬된 데이터를 ROWNUM을 이용해 결과 행수를 제한하거나, Top N 조건을 사용하는 서브쿼리이다.

③ INLINE VIEW는 FROM 절에 사용되는 서브쿼리로서 SQL 문장에서 마치 VIEW나 테이블처럼 사용되는 서브쿼리이다.

④ 상호연관 서브쿼리는 처리속도가 가장 빠르므로 최대한 활용하는 것이 좋다.

86. 다음 SQL 문장은 몇 행의 결과를 반환하는가?

```
VAR A NUMBER = 5;
VAR B NUMBER = 2;

SELECT EMPNO, SAL, RN
FROM (SELECT EMPNO, SAL, ROWNUM AS RN
          FROM (SELECT EMPNO, SAL, FROM EMP ORDER BY SAL, EMPNO)
          WHERE ROWNUM <= :A * :B)
WHERE RN >= (:A * (:B-1)) + 1 ;
```

87. 다음 SQL 문장에서 SAL 값은 어떤 열로 집계되는가?

```
SELECT *
FROM (SELECT TO_CHAR(HIREDATE, 'YYYY') AS yyyy, JOB, DEPTNO, SAL FROM EMP)
PIVOT (SUM(SAL) FOR DEPTNO IN (10, 20, 30))
ORDER BY 1, 2;
```

① 전체

② yyyy

③ yyyy.JOB

④ yyyy.JOB, DEPTNO

88. 다음 SQL 문장의 출력 결과는 무엇인가?

```
SELECT REGEXP_COUNT('123123123123123', '123', 1) AS C1
FROM DUAL;
```

① 3
② 4
③ 5
④ 6

| 정답과 풀이 | ③
123 패턴이 5번 반복

89. COMMIT과 ROLLBACK의 장점으로 적합하지 않은 것은 무엇인가?

① 데이터 무결성 보장
② 영구적인 변경을 하기 전에 데이터의 변경 사항을 확인
③ 영구적인 변경 불가
④ 논리적으로 연관된 작업을 그룹핑하여 처리

| 정답과 풀이 | ③
COMMIT, ROLLBACK 장점
데이터 무결성 보장
영구적인 변경을 하기 전에 데이터의 변경 사항 확인
논리적으로 연관된 작업을 그룹핑하여 처리

90. 다음 중 제약조건의 종류로 적절하지 않은 것은 무엇인가?

① CHECK
② UNION
③ PRIMARY KEY
④ NOT NULL

| 정답과 풀이 | ②
UNION은 제약조건이 아니라 합집합 연산을 수행하는 집합 연산자

SQLD

| PART 03 |

실전모의고사

01. 다음에서 설명하는 것은 ER모델 중 어떤 항목에 대한 설명인가?

> 1) 모든 릴레이션(Relation)은 원자값(Atomic)을 가져야한다.
> 2) 어떤 릴레이션(Relation)에서 속성 값이 가질 수 있는 값의 범위
> 3) 실제 속성값이 올바르게 되었는지 확인
> 4) 속성명과 반드시 동일할 필요는 없다.

① 카디날리티(Cardinality)
② 도메인(Domain)
③ 인스턴스(Instance)
④ 차수(Degree)

02. 아래의 ERD처럼 분산데이터베이스 설계가 되어있을 때 가장 부적절한 것은?

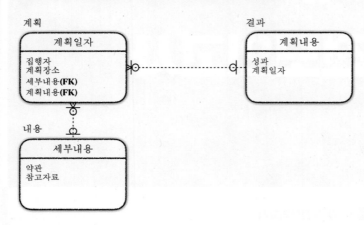

① 하나의 결과에는 여러 개의 계획이 있을 수 있다.
② 한 개의 계획에는 내용이 없을 수도 있다.
③ 데이터 조회 성능을 위해서 공통된 속성은 하나의 테이블로 묶을 수 있다.
④ 데이터 무결성을 보장하지 못할 때 분산데이터베이스 설계가 좋다.

03. ANSI-SPARC에서 정의한 3단계 구조(Three Level Architecture)에서 아래 내용이 설명하는 스키마 구조로 가장 적절한 것은?

> • 모든 사용자 관점을 통합한 조직 전체 관점의 통합적 표현이다.
> • 모든 응용시스템들이나 사용자들이 필요로 하는 데이터를 통합한 조직 전체의 DB를 기술한 것으로 DB에 저장되는 데이터와 그들 간의 관계를 표현하는 스키마이다.

① 외부 스키마(External Schema) ② 개념 스키마(Conceptual Schema)
③ 내부 스키마(Internal Schema) ④ 논리 스키마(Logical Schema)

04. 다음 보기 중 ERD에서 Relationship(관계)에 표시되지 않는 것은 무엇인가?

① 관계명(Relationship Membership) ② 관계 차수(Relationship Degree/Cardinality)
③ 관계 선택 사양(Relationship Optionality) ④ 관계 분류(Relationship Classification)

05. 다음 보기 중에서 데이터베이스 모델링에 대한 특징으로 올바르지 않은 것은?

① 내부화   ② 추상화   ③ 단순화   ④ 명확화

06. 아래의 두 가지 모델에 대한 설명으로 가장 적절한 것은?

(가) 모델

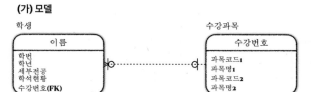

(나) 모델

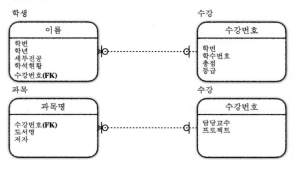

① 수학 과목 신청에 관한 내용을 조회할 때 '가' 모델이 '나' 모델보다 좋다.
② 하나의 SQL로 하나도 수강하지 않은 과목을 찾을 수 없다.
③ 정규화 측면에서는 '나' 모델이 '가' 모델보다 우수하다.
④ 두 개의 모델의 장점은 동일하다.

07. 아래와 같은 테이블이 있을 때 그 설명으로 부적절한 것은?

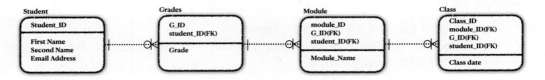

① 4개의 테이블을 조인하기 위한 최소 조건은 3개이다.
② 식별자 관계로만 연결될 경우 조인의 복잡성이 증가하므로 비식별자 관계를 고려해야 한다.
③ Student, Module을 조인할 때 Student와 Grades를 비식별자 관계로 설계하면 조인이 더욱 편리해진다.
④ Student의 student_ID는 내부 식별자이고 Grades의 student_ID는 외부 식별자이다.

08. 다음 보기 중 테이블 설계 시 인덱스와 관련된 설명으로 부적절한 것은?

① 주로 B-Tree 인덱스로 되어있다.
② 외래키가 설계되어 있는데 인덱스가 없는 상태에서 입력/삭제/수정의 부하가 생긴다.
③ 테이블에 만들 수 있는 인덱스의 수는 제한이 없으나, 너무 많이 만들면 오히려 성능 부하가 발생한다.
④ 조회는 일반적으로 인덱스가 있는 것이 유리하다.

09. 아래의 ERD에 대한 설명으로 가장 부적절한 것은?

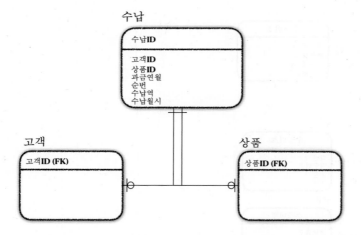

① 자주 쓰는 컬럼과 그렇지 않은 컬럼으로 나눠서 성능을 향상시킬 수 있다.
② Row Chaining이 발생하여 속도가 느려질 수 있다.
③ 한 테이블에 많은 수의 컬럼들이 존재하게 되면 데이터가 디스크의 여러 블록에 존재하므로 디스크에서 데이터를 읽는 I/O양이 많아지게 되어 성능이 저하 될 수 있다.
④ 데이터 로우가 과도하게 밀집되지 않도록 스키마 구조와 동일하게 파티션을 분할한다.

10. 음 중 아래에서 엔터티 내에 주식별자를 도출하는 기준을 묶은 것으로 가장 적절한 것은?

> 가. 쇼핑몰 사이트에서는 회원번호가 쇼핑몰 사이트를 운영할 때 자주 이용되는 속성이므로 주식별자로 지정한다.
> 나. 엔터티 내에서 고객 리스트, 상품 리스트 등과 같은 것을 주식별자로 지정한다.
> 다. 주식별자로 지정할 때 자주변경 되는 속성을 지정한다.
> 라. 여러 개의 속성으로 구성된 복합속성의 경우 주식별자에 너무 많은 속성이 포함되지 않게 한다.

① 가, 나   ② 가, 라   ③ 나, 라   ④ 가, 다

11. 아래의 ANSI JOIN SQL에서 가장 올바르지 않은 것은?

① SELECT EMP.DEPTNO, EMPNO, ENAME, DNAME FROM EMP INNER JOIN DEPT ON EMP.DEPTNO = DEPT.DEPTNO;

② SELECT EMP.DEPTNO, EMPNO, ENAME, DNAME FROM EMP NATURAL JOIN DEPT;

③ SELECT * FROM DEPT JOIN DEPT_TEMP USING(DEPTNO);

④ SELECT E.EMPNO, E.ENAME, D.DEPTNO, D.DNAME FROM EMP E INNER JOIN DEPT D ON (E.DEPTNO = D.DEPTNO);

12. 아래의 SQL 구문 중 결과가 다른 것은?

① SELECT C1, C2 FROM SQLD_31_26_01 NATURAL JOIN SQLD_31_26_02;

② SELECT NO, A.C1, B.C2 FROM SQLD_31_26_01 A JOIN SQLD_31_26_02 B USING (NO);

③ SELECT A.NO, A.C1, B.C2 FROM SQLD_31_26_01 A JOIN SQLD_31_26_02 B ON (A.NO = B.NO);

④ SELECT A.NO, A.C1, B.C2 FROM SQLD_31_26_01 A CROSS JOIN SQLD_31_26_02 B;

13. UNION에 대한 설명 중 바른 것은?

① 데이터의 중복 행을 제거한다.

② 데이터의 중복 행을 포함한다.

③ 정렬 작업을 수행하지 않는다.

④ 두 테이블에 모두 포함된 행을 검색한다.

14. 다음 보기 중 SQL의 결과가 다른 것은?

```
[SQLD_14]
------------------------------
NUM     CODE     COL1     COL2
1       A        100      350
2       A        130      300
3       B        150      400
4       A        200      300
5       B        250      200
6       A        300      150
```

① SELECT * FROM SQLD_14 WHERE 1=1 AND CODE IN('A', 'B') AND COL1 BETWEEN 200 AND 400;

② SELECT * FROM SQLD_14 WHERE 1=1 AND (CODE='A' AND 200 BETWEEN COL1 AND COL2) OR (CODE='B' AND 200 BETWEEN COL1 AND COL2);

③ SELECT * FROM SQLD_14 WHERE 1=1 AND 200 BETWEEN COL1 AND COL2;

④ SELECT * FROM SQLD_14 WHERE 1=1 AND COL1<=200 AND COL2>=200;

15. 다음 보기 중 트랜잭션의 특징이 아닌 것은?

① 원자성   ② 일관성   ③ 연관성   ④ 고립성

16. 다음 중 아직 COMMIT 되지 않은 데이터에 대한 설명으로 잘못된 것은?

① ROLLBACK 명령어로 바로 직전에 COMMIT 한 지점까지 데이터를 복구할 수 있다.
② 나 자신이 볼 수 있다.
③ 다른 사용자가 볼 수 없다.
④ 다른 사용자가 COMMIT 되지 않은 변경된 데이터를 고칠 수 있다.

17. 다음 보기 중 COL1 NULL이 없는 데이터를 찾는 SQL로 올바른 것은?

① SELECT COL1 FROM WHERE T1 WHERE COL1 < > '';
② SELECT COL1 FROM WHERE T1 WHERE COL1 != '';
③ SELECT COL1 FROM WHERE T1 WHERE COL1 IS NOT NULL;
④ SELECT COL1 FROM WHERE T1 WHERE COL1 NOT IN (NULL);

18. 다음 주어진 데이터에서 아래의 결과값과 같이 "_" 들어가 있는 것은?

```
[SQLD_18]

ID      NAME
-------------
1       __A
2       B
3       __C
4       D
5       E
6       __F

[결과값]

ID      NAME
-------------
1       _A
3       __C
6       __F
```

① SELECT * FROM SQLD_18 WHERE NAME LIKE '%%';
② SELECT * FROM SQLD_18 WHERE NAME LIKE '%#_%';
③ SELECT * FROM SQLD_18 WHERE NAME LIKE '%@_%' ESCAPE '@';
④ SELECT * FROM SQLD_18 WHERE NAME LIKE '%_%' ESCAPE '_';

19. 다음 주어진 테이블에서 수행한 SQL문의 결과값으로 잘못된 것은?

```
[SQLD_19]

EMPNO           ENAME           SAL
-----------------------------------
1               NOAH            1000
2               LIAM            2000
3               AIDEN           3000
4               JAMES           4000
5               ETHAN           5000
6               OLIVER          6000
```

① SELECT ENAME, SAL
FROM (SELECT ENAME, SAL FROM
SQLD_19 ORDER BY SAL DESC)
WHERE ROWNUM = 1;
→ 맨 끝에 데이터가 추출된다.

② SELECT ENAME, SAL
FROM (SELECT ENAME, SAL
FROM SQLD_19 ORDER BY SAL DESC)
WHERE ROWNUM = 2;
→ 끝에서 2건의 데이터가 추출된다.

③ SELECT ENAME, SAL
   FROM (SELECT ENAME, SAL
   FROM SQLD_19 ORDER BY SAL DESC)
   WHERE ROWNUM = 2;
   → 끝에서 2건의 데이터가 추출된다.

④ SELECT ENAME, SAL
   FROM (SELECT ENAME, SAL FROM SQLD_19
   ORDER BY SAL DESC)
   WHERE ROWNUM <= 3;
   → 끝에서 3건의 데이터가 추출된다.

20. 다음 주어진 SQL문의 결과값이 다른 것은?

```
[SQLD_20]

COL1      COL2      COL3
--------------------
A         300       50
B         300       150
C         NULL      300
D         300       100

SELECT NVL(COL2, COL3) AS 금액1,
       COALESCE(COL2, COL3) AS 금액2,
       NULLIF(COL2, COL3) AS 금액3,
       CASE WHEN COL2 IS NOT NULL THEN
       COL2 ELSE COL3 END AS 금액4
FROM SQLD_20;
```

① 금액 1   ② 금액 2   ③ 금액 3   ④ 금액 4

21. 다음 중 차집합을 구하는 집합 연산자는 무엇인가?

① UNION   ② UNION ALL   ③ EXCEPT   ④ INTERSECT

22. 아래의 WINDOW FUNCTION을 사용한 SQL 중 가장 올바르지 않은 것은?

① SUM(SAL) OVER()
② SUM(SAL) OVER(PARTITION BY JOB ORDER BY EMPNO RANGE BETWEEN UNBOUNDED PRECEDING AND UNBOUNDED FOLLOWING) SAL1
③ SUM(SAL) OVER(PARTITION BY JOB ORDER BY JOB RANGE BETWEEN UNBOUNDED PRECEDING AND CURRENT ROW) SAL2
④ SUM(SAL) OVER(PARTITION BY JOB ORDER BY EMPNO RANGE BETWEEN UNBOUNDED PRECEDING AND UNBOUNDED PRECEDING) SAL3

23. 인덱스에 대한 특징으로 잘못된 것은?

① Insert, Update, Delete 등과 같은 DML 작업은 테이블과 인덱스를 함께 변경해야 하기 때문에 오히려 속도가 느려질 수 있다.
② 인덱스 사용의 목적은 검색 성능의 최적화이다.
③ 인덱스 데이터는 인덱스를 구성하는 칼럼의 값으로 정렬을 수행한다.
④ 인덱스는 Equal 조건만 사용할 수 있다.

24. 다음 ( )에 해당되는 Subquery의 이름으로 올바른 것은?

```
SELECT (ㄱ)
FROM (ㄴ)
WHERE = (ㄷ);
```

① 스칼라 서브쿼리, 인라인뷰, 서브쿼리
② 인라인뷰, 인라인뷰, 스칼라 서브쿼리
③ 메인쿼리, 인라인뷰, 서브쿼리
④ 서브쿼리, 인라인뷰, 메인서브쿼리

25. 보기에서 SELECT 결과가 NULL이 아닌 경우는?

① SELECT COALESCE(1, 2, 3) FROM DUAL;
② SELECT CASE 0 WHEN 1 THEN 2 ELSE NULL END FROM DUAL;
③ SELECT DECODE('A', 'B', 'C', NULL) FROM DUAL;
④ SELECT NULLIF('A', 'A') FROM DUAL;

26. 다음 중 데이터 무결성을 보장하기 위한 방법으로 가장 부적절한 것은?

① 애플리케이션　　　② Trigger　　　③ Lock　　　④ 제약조건

27. 아래의 SQL 문을 수행하였을 때의 결과가 Result와 같을 때 Result에 대한 설명으로 적절하지 않은 것은?

```
[SQLD_27]

SELECT CONNECT BY ROOT LAST_NAME AS BOSS
MANAGER_ID, EMPLOYEE_ID, LAST_NAME,
LEVEL,
CONNECT BY_ISLEAF,
SYS_CONNECT_BY_PATH(LAST_NAME, '-') "PATH"
FROM SQLD_27
WHERE 1=1 START WITH MANAGER_ID IS NULL
CONNECT BY PRIOR EMPLOYEE_ID = MANAGER_ID

[RESULT]
```

BOSS	MANAGER_ID	EMPLOYEE_ID	LAST_NAME	LEVEL	CONNECT_BY_ISLEAF PATH
[ ]		100	A	0	-A
A	100	101	B	0	-A-B
A	101	108	C	0	-A-B-C
A	101	205	L	0	-A-B-L
A	108	109	D	1	-A-B-C-D
A	108	110	E	1	-A-B-C-E
A	108	111	F	1	-A-B-C-F
A	108	112	G	1	-A-B-C-G
A	108	113	H	1	-A-B-C-H
A	101	200	I	1	-A-B-I
A	101	203	J	1	-A-B-J
A	101	204	K	1	-A-B-K
A	205	206	M	1	-A-B-L-M

① [   ]는 A이다.
② LEAF이면 1을 LEAF가 아니면 0을 반환한다.
③ 자식에서 부모로 가는 역방향이다.
④ LEVEL은 계층의 깊이를 의미하며 KING은 최상위 계층이다.

28. 아래의 SQL 문에 대한 설명으로 올바른 것은?

```
[SQLD_28]

SELECT * FROM SQLD_28
WHERE EMP NAME LIKE 'A%';
```

① 테이블의 EMP NAME이 A 또는 a로 시작하는 모든 ROW
② 테이블의 EMP NAME이 A로 시작하는 모든 ROW
③ 테이블의 EMP NAME이 A로 끝나는 모든 ROW
④ 테이블의 EMP NAME이 A 또는 a로 끝나는 모든 ROW

29. 다음 주어진 테이블에서 SQL문의 결과값으로 알맞은 것은?

```
[SQLD_29]

JOB_TITLE          EMP_NAME            SALARY
-----------------------------------------------
CLERK              JACSON              2000
SALESMAN           KING                3000
SALESMAN           BOAN                4000
CLERK              LUCAS               5000
SALESMAN           CADEN               6000
CLERK              GRAYSON             7000
DEVELOPER          LOGAN               8000
CLERK              JIM                 9000

[RESULT]

SELECT COUNT(*)
FROM SQLD_29
WHERE JOB_TITLE = 'CLERK'
OR (EMP_NAME LIKE 'K%' AND SALARY >= 3000)
```

① 4건   ② 5건   ③ 6건   ④ 8건

30. 다음 중 문자열이 입력될 때 빈 공간으로 채우는 형태의 데이터 타입은?

① VARCHAR2
② CHAR
③ DATE
④ NUMBER

31. 다음 중 결과값이 다른 것은?

① SELECT SUBSTR(TO_CHAR('20190504'), 5, 2) FROM DUAL;
② SELECT EXTRACT(MONTH FROM DATE '2020-05-01') FROM DUAL;
③ SELECT CONCAT('0', '5') FROM DUAL;
④ SELECT TRIM('05') FROM DUAL;

32. 다음 중 결과값이 다른 것은?

① SELECT UPPER('ebac') FROM DUAL;
② SELECT RTRIM('EBAC') FROM DUAL;
③ SELECT SUBSTR('ABCEBACED', 4, 4) FROM DUAL;
④ SELECT CONCAT('EB', 'AC') FROM DUAL;

33. 다음 보기 중 아래 SQL문의 결과값으로 올바른 것은?

[SQLD_33]

SELECT SUBSTR('123456788', -4, 2)
FROM DUAL;

① 45   ② 65   ③ 43   ④ 67

34. 주어진 SQL 문의 빈칸에 올 수 있는 함수로 옳지 않은 것은?

[SQLD_34]

DEPT	NAME	SALARY
MARKETING	A	30
SALES	B	40
MARKETING	C	40
SALES	D	50
MANUFACTURE	E	50
MARKETING	F	50
MANUFACTURE	G	60
SALES	H	60
MANUFACTURE	I	70

SELECT * FROM SQLD_34
WHERE SALARY (   );

① <= (SELECT MAX(SALARY) FROM SQLD_34 GROUP BY DEPT)
② >= ANY(30, 40, 50, 60, 70)
③ <= ALL(30, 40, 50, 60, 70)
④ IN (SELECT SALARY FROM SQLD_34 WHERE DEPT = 'MARKETING')

35. 다음 중 아래의 요구사항을 반영한 SQL문의 결과가 다른 것은?

[요구사항]
팀이 A이거나 B이면서 무게가 65보다 큰 플레이어를 검색해라.

① SELECT * FROM PLAYER
   WHERE TEAM IN('A', 'B') AND WEIGHT > 65;

② SELECT * FROM PLAYER
   WHERE TEAM = 'A' OR TEAM = 'B' AND
   WEIGHT > 65;

③ SELECT * FROM PLAYER
   WHERE (TEAM = 'A' AND WEIGHT > 65) OR
   (TEAM = 'B' AND WEIGHT > 65);

④ SELECT * FROM PLAYER
   WHERE (TEAM = 'A' OR TEAM = 'B')
   AND
   WEIGHT > 65;

36. 다음 중 데이터베이스 테이블의 제약조건(CONSTRAINT)에 대한 설명으로 가장 부적절한 것은?

① Check 제약조건은 데이터베이스에서 데이터의 무결성을 유지하기 위하여 테이블의 특정 칼럼에 설정하는 제약이다.

② 기본키(Primary Key)는 반드시 테이블 당 하나의 제약만을 정의할 수 있다.

③ 고유키(Unique Key)로 지정된 모든 컬럼들은 Null 값을 가질 수 없다.

④ 외래키(Foreign Key)는 테이블 간의 관계를 정의하기 위해 기본키(Primary Key)를 다른 테이블의 외래키가 참조하도록 생성한다.

37. 주어진 테이블에서 SQL문을 수행하였을 때 T1, T2, T3의 결과 건수로 알맞은 것은?

```
[SQLD_37]

COL1
----
 1
 2
 3

INSERT FIRST
  WHEN C1 >= 2 THEN INTO T1
  WHEN C1 >= 3 THEN INTO T2
  ELSE INTO T3
SELECT * FROM SQLD_37;
```

① 0, 1, 2   ② 2, 0, 1   ③ 1, 2, 0   ④ 0, 2, 1

38. 문자열 중 m위치에서 n개의 문자 길이에 해당하는 문자를 리턴하는 함수를 고르시오.

① SUBSTR(STR, M, N) / SUBSTRING(STR, M, N)

② TRIM(STR, M, N)

③ CONCAT(STR, M, N)

④ STRING_SPLIT(STR, M, N)

39. 아래와 같은 데이터를 가진 테이블이 있을 때 아래의 SQL 결과로 알맞은 것은?

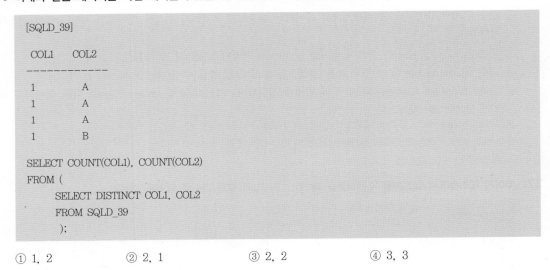

```
[SQLD_39]

COL1    COL2
------------
1       A
1       A
1       A
1       B

SELECT COUNT(COL1), COUNT(COL2)
FROM (
      SELECT DISTINCT COL1, COL2
      FROM SQLD_39
     );
```

① 1, 2   ② 2, 1   ③ 2, 2   ④ 3, 3

40. 다음 주어진 테이블에 대한 아래의 SQL문의 결과 건수로 알맞은 것은?

```
[SQLD_40]

COL1    COL2
--------------
A       100
B       200
C       300
C       400

SELECT COUNT(*)
FROM SQLD_40
GROUP BY ROLLUP(COL1), COL1;
```

① 3   ② 4   ③ 6   ④ 8

41. 다음 주어진 SQL문과 동일한 결과값을 반환하는 SQL문으로 올바른 것은?

[SQLD_41]

SELECT * FROM T1
WHERE COL1 BETWEEN A AND B;

① SELECT * FROM T1
   WHERE COL1 >= A AND COL1 <= B

② SELECT * FROM T1
   WHERE COL1 <= A AND COL1 >= B

③ SELECT * FROM T1
   WHERE COL1 >= A OR COL1 <= B

④ SELECT * FROM T1
   WHERE COL1 <= A OR COL1 <= B

42. 아래와 같은 테이블에 데이터가 있다. 각 보기에서의 SQL 실행 결과가 잘못된 것은?

```
[SQLD_42_1]                          [SQLD_42_2]

JOB_TITLE          NAME              JOB_TITLE          NAME
--------------------------------     ------------------------
MANAGER            A                 MANAGER            A
CLERK              B
SALESMAN           C                 SALESMAN           C
DEVELOPER          D
```

① SELECT A.JOB_TITLE, A.NAME
   FROM SQLD_42_1 A, SQLD_42_2 B
   WHERE A.JOB_TITLE = B.JOB_TITLE;

```
<RESULT>
JOB_TITLE        NAME
------------------------
MANAGER          A
SALESMAN         C
```

② SELECT A.JOB_TITLE, A.NAME
   FROM SQLD_42_1 A LEFT OUTER JOIN
   SQLD_42_2 B
   ON A.JOB_TITLE = B.JOB_TITLE;

```
<RESULT>
JOB_TITLE        NAME
------------------------
DEVELOPER        D
```

③ SELECT A.JOB_TITLE, A.NAME
   FROM SQLD_42_1 A
   RIGHT OUTER JOIN SQLD_42_2 B
   ON A.JOB_TITLE = B.JOB_TITLE;

```
<RESULT>
JOB_TITLE        NAME
------------------------
MANAGER          A
SALESMAN         C
```

④ SELEC A.JOB_TITLE, A.NAME
   FROM SQLD_42_1 A INNER JOIN SQLD_42_2 B
   ON A.JOB_TITLE = B.JOB_TITLE;

```
<RESULT>
JOB_TITLE        NAME
------------------------
CLERK
SALESMAN         C
```

43. 주어진 데이터에 대해서 SQL의 결과가 아래와 같을 때 SQL문의 빈칸을 완성하시오.

```
[SQLD_43]

이름        부서              직책    급여
--------------------------------------------
조조        경영지원부          부장    300
유비        경영지원부          과장    290
제갈량      인사부             대리    250
사마의      인사부             대리    250
관우        영업부             사원    230
장비        영업부             사원    220
```

SELECT(   ) OVER (ORDER BY 급여 DESC) AS 순위,
이름, 부서, 직책, 급여
FROM SQLD_43;

[Result1]

순위	이름	부서	직책	급여
1	조조	경영지원부	부장	300
2	유비	경영지원부	과장	290
3	제갈량	인사부	대리	250
3	사마의	인사부	대리	250
5	관우	영업부	사원	230
6	장비	영업부	사원	220

SELECT(   ) OVER (ORDER BY 급여 DESC) AS 순위,
이름, 부서, 직책, 급여
FROM SQLD_43;

[Result2]

순위	이름	부서	직책	급여
1	조조	경영지원부	부장	300
2	유비	경영지원부	과장	290
3	제갈량	인사부	대리	250
4	사마의	인사부	대리	250
5	관우	영업부	사원	230
6	장비	영업부	사원	220

44. 아래의 SQL을 수행한 결과를 작성하시오.

> [SQLD_44]
>
> SELECT ROUND(3.45, 1) AS COL1 FROM DUAL;

45. 정규표현식에서 실행결과 괄호 안을 채우시오.

> • Equal Join(동등 조인)에서만 가능하다.
> • 대용량 처리에 유리하다.
> • 각 테이블에 INDEX가 반드시 필요한 것은 아니다.
> • 데이터 건수가 적은 테이블을 선행 테이블로 두는 것이 유리하다.

46. 아래 두 개의 SQL이 같은 결과를 출력하도록 SQL을 완성하시오.

> SELECT REGEXP_SUBSTR('aab', 'a.b') AS C1
>   ,REGEXP_SUBSTR('abb', 'a.b') AS C2
>   ,REGEXP_SUBSTR('acb', 'a.b') AS C3
>   ,REGEXP_SUBSTR('adc', 'a.b') AS C4
> FROM DUAL;

[실행결과]

C1	C2	C3	C4
( )	abb	( )	

47. 아래의 설명에서 괄호에 알맞은 것은?

> 테이블에 데이터를 입력할 때 INSERT를 사용하며, 입력한 정보 중에 잘못 입력되거나 변경이 발생하여 정보를 수정해야 하는 경우 ( )를 사용한다. 또한 테이블의 정보가 필요 없게 되었을 경우 데이터 삭제를 위하여 DELETE를 사용한다.

48. 데이터의 입력/삭제/수정 등의 DML 수행 후 원상 복구를 위한 명령어를 쓰시오.

49. 아래의 SQL에 대한 Column Header를 적으시오(DBMS : Oracle)

[SQLD_49]

SELECT employee_id, DEPARTMENT_ID, SALARY AS "salary"
FROM SQLD_49
WHERE EMPLOYEE_ID < 110;

50. 아래 데이터를 가진 테이블에 대한 SQL 결과를 적으시오.

[SQLD_50]

COL1	COL2
1	
2	
3	1
4	1
5	2
6	2
7	3
8	4
9	5
10	6

SELECT COUNT(*)
FROM SQLD_50
WHERE COL1 < > 4
START WITH COL1 = 1
CONNECT BY PRIOR COL1 = COL2;

01. 도메인의 특징으로 알맞지 않은 것은?

① 엔터티 내에서 속성에 대한 데이터 타입과 크기를 지정한다.
② 엔터티 내에서 속성에 대한 NOT NULL을 지정한다.
③ 엔터티 내에서 속성에 대한 Check 조건을 지정한다.
④ 테이블의 속성 간 FK 제약 조건을 지정한다.

02. 아래의 그림에 대한 식별자의 분류를 알맞게 짝지은 것은?

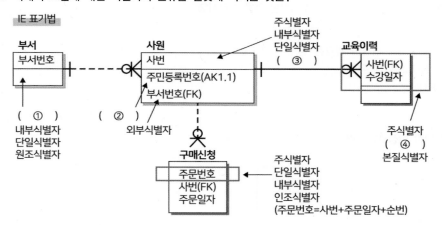

① 주식별자 – 본질식별자 – 보조식별자 – 복합식별자
② 본질식별자 – 주식별자 – 보조식별자 – 복합식별자
③ 주식별자 – 보조식별자 – 본질식별자 – 복합식별자
④ 주식별자 – 보조식별자 – 복합식별자 – 본질식별자

03. 다음 중 주식별자를 도출하기 위한 기준으로 적절하지 않은 것은?

① 해당 업무에서 자주 이용되는 속성을 주식별자로 지정한다.
② 명칭, 내역 등과 같이 이름으로 기술되는 것들은 가능하면 주식별자로 지정하지 않는다.
③ 복합으로 주식별자로 구성할 경우 너무 많은 속성이 포함되지 않도록 한다.
④ 지정된 주식별자의 값은 변경될 수도 있다.

04. 다음 중 아래 시나리오에서 엔터티로 가장 적절한 것은?

> [시나리오]
> S 병원은 여러 명의 환자가 존재하고 각 환자에 대한 이름, 주소 등을 관리해야 한다.
> (단, 업무범위와 데이터의 특성은 상기 시나리오에 기술되어 있는 사항만을 근거하여 판단해야 함)

① 병원　　　　　② 환자　　　　　③ 이름　　　　　④ 주소

05. 주식별자의 특징으로 가장 적절하지 않은 것은?

① 유일성 : 주식별자에 의해 엔터티내에서 모든 인스턴스들을 유일하게 구분함
② 최소성 : 주식별자를 구성하는 속성의 수는 유일성을 만족하는 최소의 수가 되어야 함
③ 불변성 : 주식별자가 한 번 특정 엔터티에 지정되면 그 식별자의 값은 변하지 않아야 함
④ 존재성 : 주식별자가 지정되면 데이터 값이 존재하지 않을 수 있음(NULL 허용)

06. 다음 중 NULL속성에 대한 설명으로 가장 부적절한 것을 고르시오.

① NULL은 문자의 경우 ˝와 숫자의 경우 0과 같다.
② NULL 값에 대한 사칙 연산의 결과는 언제나 NULL이다.
③ 집계함수에서 NULL은 제외된다.
④ NULL은 is NULL/is not NULL 연산만 가능하다.

07. 아래의 ERD 에 대한 반정규화 기법으로 적절하지 않은 것은?

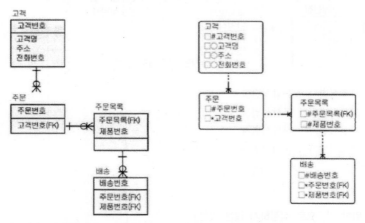

① 배송 테이블에서 고객의 정보를 찾는 빈도가 높을 경우 고객과 배송 테이블의 관계를 추가하는 관계의 반정규화를 한다.
② 주문목록 테이블에서 고객이 정보를 찾는 빈도가 높을 경우 고객과 주문 테이블의 비식별자 관계를 식별자 관계로 한다.
③ 주문 테이블에서 항상 고객명을 같이 조회하는 경우 고객 테이블의 고객명을 주문 테이블에 넣는 컬럼의 반정규화를 한다.
④ 주문과 주문목록, 배송 테이블의 모든 컬럼을 고객(최상위 테이블) 테이블에 모두 넣는 반정규화를 한다.

08. 아래의 ERD를 참고하여 테이블에 대한 관계를 설명하는 것으로 가장 적절한 것은?

① 주문은 여러 개의 제품을 가질 수 있고, 제품은 하나의 주문에만 속할 수 있다.
② 제품은 여러 개의 주문에 속할 수 있고, 주문은 하나의 제품만 가질 수 있다.
③ 주문 1개는 여러 개의 제품을 가질 수 있으며, 제품 1개는 여러 개의 주문에 속할 수 있다.
④ 주문은 제품을 하나도 안 가질 수 있다.

09. 아래의 테이블에 대한 이상 현상에 대한 설명 중 가장 적절하지 않은 것은?

[SQLD_09]

고객(PK)	고객명	상품번호(PK)	상품명	가격
001	유비	1000	스마트폰	100000
002	손권	1000	스마트폰	100000
003	관우	2000	노트북	5000
004	장비	3000	LEN 카드	500000

① 삽입이상 : 상품을 주문하지 않은 고객의 정보를 삽입할 수 없다.
② 갱신이상 : 스마트폰의 정보를 업데이트 할 경우 유비의 스마트폰만 업데이트 하면 된다.
③ 갱신이상 : 노트북의 가격을 업데이트 할 경우 관우의 노트북만 업데이트 하면 된다.
④ 삭제이상 : 장비의 고객정보가 삭제되면 LEN 카드 상품의 정보도 삭제된다.

10. 속성의 특징으로 가장 올바른 것은?

① 엔터티는 한 개의 속성만으로 구성될 수 있다.
② 엔터티를 설명하고 인스턴스의 구성요소가 된다.
③ 하나의 속성에는 여러개의 속성값을 가질 수 있다.
④ 속성의 특성에 따른 분류에는 PK 속성, FK 속성, 일반 속성이 있다.

11. TRUNCATE TABLE 명령어의 특징으로 가장 적절한 것은?

① 테이블 자체를 삭제하는 명령어로 DROP TABLE과 동일한 명령어이다.
② 특정 로우를 선택하여 지울 수 없다.
③ DELETE TABLE과는 다르게 TRUNCATE TABLE의 경우 정상적인 복구가 가능하다.
④ DELETE TABLE보다 시스템 부하가 더 크다.

12. 다음의 SCRIPT를 수행한 후 보기의 SQL을 수행할 때 잘못된 것은?

[SQLD_12]
CREATE TABLE SQLD_12(N1 NUMBER, N2 NUMBER);
INSERT INTO SQLD_12 VALUES(1, 10);
INSERT INTO SQLD_12 VALUES(2, 20);

① SELECT N1 FROM SQLD_12 ORDER BY N2;
② SELECT * FROM SQLD_12 ORDER BY 2;
③ SELECT N1 FROM (SELECT * FROM SQLD_12) ORDER BY N2;
④ SELECT N1 FROM (SELECT * FROM SQLD_12) ORDER BY 2;

13. PROCEDURE, TRIGGER 에 대한 설명 중 가장 잘못된 것은?

① PROCEDURE, TRIGGER 모두 EXECUTE 명령어로 수행된다.
② PROCEDURE, TRIGGER 모두 CREATE 명령어로 생성한다.
③ PROCEDURE는 COMMIT, ROLLBACK 명령어를 사용할 수 있다.
④ TRIGGER 는 COMMIT, ROLLBACK 명령어를 사용할 수 없다.

14. 아래의 데이터를 바탕으로 다음의 SQL을 수행하였을 때의 설명으로 적절하지 않은 것은?

[SQLD_14]
SELECT CONNECT_BY_ROOT LAST_NAME AS BOSS,
    MANAGER_ID,
    EMPLOYEE_ID,
    LAST_NAME,
    LEVEL,
    CONNECT_BY_ISLEAF,
    SYS_CONNECT_BY_PATH(LAST_NAME, '-') "PATH"
FROM SQLD_14
WHERE 1=1
START WITH MANAGER_ID IS NULL
CONNECT BY PRIOR EMPLOYEE_ID = MANAGER_ID

〈RESULT〉

BOSS	MANAGER_ID	EMPLOYEE_ID	LAST_NAME	"LEVEL"	CONNECT_BY_ISLEAF	PATH
[ ]	<null>	100	King	1	0	-King
King	100	101	Kochhar	2	0	-King-Kochhar
King	101	108	Greenberg	3	0	-King-Kochhar-Greenberg
King	108	109	Faviet	4	1	-King-Kochhar-Greenberg-Faviet
King	108	110	Chen	4	1	-King-Kochhar-Greenberg-Chen
King	108	111	Sciarra	4	1	-King-Kochhar-Greenberg-Sciarra
King	108	112	Urman	4	1	-King-Kochhar-Greenberg-Urman
King	108	113	Popp	4	1	-King-Kochhar-Greenberg-Popp
King	101	200	Whalen	3	1	-King-Kochhar-Whalen
King	101	203	Mavris	3	1	-King-Kochhar-Mavris
King	101	204	Baer	3	1	-King-Kochhar-Baer
King	101	205	Higgins	3	0	-King-Kochhar-Higgins
King	205	206	Gietz	4	1	-King-Kochhar-Higgins-Gietz

① [　　　] 는 KING 이다.
② CONNECT_BY_ISLEAF는 LEAF면 1을 아니면 0을 반환한다.
③ 자식에서 부모로 가는 역방향이다.
④ LEVEL은 계층의 깊이를 의미하며 KING은 최상위 계층이다.

15. PLAYER 테이블에서 선수명과 팀명은 오름차순, 연봉은 내림차순으로 조회하는 SQL로 바른것은?

① SELECT 선수명, 팀명, 연봉 FROM ORDER BY 선수명 DESC, 팀명 DESC, 연봉 ASC
② SELECT 선수명, 팀명, 연봉 FROM ORDER BY 선수명 ASC, 팀명 ASC, 연봉
③ SELECT 선수명, 팀명, 연봉 FROM ORDER BY 선수명 ASC, 팀명, 3 DESC
④ SELECT 선수명, 팀명, 연봉 FROM ORDER BY 선수명, 팀명, DESC 연봉

16. 아래의 SQL에 대한 실행계획에 대한 설명으로 부적절한 것은?

```
[SQL]
SELECT *
FROM HR.DEPARTMENTS A, HR.EMPLOYEES B
WHERE A.DEPARTMENT_ID = B.DEPARTMENT_ID
```

```
<Plan>
PLAN_TABLE_OUTPUT
-----------------------------------------------------------------------------
| Id | Operation          | Name        | Rows | Bytes | Cost (%CPU)| Time     |
-----------------------------------------------------------------------------
|  0 | SELECT STATEMENT   |             |  106 |  9540 |    6  (0)| 00:00:01 |
|* 1 |  HASH JOIN         |             |  106 |  9540 |    6  (0)| 00:00:01 |
|  2 |   TABLE ACCESS FULL| DEPARTMENTS |   27 |   567 |    3  (0)| 00:00:01 |
|  3 |   TABLE ACCESS FULL| EMPLOYEES   |  107 |  7383 |    3  (0)| 00:00:01 |
```

① 성능향상을 위해 HASH JOIN을 NESTED LOOP JOIN으로 변경한다.
② SQL의 실행 순서는 2 → 3 → 1 → 0 이다.
③ DEPARTMENTS 테이블이 EMPLOYEES보다 소량으로 선행으로 하는 것이 좋다.
④ 조인 조건이 Non-Equal 일 경우 HASH JOIN으로 수행되지 못하고 MERGE JOIN으로 수행된다.

17. 테이블이 다음과 같을 때 아래의 SQL 연산결과로 알맞은 것은?

COL1	COL2	COL3	COL4
1	1	1	1
NULL	1	NULL	NULL
3	NULL	3	3
NULL	4	NULL	4

[SQLD_17]

1) SELECT SUM(COL1+COL2+COL3+COL4) FROM SQLD_17;
2) SELECT SUM(COL1)+SUM(COL2)+SUM(COL3)+SUM(COL4) FROM SQLD_17;

① 4, NULL   ② NULL, 22   ③ 4, 22   ④ NULL, NULL

18. 아래의 SQL에서 NULL을 반환하는 SQL은 어떤것인가?

① SELECT COALESCE(NULL, '2') FROM DUAL
② SELECT NULLIF('A', 'A') FROM DUAL
③ SELECT NVL(NULL, 0) + 10 FROM DUAL
④ SELECT NVL(NULL, 'A') FROM DUAL

19. 아래의 테이블에 대한 SQL중 결과가 다른 하나는 무엇인가?

[SQLD_19]

N1	N2	C1	C2
1	NULL	A	NULL
2	1	B	A
4	2	D	B
5	4	E	D
3	1	C	A

① SELECT C1, C2, N1, N2 FROM SQLD_19 WHERE N1=4 START WITH N2 IS NULL CONNECT BY PRIOR N1=N2 ;
② SELECT C1, C2, N1, N2 FROM SQLD_19 START WITH C2='B' CONNECT BY PRIOR N1=N2 AND C2<>'D'
③ SELECT C1, C2, N1, N2 FROM SQLD_19 START WITH C1='B' CONNECT BY PRIOR N1=N2 AND PRIOR C2='B'
④ SELECT C1, C2, N1, N2 FROM SQLD_19 WHERE C1<>'B' START WITH N1=2 CONNECT BY PRIOR N1=N2 AND PRIOR N1=2;

20. 아래의 테이블에 대해 다음의 SCRIPT를 수행한 결과로 알맞은 것은?

ID	DEPT_NIM	SALARY
1	A	1000
1	A	100
2	B	500
2	B	4000
2	B	10
3	C	150
3	C	10

[SQLD_20]

SELECT ID, DEPT_NM, SUM(SALARY)
FROM SQLD_20
GROUP BY ROLLUP(ID, DEPT_NM);

①
ID	DEPT_NM	SUM(SALARY)
1	A	1100
2	B	4510
3	C	160

②
ID	DEPT_NM	SUM(SALARY)
1	A	1100
1	NULL	1100
2	B	4510
2	NULL	4510
3	C	160
3	NULL	160
NULL	NULL	5770

③
ID	DEPT_NM	SUM(SALARY)
1	NULL	1100
2	NULL	1100
3	NULL	160
NULL	A	1100
NULL	B	4510
NULL	C	160

④
ID	DEPT_NM	SUM(SALARY)
NULL	NULL	5770
NULL	A	110
NULL	B	4510
NULL	C	160
1	NULL	1100
1	A	1100
2	NULL	4510
2	B	4510
3!	NULL	160

21. SQLD_21을 수행한 결과가 다음과 같을 때 수행한 SQL의 빈칸에 넣을 알맞은 그룹함수는?

[SQLD_21]

SELECT ID, DEPT_NM, SUM(AMT)
FROM SQLD_21
GROUP BY (   )

⟨RESULT⟩

ID	DEPT_NM	"SUM(AMT)"
⟨null⟩	⟨null⟩	195
⟨null⟩	가	25
⟨null⟩	나	100
⟨null⟩	다	70
1	⟨null⟩	25
1	가	25
2	⟨null⟩	100
2	나	100
3	⟨null⟩	70
3	다	70

① CUBE(ID, DEPT_NM)
② ROLLUP(ID, DEPT_NM)
③ GROUPING SETS(ID, DEPT_NM)
④ CUBE(ID)

22. 아래의 GROUP 함수에 대한 설명으로 가장 적절한 것은?

① CUBE는 결합 가능한 모든 값에 대하여 다차원 집계를 생성한다.
② ROLLUP은 계층구조가 평등한 관계이므로 인수의 순서가 바뀌어도 결과는 같다.
③ ROLLUP, CUBE, GROUPING SETS은 특정 컬럼에 대한 정렬은 가능하나 계층간 정렬은 불가능하다.
④ ROLLUP은 CUBE에 비해 시스템에 많은 부담을 주므로 사용에 주의해야 한다.

23. 아래의 테이블에 대한 SQL 결과로 올바른 것은?

C1
1
2
3
4

[SQLD_23]

SELECT COUNT(*)
FROM SQLD_23
HAVING COUNT(*) > 4

① 공집합(0 Rows)
② 0
③ 1
④ 2

24. 아래의 트랜잭션 특성에 대한 설명을 올바르게 연결한 것은?

[설명]

(ㄱ) : 트랜잭션에서 정의된 연산들은 모두 성공적으로 실행 되던지 아니면 전혀 실행되지 않은 상태로 남아 있어야 한다.

(ㄴ) : 트랜잭션이 실행되는 도중에 다른 트랜잭션의 영향을 받아 잘못된 결과를 만들어서는 안된다.

(ㄷ) : 트랜잭션이 성공적으로 수행되면 그 트랜잭션이 갱신한 데이터베이스의 내용은 영구적으로 저장된다.

(ㄹ) : 트랜잭션이 실행되기 전의 데이터베이스 내용이 잘못 되어 있지 않다면 트랜잭션이 실행된 이후에도 데이터베이스의 내용에 잘못이 있으면 안된다

① 일관성, 원자성, 지속성, 고립성
② 원자성, 일관성, 지속성, 고립성
③ 원자성, 고립성, 지속성, 일관성
④ 고립성, 원자성, 일관성, 지속성

25. 아래의 테이블에 대한 SELECT 결과 건수로 알맞은 것은?

COL1
1
1
1
2
2
3
5
6

COL1
1
2
2
4
5

```
[SQLD_25]

SELECT DISTINCT COL1
FROM SQLD_25_01
UNION ALL
SELECT COL1
FROM SQLD_25_02
```

① 4   ② 6   ③ 8   ④ 10

26. 아래와 같은 테이블이 있다. 스크립트를 수행한 후의 결과로 가장 올바른 것은?

[SQLD_26_01]

COL1
1
2
3
4

[QLD_26_02]

COL1
1
2
3
NULL

[QLD_26_03]

COL1
1
NULL
3
5

```
[SQL]
SELECT COUNT(*)
FROM SQLD_26_01 T1 ,SQLD_26_02 T2 ,SQLD_26_03 T3 ,SQLD_26_04 T4
WHERE T1.COL1 = T2.COL1(+)
AND T2.COL1 = T3.COL1(+)
AND T3.COL1 = T4.COL1
```

① 1   ② 2   ③ 3   ④ 4

27. 아래 테이블에 대해 수행된 SQL결과와 보기의 SQL의 결과가 같은 것으로 올바른 것은?

EMP_ID	DEPT_ID	SALARY
1	10	1000
2	10	1500
3	10	1500
4	20	1200
5	20	1100
6	20	100
7	30	4000
8	30	5000

```
[SQLD_27]

SELECT DEPT_ID, SALARY
FROM ( SELECT ROW_NUMBER()
        OVER(PARTITION BY DEPT_ID
        ORDER BY SALARY DESC) RN,
        DEPT_ID, SALARY
        FROM SQLD_27
    )
WHERE RN=1;
```

① SELECT DEPT_ID, SALARY FROM (
   SELECT RANK() OVER(PARTITION BY DEPT_ID ORDER BY SALARY DESC) RN,
   DEPT_ID, SALARY FROM SQLD_27)
   WHERE RN=1;

② SELECT DEPT_ID, MAX(SALARY) AS SALARY FROM SQLD_27
   GROUP BY DEPT_ID;

③ SELECT DEPT_ID, SALARY
   FROM SQLD_27
   WHERE ROWNUM=1
   ORDER BY DEPT_ID, SALARY DESC ;

④ SELECT DEPT_ID, SALARY
   FROM SQLD_27
   WHERE SALARY=(SELECT MAX(SALARY) FROM SQLD_27);

28. 순번을 구하는 그룹함수가 아닌 것은?

① RANK
② ROW_NUMBER
③ DENSE_RANK
④ RATIO_TO_REPORT

29. 아래의 SCRIPT 에서 최종결과로 알맞은 것은?

```
[SQLD_29]

CREATE TABLE SQLD_29(N1 NUMBER, N2 NUMBER);

INSERT INTO SQLD_29 VALUES(1, 1);
INSERT INTO SQLD_29 VALUES(2, 2);
SAVEPOINT SV1;

UPDATE SQLD_29 SET N1=4 WHERE N2=1;
SAVEPOINT SV1;

DELETE SQLD_29 WHERE N1>=2;
ROLLBACK TO SAVEPOINT SV1;

SELECT MAX(N1) FROM SQLD_29;
```

① NULL
② 4
③ 2
④ 답 없음

30. 아래의 SQL을 ORACLE과 SQL SERVER에서 수행할 때 SQL에 대해 틀린 설명은?(AUTO COMMIT은 FALSE로 설정)

```
[SQLD_30]

UPDATE SQLD_30 SET N1=3 WHERE N2=1;
CREATE TABLE SQLD_30_TEMP(N1 NUMBER);
ROLLBACK;
```

① SQL SERVER의 경우 ROLLBACK이 된 후 UPDATE와 CREATE 구문 모두 취소된다.
② SQL SERVER의 경우 ROLLBACK이 된 후 SQLD_30_TEMP는 만들어지지 않는다.
③ ORACLE의 경우 ROLLBACK이 된 후 UPDATE와 CREATE 구문 모두 취소된다.
④ ORACLE의 경우 UPDATE는 취소되지 않는다.

31. 아래의 ERD 를 참고하여 보기의 SQL 중 결과가 다른 하나는?

SQLD_34_31_01	SQLD_34_31_02
고객ID	고객ID
이용일자	이용일자
......	......

[SQLD_31]

```
SELECT 고객ID, 이용일자
FROM SQLD_31_01
UNION
SELECT 고객ID, 이용일자
FROM SQLD_31_02;
```

① SELECT DISTINCT
      NVL(A.고객ID ,B.고객ID) AS 고객ID,
      NVL(A.이용일자 ,B.이용일자) AS 이용일자
   FROM SQLD_34_31_01 A
      CROSS JOIN SQLD SQLD_34_31_02

② SELECT NVL(A.고객ID,B.고객ID),
      NVL(A.이용일자,B.이용일자)
   FROM SQLD_34_31_01 A
      FULL OUTER JOIN SQLD_34_31_02 B
         ON A.고객ID = B.고객ID

③ SELECT A.고객ID,A.이용일자
   FROM SQLD_34_31_01 A
      LEFT OUTER JOIN SQLD_34_31_02 B
         ON A.고객ID = B.고객ID
   UNION
   SELECT B.고객ID,B.이용일자
   FROM SQLD_34_31_01 A
      RIGHT OUTER JOIN SQLD_34_31_02 B
         ON A.고객ID = B.고객ID

④ SELECT A.고객ID,A.이용일자
   FROM SQLD_34_31_01 A
   WHERE NOT EXISTS (SELECT 'X'
         FROM SQLD_34_31_02 B
         WHERE A.고객ID = B.고객ID)
   UNION
   SELECT B.고객ID,B.이용일자
   FROM SQLD_34_31_02 B
   WHERE NOT EXISTS (SELECT 'X'
         FROM SQLD_34_31_02 A
         WHERE A.고객ID = B.고객ID)
```
```

32. 아래와 같은 데이터를 가진 테이블이 있을 때 중복되는 이름 중 아이디가 제일 작은 것만 남도록 하는 SQL을 완성하시오

ID	NAME
1	A
2	A
1	C
1	D
2	D

```
[SQLD_32]

DELETE SQLD_32
WHERE ID NOT IN (          )

〈RESULT〉
ID      NAME
-----------
1       A
1       C
1       D
```

① SELECT MAX(ID) FROM SQLD_32 GROUP BY NAME
② SELECT MIN(ID) FROM SQLD_32 GROUP BY NAME
③ SELECT MAX(ID) FROM SQLD_32 GROUP BY ID
④ SELECT MIN(ID) FROM SQLD_32 GROUP BY ID

33. 아래의 SQL 에 대한 설명 중 올바른 것은?

```
[SQLD_33]

SELECT *
FROM SQLD_33
WHERE EMP_NAME LIKE 'A%'
```

① 테이블의 EMP_NAME이 A 또는 a로 시작하는 모든 row
② 테이블의 EMP_NAME이 A로 시작하는 모든 row
③ 테이블의 EMP_NAME이 A로 끝나는 모든 row
④ 테이블의 EMP_NAME이 A 또는 a로 끝나는 모든 row

34. 다음 보기 중 물리적 테이블명으로 가장 적절한 것은?

① TAB_100   ② 100_TAB   ③ TAB-100   ④ 100-TAB

35. 다음 보기 중 반올림 함수로 알맞은 것은?

① ROUND   ② CEIL   ③ TRUNC   ④ ABS

36. 아래의 SQL문을 수행한 결과로 잘못된 것은?

```
[SQLD_36]

CREATE TABLE 주문 (
    C1 NUMBER(10),
    C2 DATE,
    C3 VARCHAR(10),
    C4 NUMBER DEFAULT 100
);

INSERT INTO 주문(C1,C2,C3) VALUES(1, SYSDATE, 'TEST1');
```

① INSERT INTO 주문 VALUES(2, SYSDATE, 'TEST2');
② DELETE 주문
③ DELETE FROM 주문;
④ UPDATE 주문 SET C1=1;

37. ORDER BY의 특징으로 가장 적절하지 않은 것은?

① ORDER BY의 기본 정렬은 내림차순이다
② SELECT 구문에 사용되지 않은 컬럼도 OERDER BY 구문에서 사용할 수 있다
③ ORDER BY 1, COL1과 같이 숫자와 컬럼을 혼용하여 사용할 수 있다
④ ORACLE은 NULL을 가장 큰 값으로 취급하여 ORDER BY 시 맨 뒤로 정렬되고 SQL SERVER 반대로 가장 앞으로 정렬한다.

38. 아래의 테이블에 대해서 다음의 SQL을 수행한 결과로 알맞은 것은?

[SQLD_38_1]

회원번호	AMT
1	60000
2	4000
1	3000

[SQLD_38_2]

등급	MIN_AMT	MAX_AMT
VVIP	10001	100000
VIP	1000	10000
SILVER	100	999

[SQLD_38]

SELECT A.회원번호, B.등급
FROM (SELECT 회원번호, SUM(AMT)
    FROM SQLD_38_01
    GROUP BY 회원번호) A , SQLD_38_02 B
WHERE 1=1
AND A.AMT BETWEEN B.MIN_AMT AND B.MAX_AMT;

①

회원번호	등급
1	VVIP
2	VIP

②

회원번호	등급
1	VIP
2	SILVER

③

회원번호	등급
1	VVIP
2	SILVER

④

회원번호	등급
1	VIP
2	VVIP

39. 다음 중 INSERT와 UPDATE를 동시에 수행할 수 있는 SQL구문으로 적절한 것은?

① UPDATE 문
② MERGE 문
③ INSERT FIRST 문
④ INSERT ALL 문

40. 주어진 테이블에서 아래의 SQL문을 수행하였을 때 사원과 관리자, 그리고 최상위 관리자를 반환하도록 작성된 SQL을 완성하시오.

[SQLD_40]

SELECT A.EMPLOYEE_ID,
    A.MANAGER_ID AS A_MANAGER_ID,
    B.EMPLOYEE_ID AS B_EMPLOYEE_ID,
    B.MANAGER_ID AS B_MANAGER_ID,
    A.LAST_NAME
FROM SQLD_40 A (   ) SQLD_40 B
ON (   )
WHERE 1=1
AND A.EMPLOYEE_ID < 200
ORDER BY EMPLOYEE_ID ;

① INNER JOIN, A.MANAGER_ID=B.EMPLOYEE_ID
② INNER JOIN, A.EMPLOYEE_ID=B.MAANGER_ID
③ LEFT OUTER JOIN, A.MANAGER_ID=B.EMPLOYEE_ID
④ LEFT OUTER JOIN, A.EMPLOYEE_ID=B.MAANGER_ID

41. SQL 집합 연산자 INTERSECT에 대한 설명 중 올바른 것은?

① 결과의 합집합으로 중복된 행을 모두 포함한다.
② 결과의 합집합으로 중복된 행은 하나의 행으로 표시한다.
③ 결과의 교집합으로 중복된 행을 하나의 행으로 표시한다.
④ 결과의 교집합으로 중복된 행을 모두 포함한다.

42. 다음중 Window function에 대한 설명 중 적절한 것은?

① Partition과 Group By 구문은 의미적으로 완전히 다르다.
② Sum, Max, Min 등과 같은 집계 window function을 사용할 때 window 절과 함께 사용하면 집계의 대상이 되는 레코드 범위를 지정할 수 있다.
③ Window function 처리로 인해 결과 건수가 줄어들 수 있다.
④ GROUP BY 구문과 Window function은 병행하여 사용 할 수 있다.

43. 부서에 대한 정보를 보여주고자 한다. 부서명, 부서에 소속된 사원명, 부서번호를 보여주고자 하며, 사원이 없는 부서도 보여주고자 할 때 아래의 SQL을 완성하시오.

[SQLD_43]

SELECT A.DEPT_NM, B.EMP_NM, A.DEPT_ID
FROM DEPT A (   ) EMP B ON (A.DEPT_ID = B.DEPT_ID);

44. 아래와 같은 테이블이 있을 때 아래의 SQL을 수행했을 때 두번째로 나오는 값을 작성하시오.

[SQLD_44]

ID	SUPER_ID	CODE
1	NULL	A
2	1	B
3	1	C
4	2	D

SELECT CODE
FROM SQLD_44
START WITH SUPER_ID IS NULL
CONNECT BY PRIOR ID=SUPER_ID
ORDER SIBLINGS BY CODE DESC;

45. 아래와 같은 테이블이 있을 때 연봉이 2번째, 3번째로 높은 사원의 정보를 구하고 한다. 아래의 SQL을 완성하시오.

[SQLD_45]

EMPLOYEE_ID	LAST_NAME	SALARY
100	King	24000
101	Kochhar	17000
103	Hunold	9000
104	Ernst	6000
105	Austin	4800

```
SELECT *
FROM (
    SELECT EMPLOYEE_ID, LAST_NAME, SALARY, RANK() OVER(ORDER BY SALARY DESC) RN
    FROM SQLD_45
    WHERE 1=1
    AND SALARY<(SELECT (     ) (SALARY) FROM EMPLOYEES))
WHERE RN<3;
```

46. SELECT UPPER(sqldeveloper) FROM DUAL의 결과를 적으시오.

47. 아래와 같은 데이터를 가진 테이블이 있을 때 SQL의 수행 결과를 적으시오.

[SQLD_47]

EMPLOYEE_ID	LAST_NAME	MANAGER_ID	SALARY
100	King		24000
101	Kochhar	100	17000
102	De Haan	100	17000
103	Hunold	102	9000
104	Ernst	103	6000
105	Austin	103	4800
106	Pataballa	103	4800
107	Lorentz	103	4200
108	Greenberg	101	12000
	Faviet	108	9000

```
WITH WITH_TAB (last_name, EMP_ID, MGR_ID, sum_salary)
AS (
    SELECT last_name, EMPLOYEE_ID, MANAGER_ID, salary
    FROM SQLD_47
    WHERE MANAGER_ID IS NULL
    UNION ALL
    SELECT a.last_name, a.EMPLoYEE_ID, a.MANAGER_ID, a.salary + b.sum_salary
    FROM SQLD_47 A, WITH_TAB B
    WHERE B.EMP_ID=A.MANAGER_ID
    )
SELECT SUM_SALARY FROM WITH_TAB
WHERE EMP_ID=105;
```

48. 아래와 같은 데이터를 가진 테이블이 있을 때 SQL의 결과를 작성하시오.

[SQLD_48]

EMP_ID	MGR_ID	CODE	SALARY
1	2	A	100
2	5	B	300
3	NULL	CODE	150
4	1	D	400
5	7	E	500

```
SELECT COUNT(*)
FROM SQLD_34_48
WHERE SALARY > 200
    OR MGR_ID IS NULL
    AND CODE='B'
```

49. 아래와 같은 데이터를 가진 테이블에 대한 SQL을 수행했을 때 결과가 다음과 같다. SQL을 완성하시오.

[SQLD_49]

COL1
A
B
C
D
E
F
G
H
I
J

[RESULT]

VAL	CNT
1	3
2	3
3	2
4	2

[SQLD_49]

```
SELECT VAL, COUNT(*) AS CNT
  FROM (
      SELECT (    )(4) OVER (ORDER BY COL1) AS VAL
      FROM SQLD_49
      )
WHERE 1=1
GROUP BY VAL
ORDER BY 1;
```

50. 아래의 SQL 결과를 출력하는 SQL을 완성하시오.

[SQLD_50]

EMPLOYEE_ ID	DEPARTMENT_ ID	LAST_ NAME	SALARY
100	50	A	1000
110	50	B	1500
120	50	C	2000
130	60	D	2500
140	60	E	3000
150	60	F	3500
160	70	G	4000
170	70	H	4500
180	70	I	5000
190	80	J	5500

[RESULT]

EMPLOYEE_ ID	DEPARTMENT_ ID	LAST_ NAME	SALARY	BEFORE_ SALARY
100	50	A	1000	
110	50	B	1500	
120	50	C	2000	1000
130	60	D	2500	
140	60	E	3000	
150	60	F	3500	2500
160	70	G	4000	
170	70	H	4500	
180	70	I	5000	4000

[SQLD_50]

SELECT EMPLOYEE_ID,
    DEPARTMENT_ID,
    LAST_NAME,
    SALARY,
    LAG(SALARY, (   )) OVER(PARTITION BY DEPARTMENT_ID ORDER BY SALARY)
AS BEFORE_SALARY
FROM SQLD_50
WHERE EMPLOYEE_ID<190;

01. 아래 내용의 특징은 무엇을 설명하고 있는지 고르시오.

> [설명]
> 엔터티 내에서 속성에 대한 데이터 타입과 크기 그리고 제약사항을 지정하는 것

① 제약조건   ② 도메인   ③ 정규화   ④ 식별자

02. 관계 표기법으로 옳지 않은 것은?

① 관계명   ② 관계차수   ③ 관계선택사양   ④ 관계분류

03. 발생시점에 따른 엔터티 분류에 의한 중심 엔터티가 아닌 것은?

① 매출   ② 계약   ③ 사원   ④ 주문

04. 발생시점에 따른 엔터티 분류에 대해서 아래의 내용 중 잘못 짝지워진 것은?

> A : 기본/키 엔터티 : 조직, 사원
> B : 기본/키 엔터티 : 부서
> C : 중심 엔터티 : 상품, 주문상품
> D : 행위 엔터티 : 주문내역, 계약진행

① A   ② B   ③ C   ④ D

05. 데이터 모델링이 최종적으로 완료된 상태라고 정의할 수 있는, 즉 물리적인 스키마 설계를 하기 전 단계를 가리키는 말은 무엇인가?

① 개괄적 모델링   ② 개념적 모델링   ③ 논리적 모델링   ④ 물리적 모델링

06. 아래의 ERD 에 대한 설명중 가장 부적절한 것을 고르시오

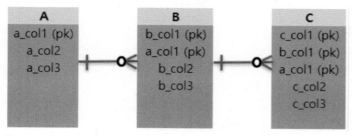

① SQL 작성 시 B를 제외할 경우 A와 C는 카테시안 조인이 된다.
② 3개 테이블을 모두 조인할 경우 조인 최소 조건은 3개이다.
③ B, C에서 C의 데이터는 모두 B에 존재하므로 Outer Join을 안해도 된다.
④ B는 A의 데이터를 모두 포함하지 않는다.

07. 다음 중 스키마의 종류가 아닌 것은?

① 외부 스키마
② 내부 스키마
③ 개념 스키마
④ 응용 스키마

08. 아래의 식별자의 분류체계에 대한 설명 중 가장 부적절한 것은?

① 대표성 여부에 따라 분류되는 주식별자와 보조식별자에서 주식별자는 대표성을 가지지 못해 참조관계 연결을 못한다.
② 스스로 생성여부에 따라 분류되는 식별자는 내부 식별자와 외부 식별자이다.
③ 둘 이상의 속성으로 구성된 식별자를 복합식별자라 하며 속성의 수에 따른 식별자 분류이다.
④ 업무적으로 만들어지지는 않지만 필요에 따라 인위적으로 만든 식별자를 인조 식별자라 한다.

09. 데이터 모델링이 최종적으로 완료된 상태라고 정의할 수 있는, 즉 물리적인 스키마 설계를 하기 전 단계를 가리키는 말은 무엇인가?

① 개괄적 모델링
② 개념적 모델링
③ 논리적 모델링
④ 물리적 모델링

10. 아래의 내용 중 파생 속성으로만 선택된 것으로 적절한 것은?

① 회원번호, 총주문금액, 회원이름
② 최초주문일자, 주문금액, 총주문금액
③ 회원이름, 주문금액, 회원주소
④ 주문금액, 총주문금액, 회원주소

11. 아래의 ERD를 참고하여 보기의 SQL 중 오류가 날 수 있는 SQL을 고르시오

[SQLD_11_01]   [SQLD_11_02]
COL1 VARCHAR2(30)   COL1 VARCHAR2(30)
COL2 NUMBER   COL3 VARCHAR2(30)
                    COL4 NUMBER

COL1	COL2		COL1	COL
1	20		1	ABC
2	30		2	DEF
3	40		3	XY

① SELECT A.COL1, A.COL2
   FROM SQLD_11_01 A
   WHERE A.COL1 > 0;

② SELECT A.COL1, B.COL4
   FROM SQLD_11_01 A INNER JOIN SQLD_11_02 B
   ON (A.COL1 = B.COL1)
   WHERE B.COL3 > 'X';

③ SELECT COUNT(*)
   FROM SQLD_30_11_01 A.
   WHERE EXISTS (SELECT 'X'
               FROM SQLD_11_02 B
               WHERE A.COL2 = B.COL4);

④ SELECT SUM(A.COL2)
   FROM SQLD_11_01 A INNER JOIN SQLD_11_02 B
   ON (A.COL1 = B.COL1)
   WHERE B.COL4 > '1';

12. 아래의 ERD를 참고하여 보기의 SQL 중 오류가 날 수 있는 SQL 문을 고르시오.

COL1	COL2
1	20
2	30
3	40
A	50

COL1	COL3	COL4
1	ABC	10
2	DEF	9
3	XY	15
A	1	5
A	2	

COL4	COL5
10	A
9	B
15	C
5	D

SQLD_12_01
COL1 VARCHAR2(30) PK
COL2 NUMBER

SQLD_12_02
COL3 VARCHAR2(30) PK
COL1 VARCHAR2(30) PK
COL4 NUMBER   FK
COL6 ...

SQLD_12_03
COL4 NUMBER   PK
COL5 VARCHAR2(30)

① SELECT A.COL1,
   (SELECT COL3 FROM SQLD_12_02 B
    WHERE A.COL1 = B.COL1) AS B_COL3
 FROM SQLD_12_01 A
 WHERE A.COL2 > 10;

② SELECT A.COL1,
   (SELECT COL5 FROM SQLD_12_03 B
    WHERE A.COL4 = B.COL4) AS B_COL3
 FROM SQLD_12_02 A
 WHERE A.COL4 > 0;

③ SELECT A.COL1, B.COL3
 FROM SQLD_12_01 A
    INNER JOIN SQLD_12_02 B
      ON (A.COL1 = B.COL1)
   INNER JOIN SQLD_12_03 C
      ON (B.COL4 = C.COL4)
 WHERE C.COL4 > 5
 AND A.COL2 > 10;

④ SELECT A.COL1, B.COL3
 FROM SQLD_12_01 A
    INNER JOIN SQLD_12_02 B
     ON (A.COL1 = B.COL1)
 WHERE EXISTS (SELECT 'X'
     FROM SQLD_12_03 C
     WHERE B.COL4 = C.COL4);

13. 아래의 SQL 결과를 보고 Group by 뒤 빈칸에 들어가는 내용을 고르시오

JOB_ID	MANAGER_ID	SUM(SALARY)
SA_REP	145	51000
SA_REP	146	51000
SA_REP	147	46600
SA_REP	148	51900
SA_REP	149	50000
SA_REP	-	250500
SH_CLERK	120	11600
SH_CLERK	121	14700
SH_CLERK	122	12800
SH_CLERK	123	13900
SH_CLERK	124	11300
SH_CLERK	-	64300
ST_CLERK	120	10500
ST_CLERK	121	10700
ST_CLERK	122	10800
ST_CLERK	123	12000
ST_CLERK	124	11700
ST_CLERK	-	55700
-	-	370500

[SQLD_13]

SELECT JOB_ID, MANAGER_ID, SUM(SALARY)
FROM SQLD_13
WHERE JOB_ID IN('SH_CLERK', 'ST_CLERK', 'SA_REP')
GROUP BY (   );

① ROLLUP(JOB_ID, MANAGER_ID)
② CUBE(JOB_ID, MANAGER_ID)
③ GROUPING SET(JOB_ID, MANAGER_ID)
④ ROLLUP(MANAGER_ID, JOB_ID)

14. 아래의 SQL 결과로 올바른 것은?

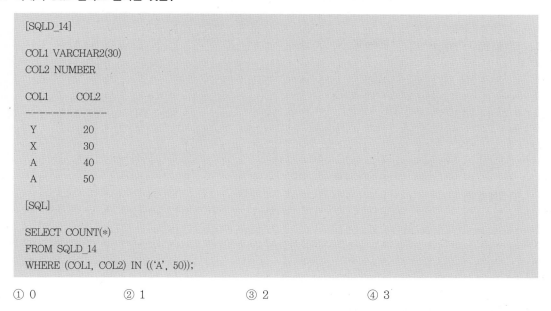

```
[SQLD_14]

COL1 VARCHAR2(30)
COL2 NUMBER

COL1      COL2
-----------
 Y         20
 X         30
 A         40
 A         50

[SQL]

SELECT COUNT(*)
FROM SQLD_14
WHERE (COL1, COL2) IN (('A', 50));
```

① 0   ② 1   ③ 2   ④ 3

15. 아래의 데이터를 가진 테이블에서 아래와 같은 SQL이 수행되었을때의 결과는?

```
[SQLD_15]

COL1 VARCHAR2(30)
COL2 NUMBER

COL1      COL2
-----------
 Y         20
 X         30
 A         40
 A         50
           10
           80

[SQL]

SELECT SUM(COL2)
FROM SQLD_15
WHERE COL1 IN ('A', 'X', NULL);
```

① 210   ② 120   ③ 230   ④ 90

16. 아래 실행결과의 괄호 안에 들어갈 내용을 순서대로 작성하시오.

```
[SQLD_16]
COL1    COL2
------------------
  1       1
          1
  1
  1       1


SELECT COUNT(*) COL1, COUNT(COL1) COL2, AVG(1) COL3, AVG(COL2) COL4
FROM SQLD_16;
```

[실행결과]

COL1	COL2	COL3	COL4
( )	3	( )	1

17. 아래 SQL의 수행결과로 올바른 것은?

```
[SQLD_17]

COL1 VARCHAR2(30)
COL2 NUMBER

COL1    COL2
------------
  Y       20
  X       30
  A       40
  A       50
          10
          80

[SQL]
SELECT NVL(COUNT(*), 9999)
FROM SQLD_17
WHERE 1 = 2;
```

① 0
② 9999
③ 1
④ ERROR

18. 아래 데이터를 참고하여 아래 SQL의 수행 결과로 올바른 것은?

```
[SQLD_18]

COL1 VARCHAR2(30)
COL2 NUMBER


COL1      COL2
--------------
1         100
1         NULL
2         100
2         200

[SQL]
SELECT COL1, SUM(COL2)
FROM SQLD_18
GROUP BY COL1;
```

① COL1 SUM(COL2)
    1   NULL
    2   300

② COL1 SUM(COL2)
    1   100
    2   300

③ COL1 SUM(COL2)
    2   300

④ COL1 SUM(COL2)
    1   100
    1   NULL
    2   300

19. 아래와 같은 SQL이 순서대로 수행되었을 때 최종 결과값으로 알맞은 것은?

```
[SQLD_19]

COL1 NUMBER

[SQL]
1) INSERT INTO SQLD_19 VALUES(1);
2) INSERT INTO SQLD_19 VALUES(2);
3) SAVEPOINT SV1;
4) UPDATE SQLD_19 SET COL1 = 4 WHERE COL1 = 2;
5) SAVEPOINT SV1;
6) DELETE SQLD_19 WHERE COL1 >= 2;
7) ROLLBACK TO SV1;
8) INSERT INTO SQLD_19 VALUES(3);
9) SELECT MAX(COL1) FROM SQLD_19;
```

① 1   ② 2   ③ 3   ④ 4

20. 다음 SQL 문장에서 SAL 값은 어떤 열로 집계되는가?

```
SELECT *
FROM (SELECT TO_CHAR(HIREDATE, 'YYYY') AS yyyy, JOB, DEPTNO, SAL FROM EMP)
PIVOT (SUM(SAL) FOR DEPTNO IN (10, 20, 30))
ORDER BY 1, 2;
```

① 전체   ② yyyy   ③ yyyy, JOB   ④ yyyy, JOB, DEPTNO

21. 아래의 SELECT 결과가 NULL 이 아닌 경우는?

① SELECT COALESCE('AB', 'BC', 'CD') FROM DUAL;
② SELECT CASE 'AB' WHEN 'BC' THEN 'CD' END FROM DUAL;
③ SELECT DECODE('AB', 'CD', 'DE') FROM DUAL;
④ SELECT NULLIF('AB', 'AB') FROM DUAL;

22. 아래와 같은 테이블이 있을때 아래와 같은 SQL 의 수행결과에 대해 작성하시오

```
[SQLD_22]

COL1      COL2
------------
100       100
NULL      60
NULL      NULL

[SQL]
SELECT COALESCE(COL1, COL2*50, 50) FROM SQLD_22;
```

① 100, 3000, 50
② 100, 60, NULL
③ 100, NULL, NULL
④ 100, 3000, NULL

23. 아래의 DML, DCL, DDL이 잘못 짝지워진 것은?

① DDL : CREATE
② DML : UPDATE
③ DCL : ROLLBACK
④ DCL : SELECT

24. 보기의 SQL 명령어중 TCL인 것은 어떤 것인가?

[보기]

UPDATE	GRANT	SELECT	COMMIT

① UPDATE ② GRANT ③ SELECT ④ COMMIT

25. 아래의 특징을 가지는 데이터 타입은 무엇인가?

[보기]
고정 길이 문자열 정보로 S만큼 최대 길이를 갖고 고정 길이를 가지고 있으므로 할당된 변수 값의 길이가 S보다 작을 경우에는 그 차이 길이 만큼 공간으로 채워진다.

① CHARACTER ② VARCHAR ③ NUMERIC ④ DATETIME

26. 아래의 SQL 과 항상 동일한 결과를 나타내는 SQL을 고르시오

[SQL_26]

SELECT TOP(10) FIRST_NAME, JOB_ID
FROM SQL_26
ORDER BY SALARY;

① SELECT FIRST_NAME, JOB_ID
    FROM SQL_26
    WHERE ROWNUM <= 10
    ORDER BY SALARY;

② SELECT TOP(10) WITH TIES FIRST_NAME,
    JOB_ID
    FROM SQL_26
    ORDER BY SALARY;

③ SELECT FRIST_NAME, JOB_ID
    FROM (
        SELECT FIRST_NAME, JOB_ID,
        ROWNUM RN
        FROM SQL_26
        ORDER BY SALARY)
    WHERE RN <= 10;

④ SELECT FRIST_NAME, JOB_ID
    FROM (
        SELECT FIRST_NAME, JOB_ID
        FROM SQL_26
        ORDER BY SALARY
)
    WHERE ROWNUM <= 10;

27. 아래의 계층형 SQL을 수행하여 아래와 같은 결과가 나올 때 ( ) 에 맞는 것을 고르시오

```
[SQL_27]

SELECT LEVEL,
    LPAD('**', (LEVEL -1)*2, '**') || EMPLOYEE_ID AS EMP_TREE,
    MANAGER_ID,
    EMPLOYEE_ID
FROM SQL_27
WHERE 1 = 1
START WITH (   )
CONNECT BY PRIOT (   );

[RESULT]

LEVEL  EMP_TREE           MANAGER_ID        EMPLOYEE_ID
----------------------------------------------------------
1      100                                  100
2      **101              100               101
3      ***108             101               108
4      *****109           108               109
4      *****110           108               110
4      *****111           108               111
4      *****112           108               112
.
.
.
```

① MANAGER_ID IS NULL,   MANAGER_ID = EMPLOYEE_ID
② MANAGER_ID IS NOT NULL,   MANAGER_ID = EMPLOYEE_ID
③ MANAGER_ID IS NULL,   EMPLOYEE_ID = MANAGER_ID
④ MANAGER_ID IS NOT NULL,   EMPLOYEE_ID = MANAGER_ID

28. SQL Set Operation에서 중복 제거를 위해 정렬 작업을 하지 않는 집합 연산자는?

① UNION
② UNION ALL
③ INTERSECT
④ MINUS

29. SQL Set Operation에서 중복 제거를 위해 정렬 작업을 하지 않는 집합 연산자는?

[보기]
대용량 데이터를 정렬하여 조인한다
동등 조인, 비동등 조인에서 모두 사용 가능하다
각 테이블을 정렬한 후 조인한다.

① Sort Merge Join
② Hash Join
③ Nested Loop Join
④ Cartesian Join

30. 아래 ERD 를 참고하여 모든 회원의 총 주문금액을 구하는 SQL 중 잘못된 SQL 은?

① SELECT A.고객명,
　　　NVL(SUM(C.수량 * B.상품가격),0)
　　　AS 총주문금액
　　FROM SQLD_30_고객 A
　　　INNER JOIN SQLD_30_30_주문 C
　　　ON A.고객ID = C.고객ID
　　　INNER JOIN SQLD_30_30_상품 B
　　　ON C.상품ID = B.상품ID
　　WHERE 1 = 1
　　GROUP BY A.고객명
　　ORDER BY 1, 2;

② SELECT A.고객명,
　　　NVL(SUM(총가격), 0) AS 총주문금액
　　FROM SQLD_30_고객 A
　　　LEFT OUTER JOIN
　　　(
　　　SELECT C.고객ID,
　　　C.수량 * B.상품가격 AS 총가격
　　　FROM SQLD_30_주문 C
　　　INNER JOIN SQLD_30_상품 B
　　　ON C.상품ID = B.상품ID) D
　　　ON A.고객ID = D.고객ID
　　WHERE 1 = 1
　　GROUP BY A.고객명
　　ORDER BY 1, 2;

③ SELECT A.고객명,
　　　NVL((
　　　SELECT SUM(C.수량 * B.상품가격)
　　　FROM SQLD_30_주문 C
　　　LEFT JOIN SQLD_30_상품 B
　　　ON C.상품ID = B.상품ID
　　　WHERE C.고객ID = A.고객ID), 0)
　　　AS 총주문금액
　　FROM SQLD_30_고객 A
　　WHERE 1 = 1
　　ORDER BY 1, 2;

④ SELECT A.고객명,
　　　NVL(SUM(C.수량 * B.상품가격), 0)
　　　AS 총주문금액
　　FROM SQLD_30_고객 A
　　　LEFT OUTER JOIN SQLD_30_주문 C
　　　ON A.고객ID = C.고객ID
　　　LEFT OUTER JOIN SQLD_30_상품 B
　　　ON C.상품ID = B.상품ID
　　　WHERE 1 = 1
　　GROUP BY A.고객명
　　ORDER BY 1, 2;

31. 아래의 SQL 의 로우의 건수로 올바른 것은?

```
[SQLD_31_01]

COL1      COL2
--------------
   1        2
   1        2
   1        3

[SQLD_31_02]

COL1      COL2
--------------
   1        2
   1        4
   1        5

[SQL]

SELECT DISTINCT COL1, COL2
FROM SQLD_31_01
UNION ALL
SELECT COL1, COL2
FROM SQLD_31_02;
```

① 3
② 4
③ 5
④ 6

32. 아래의 데이터를 참고하여 다음 SQL의 로우의 건수가 맞는 것은?

[SQLD_32_01]

COL1	COL2	COL3
1	2	NULL
2	NULL	1
4	NULL	NULL

[SQLD_32_02]

COL1	COL2	COL3
1	NULL	-1
2	NULL	1
3	5	2

[SQL]

```
SELECT COUNT(*)
FROM SQLD_32_01 A, SQLD_32_02 B
WHERE A.COL1 = B.COL1
AND NVL(A.COL2, -1) = NVL(B.COL2, -1)
AND NVL(A.COL3, -1) = NVL(B.COL3, -1)
```

① 1

② 2

③ 3

④ 4

33. 아래와 같은 구조를 가진 테이블에서 Unique Index Scan을 할 수 없는 것은?

[SQLD_33]

```
KEY1 (PK) NUMBER
KEY2 (PK) NUMBER
COL1     VARCHAR2
COL2     VARCHAR2
COL3     VARCHAR2
```

① 모두 사용할 수 없다

② WHERE KEY1 = 1 AND KEY2 = 2

③ WHERE (KEY1, KEY2) IN ((1, 2))

④ WHERE KEY1 = 1

34. 아래의 ERD 에서 아래 SQL 문을 순서대로 수행 할 경우 오류가 발생하는 구간은?

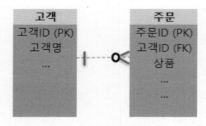

[SQLD_34]

주문 (고객ID) REFERENCES 고객 (고객ID)

[SQL]

1) INSERT INTO 고객 VALUES('C001', 'AAA');
2) INSERT INTO 주문 VALUES('O001', 'C001', 'XXX');
3) UPDATE 주문 SET 고객ID = NULL WHERE 주문ID = 'O001';
4) INSERT INTO 주문 VALUES('O002', 'C002', 'YYY');

① 1번 SQL
② 2번 SQL
③ 3번 SQL
④ 4번 SQL

35. Cross Join과 Natural Join에 대한 차이점에 대해서 가장 부적절한 것은?

① Cross Join과 Natural Join은 Where 절에서 조건을 걸 수 없다.
② Natural Join에서는 특정 Join 컬럼을 명시적으로 적을 수 없다.
③ Cross Join은 Join에 참여하는 테이블의 Join Key가 없을 경우 발생 한다.
④ Natural Join에서 Join Key는 컬럼명으로 결정된다.

36. 아래와 같이 PK컬럼이 구성되어 있을 때 가장 적합한 파티셔닝 방법은 무엇인가?

[SQLD_36]

특징 : 데이터의 양이 매우 많은 대용량 테이블. 데이터의 생성일자를 구분짓는 특정 컬럼이 없는 형태이다.

PK : 지점, 코드

① Range
② List
③ Hash
④ Interval

37. 아래 2개 테이블에 대한 Join 후 나타난 결과이다. 해당 Join 방법을 고르시오

```
[SQLD_37_01]

COL1      COL2
------------
  1         2
  2         2
  3         3

[SQLD_37_02]

COL1      COL2
------------
  1         2
  2         4
  4         5

[SQL]

SELECT *
FROM SQLD_37_01 A (    ) SQLD_37_02 B
ON (A.COL1 = B.COL1)
WHERE 1 = 1;

[RESULT]

 A.COL1    A.COL2    B.COL1    B.COL2
------------------------------------
   1         2         1         2
   2         2         2         4
  NULL      NULL        4         5
```

① LEFT OUTER JOIN
② RIGHT OUTER JOIN
③ FULL OUTER JOIN
④ INNER JOIN

38. 특정 그룹에서 특정 컬럼으로 정렬된 결과에서 첫번째 값을 구하는 Window Function을 고르시오.

① LAST_VALUE () OVER
② FIRST_VALUE () OVER
③ MAX() OVER
④ 없다

39. 아래의 SQL 구문이 순서대로 수행된 후의 결과로 올바른 것은?

```
[SQLD_39]

CREATE TABLE SQLD_39(N1 NUMBER);
INSERT INTO SQLD_39 VALUES(1);
INSERT INTO SQLD_39 VALUES(2);
CREATE TABLE TMP_SQLD_39(N1 NUMBER);
INSERT INTO TMP_SQLD_39 VALUES(1);
TRUNCATE TABLE TMP_SQLD_39;
ROLLBACK;
COMMIT;
SELECT SUM(N1) FROM SQLD_39;
```

① 1   ② 2   ③ 3   ④ 4

40. 아래와 같은 데이터가 존재할 때 SQL 의 실행 결과로 올바른 것은?

```
[SQLD_40]

COL1      COL2
------------
 1        10
 2        20
 3        NULL

[SQL]

SELECT AVG(NVL(COL2, 0)) AS AVG_COL
FROM SQLD_40;
```

① 10   ② 15   ③ NULL   ④ 20

41. 아래의 SQL에서 ORDER BY로 사용 할 수 없는 것은?

```
[SQL_41]

SELECT JOB, COUNT(*) AS CNT
FROM SQL_41
GROUP BY JOB;
```

① ORDER BY JOB
② ORDER BY CNT DESC
③ ORDER BY COUNT(*)
④ ORDER BY 3

42. 아래의 데이터가 존재할 때 보기의 SQL 을 수행한 후 SQLD_30_42_01 테이블의 건수는?

```
[SQLD_42_01]

COL1    COL2    COL3
--------------------
 A       X       1
 B       Y       2
 C       Z       3
 X       T       1

[SQLD_42_02]

COL1    COL2    COL3
--------------------
 A       X       1
 B       Y       2
 C       Z       3
 D       가      4
 E       나      5

[SQL]

MERGE INTO SQLD_42_01 A
USING SQLD_42_02 B
ON (A.COL1 = B.COL1)
WHEN MATCHED THEN
UPDATE SET A.COL3 = 4
WHERE A.COL3 = 2
DELETE WHERE A.COL3 <= 2
WHEN NOT MATCHED THEN
INSERT (A.COL1, A.COL2, A.COL3)
VALUES (B.COL1, B.COL2, B.COL3);
```

① 3   ② 4   ③ 5   ④ 6

43. SELECT ABS(−3.8), FLOOR(3.8), TRUNC(3.8), ROUND(3.8) FROM DUAL; 에 대한 값을 구하시오.

44. 아래에서 설명하는 것은 무엇인가?

[보기]
복잡한 질의를 단순하게 작성할 수 있다.
또한 해당 형태의 SQL문을 자주 사용할 때 이용하면 편리하게 사용할 수 있다.
사용자에게 정보를 감출 수 있다.
실제 데이터 를 가지고 있지 않다.

45. 아래와 같은 데이터가 들어있는 테이블에서 아래 SQL이 수행되었을 때의 결과 건수는?

```
[SQLD_45]

계층번호    상위계층번호
--------------------
  1       NULL
  2       NULL
  4        1
  5        1
  6        2
  7        2
  8        4
  9        5
 10        6
 11        7

[SQL]

SELECT LEVEL,
    LPAD('** ', (LEVEL -1) * 2, ' ') || 계층번호 AS 계층트리,
    계층번호,
    상위계층번호
FROM SQLD_45
START WITH 상위계층번호 IS NULL
CONNECT BY 계층번호 = PRIOR 상위계층번호;
```

46. 아래의 SQL 구문은 컬럼의 데이터 타입을 변형하는 SQL 구문이다. SQL 구문을 완성하시오. (SQL SERVER 기준임)

```
[SQL_46]

( ) DEPT ( ) VARCHAR(30) NOT NULL;
```

47. 아래와 같은 테이블이 있을 때 아래의 SQL 구문이 순서대로 수행되었을 때 마지막 SQL의 수행 결과를 적으시오.

```
[SQL_47]

COL1    VARCHAR2(30)
COL2    NUMBER

[SQL]

INSERT INTO SQLD_47(COL1, COL2) VALUES('ABCD', NULL);
INSERT INTO SQLD_47(COL1, COL2) VALUES('BC', NULL);
ALTER TABLE SQLD_47 MODIFY COL2 DEFAULT 10;
INSERT INTO SQLD_47(COL1, COL2) VALUES('XY', NULL);
INSERT INTO SQLD_47(COL1) VALUES('EXD');
SELECT SUM(COL2) FROM SQLD_47;
```

48. 테이블 생성을 위한 권한을 주기 위해 아래의 SQL 을 완성하시오

[SQL_48]

( ) CREATE TABLE TO USER01;

49. 아래와 같은 결과가 나오도록 SQL 을 작성하시오

[RESULT]

TABLE : SQLD_49

회원ID	RANK	주문금액
B	1	450
G	2	255
F	2	255
H	3	100

[SQL]

SELECT 회원ID,
DENSE_RANK() OVER(ORDER BY (   )),
주문금액
FROM SQLD_49;

50. 아래의 SQL 결과를 작성하시오

[SQLD_50]

SELECT UPPER("Sqldeveloper") FROM DUAL;

✅ 제4회 실전모의고사

01. 다음 ERD에 대한 설명으로 올바르지 않은 것은?

① 상급종합병원에는 의사가 근무하지 않을 수가 있다.
② 한 개의 상급종합병원에는 여러 명의 의사가 근무한다.
③ 진료는 반드시 의사가 해야 한다.
④ 의사가 없이 진료할 수 있다.

02. 성능을 고려한 데이터 모델링에서 고려해야 할 사항으로 올바르지 않은 것은?

① 성능 튜닝을 위해서 애플리케이션이 데이터베이스에 접근하는 트랜잭션 유형은 무시해도 된다.
② 배치를 통해서 입력되는 데이터 용량이 크면 클수록 성능 튜닝을 위한 비용은 증가된다.
③ 성능 향상을 위해서 튜닝을 수행하면 데이터베이스 모델링이 변경될 수 있다.
④ 데이터베이스 모델링 시에 성능을 고려한 모델링을 수행하면 성능 비용을 감소시킬 수 있다.

03. 다음 중 데이터베이스 논리 모델에 대한 설명으로 올바르지 않은 것은?

① 개념 데이터 모델은 사용자 관점에서 데이터 요구사항을 식별한다.
② 논리 데이터 모델은 M:N 관계해소, 식별자 확정, 정규화, 무결성 정의 등을 수행한다.
③ 논리 모델은 데이터베이스를 구축을 위해서만 사용되는 것이다.
④ 데이터가 물리적으로 저장되는 방법을 정의하는 것이 물리적 모델이다.

04. 아래 ERD에 대한 설명으로 가장 올바르지 않은 것은?

[ERD]

사원
사원번호
이름
입사일
근무지
부서코드
주소
전화번호

이용내역
이용일자
사원번호(FK)
콘도번호(FK)

콘도이용정보
콘도번호
콘도명
위치
룸위치

① 사원은 동일한 콘도를 예약해서 반복적으로 방문할 수 있다.
② 회사 콘도는 누구도 이용하지 않을 수 있다.
③ 사원은 동일 일자에 여러 콘도를 이용할 수 있다.
④ 여러 사원이 동일한 콘도를 이용할 수 있다.

05. 릴레이션을 정규화(Normalization)하는 목적에 관한 설명 중 가장 거리가 먼 것은?

① 정보의 갱신 이상이 생기지 않도록 한다.
② 정보의 보안을 목적으로 한다.
③ 정보의 손실을 막는다.
④ 정보의 중복을 막는다.

06. 속성에 대한 아래의 설명에서 빈칸에 들어갈 것으로 올바른 것은?

(ㄱ)은 엔터티를 식별할 수 있는 속성이고 (ㄴ)은 다른 엔터티의 관계에 포함되는 속성이다.
다른 엔터티의 관계에 포함되지 않는 속성을(ㄷ)이라고 한다.

	(ㄱ)	(ㄴ)	(ㄷ)
①	기본키속성	외래키속성	일반속성
②	외래키속성	기본키속성	파생속성
③	파생속성	외래키속성	기본키속성
④	일반속성	기본키속성	외래키속성

07. 다음 보기 중 엔터티, 관계, 속성에 대한 설명으로 올바르지 않은 것은?

① 한 개의 엔터티는 두 개 이상의 인스턴스의 집합이어야 한다.
② 엔터티는 관계를 두 개까지만 가질 수 있다.
③ 한 개의 엔터티는 두 개 이상의 속성을 갖는다.
④ 한 개의 속성은 한 개의 속성값을 갖는다.

08. 다음 보기 중 아래 ERD에 대한 설명으로 바르지 않은 것은?

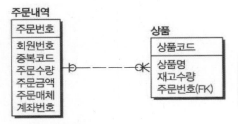

① 상품은 주문을 하나 이상 반드시 가져야 한다.
② 주문은 상품 1개 이상 가질 수 있다.
③ 주문은 상품이 없을 수 있다.
④ 주문, 상품은 비식별관계로 부모가 없어도 자식이 생길 수 있다.

09. 다음 주어진 그림에 해당하는 ERD 표기법으로 알맞은 것은?

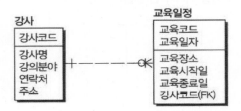

① Barker
② IE
③ IE Notation
④ IDEF1X

10. 아래의 내용은 주식별자의 어떤 특징을 설명한 것인가?

> 학생의 학번으로 고유한 구조를 표현할 수가 있다.
> 하지만 ABC대학교의 학생 엔터티의 주식별자를 학번과 입학일자로 해서 잘못된 모델링을 했다.

① 유일성
② 최소성
③ 불변성
④ 존재성

11. 주어진 테이블에 대해서 아래의 SQL문을 수행한 결과로 적절한 것은?

[SQLD_11]

COL1	COL2	COL3
A		1
B	A	2
C	A	3
D	B	4

```
[SQL]
SELECT COUNT(*) FROM TEST11
WHERE COL3 <> 3
START WITH COL3 = 4
CONNECT BY COL1 = PRIOR COL2;
```

① 0   ② 1   ③ 2   ④ 3

12. 다음 파티션에 대한 설명으로 틀린 것을 고르시오.

① RANK( ) OVER (PARTITION BY JOB ORDER BY 급여 DESC) JOB RANK
  : 직업별급여가 높은 순서대로 부여되고 동일한 순위는 동일한 값이 부여된다.
② SUM(급여) OVER (PARTITION BY MGR ORDER BY 급여 RANGE UNBOUNDED PRECEDING)
  : RANGE는 논리적 주소에 의한 행 집합을 의미하고 MGR 별 현재 행부터 파티션 내 첫 번째 행까지의 급여의 합계를 계산한다.
③ AVG(급여) OVER (PARTITION BY MGR ORDER BY 날짜 ROWS BETWEEN 1 PRECEDING AND 1 FOLLOWING))
  : 각 MGR 별로 앞의 한 건, 현재 행, 뒤의 한 건 사이에서 급여의 평균을 계산한다.
④ COUNT(*) OVER (ORDER BY 급여) RANGE BETWEEN 10 PRECEDING AND 300 FOLLOWING)
  : 급여를 기준으로 현재 행에서의 급여의 10에서 300 사이의 급여를 가지는 행의 수를 COUNT

13. 테이블에 대한 권한을 부여하는 DCL 명령어는?

① COMMIT   ② GRANT   ③ REVOKE   ④ ROLLBACK

14. 다음 보기 중 SQL 명령어가 올바르지 않은 것은?

① DDL : TRUNCATE   ② DDL : ALTER
③ DCL : REVOKE   ④ DML : RENAME

15. 주어진 테이블에 대해서 아래와 같은 결과값을 반환하는 SQL문을 고르시오.

[SQLD_15]

BAN	NAME
1	조조
1	조조
1	조조
2	여포
2	유비
3	관우
3	관우

[결과값]

BAN	RESULT
1	1
3	1
2	2

① SELECT BAN, COUNT(*) AS RESULT
   FROM TSQLD_15
   GROUP BY BAN;

② SELECT BAN, COUNT(1) AS RESULT
   FROM SQLD_15
   GROUP BY BAN;

③ SELECT BAN,
   COUNT(DISTINCT NAME) AS RESULT
   FROM SQLD_15
   GROUP BY BAN;

④ SELECT
   COUNT(CASE WHEN BAN=1 THEN 1 END)
   AS RESULT,
   COUNT(CASE WHEN BAN=2 THEN 1 END)
   AS B,
   COUNT(CASE WHEN BAN=3 THEN 1 END)
   AS C
   FROM SQLD_15;

16. 다음 보기 중 주어진 테이블에 대해서 수행하였을 때 결과값이 다른 것은?

[SQLD_16]

MemberID	NAME
	조조
2	여포
3	관우
4	장비
5	조훈
	유비

① SELECT COUNT(3) FROM SQLD_16;

② SELECT COUNT(MemberID) FROM SQLD_16;

③ SELECT COUNT(NULLIF (MemberID, NULL)) FROM SQLD_16;

④ SELECT COUNT(*) FROM SQLD_16 WHERE MemberID IS NOT NULL;

17. 다음 주어진 테이블에서 해당 SQL문을 실행한 결과로 알맞은 것은?

[SQLD_17]

COL1	COL2
NULL	A
1	B
2	C
3	D
4	E

[SQL]
SELECT*FROM SQLD_17 WHERE COL1 IN(1, 2, NULL);

①

COL1	COL2
1	B
2	C

②

COL1	COL2
2	B
2	C

③

COL1	COL2
1	B
2	C
3	D
4	E

④

COL1	COL2
NULL	A
1	B
2	C
3	D
4	E

18. 다음 주어진 테이블에 대해서 결과값 같이 반환되게 하는 아래 SQL문의 빈칸에 들어갈 것으로 올바른 것은?

[SQLD_18]

DNAME	JOB	SAL
ACCOUNTING	CLERK	1000
ACCOUNTING	MANAGER	2000
ACCOUNTING	PRESIDENT	3000
RESEARCH	CLERK	4000
RESEARCH	MANAGER	5000
RESEARCH	PRESIDENT	6000
SALES	CLERK	7000
SALES	MANAGER	8000
SALES	PRESIDENT	9000

[SQL]
```
SELECT DNAME, JOB, SUM(SAL)
FROM SQLD_18
GROUP BY(          );
```

[결과]

DNAME	JOB	SUM(SAL)
	CLERK	12000
	MANAGER	15000
	PRESIDENT	18000
SALES		24000
SALES	CLERK	7000
SALES	MANAGER	8000
SALES	PRESIDENT	9000
RESEARCH		15000
RESEARCH	CLERK	4000
RESEARCH	MANAGER	5000
RESEARCH	PRESIDENT	6000
ACCOUNTING		6000
ACCOUNTING	CLERK	1000
ACCOUNTING	MANAGER	2000
ACCOUNTING	PRESIDENT	3000

① CUBE(DNAME, JOB)   ② ROLLUP(DNAME, JOB)
③ GROUPING SETS(DNAME, JOB)   ④ CUBE(DNAME)

19. 다음 주어진 테이블에 대해서 아래의 SQL문을 실행하였을 때의 결과로 올바른 것은?

[SQLD_19]

C1	C2
1	80
2	70
3	80
4	90
5	100
6	110

```
[SQL]
SELECT C1, C2,
CASE
WHEN C2 <= 100 THEN 'B'
WHEN C2 <= 300 THEN 'A'
ELSE 'S'
END GRADE
FROM SQLD_19
ORDER BY C2;
```

①

C1	C2	GRADE
2	70	B
1	80	B
3	80	B
4	90	B
5	100	B
6	110	A

②

C1	C2	GRADE
6	70	B
2	80	B
1	80	B
3	90	A
4	100	A
5	110	A

③

C1	C2	GRADE
6	30	A
2	70	A
1	80	A
3	100	A
4	150	B
5	300	B

④

C1	C2	GRADE
6	70	A
2	80	A
1	80	A
3	90	B
4	100	B
5	110	B

20. SELECT NVL(COUNT(*), 9999) FROM SQLD_20 WHERE 1=2 의 결과값은?

① 9999   ② 0   ③ NULL   ④ 1

21. 아래의 WINDOW FUNCTION을 사용한 SQL 중 가장 올바르지 않은 것은?

① SUM(SAL) OVER()
② SUM(SAL) OVER(PARTITION BY JOB ORDER BY EMPNO
  RANGE BETWEEN UNBOUNDED PRECEDING AND UNBOUNDED
  FOLLOWING) SAL1
③ SUM(SAL) OVER(PARTITION BY JOB ORDER BY JOB
  RANGE BETWEEN UNBOUNDED PRECEDING AND CURRENT ROW) SAL2
④ SUM(SAL) OVER(PARTITION BY JOB ORDER BY EMPNO
  RANGE BETWEEN UNBOUNDED PRECEDING AND UNBOUNDED
  PRECEDING) SAL3

22. 정규표현식에서 실행결과 괄호안을 채우시오.

```
SELECT REGEXP_SUBSTR('ababc', '(ab)+c' ) AS C1
      ,REGEXP_SUBSTR('ababc', 'ab+c'  ) AS C2
      ,REGEXP_SUBSTR('abd'  , 'a(b|c)d') AS C3
      ,REGEXP_SUBSTR('abd'  , 'ab|cd' ) AS C4
FROM DUAL;

[실행결과]
C1                      C2              C3              C4
_____
ababc          (    )              abd              (    )
```

23. 다음 보기 중 인덱스 생성 구문으로 올바른 것은?

① ALTER TABLE [테이블명] ADD INDEX [인덱스 명] [칼럼명]
② INDEX [인덱스 명] [칼럼명]
③ CREATE INDEX [인덱스 명] ON [테이블 명] [칼럼명]
④ DROP INDEX FROM [테이블명]

24. 주어진 SQL문을 수행한 결과로 올바른 것은?

```
[SQL]
INSERT INTO SQLD_24 VALUES(1);
INSERT INTO SQLD_24 VALUES(2);
COMMIT;
INSERT INTO SQLD_24 VALUES(3);
SAVEPOINT SP;
INSERT INTO SQLD_24 VALUES(4);
ROLLBACK TO SP;
SELECT COUNT(*) FROM SQLD_24;
```

① 2   ② 3
③ 5   ④ 6

25. SQLD_25 테이블에 1,2,3의 3개의 행이 있을때 다음의 SQL실행결과로 올바른 것은?

```
[SQL]
SELECT * FROM SQLD_25
MINUS
SELECT 1 FROM DUAL;
```

① 1, 2, 3   ② 2, 3
③ 1, 2   ④ 1

26. ORDERS테이블에는 CUSTOMERS 테이블에 존재하지 않는 고객ID가 있다. 해당 SQL문에서 (   )로 올바른 것은?

```
[SQL]
SELECT * FROM ORDERS
WHERE (  ㄱ  ) (SELECT * FROM CUSTOMERS WHERE(  ㄴ  ) );
```

① ㄱ : EXISTS, ㄴ : CUSTOMERS.ID = ORDERS.ID
② ㄱ : EXISTS, ㄴ : CUSTOMERS.ID ◇ ORDERS.ID
③ ㄱ : NOT EXISTS, ㄴ : CUSTOMERS.ID = ORDERS.ID
④ ㄱ : NOT EXISTS, ㄴ : CUSTOMERS.ID ◇ ORDERS.ID

27. 릴레이션 EMP, DEPT가 다음과 같이 정의되어 있다. 사원이 한명도 없는 부서(DEPTNO)를 검색하는 질의를 작성했을 때, 가장 거리가 먼 것은?(단, EMP의 DEPTNO은 DEPT의 DEPTNO을 참조하는 외래키이다.)

[SQL]
EMP(EMPNO, ENAME, JOB, MGR, HIREDATE, SAL, COMM, DEPTNO)
DEPT(DEPTNO, DNAME, LOC)

① SELECT DEPTNO FROM DEPT
  WHERE DEPTNO NOT IN(SELECT DEPTNO FROM EMP);
② SELECT DEPTNO FROM DEPT A
  WHERE NOT EXISTS(SELECT * FROM EMP B WHERE A.DEPTNO = B.DEPTNO);
③ SELECT B.DEPTNO FROM EMP A RIGHT OUTER JOIN DEPT B ON A.DEPTNO = B.DEPTNO
  WHERE EMPNO IS NULL;
④ SELECT DEPTNO FROM DEPT
  WHERE DEPTNO ◇ ANY (SELECT DEPTNO FROM EMP);

28. 다음 릴레이션에 대하여 아래와 같이 인덱스를 생성하였다. 다음 중 생성된 인덱스에 의하여 검색속도를 향상시킬 수 있는 질의로 가장 적절하지 않은 것은?

[릴레이션]
ARTICLES(ID, TITLE, JOURNAL, ISSUE, YEAR, STARTPAGE, ENDPAGE, TR_ID)

[인덱스]
CREATE INDEX IDX1 ON ARTICLES(YEAR, STARTPAGE);
CREATE INDEX IDX2 ON ARTICLES(STARTPAGE, ENDPAGE);
CREATE INDEX IDX3 ON ARTICLES(JOURNAL, ISSUE, YEAR);

① SELECT TITLE FROM ARTICLES
  WHERE JOURNAL = 'JACM' AND ISSUE = 55;
② SELECT TITLE FROM ARTICLES
  WHERE ENDPAGE − STARTPAGE 〉 50;
③ SELECT TITLE FROM ARTICLES
  WHERE YEAR 〉 1995 AND YEAR 〈 2000;
④ SELECT TITLE FROM ARTICLES
  WHERE JOURNAL = 'JACM';

29. 다음 SQL 문장에서 SAL 값은 어떤 열로 집계되는가?

[SQL]
SELECT *
FROM (SELECT TO_CHAR(HIREDATE, 'YYYY') AS yyyy, JOB, EMPNO, DEPTNO, SAL FROM EMP)
PIVOT (SUM(SAL) FOR DEPTNO IN (10, 20, 30))
ORDER BY 1, 2;

① yyyy
② yyyy, JOB, EMPNO
③ yyyy, JOB, EMPNO, DEPTNO
④ yyyy, JOB, EMPNO, DEPTNO, SAL

30. 다음은 계층형 쿼리에 대한 설명으로 올바르지 않은 것은?

① 루트노드의 LEVEL 값은 가장 큰 값을 가진다.

② 순방향과 역방향 모두 수행할 수 있다.

③ 재무제표 및 조직도와 같은 구조에서 사용할 수 있다.

④ 계층형 질의는 하나의 테이블에서 자기 자신을 조인하는 형태를 사용한다.

31. 다음 보기 중 인덱스에 대한 설명으로 올바르지 않은 것은?

① 인덱스는 순차인덱스, 결합인덱스, 비트맵, 클러스터, 해시인덱스가 있다.

② VARCHAR, CHAR, DATE, NUMBER 모두 인덱스 생성이 가능하다.

③ 파티션 테이블은 파티션 키에 대해서 인덱스를 생성할 수 없다.

④ 인덱스의 수가 증가하면 입력과 삭제, 수정 속도가 저하될 수 있다.

32. 다음 주어진 테이블에 대해서 아래의 SQL문을 수행하였을 때의 결과로 올바른 것은?

[SQLD_32]

C1	C2
	10
12	
10	12

```
[SQL]
SELECT CASE WHEN SUM(COL1 + COL2) IS NULL THEN 0
ELSE SUM(COL1 + COL2) END AS 합계
FROM SQLD_32;
```

① NULL   ② 12   ③ 22   ④ 25

33. 다음 주어진 테이블에 대해서 수행하였을때 결과값으로 잘못된 것은?

[SQLD_33]

EMPNO	ENAME	SAL
1	유비	1000
2	조조	2000
3	관우	3000
4	여포	4000
5	초선	5000
6	조자룡	6000

① SELECT ENAME, SAL
   FROM (SELECT ENAME, SAL FROM
   SQLD_33 ORDER BY SAL DESC)
   WHERE ROWNUM = 1;
   → SAL은 6000이 조회된다.

② SELECT ENAME, SAL
   FROM (SELECT * FROM SQLD_33 ORDER
   BY SAL DESC)
   WHERE ROWNUM = 2;
   → 끝에서 2건의 데이터가 추출된다.

③ SELECT ENAME, SAL
   FROM (SELECT * FROM SQLD_33
   ORDER BY SAL DESC)
   WHERE ROWNUM > 0;
   → 총 6개의 행이 출력된다.

④ SELECT ENAME, SAL
   FROM (SELECT * FROM SQLD_33 ORDER
   BY SAL DESC)
   WHERE ROWNUM <= 3;
   → 3개의 행이 출력된다.

34. 보기의 연산자 중 우선순위가 가장 나중인 것은?

① 연결 연산자
② 비교 연산자
③ NOT 연산자
④ OR 연산자

35. 다음 보기 중 SELF JOIN을 수행해야 하는 경우로 가장 올바른 것은?

① 동일한 테이블 내에서 두 개의 칼럼 간에 조인을 수행한다.
② 네트워크로 분산된 시스템에서 같은 2개의 테이블을 조인하기 위해서 사용된다.
③ 온라인 쇼핑몰에서 주문정보는 주문정보를 사용해서 SELF JOIN을 한다.
④ 한 테이블 내에서 서로 연관된 칼럼이 없을 경우 사용하는 방법이다.

36. 다음 주어진 테이블들에 대해서 아래의 SQL문을 수행하였을 때 결과의 행수로 올바른 것은?

[SQLD_36_1]

EMPNO	ENAME
1000	조조
2000	관우
3000	조훈

[SQLD_36_2]

NO	CONDITION
1	조%
2	%우%

```
[SQL]
SELECT COUNT(*) ROWCNT
FROM SQLD_36_1 A, SQLD_36_2 B
WHERE A.ENAME LIKE B.CONDITION;
```

① 0   ② 3   ③ 4   ④ 6

37. ABC기업의 TEST37테이블에는 COL1번과 COL2번의 칼럼이 있다. 이 때 아래의 SQL문을 실행할 경우 건수로 올바른 것은?

```
[SQL]
INSERT INTO SQLD_37 VALUES(NULL, 10);
INSERT INTO SQLD_37 VALUES(12, NULL);
INSERT INTO SQLD_37 VALUES(NULL, NULL);
INSERT INTO SQLD_37 VALUES(10, 12);

SQL1)
SELECT COUNT(COL1) FROM SQLD_37; -- 출력값
SQL2)
SELECT*FROM SQLD_37 WHERE COL1 IN(12, 10, NULL); -- 행의 수
SQL3)
SELECT COL1, COUNT(*) FROM SQLD_37 GROUP BY COL1; -- 행의 수
```

① 2, 3, 4   ② 2, 1, 3   ③ 2, 2, 3   ④ 4, 2, 3

38. 다음의 A, B테이블에 대한 설명을 보고 알맞은 것을 고르시오.

```
[SQL]
CREATE TABLE A(
A NUMBER(10) PRIMARY KEY,
B NUMBER(10)
);

CREATE TABLE B(
A NUMBER(10),
B NUMBER(10)
REFERENCES A(A) ON DELETE CASCADE);

INSERT INTO A VALUES(1,1);
INSERT INTO A VALUES(2,2);
INSERT INTO B VALUES(1,1);
INSERT INTO B VALUES(2,2);

DELETE FROM A WHERE A=1;
SELECT*FROM B;
```

① A B
　----
　2 2

② A B
　----
　1 1
　1 1

③ A B
　----
　2 2
　1 1

④ A B
　----
　1 1

39. 주어진 테이블에 대해서 아래의 SQL문을 수행하였을 때 결과로 올바른 것은?

[SQLD_39]

COL1	COL2
조조	1
유비	2
유비	3
관우	4
관우	5
관우	6
여포	7
초선	8

```
[SQL]
SELECT COUNT(*) FROM SQLD_39
GROUP BY COL1
HAVING COUNT(*) > 2;
```

① NULL

② 3

③ 5

④ 6

40. 주어진 테이블에서 해당 SQL문을 수행한 결과로 올바른 것은?

[SQLD_40]

COL1	COL2
조조	1
조조	1
조조	1
조조	2
조조	3

```
[SQL]
SELECT COUNT(COL1), COUNT(COL2)
FROM(SELECT DISTINCT COL1, COL2 FROM SQLD_40);
```

① 1, 2

② 2, 1

③ 2, 2

④ 3, 3

41. 다음 보기 중 NUMERIC(숫자)형이 아닌 것은?

① INT
② CHAR
③ FLOAT
④ DECIMAL

42. 아래의 SQL문에 대해서 실행 순서를 올바르게 나열한 것은?

```
[SQL]
SELECT DEPTNO, COUNT(EMPNO)
FROM EMP
WHERE SAL >= 400
GORUP BY DEPTNO
HAVING COUNT(EMPNO) >= 3
ORDER BY DEPTNO;
```

① FROM → WHERE → GROUP BY → HAVING → ORDER BY → SELECT
② FROM → WHERE → HAVING → GROUP BY → ORDER BY → SELECT
③ FROM → WHERE → GROUP BY → SELECT → HAVING → ORDER BY
④ FROM → WHERE → GROUP BY → HAVING → SELECT → ORDER BY

43. 다음 보기 중 순수 관계 연산자에 해당하지 않는 것은?

① SELECT
② DELETE
③ JOIN
④ DIVISION

44. 주어진 테이블에 대해서 아래와 같이 결과가 반환되도록 주어진 SQL문의 빈칸을 완성하시오.

[SQLD_44]

name	deptname	position	sal
조조	IT팀	부장	5000
여포	IT팀	대리	3000
유비	보안팀	차장	4000
관우	보안팀	사원	2000
장비	총무팀	부장	5000
동탁	인사팀	차장	4000

[SQL]
SELECT
(   ) OVER(ORDER BY SAL DESC) AS RANK, NAME, DEPTNAME, POSITION, SAL
FROM SQLD_44;

[결과]

RANK	name	deptname	position	sal
1	조조	IT팀	부장	5000
2	장비	총무팀	부장	5000
3	동탁	인사팀	차장	4000
4	유비	보안팀	차장	4000
5	여포	IT팀	대리	3000
6	관우	보안팀	사원	2000

45. 다음 SQL문에서 빈칸을 채우시오.

[SQL]
Gender 칼럼이 0이면 남자, 1이면 여자를 출력
SELECT (   ) FROM SQLD_45;

46. 주어진 보기의 SQL1에 대한 결과와 동일한 결과를 반환하도록 SQL2의 (   )을 작성하시오.

```
[SQL1]
SELECT COL1, COL2, COUNT(*)
FROM SQLD_46
GROUP BY ROLLUP(COL1, COL2);

[SQL2]
SELECT COL1, COL2, COUNT(*)
FROM SQLD_46
GROUP BY GROUPING SETS(          );
```

47. 다음의 테이블에 대한 SQL문의 최종결과는?

```
[SQL]
CREATE TABLE SQLD_47(
COL1 VARCHAR(20),
COL2 NUMBER(10));

INSERT INTO SQLD_47 VALUES('1',1000);
INSERT INTO SQLD_47 VALUES('2',2000);
INSERT INTO SQLD_47 VALUES('3',3000);
INSERT INTO SQLD_47 VALUES('4',4000);
INSERT INTO SQLD_47 VALUES('5',5000);

[SQL]
INSERT INTO SQLD_47 VALUES('6',6000);
COMMIT;
DELETE SQLD_47 WHERE COL1 = '2';
UPDATE SQLD_47 SET COL2 = 9000 WHERE COL2 = 1000;
ROLLBACK;
SELECT COUNT(COL1) FROM SQLD_47 WHERE COL2 = 2000;
```

① 1
② 2
③ 3
④ 4

48. 다음의 테이블에 대한 SQL문의 최종결과를 작성하시오.

[SQLD_48]

COL1	COL2
1	10
2	20
3	NULL
4	40
5	50

[SQL]
SELECT AVG(NVL(COL2,0)) FROM SQLD_48;

49. 다음의 테이블에 대한 SQL문의 최종결과를 작성하시오.

[SQLD_49_1]

COL1	COL2
1	1
1	2
2	1
3	1
3	2

[SQLD_49_2]

COL1	COL2
1	1
1	2
2	1
3	1
3	2

[SQL]
SELECT COUNT(*)
FROM SQLD_49_1 A, SQLD_49_2 B
WHERE A.COL1 ◇ B.COL1;

50. SQLD_50 테이블에는 총 5건의 행이 있다. 다음 빈칸에 올바른 것을 작성하시오.

[SQL]
SELECT COUNT(*) FROM SQLD_50
(   ) SQLD_50;

[RESULT]
  COUNT(*)

       25

01. 다음에서 설명하는 것은 ER모델 중 어떤 항목에 대한 설명인가?

> 1) 모든 릴레이션(Relation)은 원자값(Atomic)을 가져야 한다.
> 2) 어떤 릴레이션(Relation)에서 속성 값이 가질 수 있는 값의 범위를 의미한다.
> 3) 실제 속성값이 올바르게 되었는지 확인한다.
> 4) 속성명과 반드시 동일할 필요는 없다.

① 카디날리티(Cardinality)　　　② 도메인(Domain)
③ 인스턴스(Instance)　　　　　④ 차수(Degree)

02. 다음 보기 중 3차 정규화에 대한 설명으로 올바른 것은?

① 해당 릴레이션에 기본키를 식별한다.
② 기본키가 하나 이상의 키로 되어 있는 경우에 부분함수 종속성을 제거한다.
③ 조인으로 발생하는 종속성을 제거한다.
④ 이행함수 종속성을 제거한다.

03. 다음 보기 중 아래 시나리오에서 엔터티로 가 장적절한 것은?

> [시나리오]
> 한림대학교 성심병원은 상급종합병원이고 국내에는 약 43개의 상급종합병원이 있다.
> 상급종합병원에서 진료를 받기 위해서는 예약을 해야 한다.
> 예약을 하기 위해서 환자로 등록해야 하는데, 환자 등록을 위해서는 환자이름, 주소,
> 전화번호, 나이, 최근 병력 등의 정보를 한림대학교 성심병원 웹사이트에 접속해서 입력해야 한다.

① 나이　　　　　② 환자　　　　　③ 이름　　　　　④ 주소

04. 다음의 데이터베이스 모델링에 대한 설명으로 가장 올바른 것은?

> 증권회사에서 주문을 발주 할 때 해당 종목에 대한 호가단위가 있다. 즉, 주문은 10호가를 기준으로 발주할 수가 있어서
> 어떤 종목을 주문할 때 1003원과 같은 금액으로는 발주할 수가 없다. 이처럼 데이터베이스에서 값이 가질 수 있는 조건
> 을 정의하는 것이다.

① 시스템카탈로그　　　　　② 다중 값 속성
③ 선택도　　　　　　　　　④ 도메인(Domain)

05. 다음의 정규화 단계에서 주식별자와 관련성이 가장 낮은 것은?

① 제1정규화   ② 제2정규화   ③ 제3정규화   ④ BCNF

06. 엔터티의 종류 중 다:다 관계를 해소하려는 목적으로 인위적으로 만들어진 엔터티는 무엇인가?

① 기본 엔터티   ② 행위 엔터티   ③ 교차 엔터티   ④ 종속 엔터티

07. 다음은 ABC증권회사의 데이터베이스 모델링이다. 모델링은 고객과 계좌간의 관계를 표현한 것이다. 다음의 보기 중에서 그 설명이 올바르지 않은 것은?

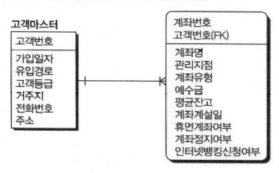

① 계좌를 개설하지 않은 고객은 ABC증권 회사에 고객이 될 수가 없다.
② 계좌번호는 전체 고객마다 유일한 번호가 부여된다.
③ 고객마스터와 계좌마스터의 관계는 식별관계이다.
④ 한 명의 고객에 하나의 고객등급만 부여된다.

08. 다음 ERD(Entity Relationship Diagram) 작성 순서로 올바른 것을 고르시오.

> 가) 엔터티를 그린다.
> 나) 엔터티를 적절하게 배치한다.
> 다) 엔터티 간에 관계를 설정한다.
> 라) 관계명을 기술한다.
> 마) 관계의 참여도를 기술한다.
> 바) 관계의 필수 여부를 기술한다.

① 가) → 나) → 다) → 라) → 마) → 바)
② 나) → 가) → 다) → 라) → 마) → 바)
③ 가) → 나) → 라) → 다) → 마) → 바)
④ 가) → 나) → 다) → 마) → 바) → 라)

09. 다음 ERD에서 식별자 분류로 올바른 것은?

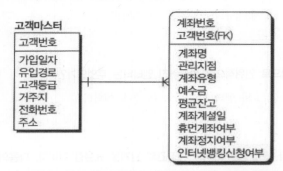

> 고객마스터 테이블의 고객번호는 대표성에 따른 식별자 분류로 (ㄱ)이고 스스로 생성했는지 여부에 따라서는 (ㄴ)이다.
> 또한 계좌마스터의 고객번호는 스스로 생성여부에 따라서 (ㄷ) 이다.

① ㄱ-보조 식별자, ㄴ-외부 식별자, ㄷ-단일 식별자
② ㄱ-주식별자, ㄴ-내부 식별자, ㄷ-외부 식별자
③ ㄱ-보조 식별자, ㄴ-내부 식별자, ㄷ-외부 식별자
④ ㄱ-내부 식별자, ㄴ-단일 식별자, ㄷ-보조 식별자

10. 식별자 중에서 비즈니스 프로세스에 의하여 만들어지는 식별자로 대체여부로 분리되는 식별자는 무엇인가?

① 본질 식별자 ② 단일 식별자 ③ 내부 식별자 ④ 인조 식별자

11. 다음 주어진 테이블에 대해서 아래의 결과와 같이 반환되도록 아래 SQL문의 빈칸에 들어갈 것으로 알맞은 것을 고르시오.

[SQLD_11]

name	deptname	position	sal
조조	IT팀	부장	5000
여포	IT팀	대리	3000
유비	보안팀	차장	4000
관우	보안팀	사원	2000
장비	총무팀	부장	5000
통탁	인사팀	차장	4000

[결과]

RANK	name	deptname	position	sal
1	조조	IT팀	부장	5000
2	장비	총무팀	부장	5000
3	동탁	인사팀	차장	4000
4	유비	보안팀	차장	4000
5	여포	IT팀	대리	3000
6	관우	보안팀	사원	2000

```
[SQL]
SELECT
(        ) OVER (ORDER BY sal DESC)
AS rank, name, deptname, position, sal
FROM SQLD_11;
```

① RANK()   ② DENSE_RANK()
③ ROW_NUMBER()   ④ NTILE()

12. 주어진 데이터에서 아래의 SQL문이 수행된 결과로 옳은 것은?

[SQLD_12]

COL1	COL2
100	100
NULL	60
NULL	NULL

[SQL]
SELECT COALESCE(COL1,COL2*50,50)
FROM SQLD_12;

① 100, 3000, 50

② 100, NULL, 50

③ 100, 60, 50

④ 100, 3000, NULL

13. T_MEMBER 테이블을 생성하려고 한다. 테이블을 생성하고 kind에 인덱스를 생성하는 DDL문으로 올바른 것은?

[T_MEMBER : 기본키(PK) memberid]
memberid varchar(20)
name varchar(100) not null
kind varchar(10)
regdate date

① CREATE TABLE T_MEMBER(
   memberid varchar(20) PRIMARY KEY,
   name varchar(100) NOT NULL,
   kind varchar(10),
   regdate date
   );
   CREATE index indmember on T_MEMBER(kind);

② CREATE TABLE T_MEMBER(
   memberid varchar(20),
   name varchar(100) NOT NULL,
   kind varchar(10),
   regdate date
   );
   CREATE index indmember on T_MEMBER(kind);

③ CREATE TABLE T_MEMBER(
   memberid varchar(20) PRIMARY KEY,
   name varchar(100) NOT NULL,
   kind varchar(10),
   regdate date
   );
   ALTER index indmember on T_MEMBER(kind);

④ CREATE TABLE T_MEMBER(
   memberid varchar(20),
   name varchar(100) NOT NULL,
   kind varchar(10),
   regdate date
   );
   CREATE index indmember as T_MEMBER(kind);

14. 주어진 테이블들에 대해서 아래의 SQL문을 수행하였을 때 반환되는 ROW값의 수는 얼마인가?

[SQLD_14_1]

COL
1
2
3
4
5
6

[SQLD_14_2]

COL
3
7
8

[SQLD_14_3]

COL
4
5
6

```
[SQL]
SELECT*FROM SQLD_14_1
UNION ALL
SELECT*FROM SQLD_14_2
MINUS
SELECT*FROM SQLD_14_3;
```

① 2   ② 3   ③ 4   ④ 5

15. 다음 주어진 SQL문을 수행하였을 때의 결과가 아래와 같을 때 빈칸에 들어갈 것으로 알맞은 것은?

```
[SQL]
SELECT 10 + 20 * ( (  ?  )(NULL, 0.1, 0.2 ) ) FROM DUAL;

[결과값]
14
```

① ISNULL   ② NVL   ③ NVL2   ④ COALESCE

16. 다음 SQL문과 결과를 확인 후 (   )에 올바른 것이 무엇인지 고르시오.

[SQL]
SELECT LEVEL, LPAD(' ',4 * (LEVEL-1)) || EMPNO AS EMPNO,
    MGR,CONNECT_BY_ISLEAF
FROM EMP
START WITH MGR IS NULL
(   ) EMPNO = MGR;

[RESULT]

LEVEL	EMPNO	MGR	CONNECT_BY_ISLEAF
1	1000		0
2	1001	1000	0
3	1005	1001	1
3	1006	1001	0
4	1007	1006	1
4	1008	1006	1
3	1011	1001	1
2	1002	1000	0
3	1009	1002	1
3	1010	1002	1

...

① CONNECT BY PRIOR   ② GROUP BY

③ WHERE   ④ HAVING

17. 순위 함수에 대한 설명 중 틀린 것은 무엇인가?

① RANK 함수는 동일순위 처리가 가능하다.
② DENSE_RANK 함수는 RANK 함수와 같은 역할을 하지만 동일 등수 순위에 영향이 없다.
③ ROW_NUMBER 함수는 특정 동일 순위가 부여되지 않는다.
④ 순위 함수 사용 시 ORDER BY절은 입력하지 않아도 된다.

18. 다음의 GROUP BY문구와 동일한 SQL문을 고르시오.

[SQL]
GROUP BY CUBE(DEPTNO, JOB);

① GROUP BY ROLLUP(DEPTNO);
② GROUP BY GROUPING SETS(DEPTNO, JOB, (DEPTNO, JOB), ( ));
③ GROUP BY DEPTNO UNION ALL
   GROUP BY JOB UNION ALL
   GROUP BY (JOB, DEPTNO);
④ 해당사항 없음.

19. 아래의 SQL문을 실행했을 때 조회되는 행수가 가장 많이 나오는 SQL문과 가장 적게 나오는 SQL문은?

```
[SQL]
INSERT INTO A1 VALUES(1,4);
INSERT INTO A1 VALUES(2,5);
INSERT INTO A1 VALUES(3,6);
INSERT INTO A1 VALUES(4,7);

INSERT INTO A2 VALUES(1,4);
INSERT INTO A2 VALUES(2,5);
INSERT INTO A2 VALUES(NULL,6);
INSERT INTO A2 VALUES(NULL,7);


(1) SELECT * FROM A1, A2 WHERE A1.COL1 = A2.COL1;
(2) SELECT * FROM A1 LEFT OUTER JOIN A2 ON A1.COL1 = A2.COL1;
(3) SELECT * FROM A1 RIGHT OUTER JOIN A2 ON A1.COL1 = A2.COL1;
(4) SELECT * FROM A1 FULL OUTER JOIN A2 ON A1.COL1 = A2.COL1;
```

① (1), (2)　　　　② (2), (3)　　　　③ (3), (4)　　　　④ (4), (1)

20. 다음 주어진 SQL문에서 오류가 발생하지 않는 것은?

```
[SQL]
CREATE TABLE SQLD_20(
        ID NUMBER PRIMARY KET,
        AGE NUMBER NOT NULL,
        NAME VARCHAR2(1)
);
```

① INSERT INTO SQLD_20 VALUES(10,20,SYSDATE);
② INSERT INTO SQLD_20 VALUES(20,NULL,'A');
③ INSERT INTO SQLD_20(AGE, NAME) VALUES(20,'A');
④ INSERT INTO SQLD_20(ID, AGE, NAME) VALUES(20,10,NULL);

21. 다음 계층형 쿼리문에 대한 설명으로 옳지 않은 것은?

[SQLD_21]

ID	PARENT_ID	NAME	PARENT_NAME	DEPTH
3	0	A		1
4	0	B	1	
5	3	C	A	2
6	3	D	A	2
7	3	E	A	2
8	3	F	A	2
9	6	G	F	3
10	4	H	B	2
11	4	I	B	2

```
[SQL]
SELECT ID, PARENT_ID, NAME, PARENT_NAME
FROM SQLD_21
WHERE PARENT_ID NOT IN(3)
START WITH PARENT_ID = 0
CONNECT BY PRIOR ID = PARENT_ID
ORDER SIBLINGS BY PARENT_ID ASC, ID ASC;
```

① PARENT_ID가 0이라도 3이 포함되면 전개를 멈춘다.

② 순방향 전개다.

③ 중복이 생겼을 때 루프를 돌지 않기 위해 NO CYCLE 옵션을 사용할 수 있다.

④ ORDER SIBLINGS BY를 하면 형제노드 기준으로 정렬한다.

22. 다음 아래에서 설명하는 인덱스 스캔 방식은 무엇인가?

인덱스를 역순으로 탐색한다.
최댓값을 쉽게 찾을 수 있다.

① INDEX UNIQUE SCAN

② INDEX RANGE SCAN

③ INDEX RANGE SCAN DESCENDING

④ INDEX FULL SCAN

23. 다음 주어진 테이블에 대해서 아래의 SQL문의 실행결과로 가장 올바른 것은?

[SQLD_23]

ID	AGE	NAME
10	20	A
11	30	B
12	40	C
13	50	D
14	60	E

```
[SQL]
SELECT ID, AGE
FROM SQLD_23
ORDER BY (CASE WHEN ID = 10 OR ID = 13 THEN 1 ELSE 2 END),
AGE DESC;
```

①

ID	AGE
13	50
10	20
14	60
12	40
11	30

②

ID	AGE
13	50
10	20
11	30
12	40
14	60
13	50
10	20

③

ID	AGE
10	20
11	30
12	40
13	50
14	60

④

ID	AGE
10	20
14	60
13	50
12	40
11	30

24. 다음 중 문자에 대한 설명으로 부적절한 것은 무엇인가?

① VARCHAR(가변길이 문자형)은 비교 시 서로 길이가 다를 경우 서로 다른 내용으로 판단한다.
② CHAR(고정길이 문자형)은 비교 시 서로 길이가 다를 경우 서로 다른 내용으로 판단한다.
③ 문자형과 숫자형을 비교 시 문자형을 숫자형으로 묵시적 변환하여 비교한다.
④ 연산자 실행 순서는 괄호, NOT, 비교연산자, AND, OR순이다.

25. 아래와 같은 결과가 나오도록 SQL문 ORDER BY 뒤 (   )에 들어갈 답을 고르시오.

[SQLD_25]

회원ID	주문금액
B	255
C	255
A	450
D	100

[RESULT]

회원ID	RANK	주문금액
A	1	450
B	2	255
C	2	255
D	3	100

```
[SQL]
SELECT 회원ID,
DENSE_RANK() OVER(ORDER BY (    ))
AS RANK, 주문금액
FROM SQLD_25;
```

① 주문금액
② RANK
③ 주문금액 DESC
④ 회원ID

26. 다음 보기 중 주어진 테이블에서 아래의 SQL문의 실행결과로 가장 적절한 것은?

[SQLD_26]

ID
1000
1000
1000
3000
3000
4000
9999
9999

```
[SQL]
SELECT ID FROM SQLD_26
GROUP BY ID
HAVING COUNT(*) = 2
ORDER BY (CASE WHEN ID = 1000 THEN 0 ELSE ID END);
```

①

ID
3000
9999

②

ID
9999
3000

③

ID
1000
3000
9999

④

ID
999
3000
1000

27. 다음 VIEW에 대한 설명으로 올바르지 않은 것은?

① 독립성 : 테이블 구조가 변경되어도 뷰를 사용하는 응용 프로그램은 변경하지 않아도 된다.

② 편리성 : 복잡한 질의를 뷰로 생성함으로써 관련 질의를 단순하게 작성할 수 있다. 또한 해당 형태의 SQL문을 자주 사용할 때 뷰를 이용하면 편리하게 사용할 수 있다.

③ 물리성 : 실제 데이터를 가지고 있어서 물리적인 관리가 가능하다.

④ 보안성 : 직원의 급여정보와 같이 숨기고 싶은 정보가 존재한다면 해당 칼럼을 빼고 생성함으로써 사용자에게 정보를 감출 수 있다.

28. 다음의 SQL문의 (   )에 들어가는 것으로 올바르지 않은 것은?

[SQL]
SELECT (   ), COUNT(EMPNO)
FROM EMP
WHERE EMPNO > 0
GROUP BY DEPTNO, SAL;

① EMPNO
② DEPTNO
③ SAL
④ DEPTNO와 SAL

29. 다음의 ERD는 교차 엔터티를 보여주고 있다. 교차 엔터티로 올바른 것은?

① 학생
② 과목
③ 수강
④ 학생, 과목

30. 다음의 SUB QUERY의 유형은 무엇인가?

[SQL]
SELECT A.EMPNO, A.ENAME
FROM EMP A
WHERE A.EMPNO = (SELECT 1 FROM EMP_T B WHERE A.EMPNO = B.EMPNO);

① SERVICE SUB QUERY
② EARLY FILTER형 SUB QUERY
③ CORRELATED SUB QUERY
④ LOOPING SUB QUERY

31. 다음 주어진 테이블들에 대해서 아래의 SQL문을 수행한 결과로 가장 적절한 것은?

[SQLD_31_1]

COL1	COL2	COL3
1	A	10
2	B	20
3	A	10

[SQLD_31_2]

COL1	COL2	COL3
X	A	10
Y	B	20
Z	B	10

[SQL]
SELECT COUNT(DISTINCT COL1)
FROM SQLD_31_1
WHERE COL3 = (SELECT COL3 FROM SQLD_31_2 WHERE COL2 = 'A');

① 1   ② 2   ③ 0   ④ 3

32. 다음의 VIEW를 조회한 SQL문의 실행결과로 올바른 것은?

[SQLD_32]

COL1	COL2
A	1000
A	2000
B	1000
B	NULL
NULL	3000
NULL	NULL

[뷰 생성]
CREATE VIEW V_SQLD_32
AS
SELECT * FROM SQLD_32
WHERE COL1 = 'A' OR COL1 IS NULL;

[SQL]
SELECT SUM(COL2) 합계
FROM V_SQLD_32
WHERE COL2 >= 2000;

① 1000   ② 3000   ③ 4000   ④ 5000

33. 테이블의 칼럼을 아래와 같이 변경하는 DDL문으로 올바른 것은?

> TEST 테이블의 NAME 칼럼의 데이터 타입을 CHAR에서 VARCHAR로 변경하고 데이터 크기를 100으로 늘린다.

① ALTER TABLE TEST ALTER COLUMN NAME VARCHAR(100);
② ALTER TABLE TEST MODIFY(NAME VARCHAR(100));
③ ALTER TABLE TEST ADD COLUMN NAME VARCHAR(100);
④ ALTER TABLE TEST ADD CONSTRAINT COLUMN NAME NAME VARCHAR(100);

34. 아래 NULL 값에 대한 설명 중에 올바른 것을 고르시오.

① 데이터베이스의 NULL 값의 의미는 DBMS 종류별로 다르게 해석한다.
② MSSQL에서 NULL값은 0이다.
③ ORACLE에서 NULL은 TRUE 혹은 FALSE의 의미이다.
④ NULL값은 아직 알려지지 않은 미지의 값이다.

35. BSC는 기업의 성과를 균형 있게 관리하는 성과관리 시스템이다. BSC는 KPI를 사용해서 기업을 평가하는데 KPI는 상위, 중위, 하위 등의 KPI로 세분화된다. 다음의 KPI-POOL 테이블에서 특정 하나의 값에 대한 자신의 상위 KPI를 검색하는 SQL문으로 올바른 것은?

[KPIPOOL]

subkpi	kponame	Mainkpi
10	고객만족도	0
20	콜센터만족도	10
30	불만건수	20
40	대기시간	30
50	건의건수	40

① SELECT * FROM
   KPIPOOL
   START WITH MAINKPI = 0
   CONNECT BY PRIOR
   SUBKPI = MAINKPI;

② SELECT * FROM
   KPIPOOL
   WHERE SUBKPI = 30
   START WITH MAINKPI = 0
   CONNECT BY PRIOR MAINKPI = SUBKPI;

③ SELECT * FROM
   KPIPOOL
   START WITH MAINKPI = 100
   CONNECT BY PRIOR
   SUBKPI = MAINKPI;

④ SELECT * FROM
   KPIPOOL
   WHERE SUBKPI = 30
   START WITH MAINKPI = 0
   CONNECT BY PRIOR
   SUBKPI = MAINKPI;

36. 다음의 SQL문 중에서 결과가 동일한 하나의 SQL문은?

[KPIPOOL]

subkpi	kponame	Mainkpi
10	고객만족도	0
20	콜센터만족도	10
30	불만건수	20
40	대기시간	30
50	건의건수	40

```
[SQL]
SELECT * FROM KPIPOOL
WHERE (SUBKPI, MAINKPI)
IN ((20,10), (0,30));
```

① SELECT * FROM KPIPOOL WHERE SUBKPI=20;
② SELECT * FROM KPIPOOL WHERE SUBKPI IN (20,10);
③ SELECT * FROM KPIPOOL WHERE (SUBKPI, MAINKPI) IN ((10,20), (20,30));
④ SELECT * FROM KPIPOOL WHERE (SUBKPI, MAINKPI) IN ((20,30), (30,40));

37. 다음 보기 중 서브쿼리에 대한 설명을 옳지 않은 것은?

① 서브쿼리에서는 정렬을 수행하기 위해서 내부에 ORDER BY를 사용하지 못한다.
② 메인 쿼리를 작성할 때 서브쿼리에 있는 칼럼을 자유롭게 사용할 수 있으면 편리하다.
③ 여러 개의 행을 되돌리는 서브쿼리는 다중행 연산자를 사용해야 한다.
④ EXIST는 TRUE와 FALSE만 되돌린다.

38. 오라클 데이터베이스에서 내일 날짜를 조회하는 방법으로 올바른 것은?

① SELECT TO_DATE(SYSDATE+1, 'YYYYMMDD') FROM DUAL;
② SELECT TO_CHAR(SYSDATE+1, 'YYYYMMDD') FROM DUAL;
③ SELECT TO_DATE(SYSDATE-1, 'YYYYMMDD') FROM DUAL;
④ SELECT TO_CHAR(SYSDATE-1, 'YYYYMMDD') FROM DUAL;

39. CROSS JOIN과 NATURAL JOIN의 차이점에 대해서 잘못 설명한 것은?

① NATURAL JOIN은 테이블 간 동일한 이름을 가진 모든 칼럼들에 대해 조인을 수행한다.
② CROSS JOIN은 테이블 간 조건이 없는 경우 생길 수 있는 모든 데이터의 조합을 의미한다.
③ CROSS JOIN과 NATURAL JOIN은 WHERE절에서 JOIN 조건을 걸 수 없다.
④ CROSS JOIN은 WHERE 절에 JOIN 조건을 추가할 수 있다.

40. 주어진 테이블에서 해당 SQL문을 수행 시 결과값으로 조회되는 테이블을 고르시오.

[SQLD_40]

C1	C2	C3
A	1	1
B	1	1
B	1	2
C	2	2
Z		1

```
[SQL]
SELECT C2, SUM(C3)
FROM SQLD_40
GROUP BY C2
HAVING COUNT(*) >= 2;
```

①

C2	SUM(C3)
1	4
1	1
1	2

②

C2	SUM(C3)
1	4

③

C2	SUM(C3)
1	4
2	2

④

C2	SUM(C3)
1	4
2	2
	1

41. 다음 ERD에서 실행했을 때 오류가 발생하는 SQL문은?

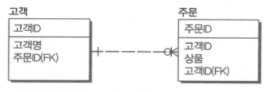

+ PRIMARY KEY : 고객(고객ID)
+ 주문(고객ID) REFERENCES 고객(고객ID)

① INSERT INTO 고객 VALUES('C001', 'AAA')
② INSERT INTO 고객 VALUES('O001', 'C001', 'XXX')
③ UPDATE 주문 SET 고객ID=NULL WHERE 주문ID='O001'
④ INSERT INTO 주문 VALUES('O002', 'C002', 'YYY')

42. 다음의 SQL문에서 올바르지 않은 것은?

[SQLD_42]

DEPTNO	SAL
10	
10	1000
10	2000
20	
20	500

[SQL]
SELECT DEPTNO, SUM(NVL(SAL, 0) FROM SQLD_42 GROUP BY DEPTNO;

① SELECT문에 WHERE 조건이 없으므로 연산에 참여하는 총 행의 수는 5개이다.
② NVL(SAL,0)문에서 NVL은 NULL에 대한 합계 오류를 예방한다.
③ DEPTNO 10의 합계는 3000이고 20의 합계는 500이다.
④ 부서별 합계를 계산할 때 NULL 값을 만나면 0으로 치환한다.

43. 아래의 ERD에서 3차 정규형을 만족할 때 학과등록 엔터티의 개수는 몇 개가 되는가?

[조건]
가) 평가코드, 평가내역은 학번에 종속
나) 코스명, 기간은 코스코드에 종속
다) 평가코드, 평가내역은 속성 간 종속적 관계

① 1
② 2
③ 3
④ 4

44. 아래의 SQL을 수행한 결과를 작성하시오.

```
[SQL]
SELECT ROUND(7.45, 1), ABS(-7.45), FLOOR(7.45), TRUNC(7.45), CEIL(7.1) FROM DUAL;
```

45. 다음(   )에 올바른 것을 작성하시오.

ABC기업에 새로운 DBA가 입사를 했다.
팀장은 DBA에게 권한을 할당하려고 하는데 GRANT DBA TO USERA; 라는 SQL문을 실행했다.
이 때 GRANT문에 사용된 DBA는 권한들을 묶어서 한꺼번에 부여하는 (   ) 이라고 한다.

46. 아래의 SQL문을 순차적으로 수행한 결과값을 작성하시오.

```
[SQL]
CREATE TABLE SQLD_46 (N1 NUMBER);
INSERT INTO SQLD_46 VALUES(1);
INSERT INTO SQLD_46 VALUES(2);
CREATE TABLE TMP_SQLD_46 (N1 NUMBER);
INSERT INTO TMP_SQLD_46 VALUES(1);
TRUNCATE TABLE TMP_SQLD_46;
ROLLBACK;
COMMIT;
SELECT SUM(N1) FROM SQLD_46;
```

47. 아래 결과값은 주어진 2개 테이블을 특정 JOIN하여 나타난 결과이다. 어떤 조인인지 고르시오.

[SQLD_47_1]

COL1	COL2
1	2
2	2
3	3

[SQLD_47_2]

COL1	COL2
1	2
2	4
4	5

[결과]

SQLD27.COL1	SQLD27.COL2	SQLD27_2.COL1	SQLD27_2.COL2
1	2	1	2
2	2	2	4
NULL	NULL	4	5

```
[SQL]
SELECT *
FROM SQLD_47_1 A(      ) SQLD_47_2 B
ON A.COL1 = B.COL1;
```

① LEFT OUTER JOIN
② RIGHT OUTER JOIN
③ FULL OUTER JOIN
④ INNER JOIN

48. 아래 설명 중 빈칸에 해당하는 내용을 작성하시오.

ABC 기업에 입사한 새로운 개발자에게 권한을 부여할 때 사용하는 것은 (ㄱ)이고 권한을 회수할 때 사용하는 것은 (ㄴ)이다.

49. 주어진 데이터에서 아래의 SQL문을 실행한 행(Row)의 건수로 올바른 것은?

[SQLD_49_1]

Col1	Col2	Col3
1	1	3
1	2	3
2	1	3
3	1	3
3	2	3

[SQLD_49_2]

Col1	Col2	Col3
1	1	3
1	2	3
2	1	3
3	1	3
3	2	3

```
[SQL]
SELECT COUNT(*)
FROM SQLD_49_1 A, SQLD_49_2 B
WHERE A.COL1 = B.COL1;
```

① 1
② 9
③ 4
④ 3

50. 아래의 SQL1과 동일한 값을 반환하도록 SQL2의 빈칸에 서브쿼리 연산자를 작성하시오.

[SQLD_50_1]

COL1	COL2
100	200
110	300
120	400
130	500

[SQLD_50_2]

COL1	COL2	COL3
100	200	1000
110	350	2000
120	400	3000
130	550	4000

[SQL1]
SELECT * FROM SQLD_50_1 A
   WHERE(A.COL1, A.COL2)
    IN (SELECT B.COL1, B.COL2
       FROM SQLD_50_2 B
       WHERE B.COL3 > 2000);

[SQL2]
SELECT * FROM SQLD_50_1 A
   WHERE (   )
   (SELECT 1
   FROM SQLD_50_2 B
   WHERE A.COL1 = B.COL1
     AND A.COL2 = B.COL2
     AND B.COL3 > 2000);

01 | 정답 | ②

| 해설 | [도메인(Domain)의 특징]
릴레이션의 속성이 가질 수 있는 값의 범위
속명성과 도메인명은 항상 동일할 필요는 없다.
모든 속성들의 도메인은 원자값이어야 한다.

02 | 정답 | ④

| 해설 | 분산데이터베이스는 데이터의 무결성을 완전히 보장하는 것이 불가능하다.

◉ 분산데이터베이스의 장/단점

장점	단점
1. 분산 데이터베이스가 병렬 처리를 수행하기 때문에 빠른 응답이 가능하다. 2. 데이터베이스 신뢰성과 가용성이 높다. 3. 분산 데이터베이스를 추가하여 시스템 용량 확장이 쉽다.	1. 보안관리가 어렵다. 2. 데이터 무결성 관리가 어렵다. 3. 데이터베이스 설계가 복잡하다. 4. 데이터베이스가 여러 네트워크를 통해 분리되어 있어서 관리와 통제가 어렵다.

03 | 정답 | ②

| 해설 | 외부 스키마 : 사용자 관점
개념 스키마 : 통합 관점
내부 스키마 : 물리적 관점

◉ 데이터베이스 3단계 구조

단계	스키마	설명
외부 단계 (External Level)	외부 스키마 (External Schema)	• 데이터베이스의 사용자 관점 • 개별 사용자 관점에서 데이터베이스 이해 및 표현 • 응용프로그램이 접근하는 데이터베이스 정의 • 여러 개의 외부 스키마가 존재
개념 단계 (Conceptual Level)	개념 스키마 (Conceptual Schema)	• 데이터베이스의 관리자(DBA, 데이터베이스 관리자) 관점 • 전체 데이터베이스 내의 규칙과 구조 표현 • 데이터베이스의 전체적인 논리구조 • 일반적으로 스키마(Schema)라고 하면 개념 스키마를 지칭
내부 단계 (Internal Level)	내부 스키마 (Internal Schema)	• 데이터베이스의 시스템 설계자 관점 • 저장 장치의 관점에서 데이터베이스를 이해 및 표현 • 데이터가 실제로 물리적 데이터베이스에 어떻게 저장되는지 확인

04 | 정답 | ④

| 해설 | 관계를 표기법은 관계명, 관계차수, 관계선택사양 세 가지로 이루어져 있다.

- 관계명(Membership)
  - 관계명은 엔터티간 관계에 맺어진 형태 뜻한다.
  - 관계가 시작되는 쪽을 "관계시작점(The Beginning)"이라 칭하며 받는쪽을 "관계끝점(The End)"라고 칭한다.
  - 관점에 따라 능동적(Active)이거나 수동적(Passive)으로 명명된다.

- 관계차수(Degree/Cardinality)
  - 관계차수란 두 엔터티간 관계에서 수행되는 경우의 수를 뜻한다.

종류		설명
필수참여관계 (Mandatory Membership)		• 반드시 하나가 있어야 하는 관계 • 예) 주문을 하려면 회원ID가 있어야 한다.
	1:1	⊢————————⊣
	1:M	⊢————————⊰
선택참여관계 (Optional Membership)		• 있을 수도 있고, 없을 수도 있는 관계 • 예) 회원ID는 있지만 주문은 안 할 수도 있다.
	1:1	⊢————————○⊣
	1:M	⊢————————○⊰

- 관계선택사양(Optionality)

관계에서 항상 참여하는지 아니면 참여할 수도 있는지를 나타내는 방법따라 필수참여 관계(Mandatory), 선택참여 관계(Optional)로 나뉜다.

고객과 주문 엔터티 관계를 살펴보자. 3명의 손님의 가게에 들어왔다. 하지만 2명의 손님만 주문을 시킬 경우도 있다. 주문은 꼭 손님에 의해서 수행이 되지만, 손님은 주문을 시킬수도 있고 안 시킬수도 있다.
이처럼 주문은 손님에의해 수행이 될수도 있고 안 될수도 있어서 선택참여 관계이고 주문된 항목은 꼭 손님에 의해서 수행이 되어져야 하므로 필수참여 관계이다.

선택참여관계일 경우 ERD에서 관계를 나타내는 선에서 선택참여하는 엔터티쪽에 원을 표시해야한다.

05 | 정답 | ①

| 해설 |

데이터베이스 모델링의 특징은 추상화, 단순화, 명확화라는 3대 특징으로 요약할 수 있다.

06 │정답│ ③

│해설│ 데이터베이스 정규화 측면에서 '가' 모델은 과목명과 과목코드에 정규화가 수행되지 않았다.

07 │정답│ ③

│해설│ ① 테이블 조인 조건 계산(n − 1)

②, ③ Student, Grade를 비식별자 관계로 설계하면 Grade, Module은 식별자 관계이므로 Student, Module
을 설계 할 때 오히려 조인의 복잡성이 커질 수 있다.

④ 식별자 분류

– 식별자는 대표성, 생성 여부, 속성의 수, 대체 여부로 분류된다.

◉ 대표성 여부에 따른 식별자의 종류

종류	설명
주식별자	• 유일성과 최소성을 만족하면서 엔터티를 대표하는 식별자 • 엔터티 내에서 각 인스턴스를 유일하게 구분할 수 있는 식별자 • 타 엔터티와 참조관계를 연결할 수 있는 식별자
보조식별자	• 엔터티 내에서 각 인스턴스를 구분할 수 있는 구분자이지만, 대표성을 가지지 못해 참조 관계 연결을 할 수 없는 식별자 • 유일성과 최소성은 만족하지만 대표성을 만족하지 못하는 식별자

◉ 생성 여부에 따른 식별자의 종류

종류	설명
내부식별자	• 엔터티 내부에서 스스로 생성되는 식별자
외부식별자	• 다른 엔터티와 관계로 인하여 만들어지는 식별자

◉ 속성 수에 따른 식별자의 종류

종류	설명
단일식별자	• 하나의 속성으로 구성
복합식별자	• 2개 이상의 속성으로 구성

◉ 대체 여부에 따른 식별자의 종류

종류	설명
본질식별자	• 비즈니스 프로세스에서 만들어지는 식별자
인조식별자	• 인위적으로 만들어지는 식별자

08 │정답│ ②

│해설│ 외래키가 설계되어 있지만 인덱스가 없는 상태라면 입력/삭제/수정의 부하가 덜 생긴다.

09 | 정답 | ④

| 해설 | ROW의 정보를 검색하기 위해 하나 이상의 데이터 블록을 SCAN 해야 하기 때문에 성능이 감소될 수 있다.

구분	Row Chaining	Row Migration
정의	• 하나의 Row를 하나의 블록에 저장할 수 없어서 여러 블록에 걸쳐서 저장하는 현상	• Update로 인하여 늘어나는 공간을 저장할 공간이 없어서 다른 블록으로 Row를 옮기는 현상
특성	• Initial Row Piece(행 조작)와 Row Pointer로 블록 내에 저장됨	• 기존 블록에는 Migration되는 데이터의 row header와 블록 주소값을 갖게 되고, 새로운 블록에는 Migration되는 데이터가 저장됨
문제점	• Row의 정보를 검색하기 위해 하나 이상의 데이터 블록을 Scan해야 하기 때문에 성능이 감소됨	• Migration된 Row를 읽기 전에 기존 블록에서 헤더를 통해 Migration된 Row를 읽기 때문에 성능이 감소됨
해결책	• 블록의 크기를 크게 만든다.	• PCTFREE를 크게 설정 • 객체를 Export하고 삭제한 후 import • 객체를 Migration하고 Truncate

10 | 정답 | ②

| 해설 | 주식별자 도출 기준

ㄱ. 해당 업무에서 자주 이용되는 속성을 주식별자로 지정한다.

ㄴ. 명칭, 내역 등과 같이 이름으로 기술되는 것들은 가능하면 주식별자로 지정하지 않는다.

ㄷ. 복합으로 주식별자로 구성할 경우 너무 많은 속성이 포함되지 않도록 한다.

11 | 정답 | ②

| 해설 | NATURAL JOIN에서 EMP.DEPTNO와 같이 OWNER 명을 사용하면 에러 발생

12 | 정답 | ④

| 해설 | ①, ②, ③ : 2개의 테이블에서 동일한 이름을 가지는 칼럼에 대해서 조인을 수행

④ : 두 테이블의 모든 데이터에 대해서 조인을 수행하는 CROSS JOIN

13 | 정답 | ①

| 해설 | • UNION : 공통 교집합의 중복을 제거하여 표현

• UNION ALL : 공통 교집합의 중복을 포함하여 표현, 정렬 작업이 없음

14 | 정답 | ①

| 해설 |

① : 200<=A<=400, 200<=B<=400

```
NUM    CODE      COL1      COL2
---------------------------
 4      A        200       300
 5      B        250       200
 6      A        300       150
```

②③④ : COL1<=200 && COL2>=200

```
NUM    CODE      COL1      COL2
---------------------------
 1      A        100       350
 2      A        130       300
 3      B        150       400
 4      A        200       300
```

15 | 정답 | ③

| 해설 |

◉ 트랜잭션(Transaction)의 특성

특성	설명
원자성 (Atomicity)	• 트랜잭션에서 정의된 연산들은 모두 성공적으로 실행되던지 아니면 실행되지 않은 상태여야 함(All or Nothing)
일관성 (Consistency)	• 트랜잭션이 실행되기 전의 데이터베이스 내용이 잘못 되어 있지 않다면 트랜잭션이 실행된 이후에도 데이터베이스의 내용에 잘못이 있으면 안됨
고립성 (Isolation)	• 트랜잭션이 실행되는 도중에 다른 트랜잭션이 접근할 수 없음
영속성 (Durability)	• 트랜잭션이 성공적으로 수행되면 그 트랜잭션이 갱신한 데이터베이스의 내용은 영구적으로 저장

16 | 정답 | ④

| 해설 | COMMIT이 완료되지 않은 데이터를 다른 사용자가 조회하거나 고칠 수 없다.(고립성)

17 | 정답 | ③

| 해설 | NULL은 오로지 IS NULL, IS NOT NULL로만 조회가 가능

18 | 정답 | ③

| 해설 | • LIKE 연산으로 '%', '_'가 들어간 문자를 검색하기 위해서는 ESCAPE 명령어 사용
  • '%', '_' 앞에 ESCAPE로 특수 문자를 지정

19 | 정답 | ②

| 해설 | ROWNUM=1은 사용 가능 하지만 ROWNUM=2인 경우는 데이터가 추출되지 않는다.(ROWNUM은 WHERE 절을 만족하는 레코드에 붙이는 순번이므로 해석해 보면, ROWNUM=2는, 처음 한 건 추출해서 ROWNUM이 2인지 비교하는 것이다. 하지만 처음 레코드는 ROWNUM이 1이며, 조건에 맞지 않다. ROWNUM=1 결과 값이 항상 포함되어야 한다.)

20 | 정답 | ③

| 해설 |

금액1	금액2	금액3	금액4
300	300	300	300
300	300	300	300
300	300	(NULL)	300
300	300	300	300

금액1 : 300 → NVL(=ISNULL) A가 NULL이면 B로 가고, 아니면 A를 출력
금액2 : 300 → COALESCE NULL이 아닌 최초값 출력
금액3 : NULL → NULLIF A와 B의 값이 같으면 NULL, 아니면 A를 출력
금액4 : 300 → CASE WHEN A IS NOT NULL THEN A ELSE B END : A가 NOT NULL이면 A 출력,
  아니면 B 출력

21 | 정답 | ③

| 해설 | SQL server(EXCEPT) / Oracle(MINUS)

22 | 정답 | ④

| 해설 | • UNBOUNDED PRECEDING은 end point에서 사용될 수 없다.
  • RANGE BETWEEN start_point AND end_point
  – start point는 end_point와 같거나 작은 값이 들어간다.
  – Default값은 RANGE BETWEEN UNBOUNDED PRECEDING AND CURRENT ROW가 된다.
  – UNBOUNDED PRECEDING : start_point만 들어갈 수 있으며 파티션의 first row가 된다.
  – UNBOUNDED FOLLOWING : end_point만 들어갈 수 있으며 파티션의 last_row가 된다.
  – CURRENT ROW : start_point, end_point 둘 다 가능하다. 윈도우는 CURRENT ROW에서 start하거나
    end한다.

23 | 정답 | ④

| 해설 | 인덱스 중 B-트리 인덱스는 Equal 조건뿐 아니라 BETWEEN, >과 같은 연산자로 검색하는 범위 검색에도 사용될 수 있다.

- 인덱스
  - 인덱스는 데이터베이스에서 검색속도를 향상시키기 위해 사용하는 기능이다.
  - 인덱스는 인덱스 키로 정렬되어 있기 때문에 원하는 데이터를 빠르게 조회 가능하다.
  - 관계형 데이터베이스에서 가장 많이 사용하는 인덱스는 B-트리(Balanced Tree)이다.
  - 하나의 테이블에 여러 개의 인덱스를 생성할수 있고, 하나의 인덱스는 여러개의 칼럼으로 구성될수 있다.
  - 인덱스를 구성하는 컬럼의 정렬 순서에 따라 오름차순(ASC), 내림차순(DESC)으로 정렬된다.
  - Unique Index에는 NULL 값이 포함될 수 있다.

24 | 정답 | ①

| 해설 |

서브쿼리	설명
SELECT 스칼라 서브쿼리	• 스칼라 서브쿼리는 한 행, 한 컬럼만을 반환하는 서브쿼리
FROM 인라인뷰	• 서브쿼리가 FROM 절에 사용되면 동적으로 생성된 테이블인 것처럼 사용 • 인라인 뷰는 SQL 문이 실행될 때만 임시적으로 생성되는 동적인 뷰이기 때문에 데이터베이스에 해당 정보가 저장 안됨
WHERE / HAVING 서브쿼리	• 그룹함수와 함께 사용될 때 그룹핑된 결과에 대해 부가적인 조건을 주기 위해 사용

25 | 정답 | COALESCE(1, 2, 3)은 NULL이 아닌 처음 나오는 값 1을 반환한다.

26 | 정답 | ③

| 해설 | • Lock/Unlock은 병행성 제어(동시성) 기법이다.
- 무결성 : 데이터 임의 갱신으로부터 보호해야 하는 것.
- 제약조건을 넣어서 무결성을 보장하거나, Trigger 로직 안에 검사 기능을 넣을 수도 있고, 개발자의 코딩에서 로직을 넣을 수도 있다.

27 | 정답 | ③

| 해설 | PRIOR EMPLOYEE_ID = MANAGER_ID이기 때문에 부모에서 자식으로 조회하는 순방향이다.

28 | 정답 | ②

| 해설 | _ (한글자), A%(A로 시작하는), %A(A로 끝나는)

29 | 정답 | ②

| 해설 | CLERK행 + K로 시작하는 연봉 3000이상 반환

```
1.
SELECT *
FROM SQLD_29
WHERE JOB_TITLE = 'CLERK'
OR (EMP_NAME LIKE 'K%' AND SALARY >= 3000)

JOB_TITLE          EMP_NAME          SALARY
-------------------------------------------
CLERK              JACSON            2000
SALESMAN           KING              3000
CLERK              LUCAS             5000
CLERK              GRAYSON           7000
CLERK              JIM               9000

2.
SELECT COUNT(*)
FROM SQLD_29
WHERE JOB_TITLE = 'CLERK'
OR (EMP_NAME LIKE 'K%' AND SALARY >= 3000)

COUNT(*)
5
```


30 | 정답 | ②

| 해설 | • CHAR(10)으로 칼럼을 생성하고 8개의 문자를 입력하면 나머지 2개는 공백으로 입력.
 • VARCHAR2 : 가변길이 문자열 타입으로 입력한 크기만큼 할당.

31 | 정답 | ②

| 해설 | • ② : 5 반환
 • ①, ③, ④ : 05 반환
 • SUBSTR 문자열 슬라이싱 : '20190504'의 5번째 '0'에서 2번째까지 → '05'
 • EXTRACT(YEAR/MONTH/DAY FROM SYSDATE) 연, 월, 일을 뽑아서 출력 : 5(문자열 아님)
 • CONCAT 문자열 결합 : '05'
 • TRIM 공백 제거 : '05'

32 | 정답 | ②

　| 해설 | • UPPER 대문자로 변환 : 'EBAC'

　　• RTRIM 오른쪽 공백 제거 : 'EBAC'

　　• SUBSTR 문자열 슬라이싱 : 'ABCEBACED'의 4번째 'EBACED'에서 4번째까지 → 'EBAC'

　　• CONCAT 문자열 결합 : 'EBAC'

33 | 정답 | ④

　| 해설 | 뒤에서 4번째 자리값인 6부터 2개 반환 : 67

34 | 정답 | ①

　| 해설 | • ① 비교연산자(>=) 뒤에 단일행만 가능.

　DEPT별 MAX(SALARY)를 조회하여 멀티행을 반환하게 되므로 에러 발생

　• 단일행 서브쿼리

　　– 서브쿼리의 실행 결과가 항상 1건 이하인 서브쿼리

　　– 항상 비교연산자와 함께 사용된다.

　　– 비교연산자 뒤에는 단일행이 와야 하는데 뒤에 GROUP BY DEPT는 다중행 함수로 멀티행을 반환하여 에러가 발생함.

　• 다중행 서브쿼리

　　– 서브쿼리의 실행 결과가 여러 건인 서브쿼리

　　– 메인 쿼리의 조건 절에 여러 칼럼을 동시에 비교할 수 있다.

　　– 서브쿼리와 메인쿼리의 칼럼 수와 칼럼 순서가 동일해야 한다.

35 | 정답 | ②

　| 해설 | ② 연산자 우선순위에 따라 B이면서 몸무게 65초과이거나 A팀인 사람

```
[SQLD_35]

TEAM   WEIGHT
------------
A       40
B       50
A       60
B       70
A       80
B       90
A       100
B       110
```

[SQL]
(1)
SELECT * FROM SQLD_35
WHERE TEAM IN('A', 'B') AND WEIGHT > 65;

[RESULT]
TEAM   WEIGHT
_____

B   70
A   80
B   90
A   100
B   110

[SQL]
(2)
SELECT * FROM SQLD_35
WHERE TEAM = 'A' OR TEAM = 'B' AND
WEIGHT > 65;

[RESULT]
TEAM   WEIGHT
_____

A   40
A   60
B   70
A   80
B   90
A   100
B   110

[SQL]
(3)
SELECT * FROM SQLD_35
WHERE (TEAM = 'A' AND WEIGHT > 65) OR
(TEAM = 'B' AND WEIGHT > 65);

[RESULT]
TEAM   WEIGHT
_____

B   70
A   80
B   90
A   100
B   110

```
[SQL]
(4)
SELECT * FROM SQLD_35
WHERE (TEAM = 'A' OR TEAM = 'B') AND
WEIGHT > 65

[RESULT]
TEAM   WEIGHT
-------------
  B       70
  A       80
  B       90
  A       100
  B       110
```

36 | 정답 | ③

| 해설 | 고유키로 지정된 모든 칼럼은 중복된 값을 허용하진 않지만 NULL값은 가질 수 있다.

37 | 정답 | ②

| 해설 | ㆍ다중행 입력 쿼리문으로 Case문과 동일하게 수행되며 WHEN을 만족하면 종료한다.
ㆍT1행에는 2, 3, T2행에는 NULL, T3행에는 1이 입력된다.

38 | 정답 | ①

| 해설 |

```
[SQLD_38]

[SQL]
SELECT SUBSTR('ABCDEFGH', 3, 2) FROM DUAL;

[RESULT]
SUBSTR('ABCDEFGH', 3, 2)
--------------------
CD
```

◉ 문자형 함수

함수	설명
LOWER(문자열)	• 문자열의 알파벳 문자를 소문자로 변환
UPPER(문자열)	• 문자열의 알파벳 문자를 대문자로 변환
INITCAP(문자열)	• 문자열의 첫글자는 대문자로 나머지는 소문자로 변환
ASCII(문자)	• 문자나 숫자를 ASCII 코드로 변환
CHR(ASCII번호)	• ASCII 코드를 문자나 숫자로 변환
CONCAT(문자열1, 문자열2)	• 문자열1과 문자열2 연결
SUBSTR(문자열, m(,n))	• 문자열의 m번째 위치에서 n개의 문자 • n이 생략되면 마지막 문자까지
LENGTH(문자열)	• 문자열의 길이 계산(공백 포함)
LTRIM(문자열, 지정문자)	• 문자열의 왼쪽에서 연속되는 지정문자 제거 • 지정문자 생략 시 공백을 제거
RTRIM(문자열, 지정문자)	• 문자열의 오른쪽에서 연속되는 지정문자 제거 • 지정문자 생략 시 공백을 제거
TRIM(문자열, 지정문자)	• 문자열의 왼쪽 및 오른쪽에서 연속되는 지정문자 제거 • 지정문자 생략 시 공백을 제거
LPAD(문자열1, 숫자, 문자열2)	• 문자열1 좌측으로 문자열2를 추가하여 결과값이 총 숫자 바이트의 문자열을 생성
RPAD(문자열1, 숫자, 문자열2)	• 문자열1 우측으로 문자열2를 추가하여 결과값이 총 숫자 바이트의 문자열을 생성

39 | 정답 | ③

| 해설 | • FROM절에서 DISTINCT 명령어로 중복된 COL1, COL2값 제외
• COL1, COL2가 (1, A), (1, B)인 2개의 행만 반환되고 각각 COUNT값 2를 반환한다.

```
[SQLD_39]

[SQL]
SELECT DISTINCT COL1, COL2 FROM SQLD_39;

[RESULT]
COL1    COL2
----------
 1      A
 1      B
SELECT COUNT(COL1), COUNT(COL2)
```

```
FROM (
     SELECT DISTINCT COL1, COL2
     FROM SQLD_39
      );

[RESULT]
COUNT(COL1)   COUNT(COL2)
----------------------
 2                2
```

40 | 정답 | ③
| 해설 |

```
[SQLD_40]

[SQL]
SELECT COL1, COUNT(*)
FROM SQLD_40
GROUP BY ROLLUP(COL1);

[RESULT]
COL1   COUNT(*)
------------
 A      1
 B      1
 C      2
        4

[SQL]
SELECT COUNT(*)
FROM SQLD_40
GROUP BY ROLLUP(COL1), COL1;

[RESULT]
COL1   COUNT(*)
------------
 B      1
 C      2
 A      1
 B      1
 C      2
 A      1
```

- GROUP BY ROLLUP(A, B)
  - GROUP BY A
  - GROUP BY A, B
  - GROUP BY NULL

- GROUP BY ROLLUP(A)
  - GROUP BY A
  - GROUP BY NULL

41 | 정답 | ①

| 해설 |

◉ **SQL 연산자**

SQL 연산자	설명
LIKE '비교문자열'	• 비교문자열과 형태가 일치(%, _ 사용)
BETWEEN A AND B	• A와 B의 값 사이의 값을 조회(A, B 값 포함) • A<=COL<=B
IN(list)	• list 값 중에서 하나라도 일치하면 조회
IS NULL	• NULL 값을 조회

42 | 정답 | ②

| 해설 | LEFT OUTER JOIN 이므로 SQLD_42_1 컬럼의 모든 데이터 출력

```
[SQLD_42]

[SQL]
SELECT A.JOB_TITLE, A.NAME
FROM SQLD_42_1 A LEFT OUTER JOIN SQLD_42_2 B
ON A.JOB_TITLE = B.JOB_TITLE;

[RESULT]
JOB_TITLE        NAME
------------------
MANAGER          A
MANAGER          A
SALESMAN         C
CLERK            B
DEVELOPER        D
```

43 | 정답 | RANK(), ROW_NUMBER()

| 해설 |

◉ 순위 관련 함수 종류

종류	설명
RANK	• 동일한 값에 대해서는 동일한 순위를 부여 • 공동 순위가 있다면 공동 등수를 고려해 다음 등수는 제거하여 부여
DENSE_RANK	• 동일한 값에 대해서는 동일한 순위를 부여 • 공동 순위가 있어도 공동 등수에 상관없이 다음 등수 부여
ROW_NUMBER	• 동일한 값에 대해서도 다른 순위를 부여

```
[SQLD_43]

[SQL]
SELECT
RANK() OVER (ORDER BY 급여 DESC) AS RANK,
DENSE_RANK() OVER (ORDER BY 급여 DESC) AS DENSE_RANK,
ROW_NUMBER() OVER (ORDER BY 급여 DESC) AS ROW_NUMBER,
이름, 부서, 직책, 급여
FROM SQLD_43;

[RESULT]
RANK    DENSE_RANK    ROW_NUMBER    이름    부서        직책    급여
--------------------------------------------------------------------
1       1             1             조조     경영지원부    부장    300
2       2             2             유비     경영지원부    과장    290
3       3             3             제갈량    인사부       대리    250
3       3             4             사마의    인사부       대리    250
5       4             5             관우     영업부       사원    230
6       5             6             장비     영업부       사원    220
```

44 | 정답 | 3.5

| 해설 | • ROUND(숫자, 〈자리수〉) : 숫자를 자리수+1자리에서 반올림
• ROUND(3.45, 1) : 3.45를 소수 첫째자리로(소수 둘째자리에서) 반올림

45 | 정답 | aab, acb

| 해설 | REGEXP_SUBSTR 함수는 문자열에서 일치하는 패턴을 반환
C1 열의 dot 연산자는 a 문자와 일치
C3 열의 dot 연산자는 c 문자와 일치

46 | 정답 | 상품명, () OR 상품명, NULL

| 해설 | • GROUP BY ROLLUP(A)

    – GROUP BY A

    – GROUP BY NULL

  • GROUP BY GROUPING SETS(A, B)

    – GROUP BY A

    – GROUP BY B

```
[SQLD_46]

[SQL]
SELECT 상품명, SUM(단가)
FROM SQLD_46
WHERE 상품명 = '가'
GROUP BY ROLLUP(상품명);

[RESULT]
상품명             SUM(단가)
--------------------
  가                11000
(NULL)             11000

[SQL]
SELECT 상품명, SUM(단가)
FROM SQLD_46
WHERE 상품명 = '가'
GROUP BY GROUPING SETS(상품명, ());
[RESULT]
상품명             SUM(단가)
--------------------
  가                11000
(NULL)             11000
[SQL]
SELECT 상품명, SUM(단가)
FROM SQLD_46
WHERE 상품명 = '가'
GROUP BY GROUPING SETS(상품명, NULL);

[RESULT]
상품명             SUM(단가)
--------------------
  가                11000
(NULL)             11000
```

47 | 정답 | UPDATE

　| 해설 | • UPDATE
　　– 데이터의 내용을 수정할 때 사용
　　• UPDATE 테이블명 SET 컬럼명=입력값;
　　– 해당 컬럼 모든 열의 값이 입력값으로 수정

48 | 정답 | ROLLBACK

　| 해설 | • ROLLBACK
　　– 트랜잭션을 취소하는 명령어이다.
　　– ROLLBACK을 실행하면 마지막 COMMIT 지점으로 돌아간다.

49 | 정답 | EMPLOYEE_ID, DEPARTMENT_ID, salary

　| 해설 | • * 별칭이 없는 칼럼은 대문자로 변경
　　• 별칭이 있는 칼럼은 그대로 사용
　　(SQL Server의 경우는 별칭이 없는 칼럼도 그대로 사용)

50 | 정답 | ④

　| 해설 | 위 테이블에서 계층형 쿼리 결과로 총 5건(1, 3, 7, 4, 8)이 조회되면 여기서 WHERE 조건절인 COL1 <>인 4번째 행이 제외되어 총 4건이 나온다.

```
[SQLD_50]

[SQL]
SELECT *
FROM SQLD_50
WHERE COL1 < > 4
START WITH COL1 = 1
CONNECT BY PRIOR COL1 = COL2;

[RESULT]
COL1    COL2
-----------
 1
 3       1
 7       3
 8       4
```

```
[SQL]
SELECT COUNT(*)
FROM SQLD_50
WHERE COL1 < > 4
START WITH COL1 = 1
CONNECT BY PRIOR COL1 = COL2;

[RESULT]
COUNT(*)
———————
  4
```

⊘제2회 실전모의고사 정답 및 해설

01 | 정답 | ④

| 해설 | ・도메인(Domain)

- 도메인(Domain)은 각 속성이 가질 수 있는 값의 범위이다.
- 엔터티 내에서 속성에 대한 데이터 타입과 크기, 제약사항을 지정하는 것이다.

◉ 도메인(Domain)의 특징

특징	설명
타입과 크기	・엔터티 내에서 속성에 대한 데이터 타입과 크기 지정
NOT NULL	・엔터티 내에서 속성에 대한 NOT NULL 지정
제약사항	・엔터티 내에서 속성에 대한 CHECK 조건 지정

02 | 정답 | ③

| 해설 | ・식별자는 대표성, 생성 여부, 속성의 수, 대체 여부로 분류된다.

◉ 대표성 여부에 따른 식별자의 종류

종류	설명
주식별자	・유일성과 최소성을 만족하면서 엔터티를 대표하는 식별자 ・엔터티 내에서 각 인스턴스를 유일하게 구분할 수 있는 식별자 ・타 엔터티와 참조관계를 연결할 수 있는 식별자
보조식별자	・엔터티 내에서 각 인스턴스를 구분할 수 있는 구분자이지만, 대표성을 가지지 못해 참조 관계 연결을 할 수 없는 식별자 ・유일성과 최소성은 만족하지만 대표성을 만족하지 못하는 식별자

◉ 생성 여부에 따른 식별자의 종류

종류	설명
내부식별자	・엔터티 내부에서 스스로 생성되는 식별자
외부식별자	・다른 엔터티와 관계로 인하여 만들어지는 식별자

◉ 속성 수에 따른 식별자의 종류

종류	설명
단일식별자	・하나의 속성으로 구성
복합식별자	・2개 이상의 속성으로 구성

◉ 대체 여부에 따른 식별자의 종류

종류	설명
본질식별자	• 비즈니스 프로세스에서 만들어지는 식별자
인조식별자	• 인위적으로 만들어지는 식별자

03 | 정답 | ④

| 해설 | • 주식별자(기본키, Primary Key, PK)일 경우 다음과 같은 특징을 갖는다.
- 엔터티 내에서 각 인스턴스를 유일하게 구분할 수 있는 구분자
- 타 엔터티와 참조관계를 연결할 수 있는 식별자
- 유일성, 최소성, 불변성, 존재성을 만족해야 함

◉ 주식별자의 특징

특징	설명
최소성	• 주식별자를 구성하는 속성의 수는 유일성을 만족하는 최소의 수가 되어야 함
존재성	• 주식별자가 지정 되면 반드시 값이 존재(NULL 안됨)
유일성	• 주식별자에 의해 엔터티 내에 모든 인스턴스들을 유일하게 구분함
불변성	• 주식별자가 한번 특정 엔터티에 지정되면 그 식별자의 값은 변하지 않아야함

04 | 정답 | ②

| 해설 | 엔터티는 집합의 특성을 가지고 있어야한다. 본 시나리오에서는 환자가 엔터티이고 환자이름, 주소, 전화번호, 나이, 최근 병력 등은 속성에 해당된다.
• 엔터티의 특징
- 해당 업무에서 필요하고 관리하고자하는 정보
- 유일한 식별자에 의해 식별 가능
- 영속적으로 존재하는 두 개 이상의 인스턴스의 집합
- 업무 프로세스에 의해 이용
- 반드시 속성이 있어야함
- 다른 엔터티와 최소 한 개 이상의 관계

05 | 정답 | ④

| 해설 | • 주식별자(기본키, Primary Key, PK)일 경우 다음과 같은 특징을 갖는다.
- 엔터티 내에서 각 인스턴스를 유일하게 구분할 수 있는 구분자
- 타 엔터티와 참조관계를 연결할 수 있는 식별자
- 유일성, 최소성, 불변성, 존재성을 만족해야 함

◉ 주식별자의 특징

특징	설명
최소성	• 주식별자를 구성하는 속성의 수는 유일성을 만족하는 최소의 수가 되어야 함
존재성	• 주식별자가 지정 되면 반드시 값이 존재(NULL 안됨)
유일성	• 주식별자에 의해 엔터티 내에 모든 인스턴스들을 유일하게 구분함
불변성	• 주식별자가 한번 특정 엔터티에 지정되면 그 식별자의 값은 변하지 않아야함

06 | 정답 | ①

| 해설 | NULL은 값 자체가 존재하지 않는 것으로 ˝ ˝, 0과는 다르다.

07 | 정답 | ④

| 해설 | 모든 컬럼을 고객 테이블에 넣으면 한 개의 테이블을 조회할 때 불필요한 컬럼까지 조회되어 DISK I/O 성능이 떨어짐

08 | 정답 | ③

| 해설 | • M : N 관계이므로 주문은 여러 개의 상품을 가질 수 있고, 상품은 여러 개의 주문에 포함 될수 있다.
• 주문은 상품을 적어도 한 개 포함해야 한다.
• 상품은 주문에 적어도 한 개에 포함어야 한다.

종류	설명		
필수참여관계 (Mandatory Membership)	• 반드시 하나가 있어야 하는 관계 • 예) 주문을 하려면 회원ID가 있어야 한다.		
	1 : 1	├─────────────┤	
	1 : M	├─────────────ⵗ	
선택참여관계 (Optional Membership)	• 있을 수도 있고, 없을 수도 있는 관계 • 예) 회원ID는 있지만 주문은 안 할 수도 있다.		
	1 : 1	├─────────────○┤	
	1 : M	├─────────────○ⵗ	

09 | 정답 | ②

| 해설 | 스마트폰의 정보를 업데이트 할 경우 유비와 손권의 스마트폰의 정보를 업데이트 해야한다.

◉ 이상현상 종류

종류	설명
삽입이상 (Insertion Abnormality)	• 행(Row) 삽입시 지정되지 않은 속성 값이 NULL을 가지는 경우
갱신이상 (Update Abnormality)	• 데이터 갱신시 일관성 유지가 안되는 경우
삭제이상 (Delete Abnormality)	• 행(Row) 삭제시 연쇄 삭제가 발생하는 현상

10 | 정답 | ②

| 해설 | • 속성(Attribute)의 특징
- 엔터티와 마찬가지로 반드시 해당 업무에서 필요하고 관리하고자 하는 정보여야 한다.
- 정규화 이론에 근거하여 정해진 주식별자에 함수적 종속성을 가져야 한다.
- 하나의 속성은 한 개의 값만을 가진다.
- 하나의 속성에 여러 개의 값이 있는 다중값일 경우 별도의 엔터티를 이용하여 분리한다.
- 하나의 인스턴스는 속성마다 반드시 하나의 속성값을 가진다. 이를 원자성이라고 한다.

11 | 정답 | ②

| 해설 | • TRUNCATE
- 테이블은 삭제되지 않지만, 해당 테이블에 들어있던 모든 행들이 제거하는 명령어이다.
- 저장공간을 재사용 가능하도록 해제한다.

◉ DELETE, DROP, TRUNCATE 비교

구분	DELETE	DROP	TRUNCATE
명령어 분류	DML	DDL	DDL
삭제	데이터만 삭제	테이블 삭제	테이블 초기화
로그기록	로그기록존재	로그기록삭제	로그기록삭제
디스크	디스크사용량 초기화 안됨	디스크사용량 초기화	디스크사용량 초기화

12 | 정답 | ④

| 해설 | ORDER BY에 정수를 사용할 때는 반드시 SELECT 목록의 컬럼 자리수를 사용해야 한다.

13 | 정답 | ①

| 해설 |

◉ Procedure, Trigger 비교

Procedure	Trigger
• EXECUTE 명령어로 실행	• 자동 실행 (이벤트 발생시)
• CREATE Procedure	• CREATE Trigger
• COMMIT, ROLLBACK 가능	• COMMIT, ROLLBACK 불가능

14 | 정답 | ③

| 해설 | PRIOR EMPLOYEE_ID = MANAGER_ID이기 때문에 부모에서 자식으로 조회하는 순방향이다.

15 | 정답 | ③

| 해설 | • 오름차순(Ascending) : ASC, 생략가능

　　　EX) 선수명 ASC, 팀명,

　　• 내림차순(Descending) : DESC

　　　EX) 3 DESC : 3번째 열 내림차순)

16 | 정답 | ①

| 해설 | WHERE 절에 별도의 조건절이 없을 경우 NESTED LOOP JOIN이 반드시 좋다고 할 수 없음

◉ Nested Loop Join, Sort Merge Join, Hash Join 비교/정리

Nested Loop Join	Sort Merge Join	Hash Join
• EQUI Join, Non–EQUI Join 둘다 사용	• EQUI Join, Non–EQUI Join 둘다 사용	• EQUI Join에서만 사용
	• 대용량 테이블을 조인하는 경우	• 대용량 테이블을 조인하는 경우
• 크기가 작은 테이블을 선행 테이블로 사용		• 크기가 작은 테이블을 선행 테이블로 사용
• 인덱스가 있어서 NATURAL JOIN이 효율적일 때 유용	• 인덱스의 유무에 영향 받지 않음	• 인덱스가 필수는 아님
	• 해시 함수를 이용해서 데이터를 조인	• Sort Merge Join 하기에 두 테이블이 너무 커서 SORT 부하가 심할 때 유용
• OLTP의 목록 처리 업무에 사용	• DW 등의 데이터 집계 업무에 사용	• DW 등의 데이터 집계 업무에 사용

17 | 정답 | ③

| 해설 | • NULL은 집계함수에서 연산 대상에서 제외

　　• NULL은 사칙연산 시 NULL을 반환

18 | 정답 | ②

| 해설 |

```
[SQLD_18]

[SQL]
SELECT COALESCE(NULL, '2') FROM DUAL;

[RESULT]
COALESCE(NULL, '2')
---------------
 2

[SQL]
SELECT NULLIF('A', 'A') FROM DUAL;

[RESULT]
NULLIF('A', 'A')
------------
(NULL)

[SQL]
SELECT NVL(NULL, 0) + 10 FROM DUAL;

[RESULT]
NVL(NULL, 0) + 10
---------------
10

[SQL]
SELECT NVL(NULL, 'A') FROM DUAL;

[RESULT]
NVL(NULL, 'A')
------------
A
```

| 해설 |

[SQLD_19]

[SQL]
SELECT C1, C2, N1, N2
FROM SQLD_19
WHERE N1 = 4
START WITH N2 IS NULL
CONNECT BY PRIOR N1 = N2 ;

[RESULT]

C1	C2	N1	N2
D	B	4	2

[SQL]
SELECT C1, C2, N1, N2
FROM SQLD_19
START WITH C2 = 'B'
CONNECT BY PRIOR N1 = N2 AND C2 < > 'D';

[RESULT]

C1	C2	N1	N2
D	B	4	2

[SQL]
SELECT C1, C2, N1, N2
FROM SQLD_19
START WITH C1 = 'B'
CONNECT BY PRIOR N1 = N2 AND PRIOR C2 = 'B';

[RESULT]

C1	C2	N1	N2
B	A	2	1

[SQL]
SELECT C1, C2, N1, N2
FROM SQLD_19
WHERE C1 < > 'B'
START WITH N1 =2
CONNECT BY PRIOR N1 = N2 AND PRIOR N1 = 2;

[RESULT]

C1	C2	N1	N2
D	B	4	2

20 | 정답 | ②

| 해설 | • GROUP BY ROLLUP(A, B)
- GROUP BY A
- GROUP BY A, B
- GROUP BY NULL

21 | 정답 | ①

| 해설 | • GROUP BY ROLLUP(A, B)
- GROUP BY A
- GROUP BY A, B
- GROUP BY NULL

• GROUP BY GROUPING SETS(A, B)
- GROUP BY A
- GROUP BY B

• GROUP BY CUBE(A, B)
- GROUP BY A
- GROUP BY B
- GROUP BY A, B
- GROUP BY NULL

22 | 정답 | ①

| 해설 | • ROLLUP 함수
- ROLLUP 함수는 지정된 컬럼의 소계 및 총계를 구하는 함수이다.
- 지정 컬럼의 수보다 하나 더 큰 레벨의 Subtotal이 생성된다.
- ROLLUP 함수는 계층 구조이므로 인수가 2개 이상일 때 인수 순서가 바뀌면 수행 결과도 바뀐다.

• GROUPING SETS 함수
- GROUPING SETS는 집계 대상 컬럼에 대한 소계를 구할 수 있는 그룹 함수이다.
- GROUP BY SQL 문장을 여러 번 반복하지 않아도 원하는 결과를 얻을 수 있다.
- GROUPING SETS 함수에 대한 정렬이 필요한 경우 ORDER BY를 사용한다.
- GROPUING SETS 함수는 인수의 순서가 바뀌어도 상관없다.

• CUBE 함수
- CUBE는 결합 가능한 모든 값에 대하여 다차원 집계를 생성한다.
- CUBE는 모든 결한 가능한 경우의 수를 구하므로, 인수의 순서 변경되어도 상관없다.
- CUBE는 모든 결한 가능한 경우의 수를 구하므로, 다른 그룹함수보다 시스템에 대한 부하가 크다.
- 정렬이 필요한 경우는 ORDER BY 절에 명시적으로 정렬한다.

23 | 정답 | ①

| 해설 | HAVING 절을 사용하기 위해서는 HAVING 절 앞에 GROUP BY 절이 와야한다.

24 | 정답 | ③

| 해설 |

◉ 트랙잭션(Transaction)의 특성

특성	설명
원자성 (Atomicity)	• 트랜잭션에서 정의된 연산들은 모두 성공적으로 실행되던지 아니면 실행되지 않은 상태여야 함(All or Nothing)
일관성 (Consistency)	• 트랜잭션이 실행되기 전의 데이터베이스 내용이 잘못 되어 있지 않다면 트랜잭션이 실행된 이후에도 데이터베이스의 내용에 잘못이 있으면 안됨
고립성 (Isolation)	• 트랜잭션이 실행되는 도중에 다른 트랜잭션이 접근할 수 없음
영속성 (Durability)	• 트랜잭션이 성공적으로 수행되면 그 트랜잭션이 갱신한 데이터베이스의 내용은 영구적으로 저장

25 | 정답 | ④

| 해설 | • UNION ALL : 공통 교집합의 중복을 포함하여 표현, 정렬 작업이 없음
• DISTINCT에서 중복 데이터를 삭제

26 | 정답 | ①

| 해설 |

```
[SQLD_26]

[SQL]
SELECT *
FROM SQLD_26_1 T1,
SQLD_26_2 T2,
SQLD_26_3 T3,
SQLD_26_4 T4
WHERE T1.COL1 = T2.COL1(+)
AND T2.COL1 = T3.COL1(+)
AND T3.COL1 = T4.COL1;

[RESULT]
 COL1    COL1_1   COL1_2   COL1_3
------------------------------
  1        1        1        1
```

27 | 정답 | ②

| 해설 |

[SQLD_27]

[SQL]
SELECT DEPT_ID, SALARY
FROM (
        SELECT ROW_NUMBER()
        OVER(PARTITION BY DEPT_ID
        ORDER BY SALARY DESC) RN,
        DEPT_ID, SALARY
        FROM SQLD_27)
WHERE RN = 1;

[RESULT]
DEPT_ID   SALARY
----

10   1500
20   1200
30   5000

[SQL]
1)
SELECT DEPT_ID, SALARY
FROM (
        SELECT RANK() OVER(PARTITION BY DEPT_ID ORDER BY SALARY DESC) RN,
        DEPT_ID, SALARY FROM SQLD_27)
WHERE RN = 1;

[RESULT]
DEPT_ID   SALARY
----

10   1500
10   1500
20   1200
30   5000

[SQL]
2)
SELECT DEPT_ID, MAX(SALARY) AS SALARY
FROM SQLD_27
GROUP BY DEPT_ID;

[RESULT]
DEPT_ID   SALARY

```
--------------------
 30              5000
 10              1500
 20              1200
```

[SQL]
3)
SELECT DEPT_ID, SALARY
FROM SQLD_27
WHERE ROWNUM = 1
ORDER BY DEPT_ID, SALARY DESC ;

[RESULT]
```
DEPT_ID          SALARY
--------------------
 10              1000
```

[SQL]
4)
SELECT DEPT_ID, SALARY
FROM SQLD_27
WHERE SALARY = (SELECT MAX(SALARY) FROM SQLD_27);

[RESULT]
```
DEPT_ID          SALARY
--------------------
 30              5000
```

28 | 정답 | ④

| 해설 | • RATIO_TO_REPORT : 파티션 내에 전체 SUM(컬럼)에 대한 행별 컬럼값의 백분율을 조회(0~1 사이값)

◉ 순위 관련 함수 종류

종류	설명
RANK	• 동일한 값에 대해서는 동일한 순위를 부여 • 공동 순위가 있다면 공동 등수를 고려해 다음 등수는 제거하여 부여
DENSE_RANK	• 동일한 값에 대해서는 동일한 순위를 부여 • 공동 순위가 있어도 공동 등수에 상관없이 다음 등수 부여
ROW_NUMBER	• 동일한 값에 대해서도 다른 순위를 부여

29 | 정답 | ②

| 해설 | 같은 이름의 SAVEPOINT가 저장될 경우 마지막에 저장된 SAVEPOINT로 ROLLBACK

30 | 정답 | ③

| 해설 | • Oracle : 기본 값이 AUTO COMMIT OFF로 DDL이 일어날 경우 묵시적 COMMIT 됨(설정 불가)
 • SQL Server : 기본 값이 AUTO COMMIT ON으로 FALSE 가 될 경우 DDL도 묵시적 COMMIT 되지 않음

31 | 정답 | ①

| 해설 | UNION(합집합, 중복허용 ×) / A, B 고객 ID, 이용일자 중복없이 모두 선택해서 CROSS JOIN

32 | 정답 | ②

| 해설 | 주어진 테이블에서 제외할 행을 찾는다.

```
[SQLD_32]

[SQL]
1)
SELECT MAX(ID) FROM SQLD_32 GROUP BY NAME;

[RESULT]
MAX(ID)
------
 1
 2
 2

[SQL]
2)
SELECT MIN(ID) FROM SQLD_32 GROUP BY NAME;

[RESULT]
MIN(ID)
------
 1
 1
 1

[SQL]
3)
SELECT MAX(ID) FROM SQLD_32 GROUP BY ID;
```

```
[RESULT]
MAX(ID)
------
 1
 2

[SQL]
4)
SELECT MIN(ID) FROM SQLD_32 GROUP BY ID;

[RESULT]
MIN(ID)
------
 1
 2
```

33 | 정답 | ②

| 해설 | LIKE '비교문자열' : 비교문자열과 형태가 일치(%, _ 사용)

34 | 정답 | ①

| 해설 | • 테이블명 명명 규칙
- 알파벳 대/소문자 사용
- 숫자 0~9 사용
- 특수기호 _, $, # (특수기호는 3가지만 가능, 공백 불가능)
- 첫글자는 반드시 문자

35 | 정답 | ①

| 해설 | ROUND (반올림), CEIL (올림)

◉ **숫자형 함수**

함수	설명
ABS(숫자)	• 숫자의 절대값을 반환
SIGN(숫자)	• 숫자가 양수이면 1, 음수이면 -1, 0이면 0을 반환
MOD(숫자1, 숫자2)	• 숫자1/숫자2의 나머지 값을 반환
FLOOR(숫자)	• 숫자의 소수점을 버린 값을 반환
CEIL(숫자)	• 숫자의 소수점을 올린 값을 반환
ROUND(숫자,〈자리수〉)	• 숫자를 자리수+1자리에서 반올림
TRUNC(숫자,〈자리수〉)	• 숫자를 자리수+1자리에서 버림

36 | 정답 | ①

| 해설 | 테이블명 뒤에 컬럼명을 선택하지 않았으므로 전체 컬럼에 대한 데이터를 입력해야 함.

37 | 정답 | ①

| 해설 | • ORDER BY 절
- ORDER BY 절은 SQL 문장으로 조회된 데이터들을 다양한 목적에 맞게 특정 칼럼을 기준으로 정렬하여 출력하는데 사용한다.
- ORDER BY 절에 컬럼명 대신에 SELECT 절에서 사용한 ALIAS 명이나 칼럼 순서를 나타내는 정수도 사용가능하고 ALIAS 명과 정수를 혼용해서 사용할 수도 있다.
- 별도로 정렬 방식을 지정하지 않으면 기본적으로 오름차순이 적용된다.
- 숫자형 데이터는 오름차순 정렬 시 가장 작은 값부터 출력
- 날짜형 데이터는 오름차순 정렬 시 가장 과거부터 출력
- Oracle에서는 NULL을 가장 큰 값으로 간주하여, 오름차순 정렬시 가장 마지막에 출력
- SQL Server에서는 NULL을 가장 작은 값으로 간주하여, 오름차순 정렬시 가장 앞에 출력
- SQL 문장의 제일 마지막에 위치한다.

38 | 정답 | ①

| 해설 | • 실행순서 : FROM – WHERE – GROUP BY – HAVING – SELECT – ORDER BY
• FROM 절 회원번호로 그룹 묶고, 회원번호와 그룹 AMT 합을 A, 2번째 표 전체 선택 회원번호와 등급 SELECT
• AND 절 : B의 MIN_AMT ≤ A의 AMT 합 ≤ B의 MAX_AMT

39 | 정답 | ②

| 해설 | INSERT와 UPDATE를 동시에 처리할 수 있는 SQL 구문은 MERGE문이다.

40 | 정답 | ③

| 해설 | • 최상위 관리자가 나올려면 LEFT OUTER JOIN이 되어야 함.
• 최상위 관리자는 MANAGER_ID가 NULL

41 | 정답 | ③

| 해설 |

◉ 집합 연산자의 종류

	설명
UNION	• 여러 개의 SQL문의 결과에 대한 합집합으로 결과에서 모든 중복된 행은 하나의 행으로 표시
UNION ALL	• 여러 개의 SQL문의 결과에 대한 합집합으로 중복된 행은 그대로 결과로 표시 • 개별 SQL문의 결과가 서로 중복되지 않는 경우, UNION과 결과가 동일(정렬 순서에는 차이가 있을 수 있음)

INTERSECT	• 여러 개의 SQL문의 결과에 대한 교집합 • 중복된 행은 하나의 행으로 표시
MINUS/EXCEPT	• 선행 SQL문의 결과에서 후행 SQL문의 결과에 대한 차집합 • MINUS는 Oracle에서 사용

42 | 정답 | ②

| 해설 | • 윈도우 함수(WINDOW FUNCTION)
　　－ 윈도우 함수는 행과 행간의 관계를 쉽게 정의하기 위한 함수이다.
　　－ 분석 함수(ANALYTIC FUNCTION)나 순위 함수(RANK FUNCTION)로도 알려져 있다.
　　－ 집계 함수와 같이 기존에 사용하던 함수도 있고 새롭게 WINDOW 함수 전용으로 만들어진 기능도 있다.
　　－ 윈도우 함수는 서브쿼리에도 사용할 수 있지만, 함수 자체에서 중첩해서 사용할 수 없다.
　　－ 윈도우 함수 처리로 인해 결과 건수가 달라지지 않는다.
　　－ 윈도우 함수를 사용해서 순위, 합계, 평균, 행 위치 등을 조절할 수 있다.
　• OVER
　　－ 필수 키워드
　• PARTITION BY
　　－ 전체를 기준에 의해 소그룹으로 분류
　　－ GROUP BY와 의미상으로 유사
　• ORDER BY
　　－ 그룹 내에서 순서 정의
　• WINDOWING 절 :
　　－ 함수의 대상이 되는 행 기준의 범위 지정
　　－ ROWS는 물리적 결과의 행 수
　　－ RANGE는 논리적 값에 의한 범위
　　－ SQL Server에서는 지원하지 않음

1) Partition by와 Group by는 파티션 분할한다는 점에서 유사
2) 집계 Window Function(sum, max, min)을 Window절과 함께 사용하면 레코드 범위(집계대상) 지정가능
3) Window Function으로 결과 건수 줄지 않음
4) Group by, Window Function 병행 불가

43 | 정답 | LEFT OUTER JOIN

| 해설 | EMP 테이블이 사원 테이블, DEPT 테이블이 부서 테이블. 사원 없는 부서도 출력하려면 ( ) 좌측에 위치한 DEPT 테이블의 모든 데이터 출력.

44 | 정답 | C

| 해설 | • Start with SUPER_ID IS NULL
　→ (1, NULL, A) 선택(루트 LEVEL1)

- CONNECT BY PRIOR ID = SUPER_ID
  → 순방향
- ORDER SIBLINGS BY CODE DESC는 같은 레벨 내에서 정렬
  → SUPER_ID가 1일 때 CODE DESC로 우선순위.

```
[SQLD_44]

[SQL]
SELECT CODE
FROM SQLD_44
START WITH SUPER_ID IS NULL
CONNECT BY PRIOR ID = SUPER_ID
ORDER SIBLINGS BY CODE DESC;

[RESULT]
CODE
_____
 A
 C
 B
```

45 | 정답 | MAX

| 해설 | SALARY < (SELECT MAX(SALARY) FROM SQLD_45)
→ 최댓값보다 작은 월급

46 | 정답 | SQLDEVELOPER

| 해설 |

◉ **문자형 함수**

함수	설명
LOWER(문자열)	• 문자열의 알파벳 문자를 소문자로 변환
UPPER(문자열)	• 문자열의 알파벳 문자를 대문자로 변환
INITCAP(문자열)	• 문자열의 첫글자는 대문자로 나머지는 소문자로 변환
ASCII(문자)	• 문자나 숫자를 ASCII 코드로 변환
CHR(ASCII번호)	• ASCII 코드를 문자나 숫자로 변환
CONCAT(문자열1, 문자열2)	• 문자열1과 문자열2 연결
SUBSTR(문자열, m(,n))	• 문자열의 m번째 위치에서 n개의 문자 • n이 생략되면 마지막 문자까지
LENGTH(문자열)	• 문자열의 길이 계산(공백 포함)

LTRIM(문자열, 지정문자)	• 문자열의 왼쪽에서 연속되는 지정문자 제거 • 지정문자 생략 시 공백을 제거
RTRIM(문자열, 지정문자)	• 문자열의 오른쪽에서 연속되는 지정문자 제거 • 지정문자 생략 시 공백을 제거
TRIM(문자열, 지정문자)	• 문자열의 왼쪽 및 오른쪽에서 연속되는 지정문자 제거 • 지정문자 생략 시 공백을 제거
LPAD(문자열1, 숫자, 문자열2)	• 문자열1 좌측으로 문자열2를 추가하여 결과값이 총 숫자 바이트의 문자열을 생성
RPAD(문자열1, 숫자, 문자열2)	• 문자열1 우측으로 문자열2를 추가하여 결과값이 총 숫자 바이트의 문자열을 생성

47 | 정답 | 54800

| 해설 | • a.salary + b.sum_salary(현재 노드에서 루트 노드까지의 salary 합)
• emp_id = 105(with 절안에 B.EMP_ID = A.MANAGER_ID)
• 105의 매니저 : 103   • 103의 매니저 : 102   • 102의 매니저 : 100
• 105의 sum_salary는 103, 102, 100을 포함
• 4600 + 9000 + 17000 + 24000 = 54800

48 | 정답 | ③

| 해설 | NOT − AND − OR 순으로 연산

◉ 연산자 우선순위

우선순위	설명
1	• 괄호( )
2	• NOT 연산자
3	• 비교 연산자, SQL 비교 연산자
4	• AND
5	• OR

49 | 정답 | NTILE

| 해설 | • NTILE(인수) : 전체 건수를 인수값으로 N등분함

50 | 정답 | ②

| 해설 | • LAG(SAL,N)
− N행 앞의 SAL 조회
− 숫자를 생략하면 DEFAULT=1
− 음수는 입력 불가

• 두번째 이전의 salary 값을 가져오므로 답은 2

⊘제3회 실전모의고사 정답 및 해설

01 | 정답 | ②

| 해설 | ・도메인(Domain)
– 도메인(Domain)은 각 속성이 가질 수 있는 값의 범위이다.
– 엔터티 내에서 속성에 대한 데이터 타입과 크기, 제약사항을 지정하는 것이다.

◉ **도메인(Domain)의 특징**

특징	설명
타입과 크기	・엔터티 내에서 속성에 대한 데이터 타입과 크기 지정
NOT NULL	・엔터티 내에서 속성에 대한 NOT NULL 지정
제약사항	・엔터티 내에서 속성에 대한 CHECK 조건 지정

02 | 정답 | ④

| 해설 | 관계표기법의 종류
관계명(Membership) : 관계의 이름
관계차수(Cardinality) : 1 : 1, 1 : M, M : M (M : N)
관계선택사양(Optionality) : 필수관계, 선택관계

03 | 정답 | ③

| 해설 | 사원 (기본 엔터티)

◉ **발생 시점에 따른 분류**

종류	설명
기본엔터티 (Fundamental Entity)	・그 없무에 원래 존재하는 정보 ・다른 엔터와 관계에 의해 생성되지 않고 독립적으로 생성 ・타 엔터티의 부모역할 ・다른 엔터티로부터 주식별자를 상속받지 않고 자신의 고유한 주식별자를 가짐 ・예) 사원, 부서, 고객, 상품 등
중심엔터티 (Main Entity)	・기본엔터티로부터 발생되고 그 업무에서 중심적인 역할 ・많은 데이터가 발생되고 다른 엔터티와의 관계를 통해 많은 행위 엔터티를 생성 ・예) 계약, 사고, 청구, 주문 등
행위엔터티 (Active Entity)	・2개 이상의 부모엔터티로부터 발생 ・자주 내용이 바뀌거나 데이터 양이 증가 ・분석 초기 단계보다는 상세 설계 단계나 프로세스와 상관모델링을 진행하면서 도출 ・예) 주문목록, 사원변경이력 등

04 | 정답 | ③

| 해설 | 상품은 기본 엔터티

◉ 발생 시점에 따른 분류

종류	설명
기본엔터티 (Fundamental Entity)	• 그 업무에 원래 존재하는 정보 • 다른 엔터와 관계에 의해 생성되지 않고 독립적으로 생성 • 타 엔터티의 부모역할 • 다른 엔터티로부터 주식별자를 상속받지 않고 자신의 고유한 주식별자를 가짐 • 예) 사원, 부서, 고객, 상품 등
중심엔터티 (Main Entity)	• 기본엔터티로부터 발생되고 그 업무에서 중심적인 역할 • 많은 데이터가 발생되고 다른 엔터티와의 관계를 통해 많은 행위 엔터티를 생성 • 예) 계약, 사고, 청구, 주문 등
행위엔터티 (Active Entity)	• 2개 이상의 부모엔터티로부터 발생 • 자주 내용이 바뀌거나 데이터 양이 증가 • 분석 초기 단계보다는 상세 설계 단계나 프로세스와 상관모델링을 진행하면서 도출 • 예) 주문목록, 사원변경이력 등

05 | 정답 | ③

| 해설 | 논리적 모델링

◉ 데이터 모델링의 3단계

데이터 모델링 단계	설명
개념적 모델링	• 추상화 수준이 높고 업무 중심적이고 포괄적인 수준의 모델링 진행 • 업무를 분석한 뒤 업무의 핵심 엔터티(Entity)를 추출하는 단계 • 도출된 핵심 엔터티(Entity)들과의 관계들을 표현하기 위해 ERD 작성 • 포괄적이고 전사적인 모델링 단계
논리적 모델링	• 개념적 모델링에서 정의한 핵심 엔터티와 엔터티들 간의 관계를 이용하여 세부속성, 식별자, 관계 등을 정확하게 표현 • 데이터 모델링이 최종적으로 완료 • 데이터 정규화 작업 • 여러 업무들을 모두 표현할 수 있어서 재사용성이 높아짐
물리적 모델링	• 데이터베이스의 물리적인 성능, 저장 등을 고려하여 설계 • 하드웨어에 물리적으로 저장하는 방법을 도출해내기 때문에 가장 구체적인 데이터 모델링 • 하드웨어의 보안성, 가용성, 성능을 고려하여 모델링 진행 • 추상화 수준이 가장 낮은 단계

06 | 정답 | ②

| 해설 | 3개 테이블을 모두 조인할 경우 조인 최소 조건은 2개이다.

07 | 정답 | ④

| 해설 |

단계	스키마	설명
외부 단계 (External Level)	외부 스키마 (External Schema)	• 데이터베이스의 사용자 관점 • 개별 사용자 관점에서 데이터베이스 이해 및 표현 • 응용프로그램이 접근하는 데이터베이스 정의 • 여러 개의 외부 스키마가 존재
개념 단계 (Conceptual Level)	개념 스키마 (Conceptual Schema)	• 데이터베이스의 관리자(DBA, 데이터베이스 관리자) 관점 • 전체 데이터베이스 내의 규칙과 구조 표현 • 데이터베이스의 전체적인 논리구조 • 일반적으로 스키마(Schema)라고 하면 개념 스키마를 지칭
내부 단계 (Internal Level)	내부 스키마 (Internal Schema)	• 데이터베이스의 시스템 설계자 관점 • 저장 장치의 관점에서 데이터베이스를 이해 및 표현 • 데이터가 실제로 물리적 데이터베이스에 어떻게 저장되는지 확인

08 | 정답 | ①

| 해설 | 대표성 여부에 따라 분류되는 주식별자와 보조식별자에서 보조주식별자는 대표성을 가지지 못해 참조관계 연결을 못한다.

• 식별자 분류
– 식별자는 대표성, 생성 여부, 속성의 수, 대체 여부로 분류된다.

◉ 대표성 여부에 따른 식별자의 종류

종류	설명
주식별자	• 유일성과 최소성을 만족하면서 엔터티를 대표하는 식별자 • 엔터티 내에서 각 인스턴스를 유일하게 구분할 수 있는 식별자 • 타 엔터티와 참조관계를 연결할 수 있는 식별자
보조식별자	• 엔터티 내에서 각 인스턴스를 구분할 수 있는 구분자이지만, 대표성을 가지지 못해 참조 관계 연결을 할 수 없는 식별자 • 유일성과 최소성은 만족하지만 대표성을 만족하지 못하는 식별자

◉ 생성 여부에 따른 식별자의 종류

종류	설명
내부식별자	• 엔터티 내부에서 스스로 생성되는 식별자
외부식별자	• 다른 엔터티와 관계로 인하여 만들어지는 식별자

◉ 속성 수에 따른 식별자의 종류

종류	설명
단일식별자	• 하나의 속성으로 구성
복합식별자	• 2개 이상의 속성으로 구성

◉ 대체 여부에 따른 식별자의 종류

종류	설명
본질식별자	• 비즈니스 프로세스에서 만들어지는 식별자
인조식별자	• 인위적으로 만들어지는 식별자

09 | 정답 | ③

| 해설 |

◉ 데이터 모델링의 3단계

데이터 모델링 단계	설명
개념적 모델링	• 추상화 수준이 높고 업무 중심적이고 포괄적인 수준의 모델링 진행 • 업무를 분석한 뒤 업무의 핵심 엔터티(Entity)를 추출하는 단계 • 도출된 핵심 엔터티(Entity)들과의 관계들을 표현하기 위해 ERD 작성 • 포괄적이고 전사적인 모델링 단계
논리적 모델링	• 개념적 모델링에서 정의한 핵심 엔터티와 엔터티들 간의 관계를 이용하여 세부속성, 식별자, 관계 등을 정확하게 표현 • 데이터 모델링이 최종적으로 완료 • 데이터 정규화 작업 • 여러 업무들을 모두 표현할 수 있어서 재사용성이 높아짐
물리적 모델링	• 데이터베이스의 물리적인 성능, 저장 등을 고려하여 설계 • 하드웨어에 물리적으로 저장하는 방법을 도출해내기 때문에 가장 구체적인 데이터 모델링 • 하드웨어의 보안성, 가용성, 성능을 고려하여 모델링 진행 • 추상화 수준이 가장 낮은 단계

10 | 정답 | ②

| 해설 | 파생속성은 타 속성에 의해 영향을 받아 자신의 값이 변한다. (주문수량, 총주문금액 등)

11 | 정답 | ①

| 해설 | VARCHAR2는 가변 문자열이므로 비교연산을 불가

12 | 정답 | ①

| 해설 | 스칼라 서브쿼리는 1개의 행만 가져올 수 있다.

- 스칼라 서브쿼리(Scalar Subquery)
- 스칼라 서브쿼리는 SELECT 절에서 사용한다.
- 스칼라 서브쿼리는 한 행, 한 컬럼(1 Row, 1 Column) 만을 반환하는 서브쿼리를 말한다.
- 단일행 서브쿼리이기 때문에 결과가 2건 이상 반환하면 에러가 발생한다.
- 스칼라 서브쿼리는 컬럼을 쓸 수 있는 대부분의 곳에서 사용할 수 있다.

```
[SQL]
SELECT COL3 FROM SQLD_12_02 B WHERE A.COL1 = B.COL1;

[RESULT]
1)
B_COL3
-----
ABC
XY
1
2

[RESULT]
2)
COL1      COL3
----------
 1        A
 2        B
 3        C
 A        D

[RESULT]
3)
COL1      COL3
-----------
 1        ABC
 3        XY

[RESULT]
4)
COL1      COL3
----------
 1        ABC
 3        XY
 A         1
```

13 | 정답 | ①

　| 해설 | ROLLUP(JOB_ID, MANAGER_ID)

　• GROUP BY ROLLUP(A, B)
　　− GROUP BY A
　　− GROUP BY A, B
　　− GROUP BY NULL

　• GROUP BY GROUPING SETS(A, B)
　　− GROUP BY A
　　− GROUP BY B
　• GROUP BY CUBE(A, B)
　　− GROUP BY A
　　− GROUP BY B
　　− GROUP BY A, B
　　− GROUP BY NULL

14 | 정답 | ②

　| 해설 | COL1 = A, COL2 = 50의 조건을 만족하는 개수를 출력하므로 답은 1개

15 | 정답 | ②

　| 해설 | • COL1이 A or X or Null 인 COL2의 컬럼값의 합.
　　　• Null은 제외

```
[SQLD_15]

COL1 VARCHAR2(30)
COL2 NUMBER

COL1    COL2
----------
Y        20
X        30
A        40
A        50
         10
         80

[SQL]

SELECT COL2
```

```
FROM SQLD_15
WHERE COL1 IN ('A', 'X', NULL);

[RESULT]
COL2
─────
  30
  40
  50
```

16 | 정답 | ④, ①

| 해설 | 집계함수에서 컬럼명을 사용하면 NULL은 계산에서 제외
*은 전체 열의 개수 계산
AVG(1)처럼 컬럼명 대신 정수를 사용하면 AVG(*)과 같은 의미를 갖는다.

17 | 정답 | ①

| 해설 | • WHERE 1 = 2 : COUNT(*) = 0 (공집합)
• NVL → COUNT(*) IS NULL이면 9999, 아니면 COUNT(*) 반환

18 | 정답 | ②

| 해설 | • NULL은 집계함수에서 연산 대상에서 제외
• NULL은 사칙연산 시 NULL을 반환

19 | 정답 | ④

| 해설 | 같은 이름의 SAVEPOINT가 저장될 경우 마지막에 저장된 SAVEPOINT로 ROLLBACK

20 | 정답 | ④

| 해설 | 집계함수에서 사용한 SAL, FOR절에 사용한 DEPTNO를 제외한 yyyy.JOB으로 집계

21 | 정답 | ①

| 해설 | • COALESCE(표현식1, 표현식2, …) : NULL이 아닌 최초의 표현식 반환, 모든 표현식이 NULL이면 NULL 반환
• CASE SIMPLE_CASE_EXPRESSION 조건 ELSE 표현절 END
  : SIMPLE_CASE_EXPRESSION 조건이 맞으면 SIMPLE_CASE_EXPRESSION 조건내의 THEN절을 수행
   하고, 조건이 맞지 않으면 ELSE절을 수행

- DECODE(표현식, 기준값1, 값1, 기준값2, 값2, ..., 디폴트값)
  : 표현식의 값이 기준값1이면 값1을 출력하고, 기준값2이면 값2를 출력, 기준값이 없으면 디폴트값 출력
- NULLIF(표현식1, 표현식2) : 표현식1이 표현식2와 같으면 NULL, 다르면 표현식1 반환

22 | 정답 | ①

| 해설 | • COALESCE(표현식1, 표현식2, …) : NULL이 아닌 최초의 표현식 반환, 모든 표현식이 NULL이면 NULL 반환

SELECT COALESCE(COL1, COL2*50, 50) FROM SQLD_30_11;
→ (100, 100) COL1 = 100 이므로 100
→ (NULL, 60) COL1 = NULL 이므로 pass, COL2 = 60 이므로 60*50 = 300
→ (NULL, NULL) 이면 pass, 50
(100, 300, 50)

23 | 정답 | ④

| 해설 | SELECT는 DML(Data Manipulation Language)

◉ SQL 문장 종류

종류	명령어	
데이터 정의어 (DDL: Data Definition Language)	CREATE DROP RENAME ALTER TRUNCATE	• 테이블과 같은 데이터 구조를 정의하는데 사용되는 명령어 • 구조를 생성, 변경, 삭제, 이름을 바꾸는 데이터 구조와 관련된 명령어
데이터 조작어 (DML: Data Manipulation Language)	SELECT INSERT DELETE UPDATE	• 데이터베이스에 들어 있는 데이터를 조회거나 검색하기 위한 명령어 • 데이터를 추가, 삭제, 수정하기 위한 명령어
데이터 제어어 (DCL: Data Control Language)	GRANT REVOKE	• 데이터베이스에 접근하고 객체들을 사용하도록 권한을 주고 회수하는 명령어
트랜잭션 제어어 (TCL: Transaction Control Language)	COMMIT ROLLBACK SAVEPOINT	• 트랜잭션 별로 제어하는 명령어

24 | 정답 | ④

| 해설 | TCL(Transaction Control Language) – COMMIT, ROLLBACK, SAVEPOINT

◉ SQL 문장 종류

종류	명령어	
데이터 정의어 (DDL: Data Definition Language)	CREATE DROP RENAME ALTER TRUNCATE	• 테이블과 같은 데이터 구조를 정의하는데 사용되는 명령어 • 구조를 생성, 변경, 삭제, 이름을 바꾸는 데이터 구조와 관련된 명령어
데이터 조작어 (DML: Data Manipulation Language)	SELECT INSERT DELETE UPDATE	• 데이터베이스에 들어 있는 데이터를 조회하거나 검색하기 위한 명령어 • 데이터를 추가, 삭제, 수정하기 위한 명령어
데이터 제어어 (DCL: Data Control Language)	GRANT REVOKE	• 데이터베이스에 접근하고 객체들을 사용하도록 권한을 주고 회수하는 명령어
트랜잭션 제어어 (TCL: Transaction Control Language)	COMMIT ROLLBACK SAVEPOINT	• 트랜잭션 별로 제어하는 명령어

25 | 정답 | ①

| 해설 | CHARACTER(고정길이 문자열, S만큼 최대길이(그보다 작을시 공백으로 채운다.))

데이터 유형	설명
CHAR(n)	• 고정길이 문자열 데이터 • 기본 길이는 1바이트이며, n바이트의 길이로 정의 • 할당된 문자열의 길이가 n보다 작으면 그 차이 길이만큼 빈공간으로 채워짐
VARCHAR2(n)	• VARYING CHAR의 약자 • 기본 길이는 1바이트이며, n바이트의 길이로 정의 • 가변 길이로 조정되기 때문에 할당된 변수 값의 바이트만 적용
NUMBER(n,m)	• 정수, 실수 등의 숫자정보 • n길이의 숫자에 m길이 만큼의 소수점 자리 • m생략시 정수를 의미
DATE	• 날짜와 시각 정보 • ORACLE은 1초 단위, SQL SERVER은 3.33ms 단위 관리

26 | 정답 | ④

| 해설 | • ROWNUM : 상위 N개 추출
• TOP : ORDER BY가 있을 때 정렬 후 상위 N개 추출

27 | 정답 | ③

| 해설 | • MANAGER_ID가 NULL부터 시작 : MANAGER_ID IS NULL
• 순방향 전개 : PRIOR EMPLOYEE_ID = MANAGER_ID

28 | 정답 | ②

| 해설 |

◉ 일반 집합 연산자의 유형

	설명
UNION	• 수학적 합집합 • UNION : 공통 교집합의 중복을 제거하여 표현 • UNION ALL : 공통 교집합의 중복을 포함하여 표현, 정렬 작업이 없음
INTERSECTION	• 수학적 교집합 • INTERSECT 사용
DIFFERENCE	• 수학적 차집합 • SQL 표준 : EXCEPT • Oracle : MINUS
PRODUCT	• 곱집합 • CROSS PRODUCT(CARTESIAN PRODUCT) • JOIN 조건이 없는 경우 생길 수 있는 모든 데이터의 조합

29 | 정답 | ①

| 해설 |

◉ Nested Loop Join, Sort Merge Join, Hash Join 비교/정리

Nested Loop Join	Sort Merge Join	Hash Join
• EQUI Join, Non-EQUI Join 둘다 사용	• EQUI Join, Non-EQUI Join 둘다 사용	• EQUI Join에서만 사용
	• 대용량 테이블을 조인하는 경우	• 대용량 테이블을 조인하는 경우
• 크기가 작은 테이블을 선행 테이블로 사용		• 크기가 작은 테이블을 선행 테이블로 사용
• 인덱스가 있어서 NATURAL JOIN이 효율적일 때 유용	• 인덱스의 유무에 영향 받지 않음	• 인덱스가 필수는 아님
	• 해시 함수를 이용해서 데이터를 조인	• Sort Merge Join 하기에 두 테이블이 너무 커서 SORT 부하가 심할 때 유용
• OLTP의 목록 처리 업무에 사용	• DW 등의 데이터 집계 업무에 사용	• DW 등의 데이터 집계 업무에 사용

30 | 정답 | ①

| 해설 | FROM SQLD_30_고객 A

INNER JOIN SQLD_30_30_주문 C ON A.고객ID = C.고객ID

INNER JOIN SQLD_30_30_상품 B ON C.상품ID = B.상품ID

: INNER JOIN을 하게 되면 모든 고객의 총 주문금액이 아니라 주문한 고객의 ID만 조회

31 | 정답 | ③

| 해설 | DISTINCT(중복제거), UNION ALL(중복 허용 합집합)

```
[SQLD_31]

[SQL]

SELECT DISTINCT COL1, COL2
FROM SQLD_31_01
          UNION ALL
SELECT COL1, COL2
FROM SQLD_31_02;

[RESULT]
COL1    COL2
----------
        2
        3
        2
1       4
1       5
```

32 | 정답 | ①

| 해설 | SELECT COUNT(*)

FROM SQLD_30_11_01 A, SQLD_30_11_02 B

WHERE A.COL1 = B.COL1

AND NVL(A.COL2, -1) = NVL(B.COL2, -1)

AND NVL(A.COL3, -1) = NVL(B.COL3, -1)

→ A, B 선택

→ A.COL1=B.COL1 AND NVL(A.COL2, -1) = NVL(B.COL2, -1)

　A.COL1=B.COL1는 2번째 행까지 만족 (1, 2)

　NVL(A.COL2, -1) = NVL(B.COL2, -1) 2번째 행만 만족 (NULL, NULL)

→ 2번째 행 AND NVL(A.COL3, -1) = NVL(B.COL3, -1)

→ 위 조건 만족, 최종 2번째 행만 출력

33 | 정답 | ④

| 해설 | • Unique Index Scan은 1개 값 추출하는 방식
• PK는 KEY1, KEY2인데 ④) KEY1에만 조건 줌, 1개 이상 나올 수 있다

34 | 정답 | ④

| 해설 | • 'C002' 고객ID는 주문에만 있을 수 없음
→ ORA-02291 : 무결성 제약조건(LSS.고객_FK)이 위배... - 부모 Key가 없습니다.

35 | 정답 | ①

| 해설 | Cross Join과 Natural Join은 Where 절에서 조건을 걸 수 없다.
• NATURAL JOIN
 - NATURAL JOIN은 두 테이블 간의 동일한 이름을 갖는 모든 컬럼들에 대해 자동으로 EQUI JOIN을 수행한다.
 - WHERE 절에서 JOIN 조건, ON 조건절, USING 조건절을 사용할 수 없다.

• CROSS JOIN
 - CROSS JOIN은 테이블 간 JOIN 조건이 없는 경우 생길 수 있는 모든 데이터의 조합을 의미한다.
 - CARTESIAN PRODUCT와 같은 의미이다.

36 | 정답 | ②

| 해설 | • 파티셔닝(Partitioning)
 - 대용량 데이터를 가진 테이블에 트랜잭션이 집중되는 경우, 테이블을 작은 여러개의 파티션으로 나누어 데이터 접근성 및 관리 용이성을 수월하게 하는 것이다.
 - 대용량 테이블을 보다 작은 파티션으로 관리함으로써 성능 저하를 방지하고 데이터 관리를 용이하게 하는 기법이다.
 - 파티션을 사용하면 논리적으로는 하나의 테이블이지만 여러 개의 데이터 파일에 분산되어서 저장된다.
 - 파티셔닝(Partitioning) 기법에는 Range Partition, List Partition, Hash Partition, Composite Partition 등이 있다.
 - 파티셔 테이블의 장점
   • 데이터 조회시 액세스 범위가 줄어들기 때문에 성능이 향상된다.
   • 데이터가 분할되어 있기 때문에 I/O의 성능이 향상된다.
   • 각 파티션을 독립적으로 백업 및 복구가 가능하다.

◉ **파티셔닝(Partitioning) 기법**

	설명
레인지 파티셔닝 (Range Partition)	• 가장 많이 사용하는 파티셔닝 방법 • 데이터 값의 범위를 기준으로 파티션을 수행하기 때문에 데이터 보관주기에 따라 데이터를 쉽게 지우는 것이 가능하여 데이터 관리가 용이 • 데이터가 균등하게 파티션에 들어가지 않는 단점

리스트 파티셔닝 (List Partition)	• 가장 적게 사용하는 파티셔닝 방법 • 데이터를 특정값에 따라 파티셔닝(특정값을 지정하여 파티셔닝) • 데이터 보관주기에 따라서 쉽게 삭제하는 것은 불가능
해시 파티셔닝 (Hash Partition)	• 해시함수가 사용되어 테이블마다 값이 균등하게 분포 • 데이터가 균등하게 분포되어 성능 향상 • 데이터 보관주기에 따라 쉽게 삭제하는 것은 불가능 • 데이터가 정확하게 어떻게 들어갔는지 알수 없어 관리가 어려움
컴포지트 파티셔닝 (Composite Partition)	• 레인지 파티셔닝(Range Partition), 리스트 파티셔닝(List Partition), 해시 파티셔닝(Hash Partition) 중 2개 이상의 파티셔닝을 결합하는 방법

37 | 정답 | ②

| 해설 | 동일한 행과 나머지 오른쪽 테이블의 모든 값을 출력하고 왼쪽은 NULL로 표시

• OUTER JOIN
  – INNER(내부) JOIN과 대비하여 OUTER(외부) JOIN이라고 불린다.
  – OUTER JOIN은 JOIN 조건에서 동일한 값이 없는 행도 반환할 때 사용할 수 있다.
  – 동일한 값이 없는 행은 NULL로 표시된다.
  – ON 조건절에 (+)를 이용하여 OUTER JOIN을 나타낼 수도 있다.
    (FULL OUTER JOIN에서는 사용할수 없음)

◉ **OUTER JOIN의 유형**

유형	설명
LEFT OUTER JOIN	• 두 개의 테이블에서 같은 것을 조회하고 왼쪽 테이블에만 있는 것을 포함해서 조회
RIGHT OUTER JOIN	• 두 개의 테이블에서 같은 것을 조회하고 오른쪽 테이블에만 있는 것을 포함해서 조회
FULL OUTER JOIN	• LEFT OUTER JOIN과 RIGHT OUTER JOIN을 모두 실행

38 | 정답 | ②

| 해설 |

◉ **행 순서 관련 함수 종류**

종류	설명
FIRST_VALUE	• 파티션 별 윈도우에서 가장 먼저 나오는 값 반환 • MIN 함수와 같은 결과
LAST_VALUE	• 파티션 별 윈도우에서 가장 마지막에 나오는 값 반환 • MAX 함수와 같은 결과
LAG	• 이전행의 특정 위치의 행을 반환 • DEFUALT = 1
LEAD	• 이후행의 특정 위치의 행을 반환 • DEFUALT = 1

39 | 정답 | ③

| 해설 | SQLD_39 테이블의 값 1+2 = 3

40 | 정답 | ①

| 해설 | • NVL(COL2, 0) → 10, 20, 0
• 10, 20, 0의 AVG → 10

41 | 정답 | ④

| 해설 | ORDER BY에 정수를 사용할 때는 반드시 SELECT 목록의 컬럼 자리수를 사용해야 한다.
• ORDER BY 절
  – ORDER BY 절은 SQL 문장으로 조회된 데이터들을 다양한 목적에 맞게 특정 칼럼을 기준으로 정렬하여 출력하는데 사용한다.
  – ORDER BY 절에 컬럼명 대신에 SELECT 절에서 사용한 ALIAS 명이나 칼럼 순서를 나타내는 정수도 사용 가능하고 ALIAS 명과 정수를 혼용해서 사용할 수도 있다.
  – 별도로 정렬 방식을 지정하지 않으면 기본적으로 오름차순이 적용된다.
  – 숫자형 데이터는 오름차순 정렬 시 가장 작은 값부터 출력
  – 날짜형 데이터는 오름차순 정렬 시 가장 과거부터 출력
  – Oracle에서는 NULL을 가장 큰 값으로 간주하여, 오름차순 정렬시 가장 마지막에 출력
  – SQL Server에서는 NULL을 가장 작은 값으로 간주하여, 오름차순 정렬시 가장 앞에 출력
  – SQL 문장의 제일 마지막에 위치한다.

42 | 정답 | ④

| 해설 | • MERGE에서의 DELETE 구문은 DELETE 단독 구문이 아닌 UPDATE 구문에 종속됨
• UPDATE 실행된 건에 한해서 DELETE 구문이 수행

• MERGE INTO SQLD_30_40_01 A
  USING SQLD_30_40_02 B
    ON (A.COL1 = B.COL1)
  WHEN MATCHED THEN
    UPDATE SET A.COL3 = 4
        WHERE A.COL3 = 2
    DELETE WHERE A.COL3 <= 2
  WHEN NOT MATCHED THEN
    INSERT (A.COL1, A.COL2, A.COL3) VALUES(B.COL1, B.COL2, B.COL3);
  → A표를 수정하는데, A.COL1 = B.COL1이 같다면 (A~C까지 선택)
      A.COL3 = 2인 곳을 A.COL3 = 4로 수정
      A.COL3 = 4인 줄이 A.COL3 <= 2이라면 삭제
  → 같지 않다면 X, D, E를 A표에 추가

43 | 정답 | 3.8, 3, 3, 4

| 해설 |

◉ 숫자형 함수

함수	설명
ABS(숫자)	• 숫자의 절대값을 반환
SIGN(숫자)	• 숫자가 양수이면 1, 음수이면 -1, 0이면 0을 반환
MOD(숫자1, 숫자2)	• 숫자1/숫자2의 나머지 값을 반환
FLOOR(숫자)	• 숫자의 소수점을 버린 값을 반환
CEIL(숫자)	• 숫자의 소수점을 올린 값을 반환
ROUND(숫자,〈자리수〉)	• 숫자를 자리수+1자리에서 반올림
TRUNC(숫자,〈자리수〉)	• 숫자를 자리수+1자리에서 버림

44 | 정답 | View

| 해설 | • 뷰(VIEW)

– 테이블은 실제로 데이터를 가지고 있지만, 뷰(VIEW)는 실제 데이터를 가지고 있지 않다.
– 뷰(VIEW)는 정의만 가지고 있다.
– 참조한 테이블이 변경되면 뷰(VIEW)도 변경된다.
– 질의에서 뷰(VIEW)가 사용되면 뷰(VIEW) 정의를 참조해서 DBMS 내부적으로 질의를 재작성해 질의를 수행한다.

◉ 뷰(VIEW)의 장/단점

장점	• 숨기고 싶은 정보와 같은 특정 컬럼을 제외한 나머지 일부 컬럼으로만 정의할 수 있기 때문에 보안기능이 있다. • 복잡한 질의를 단순하게 작성할 수 있다. • 테이블 구조가 변경되어도 뷰를 사용하는 응용 프로그램은 변경하지 않아도 된다. • 하나의 테이블로 여러개의 뷰를 만들 수 있다.
단점	• 삽입, 수정, 삭제 연산이 제한적이다. • 데이터 구조를 변경할 수 없다. • 독자적인 인덱스를 만들 수 없다.

45 | 정답 | ②

| 해설 | • START WITH 상위계층번호 IS NULL → 1, 2 선택
• CONNECT BY 계층번호 = PRIOR 상위계층번호 → 역방향 전개

[SQLD_45]

[SQL]

```
SELECT LEVEL,
    LPAD('** ',(LEVEL -1)*2, ' ') || 계층번호 AS 계층트리,
    계층번호,  상위계층번호
FROM SQLD_45
START WITH 상위계층번호 IS NULL
CONNECT BY 계층번호 = PRIOR 상위계층번호;

[RESULT]
LEVEL          계층트리              계층번호            상위계층번호
---------------------------------------------------------------
1              1                    1                  (NULL)
1              2                    2                  (NULL)
```

46 | 정답 | ALTER TABLE, ALTER COLUMN

| 해설 | • 컬럼 데이터 타입 변경
- Oracle : ALTER TABLE 테이블명 MODIFY(칼럼명 데이터유형);
- SQL Server : ALTER TABLE 테이블명 ALTER(칼럼명 데이터유형);

47 | 정답 | 10
| 해설 |

```
[SQL_47]

[SQL]
INSERT INTO SQLD_47(COL1, COL2) VALUES('ABCD', NULL);
INSERT INTO SQLD_47(COL1, COL2) VALUES('BC', NULL);
ALTER TABLE SQLD_47 MODIFY COL2 DEFAULT 10;
INSERT INTO SQLD_47(COL1, COL2) VALUES('XY', NULL);
INSERT INTO SQLD_47(COL1) VALUES('EXD');
SELECT COL2 FROM SQLD_47;

[RESULT]
COL2
------
(NULL)
(NULL)
(NULL)
10
```

```
[SQL]
SELECT SUM(COL2) FROM SQLD_47;

[RESULT]
SUM(COL2)
————————
10
```

48 | 정답 | GRANT

| 해설 | GRANT(권한부여) / REVORK(권한회수)

- DCL 명령어
  - DCL 명령어에는 GRANT, REVOKE가 있다.
  - TCL인 COMMIT, ROLLBACK, SAVEPOINT를 DCL로 분류하기도 한다.

◉ **DCL 명령어**

명령어	설명
GRANT	• 권한을 부여하는 명령어
REVOKE	• 주어진 권한을 회수하는 명령어

49 | 정답 | 주문금액 DESC

| 해설 | • 주문금액 내림차순으로 정렬

- DENSE_RANK( ) : 공동 순위가 있어도 공동 등수에 상관없이 다음 등수 부여(1, 2, 2, 3)

◉ **순위 관련 함수 종류**

종류	설명
RANK	• 동일한 값에 대해서는 동일한 순위를 부여 • 공동 순위가 있다면 공동 등수를 고려해 다음 등수는 제거하여 부여
DENSE_RANK	• 동일한 값에 대해서는 동일한 순위를 부여 • 공동 순위가 있어도 공동 등수에 상관없이 다음 등수 부여
ROW_NUMBER	• 동일한 값에 대해서도 다른 순위를 부여

| 해설 |

◉ 문자형 함수

함수	설명
LOWER(문자열)	• 문자열의 알파벳 문자를 소문자로 변환
UPPER(문자열)	• 문자열의 알파벳 문자를 대문자로 변환
INITCAP(문자열)	• 문자열의 첫글자는 대문자로 나머지는 소문자로 변환
ASCII(문자)	• 문자나 숫자를 ASCII 코드로 변환
CHR(ASCII번호)	• ASCII 코드를 문자나 숫자로 변환
CONCAT(문자열1, 문자열2)	• 문자열1과 문자열2 연결
SUBSTR(문자열, m(,n))	• 문자열의 m번째 위치에서 n개의 문자 • n이 생략되면 마지막 문자까지
LENGTH(문자열)	• 문자열의 길이 계산(공백 포함)
LTRIM(문자열, 지정문자)	• 문자열의 왼쪽에서 연속되는 지정문자 제거 • 지정문자 생략 시 공백을 제거
RTRIM(문자열, 지정문자)	• 문자열의 오른쪽에서 연속되는 지정문자 제거 • 지정문자 생략 시 공백을 제거
TRIM(문자열, 지정문자)	• 문자열의 왼쪽 및 오른쪽에서 연속되는 지정문자 제거 • 지정문자 생략 시 공백을 제거
LPAD(문자열1, 숫자, 문자열2)	• 문자열1 좌측으로 문자열2를 추가하여 결과값이 총 숫자 바이트의 문자열을 생성
RPAD(문자열1, 숫자, 문자열2)	• 문자열1 우측으로 문자열2를 추가하여 결과값이 총 숫자 바이트의 문자열을 생성

01 | 정답 | ④

| 해설 | 상급종합병원에는 한 명의 혹은 여러 명의 의사가 근무하고 모델링으로는 의사가 없을 수도 있다. 진료는 의사만 할 수 있고 의사는 진료를 하지 않을 수도 있다.

02 | 정답 | ①

| 해설 | 성능 데이터 모델링 고려사항
1) 정규화를 수행하여 데이터베이스 모델의 유연성을 확보한다.
2) 데이터베이스의 전체 용량, 월간, 연간 증감률을 예측한다.
3) 애플리케이션의 트랜잭션의 유형(CRUD: Create Read Update Delete)을 파악한다.
4) 합계 및 정산 등을 수행하는 반정규화를 수행한다.(성능향상을 위한 튜닝)
5) 기본키와 외래키, 수퍼타입과 서브타입 등을 조정한다.
6) 성능관점에서 데이터 모델을 검증하고 확인한다.

03 | 정답 | ③

| 해설 | 논리적 모델은 비즈니스 정보의 논리적 구조 및 구축을 파악할 수도 있다.
핵심 엔터티와 키 엔터티 등을 식별하고 모델링하여 데이터베이스 구조를 모델링한다.

04 | 정답 | ③

| 해설 | 이용내역 엔터티에서 이용일자 + 사원번호가 기본키(PK)이므로 일자가 같은 날에 여러 콘도를 이용할 수 없다.
사원, 이용 내역((1 : M) → 1명의 사원은 이용내역이 있을 수도 있고 없을 수도 있다.)
콘도이용정보, 이용 내역((1 : 0 or 1 : 1) : M → 콘도 이용정보가 있을 수도 있고 없을 수도 있으며 콘도 이용정보가 이용내역에 있을 수도 있고 없을 수도 있다.)

05 | 정답 | ②

| 해설 | 정규화(Normalization)는 함수적 종속성에 따라서 테이블을 분해하는 과정으로 데이터 중복을 제거해서 모델의 독립성을 향상시킨다. 그리고 정규화를 수행하지 않으면 발생되는 문제가 갱신이상 (이상현상(Anoma-ly) 삽입, 삭제, 수정 이상현상이 있다.) 이고, 데이터베이스 보안과 관련이 있는 것은 뷰(View) 이다.

06 | 정답 | ①

| 해설 | 기본키(PK)는 엔터티를 대표하는 키로 최소성(Not Null)과 유일성(중복 없음)을 만족해야 한다. 외래키(FK)는 두 개의 테이블 간에 연결을 설정하기 위한 Key이다. 한 테이블의 기본키를 참조하는 다른 테이블의 칼럼이다.
파생속성 → 어떤 데이터를 기반으로 만들어진 데이터, 예) 주식의 가격의 평균데이터 등

07 | 정답 | ②

특징	설명
식별여부	• 엔터티(Entity)는 식별자(Identifier)에 의해서 식별이 가능 • 유일한 식별자(Unique Identifier)가 필수
인스턴스들의 집합	• 영속적으로 존재하는 인스턴스의 집합 • 2개 이상의 인스턴스가 존재해야 함
속성	• 엔터티(Entity)는 반드시 속성(변수)을 가짐 • 각 엔터티(Entity)는 2개 이상의 속성을 가짐 • 하나의 인스턴스는 각각의 속성들에 대한 1개의 속성 값만을 가짐
업무	• 엔터티(Entity)는 업무에서 관리되어야 하는 집합 • 업무 프로세스에 의해 이용되어야 함
관계	• 다른 엔터티(Entity)와 최소 1개 이상의 관계가 있어야 함

08 | 정답 | ①

| 해설 | 상품은 주문을 한 개 이상 반드시 가져야 하는 것이 아니라 안 가질 수도 있다.

09 | 정답 | ②

| 해설 | ERD 표기법 중 IE 표기법은 관계의 1:N 관계에서 N쪽에 새발을 표시하고 선택, 필수 참여관계에서 선택 참여(or)에 O, 필수 참여에 | 로 표시한다.

10 | 정답 | ②

| 해설 | 같은 학년은 입학 날짜가 모두 같게 생성되기 때문에 뒤에 같은 값이 붙음으로써 최소의 수가 아니므로 잘못된 모델링이다.

특징	설명
최소성	• 주식별자를 구성하는 속성의 수는 유일성을 만족하는 최소의 수가 되어야 함
존재성	• 주식별자가 지정 되면 반드시 값이 존재(NULL 안됨)
유일성	• 주식별자에 의해 엔터티 내에 모든 인스턴스들을 유일하게 구분함
불변성	• 주식별자가 한번 특정 엔터티에 지정되면 그 식별자의 값은 변하지 않아야함

11 | 정답 | ④

| 해설 | WHERE COL3 ◇ 3 => 전개 후 COL3가 3인 것 제외
START WITH COL3 = 4 => COL3=4부터 전개 시작
CONNECT BY COL1 = PRIOR COL2 => 역방향 전개

12 | 정답 | ③

| 해설 | ③번은 각 MGR 별로 급여의 평균을 계산하기 전에 날짜를 기준으로 정렬을 수행한 다음에 급여의
평균을 계산한다. 각 MGR 파티션 내에서 날짜 기준으로 정렬을 수행하였을 때, 파티션 내에서 앞의 한 건, 현
재 행, 뒤의 한건 사이의 급여의 평균을 계산한다.

13 | 정답 | ②

| 해설 | DCL(Data Control Language) 데이터 제어어 : GRANT(권한부여), REVOKE(권한회수)

14 | 정답 | ④

| 해설 |

종류	명령어	
데이터 정의어 (DDL: Data Definition Language)	CREATE DROP RENAME ALTER TRUNCATE	• 테이블과 같은 데이터 구조를 정의하는데 사용되는 명령어 • 구조를 생성, 변경, 삭제, 이름을 바꾸는 데이터 구조와 관련된 명령어
데이터 조작어 (DML: Data Manipulation Language)	SELECT INSERT DELETE UPDATE	• 데이터베이스에 들어 있는 데이터를 조회하거나 검색하기 위한 명령어 • 데이터를 추가, 삭제, 수정하기 위한 명령어
데이터 제어어 (DCL: Data Control Language)	GRANT REVOKE	• 데이터베이스에 접근하고 객체들을 사용하도록 권한을 주고 회수하는 명령어
트랜잭션 제어어 (TCL: Transaction Control Language)	COMMIT ROLLBACK SAVEPOINT	• 트랜잭션 별로 제어하는 명령어

15 | 정답 | ③

| 해설 | BAN 컬럼으로 그룹핑하고 DISTINCT를 사용해서 중복된 이름을 제거하고 카운팅

16 | 정답 | ①

| 해설 | ① COUNT(3) : COUNT(*)과 같음. 전체 행수 카운트. 결과는 6
② COUNT(MemberID) : NULL을 제외한 행수 카운트. 결과는 4

③ COUNT(NULLIF (MemberID, NULL)) : NULLIF 실행하면 원래 행과 같음. NULL을 제외한 행수 카운트. 결과는 4

④ 전체 행에서 NULL을 제외한 4개

17 | 정답 | ①

| 해설 | IN( ) 연산자 안에 NULL은 비교연산 시 수행하지 않는다.
주어진 테이블의 COL1 속성값 1, 2값을 갖는 행만 조회된다.

18 | 정답 | ①

| 해설 | DNAME, JOB별 소계
DNAME 별 소계
JOB 별 소계
전체 집계

19 | 정답 | ①

| 해설 | C2 값으로 오름차순 정렬하고 CASE문으로 B, A, S 등급을 부여한다.
전체등급이 300점을 넘는 등급이 없기 때문에 S등급은 없고 100 이상인 C1의 6번만 A등급을 받는다.

20 | 정답 | ②

| 해설 | 집계 함수에서 COUNT(*) 함수는 조건절이 거짓일 때 0을 반환한다.

21 | 정답 | ④

| 해설 | UNBOUNDED PRECEDING은 BETWEEN문 양쪽에 동시에 사용할 수 없다.

22 | 정답 | abc, ab

| 해설 | C2열은 b가 1회 이상 반복, C4열은 ab 또는 cd가 대체

23 | 정답 | ③

| 해설 | CREATE INDEX [인덱스명] ON [테이블명] [칼럼명]
인덱스 생성 / 삭제 구문
-- 생성
  CREATE INDEX 인덱스명
  ON 테이블명 (속성명 , 속성명,…)

-- 삭제
DROP INDEX 인덱스명
ON 테이블명

24 | 정답 | ②

| 해설 | 1,2,3 3개

25 | 정답 | ②

| 해설 | MINUS에서 1을 제외하게 되므로 2, 3이 출력된다.

26 | 정답 | ③

| 해설 | CUSTOMERS 테이블에서 존재하지 않는 고객ID 식별을 위해서는 NOT EXISTS를 사용하고 WHERE절에 CUSTOMER.ID = ORDER.ID 사용해야 한다.

27 | 정답 | ④

| 해설 | ④은 모든 행이 출력된다.

28 | 정답 | ②

| 해설 | 인덱스에 대해서 연산을 하면 인덱스가 변형이 되므로 인덱스를 사용할 수가 없다.

29 | 정답 | ②

| 해설 | 집계함수에서 사용한 SAL, FOR절에 사용한 DEPTNO를 제외한 yyyy.JOB으로 집계

30 | 정답 | ①

| 해설 | 루트노드의 LEVEL값은 1이고 가장 작은 값이다.

31 | 정답 | ③

| 해설 | 파티션 인덱스의 경우 파티션 키에 대해서 인덱스를 생성할 수 있다

32 | 정답 | ③

| 해설 | NULL + 10   = NULL

12 + NULL = NULL

NULL + NULL = NULL

10 + 12 = 22

위 4개를 SUM하면 NULL이 아니고 22가 된다.

33 | 정답 | ②

| 해설 | ROWNUM은 1부터 시작해서 연속된 행만 조회할 수 있다.

34 | 정답 | ④

| 해설 |

우선순위	연산자
1	산술 연산자(*, /, +, −)
2	연결 연산자 (‖)
3	비교 연산자(〈, 〉, 〈=, =〉, 〈〉, =)
4	IS NULL, LIKE, IN
5	BETWEEN
6	NOT 연산자
7	AND 연산자
8	OR 연산자

35 | 정답 | ①

| 해설 | SELF JOIN은 동일한 테이블에서 서로 연관된 컬럼이 있을 때 사용한다.

36 | 정답 | ②

| 해설 |

WHERE B.CONDITION LIKE '조%' : '조'로 시작하는 이름 조회

WHERE B.CONDITION LIKE '%우%' : '우'가 포함된 이름 조회

37 | 정답 | ③

| 해설 |

SELECT COUNT(COL1) FROM SQLD_37 => NULL을 제외한 2개

SELECT*FROM SQLD_37 WHERE COL1 IN(12, 10, NULL) => COL1=1 OR COL1=2 2개

SELECT COL1, COUNT(*) FROM SQLD_37 GROUP BY COL1 => COL1으로 그룹핑하면, 10,12,NULL 3개

38 | 정답 | ①

| 해설 | 테이블 B를 생성할 때 "ON DELETE CASCADE" 옵션을 사용하고 A테이블의 행을 삭제하면 B 테이블의 행도 같이 삭제된다. A테이블의 A=1을 삭제하였음으로 B테이블의 B=1도 삭제되어 (2, 2)만 남게 된다.

39 | 정답 | ②

| 해설 |

GROUP BY COL1 => 조조(1개), 유비(2개), 관우(3개), 여포(1개), 초선(1개)

HAVING COUNT(*) > 2 => 관우(3개)만 존재

40 | 정답 | ④

| 해설 | DISTINCT (중복제거)

41 | 정답 | ②

| 해설 | CHAR는 고정길이 문자열을 의미한다.

42 | 정답 | ④

| 해설 |

실행순서 : FROM → WHERE → GROUP BY → HAVING → SELECT → ORDER BY

작성순서 : SELECT → FROM → WHERE → GROUP BY → HAVING → ORDER BY

43 | 정답 | ②

| 해설 | 순수 관계 연산자란, 관계형 데이터베이스에 적용할 수 있도록 개발한 관계 연산자를 의미한다. DELETE는 포함되지 않는다.

44 | 정답 | ROW_NUMBER()

| 해설 | RANK() : 중복값은 중복등수, 등수 건너뜀

DENSE_RANK() : 중복값은 중복등수, 등수 안 건너뜀, 동일 등수 순위에 영향이 없다.

ROW_NUMBER() : 중복값이 있어도 고유 등수 부여

45 | 정답 | DECODE(GENDER, 0, '남자', '여자')

46 | 정답 | (COL1, COL2), (COL1), ( ) 또는 (COL1, COL2), (COL1), NULL

47 | 정답 | ①

| 해설 | COMMIT 시점으로 ROLLBACK하면 COL2=2000인 열은 1개

48 | 정답 | 24

| 해설 | NVL(COL2,0) , COL2 이 NULL이면 0으로 대체되고 평균이 계산된다.

49 | 정답 | 16

| 해설 | WHERE 절에 A.COL1 ◇ B.COL1 이므로 A.COL1 컬럼을 기준으로 다른 수의 개수를 카운트한다.

50 | 정답 | CROSS JOIN

| 해설 | CROSS JOIN의 결과 개수는 두 테이블의 행의 개수를 곱한 개수가 된다. CROSS JOIN을 카테시안 곱
(Cartesian Product)라고도 한다.

01 | 정답 | ②

| 해설 | 도메인(Domain)의 특징
- 릴레이션의 속성이 가질 수 있는 허용된 값의 범위를 의미한다.
- 속명성과 도메인명은 항상 동일할 필요는 없다.
- 모든 속성들의 도메인은 원자값이어야 한다.

02 | 정답 | ④

| 해설 | 제1정규화 : 테이블의 속성 하나는 하나의 속성값만을 가져야 한다.
제2정규화 : 기본키 중에 특정 컬럼에만 종속된 컬럼이 존재할 경우 테이블을 분해한다.
제3정규화 : 제2정규형을 만족하는 상태에서 이행함수 종속을 제거하는 정규화 과정

03 | 정답 | ③

| 해설 | 엔터티는 2개 이상의 속성, 2개 이상의 인스턴스가 있어야 한다.

04 | 정답 | ④

| 해설 | 도메인은 속성이 가질 수 있는 값의 범위이다.

05 | 정답 | ③

| 해설 | 제3정규화는 주식별자를 제외한 칼럼 간에 종속성을 확인해서 종속성이 있으면 분할하는 과정이다.

06 | 정답 | ③

| 해설 | 교차 엔터티 는 M:N 관계를 해소하기 위해서 인위적으로 만들어진 엔터티이다.

07 | 정답 | ②

| 해설 | 고객은 여러 개의 계좌번호를 부여받을 수 있지만, 계좌번호는 한명의 고객에게만 부여된다.

08 | 정답 | ①

| 해설 | ERD(Entity Relationship Diagram) 작성 절차

가) 엔터티를 그린다.

나) 엔터티를 적절하게 배치한다.

다) 엔터티 간에 관계를 설정한다.

라) 관계명을 기술한다.

마) 관계의 참여도를 기술한다.

바) 관계의 필수 여부를 기술한다.

09 | 정답 | ②

| 해설 |

⊙ 대표성 여부에 따른 식별자의 종류

종류	설명
주식별자	• 유일성과 최소성을 만족하면서 엔터티를 대표하는 식별자 • 엔터티 내에서 각 인스턴스를 유일하게 구분할 수 있는 식별자 • 타 엔터티와 참조관계를 연결할 수 있는 식별자
보조식별자	• 엔터티 내에서 각 인스턴스를 구분할 수 있는 구분자이지만, 대표성을 가지지 못해 참조 관계 연결을 할 수 없는 식별자 • 유일성과 최소성은 만족하지만 대표성을 만족하지 못하는 식별자

⊙ 생성 여부에 따른 식별자의 종류

종류	설명
내부식별자	• 엔터티 내부에서 스스로 생성되는 식별자
외부식별자	• 다른 엔터티와 관계로 인하여 만들어지는 식별자

⊙ 속성 수에 따른 식별자의 종류

종류	설명
단일식별자	• 하나의 속성으로 구성
복합식별자	• 2개 이상의 속성으로 구성

⊙ 대체 여부에 따른 식별자의 종류

종류	설명
본질식별자	• 비즈니스 프로세스에서 만들어지는 식별자
인조식별자	• 인위적으로 만들어지는 식별자

10 | 정답 | ①

| 해설 |

⊙ 대표성 여부에 따른 식별자의 종류

종류	설명
주식별자	• 유일성과 최소성을 만족하면서 엔터티를 대표하는 식별자 • 엔터티 내에서 각 인스턴스를 유일하게 구분할 수 있는 식별자 • 타 엔터티와 참조관계를 연결할 수 있는 식별자
보조식별자	• 엔터티 내에서 각 인스턴스를 구분할 수 있는 구분자이지만, 대표성을 가지지 못해 참조 관계 연결을 할 수 없는 식별자 • 유일성과 최소성은 만족하지만 대표성을 만족하지 못하는 식별자

⊙ 생성 여부에 따른 식별자의 종류

종류	설명
내부식별자	• 엔터티 내부에서 스스로 생성되는 식별자
외부식별자	• 다른 엔터티와 관계로 인하여 만들어지는 식별자

⊙ 속성 수에 따른 식별자의 종류

종류	설명
단일식별자	• 하나의 속성으로 구성
복합식별자	• 2개 이상의 속성으로 구성

⊙ 대체 여부에 따른 식별자의 종류

종류	설명
본질식별자	• 비즈니스 프로세스에서 만들어지는 식별자
인조식별자	• 인위적으로 만들어지는 식별자

11 | 정답 | ①

| 해설 | RANK() : 중복값은 중복등수, 등수 건너뜀
DENSE_RANK() : 중복값은 중복등수, 등수 안 건너뜀
ROW_NUMBER() : 중복값이 있어도 고유 등수 부여

12 | 정답 | ①

| 해설 | COALESCE 함수는 NULL 값이 아닌 첫 번째 값을 반환한다.

13 | 정답 | ①

| 해설 | CREATE index [인덱스이름] on [테이블이름] (컬럼명);

14 | 정답 | ④

| 해설 | UNION ALL => 1, 2, 3, 4, 5, 6, 3, 7, 8 : 9개의 행 반환, 정렬 안함
MINUS => 정렬, 중복제거 후 MINUS : 1, 2, 3, 7, 8 (5개 행)

15 | 정답 | ②

| 해설 |

함수	설명
NVL(표현식1, 표현식2)/ ISNULL(표현식1, 표현식2)	• 표현식1이 NULL이 아니면 표현식1, NULL이면 표현식2를 반환
NVL2(표현식1, 표현식2, 표현식3)	• 표현식1이 NULL이 아니면 표현식2, NULL이면 표현식3을 반환
NULLIF(표현식1, 표현식2)	• 표현식1이 표현식2와 같으면 NULL, 다르면 표현식1을 반환
COALESCE(표현식1, 표현식2, …)	• NULL이 아닌 최초의 표현식을 반환 • 모든 표현식이 NULL이면 NULL을 반환

16 | 정답 | ①

| 해설 | CONNECT BY는 계층형 구조를 탐색할 수 있다.
PRIOR은 순방향, 역방향 결정

17 | 정답 | ④

| 해설 | 순위 함수에 ORDER BY절은 필수적으로 필요하다.
RANK() : 중복값은 중복등수, 등수 건너뜀
DENSE_RANK() : 중복값은 중복등수, 등수 안 건너뜀
ROW_NUMBER() : 중복값이 있어도 고유 등수 부여

18 | 정답 | ②

| 해설 |

유형	설명
ROLLUP	• 지정된 컬럼의 소계 및 총계를 구하는 함수
GROUPING	• 컬럼의 소계 여부 확인
GROUPING SETS	• 집계 대상 컬럼에 대한 소계 계산
CUBE	• 결합 가능한 모든 값에 대해 집계 계산

19 | 정답 | ④

| 해설 | FULL OUTER JOIN은 총 6개의 행이 조회, LEFT와 RIGHT OUTER JOIN은 총 4개의 행, INNER JOIN은 2개의 행이 조회된다.

유형	설명
LEFT OUTER JOIN	• 두 개의 테이블에서 같은 것을 조회하고 왼쪽 테이블에만 있는 것을 포함해서 조회
RIGHT OUTER JOIN.	• 두 개의 테이블에서 같은 것을 조회하고 오른쪽 테이블에만 있는 것을 포함해서 조회
FULL OUTER JOIN	• LEFT OUTER JOIN과 RIGHT OUTER JOIN을 모두 실행

20 | 정답 | ④

| 해설 | ① NAME에 DATE 타입의 데이터를 입력하여 에러
② AGE(NOT NULL)에 NULL을 입력하여 에러
③ ID(PK) 값을 입력하지 않아서 에러

21 | 정답 | ④

| 해설 | WHERE절의 조건은 계층형 조회 결과에서 WHERE절 조건에 해당되는 것만 조회한다.

22 | 정답 | ③

| 해설 | DESCENDING (ASC:최소값, DESC:최댓값)
UNIQUE SCAN : 유일한 값 하나 찾기
RANGE SCAN : 어떠한 조건에서 한 범위를 찾기
FULL SCAN : 전체 데이터 *전체 행

23 | 정답 | ①

| 해설 | CASE문을 사용해서 정렬의 순서를 변경했으므로 ID가 13, 10번이 먼저 조회된다.
AGE DESC이므로 13의 AGE가 가장 먼저 조회된다.

24 | 정답 | ②

| 해설 | CHAR는 길이가 서로 다르면 짧은 쪽에 스페이스를 추가하여 같은 값으로 판단한다. 같은 값에서 길이만 서로 다를 경우 다른 값으로 판단하는 것은 VARCHAR(가변길이 문자형)로 비교하는 경우이다.

25 | 정답 | ③

| 해설 | 결과 테이블은 주문 금액이 큰 순서대로 순위를 부여하는 테이블로 주문금액 속성을 내림차순 정렬했을 때의 순위이고 같은 등수 다음에는 바로 다음 등수가 부여되었다.

26 | 정답 | ①

| 해설 | CASE문으로 ID가 1000인 것은 0으로 변경하고 나머지는 ID값으로 ASC(오름차순) 변경한다. HAVING 절 조건에서 COUNT함수로 2건만 조회된다. (3000, 9999)

27 | 정답 | ③

| 해설 | VIEW는 논리적으로 존재하는 가상 테이블로서 물리적으로 실제 데이터를 저장하지 않는다.
– 테이블은 실제로 데이터를 가지고 있지만, 뷰(VIEW)는 실제 데이터를 가지고 있지 않다.
– 뷰(VIEW)는 정의만 가지고 있다.
– 참조한 테이블이 변경되면 뷰(VIEW)도 변경된다.
– 질의에서 뷰(VIEW)가 사용되면 뷰(VIEW) 정의를 참조해서 DBMS 내부적으로 질의를 재작성해 질의를 수행한다.

⊙ **뷰(VIEW)의 장/단점**

장점	• 숨기고 싶은 정보와 같은 특정 컬럼을 제외한 나머지 일부 컬럼으로만 정의할 수 있기 때문에 보안기능이 있다. • 복잡한 질의를 단순하게 작성할 수 있다. • 테이블 구조가 변경되어도 뷰를 사용하는 응용 프로그램은 변경하지 않아도 된다. • 하나의 테이블로 여러개의 뷰를 만들 수 있다.
단점	• 삽입, 수정, 삭제 연산이 제한적이다. • 데이터 구조를 변경할 수 없다. • 독자적인 인덱스를 만들 수 없다.

28 | 정답 | ①

| 해설 | GROUP BY 사용시 그룹함수와 GROUP BY절에서 사용한 컬럼만 조회 가능하다.

29 | 정답 | ③

| 해설 | 교차 엔터티 : M:M의 관계를 해소하려는 목적으로 만들어진 엔터티

30 | 정답 | ③

| 해설 |

서브쿼리 종류	설명
연관 서브쿼리 (Correlated Subquery)	• 서브쿼리가 메인쿼리 컬럼을 가지고 있는 형태
비연관 서브쿼리 (Un-Correlated Subquery)	• 서브쿼리가 메인쿼리 컬럼을 가지고 있지 않는 형태 • 서브쿼리에 메인쿼리의 값을 제공하기 위해 사용

31 | 정답 | ②

| 해설 | WHERE COL3 = (SELECT COL3 FROM SQLD39_31_2 WHERE COL2 = 'A') => 10
SQLD39_31_1 테이블의 COL3 값이 10인 컬럼은 2개 (DISTINCT COL1) => 1, 3 이므로 중복제거 X → 2개

32 | 정답 | ④

| 해설 | [V_SQLD_32]

COL1   COL2
A   1000
A   2000
NULL   3000
NULL   NULL

COL2 가 2000보다 크거나 같은 합계는 5000

33 | 정답 | ②

| 해설 | 칼럼의 변경은 ALTER TABLE ~ MODIFY 문을 사용한다.

34 | 정답 | ④

| 해설 | NULL의 특징
- 존재하지 않는 것으로 확정되지 않은 값을 표현할 때 사용한다.
- NULL 값과 산술연산은 NULL 값을 반환한다.
- NULL 값과 비교연산은 알 수 없음(FALSE)을 반환한다.
- NULL 값을 조회할 경우 IS NULL 사용
- NULL 값이 아닌 것을 조회할 경우 IS NOT NULL 사용

35 | 정답 | ④

| 해설 | 특정 하나의 값에 대한 자신의 상위 KPI를 검색하는 것으로, MAINKPI가 0부터 출발하여 WHERE SUBKPI가 30이면 30의 상위 KPI인 MAINKPI=20이 출력된다.

36 | 정답 | ①

| 해설 | (SUBKPI, MAINKPI) IN ((20,10),(0,30))은 (SUBKPI, MAINKPI)=(20,10) OR (SUBKPI, MAINKPI)=(0,30) 결과와 같다.

37 | 정답 | ②

| 해설 | 서브쿼리에 있는 칼럼을 자유롭게 사용할수 없다

38 | 정답 | ②

| 해설 | - 내일 날짜 : SYSDATE+1
- 데이트 타입을 문자열(TO_CHAR) 변환

39 | 정답 | ③

| 해설 | NATURAL JOIN 의 경우 WHERE 절에서 JOIN 조건을 사용할 수 없지만, CROSS JOIN의 경우 WHERE 절에 JOJN 조건을 사용할 수 있다.

40 | 정답 | ②

| 해설 | C2 칼럼으로 그룹화(1,2, NULL) => C2 동일칼럼 수가 2개 이상(C2 : 1) => C3의 총합(SUM(C3) : 4)

41 | 정답 | ③

| 해설 | 주문 테이블에서 고객 테이블을 참조하는 고객ID 속성값만 변경하면 참조무결성 위배로 인한 오류가 발생한다.

42 | 정답 | ②

| 해설 | SUM함수는 NULL을 제외한 합계를 계산하는 함수이기 때문에 NVL문이 없어도 오류와 상관이 없다.

43 | 정답 | ③

| 해설 | 2차 정규화 => 3차 정규화(종속 존재를 분해) 학번, 코스코드(FK), 평가코드(FK) = 3개

44 | 정답 | 7.5, 7.45, 7, 7, 8

| 해설 |

함수	설명
ABS(숫자)	• 숫자의 절대값을 반환
SIGN(숫자)	• 숫자가 양수이면 1, 음수이면 -1, 0이면 0을 반환
MOD(숫자1, 숫자2)	• 숫자1/숫자2의 나머지 값을 반환
FLOOR(숫자)	• 숫자의 소수점을 버린 값을 반환
CEIL(숫자)	• 숫자의 소수점을 올린 값을 반환
ROUND(숫자,⟨자리수⟩)	• 숫자를 자리수+1자리에서 반올림
TRUNC(숫자,⟨자리수⟩)	• 숫자를 자리수+1자리에서 버림

45 | 정답 | ROLE

| 해설 | ROLE은 데이터베이스에서 OBJECT(테이블, 프로시저, 뷰) 등의 권한을 묶어서 관리할 수 있다.

46 | 정답 | ③

| 해설 | ROLLBACK에 의해서 N1은 1, 2만 존재

47 | 정답 | RIGHT OUTER JOIN

| 해설 | 두 테이블에서 같은 COL1 값을 조회하고 우측 테이블의 값들이 추가로 조회되므로 RIGHT OUTER JOIN

유형	설명
LEFT OUTER JOIN	• 두 개의 테이블에서 같은 것을 조회하고 왼쪽 테이블에만 있는 것을 포함해서 조회
RIGHT OUTER JOIN	• 두 개의 테이블에서 같은 것을 조회하고 오른쪽 테이블에만 있는 것을 포함해서 조회
FULL OUTER JOIN	• LEFT OUTER JOIN과 RIGHT OUTER JOIN을 모두 실행

48 | 정답 | GRANT, REVOKE

| 해설 | GRANT(권한부여), REVOKE(권한회수)

49 | 정답 | 9

| 해설 |

A.COL1 = 1 일때 B.COL1 = 1 => 2개
A.COL1 = 1 일때 B.COL1 = 1 => 2개
A.COL1 = 2 일때 B.COL1 = 2 => 1개
A.COL1 = 3 일때 B.COL1 = 3 => 2개
A.COL1 = 3 일때 B.COL1 = 3 => 2개

50 | 정답 | EXISTS

| 해설 | SQL1의 결과는 120, 400. SQL2에 같은 결과를 반환하기 위해서는 EXISTS